아동문학교육

고선옥 · 국은순 · 신리행 · 백연희 공저

Children's
Literature
Education

학지사

※ 이 책의 출판물 수입은 (故) 김경중 교수 추모 비용으로 사용됩니다.

머리말

문학은 우리를 가르치지 않는다.

다만 감동을 통해서 우리를 변화시킬 뿐이다.

-괴테

문학은 영유아부터 노인에 이르기까지 사람의 마음을 끄는 일종의 언어적 마술이다. 문학은 언어로 표현된 예술이기에 언어는 문학의 가장 기본이 되는 요소다. 언어는 우리의 경험을 꿰는 실과 같고 마음과 의미를 담는 그릇과 같다. 그래서 공자는 '말의 힘을 이해하지 못하면 사람을 이해할 수 없다'고 간파했다.

언어의 놀라운 힘은 어린이의 성장 발달 과정에서도 잘 입증된다. 풍부한 어휘와 다양한 언어를 사용하는 사람과 그렇지 못한 사람 사이에 친사회성과 공격성 그리고 사회적 적응 능력, 학업 성취도 등에서 현저한 차이가 있다.

마크 트웨인(Mark Twain)은 "적절한 언어야말로 놀라운 힘을 갖고 있다. 최상의 적절한 말을 생각해 낼 때마다, 우리의 정신과 육체는 감전된 듯한 강력한 힘을 얻는다."라고 언어의 힘을 역설했다. 말은 곧 생각이고 신념이며, 사상이고 철학이며, 사람의 마음을 움직이는 생명력이다.

문학은 의도적인 생략을 제외하고는 모두 언어로 표현되지만, 언어로 표현된 것을 다 문학이라고 하지는 않는다. 문학의 언어는 고도로 함축되고 절제되고 정선된 것으로, 인간 내면에 감추어져 쉽게 볼 수 없었던 탐욕과 본능, 거짓과 진실, 다양한 삶의 의미를 찾아가면서 인간의 참된 모습과 진정한 아름다움을 그려 내는 것이다. 모든 언어는 우리 인간이 사용하는 오감각을 통해서 그 속에 이미지를 포함하는데, 특히 문학의 언어는 고도로 단련된 상상력으로 창의적인 이미지를 마술처럼 만들어 낸다. 그래서 문학은 웃음을 주기도 하고, 울리기도 하며, 위로하고, 희망을 주고, 아픔과 상처를 치료하면서 우리에게 스스로 삶의 의미를 발견하는 깨달음을 준다.

그렇기 때문에 문학은 성장 발달이 가장 왕성한 아동기 어린이에게 무엇보다 중요한 필수 비타민(Vitamin)이나 미네랄(Mineral)과 같다. 최근 우리나라에서 불과 10여 년 사이에 관련 저서들이 폭발적으로 쏟아져 나오는 것도 이 같은 의미의 반영이라고 할 수 있을 것이다.

그러나 지금까지 우리나라에서의 아동문학교육은 이와 같은 문학의 본질적 특성에 접근하지 못하고 지나치게 교육의 수단으로서만 강조되어 왔다. 그런 의미에서 괴테(Goethe, Johann Wolfgang von)가 "문학은 우리를 가르치는 것이 아니라 감동을 통해서 변화시킨다."라고 표현한 말은 매우 함축적인 의미를 시사하고 있다.

필자는 오랫동안 동화 창작과 아동문학 평론가로 활동하면서, 아동문학에서 보이는 문학성 부재의 문제점들을 국내외 학술 활동을 통해 지적해 왔다. 그래서 이 책에서 필자가 지향하는 집필의 제일 원칙은 아동문학을 영유아, 아동이라는 대상의 특성에 적합한 문학성의 회복에 두었다.

문학성의 회복이란 문학을 문학으로 만나 아동 스스로 그 감동의 세계에 뛰어들어 문학을 맛보면서 삶의 다양한 의미를 터득하고 깨달음을 얻게 하는 것이다. 좀 더 쉽게 말하면, 괴테가 말한 대로 가능한 한 가르치지 않고 문학적 감동을 통해 배우게 하는 것이다. 이 같은 원칙에 따라 전체의 내용을 다음과 같이 세 부분으로 구성했다.

제1부에서는 아동문학과 교육에 관한 이론적 기초를 다루었다. 이론적 기초는

먼저 문학에 관한 이해에 역점을 두었다. 이 같은 이해를 바탕으로 아동문학의 이해를, 그리고 아동문학교육, 아동 발달, 국가수준의 아동문학교육에 대해 다루었다.

제2부에서는 아동문학의 다양한 장르를 통해 사실상 아동문학의 내용을 다루었다. 그림책과 동요, 동시, 환상동화, 이야기와 소설, 극과 극 활동, 정보 책과 전기문학 등인데, 이야기와 소설은 그동안 우리나라에서 거의 다루지 않았던 장르를 포함하고 있다.

제3부에서는 문학 활동의 실제를 돕기 위한 소리 내어 읽기, 이야기 구연 등을 제시했다. 그리고 문학 활동을 돕기 위한 교육과정에서 문학 작품 활용 방안들을 사례로 소개하였다.

이 책은 다음과 같은 독자에게 유용한 지침서가 될 것이다.

첫째, 아동문학을 공부하려는 재학생, 부모, 교사들에게 도움이 될 것이다. 이 책은 문학에 관심을 갖고 문학을 이해하고 문학을 수용하며 또 나아가 적용하려는 사람에게 그 대상이 영유아든 아동이든 관계없이 쉽게 이해하고 적용할 수 있도록 쓰였다. 그러므로 문학의 입문서로서 문학에 대한 고정 관념이나 편견 없이 문학을 쉽고 재미있는 것, 그러면서 매우 유익한 것으로 느끼게 될 것이다.

둘째, 아동문학을 가르치는 영유아교육기관의 교사나 대학에서의 담당 교수님들 그리고 작품을 쓰는 작가에게 도움이 될 것이다. 필자는 아동문학가, 동화연구가, 독서지도사로 등단을 해서 평론과 동화를 쓰면서도 오랫동안 아동문학에 관한 많은 의문을 품고 있었다. 그 보편적인 대답을 얻기 위해 오랫동안 방황해 왔다. 이 책은 그 오랜 방황 기간을 거친 후에 쓰였기에, 필자와 같은 문제로 고민하는 분들께는 상당한 위안이 될 것이다.

셋째, 이 책은 아동을 지도하는 교육기관의 교사, 양육자 그리고 인문학을 담당하는 대학 교수들이나 작가뿐만 아니라 사서교사, 독서지도교사, 동화구연가, 독서 · 문학 치료자를 위한 이론과 실제의 기초를 제공하게 될 것이다.

맨 처음 김경중 교수에게 아동문학 집필을 권해 주신 이재철 박사님의 제안을 받고 20여 년을 넘기고 말았다. 이 지면을 통해 죄송한 마음을 전한다. 그리고 아동문학교육 집필 계약을 한 뒤 7년 만에 탈고를 하게 되고, 거기에 표준교육과정(누리 과정)의 개정으로 인하여 다시 7년의 수정과 보완을 하게 되었다. 그동안 이 책이 나오기까지 큰 기대를 갖고 오랫동안 기다려 주신 학지사 김진환 사장님께 마음 깊이 고개 숙여 감사한다. 그리고 편집부 여러분께 진심으로 감사드린다. 마지막으로, 문학을 통하여 제자들에게 삶의 나침반이 되어 주신 (故) 김경중 교수님께 이 책을 바친다.

사랑합니다, 교수님.

2021년 7월

저자

차례

제5장 국가수준의 아동문학교육 • 107

제6장 그림책 • 141

제7장 전래문학 • 175

제8장 동시 • 209

제9장 환상동화(Fantasy) • 241

제10장 이야기와 아동소설(Fiction) • 259

제11장 극과 극 활동 • 279

제12장 정보 책과 전기문학 • 303

제3부 문학 활동

제13장 소리 내어 읽기 • 321

제14장 이야기(동화) 구연 • 331

제15장 문학을 통한 교육 활동 • 363

제16장 아동문학 평론 • 391

제1부
아동문학의 이론적 기초

제1장 문학이란 무엇인가

제2장 아동문학이란

제3장 아동문학교육이란

사계절 이야기

벚꽃 팝콘(백유연)

풀잎국수(백유연)

낙엽 스낵(백유연)

사탕트리(백유연)

제1장 문학이란 무엇인가

개관

지금까지 영유아문학 · 아동문학에 관한 저서들은 영유아의 문학 또는 아동의 문학이라는 기본적인 전제에서 그 내용을 다루어 왔다. 그래서 문학의 본질적 특성에 관한 올바른 접근과 이해보다는 아동의 교육을 위한 수단으로서 도구적인 목적과 동기에서 그 내용이 다루어져 왔다. 그러나 아동문학을 그 고유한 본질적 특성에 맞게 접근하기 위해서는 문학의 본질과 특성에 관해서 먼저 올바른 이해가 선행되어야 할 것이다. 그러므로 제1장은 '문학이란 무엇인가'라는 물음에 대해서 올바른 대답을 할 수 있는 이해를 위해서 쓰였다. 이 같은 이해는 아동문학을 이해하는 매우 중요한 기초가 되기 때문이다.

학습목표

- 문학의 정의를 이해한다.
- 문학의 언어적 개념 및 특성을 이해한다.
- 문학의 가치와 기능을 이해하고 설명할 수 있다.
- 문학에 대한 이해를 통해 문학 작품에 대한 감동을 체험할 수 있다.

–휘파람(김춘자, 1994)

제1장 / 문학이란 무엇인가

제1절 문학의 본질

모든 예술 작품은
거울에 비추는
사물과 같습니다.
그리고
그 거울은
우리네 인간입니다.

-메리 헤스켈

1. 문학의 정의

문학이란 무엇인가?

그 명쾌한 대답은 있는 것인가?

있다면 무엇인가? 어디에서 어떻게 찾을 것인가?

문학을 한마디로 정의한다는 것은 마치 인생을 한마디로 단정하는 것과 다를 바 없다. 그렇지만 단도직입적으로 묻는 사람이 많이 있으니까 또 그렇게 대답하는 사람도 있기 마련이다. 어떤 이는 문학을 '인간학' 또는 '인생'에 비유하기도 하고, 역

으로 인생을 '문학'에 비유하기도 한다. 문학을 라틴어나 한자어의 어원을 중심으로 볼 때는 '문자나 문장'을 의미하기도 한다. 그러나 언어라는 표현 수단을 강조할 때는 '가치 있는 체험의 기록' '언어를 매체로 한 인생의 표현' '언어의 예술' 등으로 정의하는 사람도 있다.

이 밖에도 문학의 정의는 많고도 다양하다. 그럼에도 문학에 대한 이해는 아직도 멀기만 하다. 그래서 문학을 좀 더 구체적으로 정의하기 위해 문학을 이루고 있는 본질적인 요소를 살펴보기로 한다. 문학의 본질적 요소에 대해서도 문학을 바라보는 사람의 관점과 주관에 따라 여러 가지 견해가 있다. 필자는 윈체스터와 허드슨(Winchester & Hudson, 1958)이 문학의 본질적인 요소로 제시한 '정서, 사상, 상상, 형식'을 중심으로 문학을 정의하고자 한다.

문학의 요소: 정서(Emotion), 사상(Thought), 상상(Imagination), 형식(Form)

문학은 궁극적으로 인간을 탐구하는 것이며, 인간의 삶 속에서 전개되는 인간과의 관계 속에서 겪는 정서와 사상을 주제로 삼는다. 그리고 작가의 언어적 상상력을 통해서 작품은 문학의 장르라는 형식으로 나타난다.

여기서 정서와 사상은 문학이 그리고자 하는 작품이 내용이라는 그릇에 담겨 있고 상상은 작가의 문학적 역량과 개성의 표현이다. 그리고 형식은 작가가 언어라는 도구로 빚어 낸 '예술적 형상' 또는 '장르'를 의미한다고 할 수 있다.

그래서 이와 같은 문학의 구성 요소를 근거로 하여, 문학이란 무엇인가라는 물음에 한마디로 대답한다면 다음과 같은 정의가 가능하다.

문학이란 인간의 정서와 사상을 작가의 언어적 상상력으로 표현한 예술 작품이다.

– 손 큰 할머니의 만두 만들기(채인선 글, 이억배 그림)

2. 문학의 언어적 개념 및 특성

앞에서 필자는 문학을 "인간의 정서와 사상을 작가의 언어적 상상력으로 표현한 예술 작품"이라고 정의했다. 그러나 이 같은 정의를 이해했다고 해서 누구나 다 곧바로 문학을 알 수 있는 것은 아니다.

문학을 한마디로 정의하려는 것은 마치 인생을 한마디로 단정하려는 것만큼이나 무모한 시도이다. 그럼에도 불구하고 그렇게 시도하는 것은 한편으로 그런 시도가 필요하기 때문이다. 예를 들어, 경부고속도로 호법 분기점에서 "전주 어디로 가요?"라고 묻는 운전자에게 완주군과 익산, 군산, 김제 등 인접 도시에서 진입하는 상세한 로드맵을 설명하는 것은 큰 도움이 되지 않는다. 그에게는 "경부고속도로에서 호남고속도로를 타라."라는 한마디의 정보가 더 필요하다. 이것은 마치 우리가 지도를 볼 때 상세도보다는 전체를 한눈으로 볼 수 있는 전도가 필요할 때가 있는 것과 같다. 그러나 전체를 한눈으로 파악하는 전도를 본 다음에는 반드시 세세한 상세도가 필요해진다. 이 같은 맥락에서 문학의 정의에 이어 문학의 개념 및 특성을 구체적으로 살펴보기로 한다.

모든 문학은 본질적으로 인간을 탐구하는 예술이다. 문학에 등장하는 주인공이 사람이든 동물이든, 생물이든 무생물이든, 문학의 관심 사항은 결국 인간을 탐구하여 인간 보편의 진실(아름다움)을 찾아내는 데 있다. 그것은 막심 고리키(Maxim Gorkii, 1984), 세이코 다케히코의 『문학론』(1983)이나 프랑수아 모리아크(Francois Mauriac)의 『소설론』(1984)에 잘 강조되고 있다.

인간학으로서의 문학은 인간의 희망과 행복이 성취되고 끝없는 믿음과 사랑이 모두 승리한다는 높은 이상과 휴머니즘이다. 뛰어난 문학은 인간의 갈등과 좌절을 현실(리얼리즘)의 눈으로 포착하여 환상적으로 묘사하면서 따뜻한 인간의 마음으로 위로하고 주인공의 상처나 아픔을 나의 아픔으로 받아들이는 인도적인 모습을 보여 준다.

『피노키오』의 작가 콜로디(Carlo Collodi)는 주인공의 인간적 나약함을 하나하나 들어 중재하면서 그 나약함에서 구원하여 인간으로 다시 태어나게 한다. 톨스토이가 문학을 종교라고 한 것은 인간의 믿음과 사랑이 통하는 문학은 인간의 부끄러움, 악함, 어리석음으로부터 구원을 제시하는 인간의 문제를 다루기 때문이다.

문학은 인간학으로서 따뜻한 마음으로 바라본 인간에 대한 탐구이면서 또한 언어로 창조한 예술이다. 음악이 음을 사용하고, 회화는 그림 도구나 색의 농담(濃淡)을 사용하고, 조각은 점토나 돌, 나무를 사용해서, 눈으로 보고 귀로 듣고 손으로 접할 수 있는 형상을 만들어 내듯이, 문학은 말을 사용해서 형상을 만들어 낸다.

형상이란 글자 그대로 형(形)과 상(象) 모두 형태, 모습, 모양을 의미한다. 자연에 있는 모든 것은 상태와 모습을 가지고 있지만, 자연 그대로의 모습을 형상이라고 부르지는 않고 인간의 손에 의해 만들어진 상태와 모습을 형상이라고 한다. 이러한 형상이 그것을 접하는 인간에게 아름다움을 느끼게 하고 인간이 그 진실에 감동될 때 그것을 예술적 형상이라고 부른다.

그러나 문학 형상은 음악이나 회화 조각의 형상과 달리 독특한 특징이 있는데, 음이나 색은 그 자체가 절대적인 고유의 실체를 지니고 있지만 말은 그 자체가 절대적인 고유 실체를 갖고 있지는 않다. 문학은 사물의 실체가 아닌 어떤 의미를 지닌 언어를 통해서 형상을 창조하는 예술이다.

그래서 문학이란 예술은 언어의 의미를 아는 것이 그 감상의 첫걸음이다. 그러나 논리적이거나 개념적인 언어의 의미를 아는 것만으로 미적 감동이 일어나지는 않는다. 독자가 문학을 통해서 예술적 감동을 얻기 위해서는 문장을 읽어 가며 극의 상황을 생각하고, 인물의 생각이나 심정을 하나하나 헤아려야만 한다.

이처럼 문학 형상은 우리의 눈이나 손으로 직접 포착하지 못하고 독자의 사고력이나 상상력을 움직여서 간접적으로 자신의 머릿속에 묘사해 내야만 하는데, 이것이 문학의 어려움이며 독특한 특성이다.

사랑한다는 말은 가시덤불 속에 핀 하얀 찔레꽃의 한숨 같은 것.
내가 당신을 사랑한다는 말은 한 자락 바람에도 문득 흔들리는 나뭇가지.
당신이 나를 사랑한다는 말은 무수한 별들을 한꺼번에 쏟아내는
거대한 밤하늘이다.
어둠 속에서도 환히 얼굴이 빛나고 절망 속에서도 키가 크는 한마디의 말.
얼마나 놀랍고도 황홀한 고백인가. 우리가 서로 사랑한다는 말은.

–이해인 「황홀한 고백」

이해인의 「황홀한 고백」은 사랑을 고백하는 순간 쉽게 말하기 어려운 수줍고 안타까운 순백의 감정을 '가시덤불 속의 하얀 찔레꽃의 한숨', 변덕스러운 우리의 사랑 고백을 '한 자락 바람에 흔들리는 나뭇가지', 나를 사랑한다는 고백을 듣는 순간의 황홀한 마음을 '무수한 별들을 한꺼번에 쏟아내는 거대한 밤하늘'이라는 말로 그려 내고 있다. 또 다른 시 한 편을 통해서 문학의 언어가 암시하는 개념과 특성을 살펴보자.

한 송이 국화꽃을 피우기 위해
봄부터 소쩍새는
그렇게 울었나 보다.

한 송이 국화꽃을 피우기 위해
천둥은 먹구름 속에서
또 그렇게 울었나 보다.

그립고 아쉬움에 가슴 조이던
머언 먼 젊음의 뒤안길에서
인제는 돌아와 거울 앞에 선
내 누님같이 생긴 꽃이여.

노오란 네 꽃잎이 피려고
간밤엔 무서리가 저리 내리고
내게는 잠도 오지 않았나 보다.

–서정주「국화 옆에서」

문학의 내용은 우리 인간이 살아가면서 느끼고 겪게 되는 사랑, 감사, 기쁨, 슬픔, 괴로움, 노여움, 싫음, 두려움, 시기, 질투와 같은 정서와 현실 생활에서 겪게 되는 수많은 상황 속에서 그것을 바라보는 견해, 주관, 느낌, 방법 등의 생각이다.

하지만 이 같은 생각만으로 문학이 되는 것은 아니다. 어느 날 탐스럽게 피어 있는 국화꽃 한 송이를 보고 아름다운 꽃에 대한 어떤 감동(정서)이 일어나고, 그 꽃 한 송이가 피기까지 수많은 노력과 고통이 있었겠구나 하는 생각을 했다고 하자. 그래서 "한 송이 국화꽃을 피우기 위해 누군가의 노력과 수많은 고통이 있었나 보다."라고 표현한다면 이런 글을 시나 문학이라고 할 수는 없을 것이다. 그렇기 때문에 작가는 독창적인 상상력을 동원하여 "한 송이 국화꽃을 피우기 위해, 봄부터 소쩍새는 그렇게 울었나 보다."라고 표현한다. 서정주의 「국화 옆에서」라는 시는 국화꽃 피는 것과 소쩍새 울음소리는 아무런 관계도 없지만, 국화꽃 한 송이가 피는 것도 결코 우연이 아니라는 새로운 의미와 이미지를 공감하게 한다. 그래서 이 시는 오래오래 우리에게 문학적 감동을 주고 있는 것이다.

– 나의 원피스(니시마키 가야코)

이처럼 정서나 사상은 작가의 상상력이라는 환상의 세계를 통해서 예술의 언어로 표현될 때, 언어는 문학이라는 예술 작품으로 다시 태어나는 것이다.

이상의 내용을 요약하면, 문학의 언어적 개념 및 특성은 다음과 같다.

- 문학은 인간의 마음, 즉 정서와 사상을 언어로 표현한다.
- 문학은 정서와 사상을 단순하게 언어로 기술하는 것이 아니라, 상상력을 통해서 형상과 이미지를 창조한다.
- 문학은 언어로 표현한 예술이다.
- 문학의 언어는 상징과 암시, 은유 등의 다양한 언어적 기법을 사용하여 표현된다.

– 그림 형제의 전래동화(헬가 게버트)

 제2절 문학의 의의와 기능

때론

우리의 영혼이 알고 있는 것을

우리들 스스로는 알지 못합니다.

스스로 생각하고 있는 것보다

우리는 무한히 더

위대한

존재들입니다.

– 칼릴 지브란

1. 문학의 의의

지금까지 "문학은 인간의 정서와 사상을 작가의 언어적 상상력으로 표현한 예술 작품"이라 정의하고, 문학 작품을 이해하기 위해 인간을 탐구하는 예술에 초점을 두고 설명했다. 그러나 이것으로 '문학이란 무엇인가?'라는 물음에 대답하기란 아직도 미진한 것이 너무 많다. 문학이 인간의 탐구라면 그 같은 탐구를 통해서 문학은 우리 인간에게 어떤 의미를 주는가? 문학의 의의와 기능을 좀 더 구체적으로 살펴보자.

레베카 루켄스(Lukens, 1982)는 '문학이란 무엇인가?'라는 물음에 대해서 문학의 첫 번째 동기는 즐거움이고, 두 번째 동기는 인간에 대한 이해라고 정의하고 문학의 의의를 다음과 같이 제시하였다.

첫째, 문학은 인간 행동의 동기를 보여 준다.

문학은 독자들로 하여금 허구의 등장인물과 동일시하도록 또는 반응하도록 초대함으로써 사람들이 무엇을 위해 살아야 하는가에 대한 인간 행동의 동기를 보여 준다. 우리는 문학 작품에서 등장인물의 마음속이나, 심지어 등장인물 자신도 모르는 잠재의식까지도 들여다본다. 과거와 현재의 상황 그리고 등장인물의 허구의 세계로부터 나온 세부 사항에 관한 작가의 주의 깊은 선택을 통해서, 우리는 등장인물의 행위와 원인을 분명히 보게 된다. 선택된 이런 세부 사항들 속에서 우리는 우리와 우리 자신의 삶과 어떤 유사성을 보게 되면 고개를 끄덕이고 등장인물과 동일시한다.

그래서 우리는 그 행위의 동기를 이해하고 그 행동이 정당화될 수 있다고 느낀다. 또는 등장인물이 보지 못하는 판단과 실수를 바라볼 때, 우리는 인간을 좀 더 이해하게 된다. 그리고 우리가 부정하거나 비난하는 일들이나 혹은 우리 자신의 실수를 되돌아볼 때, 우리는 인간에 대한 보다 넓은 이해와 동정심을 갖게 된다.

– 손 큰 할머니의 만두 만들기(채인선 글, 이억배 그림)

둘째, 문학은 우리에게 경험의 틀을 제공해 준다.

우리가 우리의 삶을 되돌아볼 때 우리는 최고의 순간을 주목한다. '우리 처음 만난 시간'이나 심지어 '오래된 냉장고를 팔았던 날' 한때 사소하게 보였던 것이, 지금에 와서 시간상 멀리서 보면 중요하게 보인다. 이와 마찬가지로 문학의 경험은 우리 자신에 대해서 '우리가 만났던 그다음 시간'과 같은 관련 있는 에피소드들을 일관된 연속성에 배치함으로써, 우리에게 경험에 대한 질서와 형식을 주고 인생의 통합과 의미를 보여 준다.

셋째, 문학은 인생의 분열(붕괴)을 폭로한다.

우리의 인생은 우정이나 어떤 약속에 대한 의무나 물질적인 욕구에 대한 갈등을 단 하루도 겪지 않고 보내는 날이 없다. 우리는 일상생활 속에서 그러한 갈등을 수없이 경험하면서 살고 있다. 문학은 그 같은 일상의 갈등 속에서 분열(붕괴)되는 등장인물들의 모습을 보여 줌으로써 우리를 일상의 삶 속에서 분열된 삶을 살지 않도

록 도와준다. 다시 말해서, 문학은 우리가 삶 속에서 겪게 되는 우정, 탐욕, 가족, 희생, 어린 시절, 사랑, 충고, 노년, 보물, 속물근성 그리고 동정심 등과 같은 것들을 우리가 좀 더 가까이 관찰할 수 있도록 보여 준다.

넷째, 문학은 우리에게 본질에 초점을 맞추도록 도와준다.

문학은 우리가 알고 있었던 것을 새롭게 이해하게 하고 우리가 아직 알지 못하고 있는 것을 이해하게 할 뿐만 아니라, 인생에 질서를 부여하고 다양한 경험을 제공하여 비본질적인 것에서 본질적인 것을 이끌어 내도록 돕는다. 사소한 근심, 걱정, 관심으로부터 삶의 본질적인 행동, 사람, 사건에 관심을 갖고 집중하도록 한다. 그래서 우리는 보다 의미 있는 것에 관심을 갖고 흥미진진한 긴장과 갈등, 감동과 성취감을 맛보게 된다.

다섯째, 문학은 사회 제도와 관습을 보여 준다.

제도나 관습은 우리 자신을 위해 결정하고픈 것을 우리를 위해 결정한다. 직업을 결정짓는 강제력뿐만 아니라 정부, 가족, 교회, 학교와 같은 사회 제도는 우리로 하여금 사회 기준에 순응하도록 재촉하고 강요한다.

사실, 때로 사회 제도는 너무 위협적으로 보여서 제도가 우리 삶을 간섭하고 통제하고 있다고 생각할 수 있다. 그러나 약간의 제한은 한 집단이 생존하도록 필요한 질서를 세우고, 그래서 우리 사회는 필요한 제도나 관습이 생성되고 발전한다. 문학은 이 같은 사회 제도나 관습에 대해 사람들이 응하거나 투쟁하는 적절한 상황을 보여 줌으로써 제도나 관습에 대한 우리의 반응을 분명히 한다.

여섯째, 문학은 우리의 삶에 강력한 영향력을 미치는 자연의 힘을 보여 준다.

제도나 관습이 우리의 삶에 영향을 미치는 것뿐만 아니라, 자연도 또한 많은 영향을 미친다. 그래서 문학은 우리에게 영향을 미치는 자연의 강력한 힘을 보여 준다. 여름 평원에서의 토네이도, 봄철 로키산맥의 산사태, 열대 카리브해의 허리케인, 다코타 초원의 눈사태, 터키 · 그리스의 쓰나미(지진 해일) 등을 우리는 매년, 계절마다, 지역마다 일어남을 볼 수 있다. 자연은 항상 우리 삶에 영향을 미치는 자연의 효과를 우리에게 상기시켜 준다. 신경을 지루하게 하는 세찬 바람, 따분하게 만드는 강렬한 열기 또는 기분을 저하시키는 극심한 추위와 흐린 날씨 등등 자연환경은 사

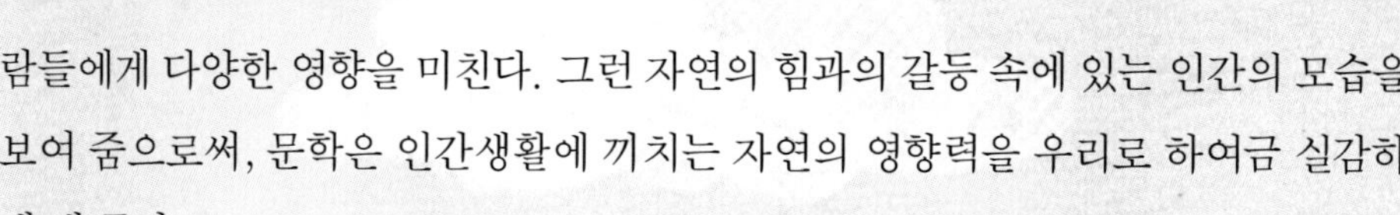

람들에게 다양한 영향을 미친다. 그런 자연의 힘과의 갈등 속에 있는 인간의 모습을 보여 줌으로써, 문학은 인간생활에 끼치는 자연의 영향력을 우리로 하여금 실감하게 해 준다.

이처럼 문학은 궁극적으로 인간의 문제를 탐구하는 것이며, 그러한 문학의 탐구는 인간 행동의 동기와 우리가 현실에서 경험할 수 없는 수많은 경험과 우리의 삶 속에서 우리가 잘 보지 못하는 우리들의 상실돼 가는 문제들을 보여 주고, 무엇이 보다 본질적으로 중요한 문제인가를 깨닫게 해 준다. 그리고 우리 사회의 다양한 제도와 관습, 인간의 모습과 자연에 대한 경외감 등을 통해서 감동을 주고, 우리가 우리 속에 잠재되어 있음에도 알지 못하고 있는 이성과 감성에 눈을 뜨도록 도와준다.

2. 문학의 가치와 기능

문학을 설명하는 데 있어서 본질, 정의, 개념 및 특성과 이해, 의의, 기능 등의 용어를 구별해서 사용하였는데, 사실 이 같은 용어는 화학 공식처럼 물질의 분자나 원자처럼 명확하게 구분되는 것은 아니다. 다만, 여기서는 문학에 대한 포괄적인 특성을 '본질'로, 문학에 대한 필자의 조작적인 간결한 설명을 '정의'로, 그리고 문학의 개념 및 특성을 좀 더 구체적으로 설명하기 위해 '의의' '기능' 등의 용어를 사용하였다.

이제부터는 문학과 사람과의 관계 속에서 문학이 우리의 마음속에서 구체적으로 어떻게 작용하면서 긍정적으로 의미를 주는가 하는 문학의 교육심리학적인 메커니즘을 문학의 가치와 기능이라고 이름 붙였다. 그리고 문학의 가장 보편적인 가치와 기능은 다음과 같다(김경중, 2003).

1) 문학의 즐거움

문학은 의도적인 생략을 제외하고는 모두 언어로 표현되지만, 언어로 표현된 것을 다 문학이라 하지는 않는다. 문학의 언어는 고도로 함축되고 절제되고 정선된 언어로, 인간 내면에 감춰져 쉽게 볼 수 없었던 탐욕과 본능, 거짓과 진실을 통해서 인간의 참된 모습과 진정한 아름다움을 그려 내는 것이다. 모든 언어는 우리 인간이 상용하는 오감각을 통해서 그 속에 이미지를 포함하는데, 특히 문학의 언어는 고도로 단련된 상상력으로 창의적인 이미지를 마술처럼 만들어 낸다. 그래서 문학은 우리를 웃기기도 하고, 울리기도 하며, 상처를 주고, 위로하고, 희망을 주고, 치료하기도 한다.

일찍이 고대 철학자 아리스토텔레스(Aristotle)는 시학에서 인생을 드라마로 간파했다. 올리버 색스(Oliver Sacks)는 "우리 모두는 인생 스토리를 지니며, 그것은 내면의 내러티브(Narrative)로서 그것의 지속성과 감각은 곧 우리의 삶이다."라고 표현했다. 이처럼 탄생에서 죽음에 이르기까지 인생은 누구나 한 편의 드라마를 만들어 가고 있다.

그런데 우리의 삶은 늘 저마다 처한 현실이라는 한계 상황 속에서 자신이 처한 현실보다는 보다 나은 이상을 꿈꾸며, 그러한 꿈이 있기에 현실이 아무리 힘들고 어려워도 그 꿈을 기대하면서 현실의 어려움을 극복해 갈 수 있는 것이다. 이 같은 우리 모두의 보편적인 꿈이 우리의 현실의 욕구와 결합하여 상상력을 통해서 픽션을 탄생시킨다. 그리고 이 픽션은 판타지와 리얼리티라는 두 가지 본질적 특성을 지니며, 그 속에서 나오는 놀라운 마력이 주는 즐거움을 독자에게 선사한다. 사람들이 누구나 픽션 속의 다른 사람의 이야기에 많은 관심을 보이는 것은 비록 그것이 사실이 아닌 가공의 이야기일지라도 픽션 속의 판타지와 리얼리티가 독자의 내면의 본질적인 욕구를 다양한 형태로 충족시켜 주기 때문이다.

넓은 의미에서 모든 문학 작품은 본질적으로 판타지와 리얼리티를 지닌 픽션이다. 비록 현장 르포나 일기, 전기 등이 사실에 근거한 기록일지라도, 그 같은 기록이 문학 작품으로 인정되었을 때는 그것은 단순한 사실의 열거가 아니라 사실의 열거

– 손 큰 할머니의 만두 만들기(채인선 글, 이억배 그림)

를 통해서 새로운 테마와 형상을 창조하는 픽션이 되는 것이다.

여기 한 어린이의 일기를 살펴보자.

> 학교에서 나는 짝꿍이 없다. 모두 다 짝꿍이 있는데 나만 없다. 쉬는 시간에도 나와 놀지 않는다. 집에 돌아왔다. 아무도 없다. 아파트 놀이터에 갔다. 나와 놀아 줄 친구가 없다. 집으로 다시 돌아왔다. 아무것도 없다. 아무도 없다. ……

이 어린이가 하루 동안 경험한 것은 학교와 놀이터, 집에서 누구와도 놀지 못한 사실만은 아닐 것이다. 그럼에도 이 어린이의 일기는 왜 '아무것도 없다.' '아무도 없다.'라는 내용만 기록하고 있는 것일까?

이 글의 독자라면 누구라도 이 어린이가 하루 종일 보고 경험한 시시껄렁한 이야기에 관심을 보일 사람은 별로 없을 것이다. 그러나 이 어린이가 기록한 '아무것도 없다, 아무도 없다.'라는 몇 줄의 기록에서는 코끝이 찡하고 눈시울이 젖어 오는 감동을 느낀다. 이 어린이의 일기에서 정말 말하려고 한 것은 그날 무슨 일이 있었는가 하는 것보다 어린이의 마음이다. '외로움과 소외감', 즉 한 어린이의 안타까운 마음을 묘사하는 데 목적이 있다.

이처럼 문학은 기쁨이나 슬픔, 선이나 악, 아름다움이나 추함 그 어떤 것이든 인간 보편의 진실함을 환상성과 현실성을 통해서 우리에게 문학적 감동과 삶의 의미를 발견하게 해 준다. 이 같은 삶의 의미를 발견함으로써 인간은 누구나 픽션이 주는 매력에 자신도 모르게 자석처럼 빠져들어 가게 되는 것이다.

다음은 우리가 잘 알고 있는 황순원의 소설 『소나기』의 한 장면이다.

> 소녀가 분홍스웨터 앞자락을 내려다본다. 거기에 검붉은 진흙물 같은 게 들어 있었다. 소녀가 가만히 보조개를 떠올리며,
>
> "그래 이게 무슨 물 같니?"
>
> 소년은 스웨터 앞자락만 바라보고 있었다.
>
> "내 생각해 냈다. 그날 도랑을 건너면서 내가 업힌 일이 있지? 그때 네 등에서 옮은 물이다."
>
> 소년은 얼굴이 확 달아오름을 느꼈다.
>
> –황순원 『소나기』

초등학교 때나 사춘기 시절 『소나기』를 읽어 본 적이 있는 한국 사람이라면 이 대목에서 전해 오는 감동이 어떠했는지 너무나 잘 알 것이다. 현란한 수식어나 자극적인 어떤 말도 없는데 가슴속에 그토록 저리게 다가오는 풋풋한 사랑의 전율. 그런

마력이 문학의 판타지와 리얼리티의 마력이며, 우리의 마음을 울려 주는 즐거움이며 슬픔이다. 그런 감동이 바로 괴테가 말한 대로 문학은 우리를 가르치지 않으면서 감동을 통해서, 스스로 변화시켜 가장 큰 가르침의 의미를 주는 문학의 가치와 기능인 것이다.

2) 동일시(Identification: 동화, 이화, 공체험) 경험

동일시는 독자가 등장인물에 자신의 감정, 사고, 성격, 태도를 투사하거나, 반대로 등장인물의 이상적인 감정, 사고, 성격, 태도 등을 자신에게서 찾아내서 내면에 섭취(Ingestion)하고 증대시켜 나가는, 문학 작품에 대한 자아의 가장 전형적인 지각 과정이다.

이 같은 동일시 과정은 문학 작품의 매력적인 주인공과 함께 웃고, 울고, 고통을 겪으면서 최후 승리의 통쾌한 기쁨을 맛보는 동화체험(Association)과, 한편 고통스런 주인공과 거리를 둠으로써 주인공이 겪는 고통을 자신과 비교하면서 상대적 안

– 휘파람을 불어요(에즈라 잭 키츠 글 · 그림)

도감을 느끼는 이화체험(Dessociation), 그리고 이 두 가지 체험을 함께 맛보는 공체험(Nutral Expreience)이 있다. 독자는 동일시 과정에서 겪게 되는 동화(同化), 이화(異化), 공체험(共體驗)을 통해서 다양한 형태로 작품에 개입하게 되고 자신을 변화시켜 가게 되는 것이다. 이처럼 문학에서 독자가 등장인물과 동화체험, 이화체험, 공체험 등과 같은 다양한 체험을 통해서 영향을 받게 되는데, 이 같은 과정이 문학이 독자의 마음을 사로잡는 중요한 과정이다. 이 같은 기능을 문학에서 함축적으로 표현할 때 동일시 경험이라 한다.

3) 감정의 해방과 정화(Abreaction & Cartharsis)

필자의 경험에 의하면, 시어머니의 혹독한 시집살이로 억압을 받았거나 며느리에 대해서 미움, 원망, 분노 때문에 무의식적으로 고통받는 할머니들에게는 전래동화 『며느리 밥풀꽃』이 많은 도움이 된다.

> 자신을 사랑해 주던 시아버지 제삿날 제삿밥을 담다 떨어뜨린 밥풀 세 알.
> 버릴 수도 없고 담을 수도 없어 고민하다 자신의 입에 넣는 순간, "네 이년!" 시어머니의 호통소리가 들린다.
> "당장 나가 죽어라!"
> 시어머니의 무서운 책망을 듣고 뒤뜰 감나무에 목을 매어 죽고 만다.

이때 실제로 할머니들의 반응은 두 가지로 나뉜다.

며느리에 동화(同化)된 할머니들은,

"아이고 어쩐다냐, 불쌍해라, 아이고 불쌍해……."

대부분 이렇게 반응한다.

그러나 미운 며느리 때문에 시어머니에 동화(同化)된 할머니들은 무서운 시어머니를 동정한다. 그래서 한숨을 내쉬면서,

"에고, 어쩔 거여……. 그냥 봐주지. 죽으란다고 죽는 여편네가 어디 있어!"

– 응가하자 끙끙(최민오)

이렇게 며느리에 대해 아쉬움과 서운함을 표현한다.

한편, 할미꽃 이야기에 대해서는 모두 비슷한 반응을 보인다.

"그러니까 추운 날 떠나긴 왜 떠나, 서운해도 꾹 참고 봄에나 떠나지, 에고 불쌍해라(한숨을 내쉬며). 그래 자식들 다 그렇지, 내 자식인들 다르겠어……. 지들도 새끼들과 해 먹고 살랑께 별 수 없겠지."

이렇게 미움, 원망, 분노와 서운함을 다 털어놓는다. 『콩쥐팥쥐』 『백설공주』 『흥부놀부』에서 독자는 콩쥐, 백설공주, 흥부에 동일시하여 주인공과 함께 고통을 참아 내고 마침내 승리하면서, 자신의 마음속에 억눌린 감정을 해방시키고 씻어 낸다. 이처럼 문학은 독자의 내면에 쌓인 감정을 해방시켜 주고 정화시켜 주는 역할을 하게 되는 것이다.

4) 통찰과 리프레이밍(Insight & Reframing)

사람들은 문학과의 만남을 통해서 자신들이 지금까지 직접 경험해 온 삶을 보다 다양한 시야에서 조망하게 된다. 자신들이 지금까지 알지 못했던 세상과 사람에 대

– 마술 거울 속에서(폴 클레, 1934)

한 새로운 코드를 해석하고 보다 잘 이해함으로써 자신의 무지와 편견으로부터 벗어나 새로운 안목을 갖게 된다.

동화 『며느리 밥풀꽃』에서 어린이가 시어머니와 며느리의 입장을 객관적으로 이해하는 능력이 생기거나 할아버지, 할머니들이 "아이고 죽기는 왜 죽어, 그까짓것 좀만 참으면 될 것을. 시어미는 안 죽나, 결국 시어미가 먼저 죽을 텐데……." 하며 자신이 투사된 며느리의 고통스런 심정을 객관화시킴으로써 문제를 문제로 보지 않고 넓은 안목으로 통찰하는 능력을 갖게 되는 것이다.

문학과의 만남을 통해서 독자는 지금까지 직접 경험해 온 삶을 보다 다양한 시야에서 조망하게 된다. 자신들이 지금까지 알지 못했던 세상과 사람에 대한 새롭고 다양한 정보를 통해서 지금까지 자신이 사용해 오던 생각의 지도를 다른 사람과 비교분석하기도 하고, 잘못된 생각이나 왜곡된 정보들을 수정하고 사물이나 현상 관계와 본질에 대해서 보다 잘 이해함으로써 자신의 무지와 편견으로부터 벗어나 새로운 안목을 갖게 된다. 이렇게 해서 얻어지는 능력이 바로 통찰이다.

어린이는 성인이나 노인에 비해 인생의 경험과 세상에 대한 이해가 부족하다. 그러나 문학 작품을 통해서 간접적으로 다양한 경험을 하게 되고, 그러한 경험은 사람과 세상에 대한 이해를 돕는다.

문학은 이렇게 우리 자신이나 어느 누구의 삶을 복사한 이야기가 아니면서도 은유와 상징, 상상력을 통해서 우리 모두의 삶을 함축적으로 제공하는 삶의 의미와 정보를 두루 갖춘 매력적이면서 복잡한 그물망이다.

그래서 문학과의 만남은 지금까지 왜곡되고 편협한 자신과 세상에 대한 통찰과 생각의 구조를 다시 형성하게 해서 자신에 대한 존중감, 감사와 기쁨, 사랑, 세상에 대한 아름다움을 발견하게 되고, 지금까지 잃어버린 행복감을 회복하게 되는 것이다.

제3절 문학의 구성 요소

시인은 사물에서 기쁨을 찾아내서

다른 사람들의 마음속에 그 기쁨을 전해 주는 사람이다.

–조지 맥도날드

지금까지 문학이란 무엇인가에 대한 문제에 접근하기 위해서 문학의 본질과 문학의 의의와 기능에 대해서 살펴보았다. 이 절에서는 문학의 이해에 대한 탐구의 마지막 시도로서 문학을 구성하는 구성 요소를 살펴보기로 한다.

문학을 형성하는 요소 역시 바라보는 관점과 표준에 따라 다양한 주장이 있는데, 윈체스터와 허드슨(Winchester & Hudson, 1958)은 문학의 요소들을 정서, 사상, 상상, 형식으로 제시하고 있다.

이 같은 요소를 중심으로 필자는 정서나 사상을 상상력을 통해서 언어로 그린 예술 작품이라고 문학을 정의했다. 이와 같은 문학적 정의의 중요한 구성 요소가 되는 정서, 사상 그리고 상상에 대해서 보다 구체적으로 살펴보기로 한다.

1. 정서

정서란 우리가 잘 알고 있는 바와 같이 '희로애락의 감정 상태'로, 어떤 외적 자극이나 개체의 내적 조건에 의해 일어나는 변화를 계기로 동요되고 흥분될 때 경험하게 되는 생리적 또는 심리적 현상이다. 출생 직후 신생아의 정서는 미분화된 쾌, 불쾌의 흥분 상태에서 웃음이나 울음으로 표출된다.

그러나 이 같은 정서는 차츰 괴로움, 노여움, 혐오, 공포, 질투와 같은 부정적인 정서와 기쁨, 애정, 사랑과 같은 긍정적인 정서가 2세 이후부터 유아기에 다양하게 발달한다. 그런데 영유아기에 나타나는 정서는 청소년기나 성인기에 나타나는 정

– 초원에 부는 바람(오명희, 1996)

서와는 달리 일시적이며, 강렬하고, 빈번하며, 변화가 심하다.

한편, 정서는 인간의 성격을 형성하는 구성 요소일 뿐만 아니라 행복과 불행, 성공과 실패 그리고 삶의 질을 좌우하는 결정적인 요소다. 그래서 영유아기의 정서 발달 과제는 영유아가 다양한 정서를 체험하는 일과 다양한 정서를 적절하게 조절하는 일이다.

그런데 영유아가 살고 있는 현실은 이 같은 다양한 정서를 영유아에게 효과적으로 적절하게 경험하게 할 수 없으며 기쁨과 사랑, 행복, 슬픔, 미움, 불행과 같은 정서를 다 설명할 수도, 가르칠 수도 없다. 그러나 『콩쥐팥쥐』 『잠자는 공주』 『백조왕자』와 같은 전래동화나 『아빠 돼지의 멋진 방귀』(가또노 에이꼬, 1997), 『누가 내 머리에 똥 쌌어』(베르너 홀츠바르트, 1993), 『아롱이와 다롱이』(김경중, 1998) 등의 창작동화 속에서 영유아는 내적 갈등과 이에 따른 다양한 정서를 체험하고 조절하는 방법을 배우게 된다.

그래서 영유아 · 아동 문학은 그들의 내면에 있는 주관적인 희로애락의 다양한 정서를 표현하는 것이다.

2. 사상

사상은 정서와 함께 문학이 표현하려는 핵심이 되는 내용이다. 모든 문학은 반드시 어떤 형태의 정서와 사상을 말하고 있다. 그런데 어떤 문학 작가 중에는 "영유아 · 아동 문학에서 어린아이를 대상으로 하는 문학이 무슨 사상이 담겨 있겠는가? 사상성이 있을 수 없기에, 엄밀하게 말해서 영유아 · 아동 문학은 문학의 범주에 들어갈 수 없다."라는 말을 서슴없이 하고 있는 사람도 있다. 그러나 이 같은 주장은 영유아 · 아동 문학에 대한 편견이나 무지의 표현일 뿐이다.

어떤 작품이라도 모든 영유아 · 아동 문학 작품에는 반드시 작가가 표현하고자 하는 주제와 사상이 담겨 있다. 한 예를 들어, 김경중의 『아기 고슴도치와 친구들』(1996)의 줄거리를 통해 주제와 사상을 살펴보기로 한다.

– 괴물들이 사는 나라(모리스 센닥)

- 아름다운 동산에서 부드러운 털을 가진 아기 고슴도치들이 신나게 놀다가 아기 고슴도치 한 마리가 나뭇가지에 찔린다.
- 나뭇가지에 찔려 울고 들어온 아기 고슴도치의 거짓말에 부모 고슴도치들이 가시 달린 옷을 입혀 준다.
- 가시옷을 입은 아기 고슴도치가 친구들을 마구 찔러 준다. 그러자 다른 고슴도치들이 울며 집에 들어간다.
- 모든 아기 고슴도치가 가시옷을 입고 있어서 서로 뒹굴며 놀 수 없어 뿔뿔이 흩어진다.
- 외롭고 쓸쓸한 아기 고슴도치 두 마리가 서로 만나 반가워서 꼭 껴안다가 싸우고 다시 헤어진다.
- 호숫가에서 자신들의 가시를 발견한 두 마리 아기 고슴도치들이 서로 친구를 찾아 나선다.
- 자신이 찌른 가시에 아파하는 친구를 서로 위로하며 다시 부드러워진 두 마리 고슴도치의 행복한 포옹과 함께 달님이 두둥실 떠오르고 달맞이꽃이 예쁘게 피어난다.

주제란 작품에 묘사되어 있는 생활 현상의 카테고리이다. 필자의 경험에 의하면, 아이들이 밖에서 놀다가 친구들에게 맞고 들어 왔을 때 부모들의 반응은 대부분 "바보같이 왜 맞고 오니. 너도 이제부터는 맞지 말고 때려 줘라!"였다. 또 서로 싸우고 있는 두 아이에게 왜 싸우냐고 물었을 때 유아가 서슴없이 이렇게 대답했다. "걔가 먼저 때려서요!" "아니요, 나는 살살 때렸는데 걔는 더 세게 때려서요!" 이 두 가지 사건이 작가가 경험한 이 작품의 모티브(동기)이다.

이러한 작가의 모티브는 실제 작품에서 가시옷을 입혀 주는 부모와 서로 자신의 가시는 보지 않고 찌르는 상대방의 가시만 탓하는 고슴도치로 묘사되었다. 이 같은 모티브(동기)에 의해서 작가는 '진정한 사랑과 행복을 우리는 어디에서 찾을 것인가?'라는 문제를 주제로 채택하고 있다. 다시 말해서, 이 작품의 주제는 '남의 허물'보다 나 자신의 허물을 발견하고 남의 허물까지 덮어 두는 것이 사랑이고 행복이라는 것이다.

이러한 주제는 물론 유아에게는 매우 어려운 문제이기 때문에 이 어려운 주제를 설명하게 하거나 강요할 필요는 전혀 없다. 다만, 유아가 이러한 주제를 눈치채든지 못 채든지 간에 작가는 이러한 주제를 예문과 같은 장면을 통해서 줄거리를 전개하고 있는 것이다.

그러면 이러한 주제를 가진 이 작품에서 말하고자 하는 사상은 무엇인가? 영유아 · 아동 문학에서 사상이란 너무 어렵게 생각할 필요가 없다. 사상이란 작품에서 묘사되어 있는 사물이나 현상에 대한 견해, 생각, 느낌, 방법을 말한다.

"어떻게 하면 좋을까?"라는 물음에 대해서 "좋은 주인공처럼 하는 것이 좋다."라는 것이 작품의 사상이다. 그래서 "가시를 달아 주는 부모같이 되지 말고, 서로 상대방의 가시까지도 감싸 주는 주인공처럼 하는 것이 좋다."라는 것이 이 작품에서 말하고자 하는 사상이다.

인간은 누구나 함께 어울려 사랑하고 사랑받고 행복해지고 싶다는 마음을 갖고 있다. 이것이 바로 이 작품의 이상이요 또 모든 작품이 지향하는 이상이기도 하다. 그래서 이 작품은 모든 어린이가 사랑하고 행복해지고 싶다는 이상을 갖고 있다고 보고, 사랑과 행복을 주제로 주인공의 나쁜 행동을 본받지 말고 좋은 행동을 본보기 삼아야 한다는 것이 이 작품에서 나타내고자 하는 사상인 것이다.

이처럼 모든 영유아 · 아동 문학 작품은 작품의 주제와 사상을 담고 있다.

3. 상상

우리가 지금 하고 있는 일과 삶의 위치는 먼저 누군가 그것을 상상했기 때문에 이루어진 것이다. 유아교육사전(1996)에 의하면, "상상이란 현실로 존재하지 않는 것 또는 현실적인 존재와는 판이하게 다른 것을 마음속에 떠올리는 것을 의미한다."라고 말하고 있다. 즉, 상상(Imagination)은 과거의 경험을 통해서 얻어진 심상을 재구성하여 그 개인에게 현실적이지 않은 새로운 심상을 만드는 일을 말한다. 상상은 의

식적 기능처럼 행동으로부터 생기는데, 영유아에게 있어서 상상은 놀이를 촉진시켜서 영유아의 인지, 사회, 정서 그리고 신체 발달을 꾀하고, 특히 창의성 발달과 높은 상관관계가 있다. 이 같은 내용을 요약하면 상상은 다음 세 가지로 요약된다.

첫째, 현실 세계와 무관한 환상 활동
둘째, 여러 가지 문제 해결 방법의 상태에서 발생하는 기능적 사고
셋째, 새로운 것을 발명해 내는 창조적 사고의 형태로 논픽션을 제외한 모든 문학 텍스트를 이루고 있는 픽션

이 픽션의 세계는 실재하든지 않든지, 현실에서 유용하든지 않든지 상관없이 작가의 상상력을 통해서 창조된다. 그러나 이 같은 상상력을 통해서 창작한 세상이 무작정 만들어지는 것은 아니다. 작가의 상상력은 작품의 질과 불가분의 관계가 있으며, 아동문학에서의 상상력은 독자 아동의 문학적 감동과 관련되며 창조적인 사고력을 형성하는 문학의 기능과도 깊은 관련이 있다. "인간의 상상력은 문학적 상상력의 한계를 극복할 수 없다."라는 말은 문학이 얼마나 뛰어난 인간의 상상력의 소산인가를 잘 표현하는 말이다.

우리 인간의 눈에 보이지 않는 것을 눈에 보이는 현실로 만들어 낼 수 있는 창의성과 독창성은 바로 상상력에서 나온다. 우리가 살아가면서 크고 작은 목표를 세우고 살아가는 것도 현실이 아닌 욕망을 이루고자 하는 상상력이 있기 때문이다. 그래서 상상은 꿈을 만들어 내고, 꿈을 염원하고 에너지를 집중시켜 그 꿈을 이루게 되는 것이다. 미국의 한 수학 교수는 "인간은 기계를 단 기구를 타고 하늘을 날 수 없다."라고 말했지만, 날마다 하늘을 나는 상상을 하던 라이트 형제는 그해 기계를 달고 하늘을 날았다. 기자가 물었을 때 형제는 이렇게 대답했다. "하나님은 우리에게 날개를 달아 주지 않았지만 하늘을 나는 꿈을 주셨다."

이렇게 문학은 처음부터 우리 인간의 상상의 소산이기 때문에 문학이 만들어 내는 상상은 무수히 많은 심상, 즉 이미지를 만들어 낸다.

문학적 상상이 만들어 낸 이미지는 우리의 일상생활에 그대로 살아 있다. 피노키

– 피레네 산맥 위의 섬(르네 마그리트, 1961)

오, 피터팬, 후크선장, 로빈슨 크루소, 스크루지, 백설공주, 인어공주, 콩쥐팥쥐, 흥부놀부, 이티, 반지의 제왕, 해리포터 등과 같은 인물뿐만 아니라 과자의 집, 마녀의 집, 난쟁이의 집, 보물섬, 앨리스시티, 쥬라기 공원, 비행접시 등 이루 헤아릴 수 없이 많다. 장 드 브룬호프(Jean De Brunhoff, 1978)의 작품에 나오는 일러스트레이션이나 니시마키 가야코(1989)의 원피스 모습은 인간의 상상력이 가져다주는 놀라운 감동을 발견하게 해 준다.

4. 형식

"형식 속에 내용이 있다."라는 말은 문학에서도 예외가 아니다. 형식은 내용을 담는 그릇과 같다. 문장의 형식을 구분할 때 '운문'과 '산문'이 있고, 문학의 형식을 나눌 때 시, 소설, 수필, 희곡 등의 장르가 있다. 문체에도 간결체와 만연체와 같은 서로 다른 형식이 있고, 작품을 묘사하는 시점, 시각의 표현 형식에 따라 '1인칭 시점' '3인칭 시점' 등과 같은 형식이 존재한다.

그러나 형식은 단순히 작품의 모든 내용이나 제재를 담는 용기가 아니라, 작품의 내적으로 관련된 부분들의 구조에 대한 다음과 같은 특성을 지닌 문학의 본질적인 구성 원리다.

- 제한된 의미로서 형식은 문학의 장르나 운율, 시행, 각운 등의 운문 형식, 연의 형식 등 문학의 형식적 기능을 가리킨다.
- 문학의 형식은 단순히 재료를 기계적으로 구성한 틀이 아니라 통일성과 필연성에 의해 유기적으로 형성된 틀이다.
- 문학의 형식은 작가에 의해 창조되고 개발되며, 작품의 구조와 문체, 표현 기법 등 문학의 예술성과 아름다움을 결정하는 요소다.

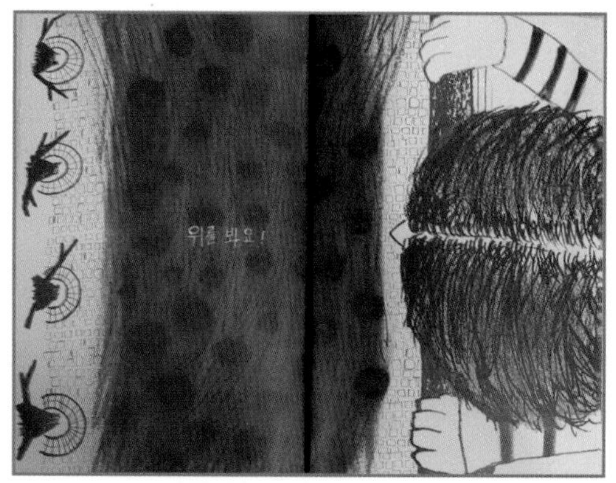

– 위를 봐요(정진호)

연구문제

1. 문학의 구성 요소를 적어 보고, 설명하시오.
2. 문학의 의의를 기술하시오.
3. 『아기 고슴도치의 친구들』(1996)의 줄거리를 통해 주제와 사상을 알아보시오.

제2장 아동문학이란

개관

제2장은 제1장에서 살펴본 문학에 대한 이해를 바탕으로 아동문학에 관한 이해를 위해 쓰였다. 숲을 보고 나무를 바라보았을 때 나무를 보다 더 객관적으로 잘 이해할 수 있기 때문이다. 제2장의 핵심 내용은 문학과 아동문학의 비교, 아동문학의 개념 정의, 아동문학의 가치와 중요성에 초점을 두었다.

학습목표

- 문학과 아동문학을 비교할 수 있다.
- 아동문학의 정의와 특성을 이해한다.
- 아동문학의 가치와 중요성을 이해하고 설명할 수 있다.

– 손 큰 할머니의 만두 만들기(채인선 글, 이억배 그림)

제2장 / 아동문학이란

제1절 아동문학

내가 너를 꽃이라 불렀을 때
너는 내게 와서 꽃이 되었고
내가 너를 별이라 불렀을 때
너는 나에게 다가와 별이 되었네

–김경중「누가 꽃이 되고 별이 되었을까」

1. 문학과 아동문학

앞에서 문학을 "인간의 정서와 사상을 작가의 언어적 상상력으로 표현한 예술 작품"이라고 정의했다. 이런 문학의 정의는 아동문학이나 영유아문학, 그 밖의 특수문학에도 똑같이 적용된다. 그럼에도 불구하고 우리는 그동안 문학과 아동문학, 문학과 영유아문학이라는 말에 너무나 많은 거리감을 두어 왔다. 심지어 어떤 성인문학 작가는 아동문학이나 영유아문학은 문학이 아니라는 말을 공공연히 하기도 했다.

그러나 어떤 작가가 성인을 의식하고 성인을 대상으로 작품을 썼지만 그것이 어린이의 마음을 사로잡는 문학 작품이 될 수도 있고, 역으로 어린이를 의식하고 어린이를 등장시키고 동화의 형식을 빌려 작품을 썼어도 그 뛰어난 문학성과 심오한 철

학이 어린이나 또는 어린아이보다는 성인 독자를 감동시키는 훌륭한 성인문학이 될 수도 있는 것이다. 음식으로 예를 들면, 자칫 우리가 음식을 구별할 때 어떤 것이 성인의 음식이고 어떤 것이 아동의 음식인가를 이분법으로 양분할 수 있는 절대적인 기준이 없는 것과 같다. 아동이 소화하고 흡수하고 성장 발달에 도움이 되는 것은 아동의 음식이 될 수 있지만, 때로는 성인이 어린이와 같은 이유식이나 소화가 잘 되는 음식이 필요할 때 그것은 또한 성인의 음식이 될 수 있는 것이다.

그러나 아동에게 담배를 피우게 하거나 매운 고추나 커피를 주는 사람이 없듯이 문학 작품에서도 그런 상식적인 경계는 있다. 문학은 그 대상을 심리적 · 정서적으로 적합한 성장 발달의 단계로 나눌 때 영유아기, 아동기, 청소년기, 성인기로, 대상과 관련해서 구분할 때 영유아문학, 아동문학, 청소년문학, (성인)문학이란 용어로 사용되어 왔다.

아동문학을 문학의 본질적 개념으로부터 벗어난 하위 문학이나 독립된 특수문학의 영역으로만 보는 것은 잘못된 편견이다. 아동문학이란 말은 "영유아기 · 아동기라는 대상의 성장 발달과 초기 단계의 특수성을 강하게 의식하며 사용된 문학"을 의미한다. 그러므로 "아동문학은 문학이 지니는 본질적 특성을 지니고 있으면서 아동이라는 독자 대상의 특성과 요구에 부응할 수 있도록 쓰였거나 아동에게 적합한 것으로 선택되고 받아들여진 문학"이다. 다음에서 그 개념을 보다 명확하게 정리했다.

2. 아동문학의 정의

지금까지 아동문학의 개념은 통합적으로 일반화되지 못하고 매우 다양하게 정의되어 왔다. 한국 아동문학의 이론적인 토대를 마련한 문학자들은 아동문학을 아동 또는 동심을 그리워하는 성인을 대상으로 하는 문학 또는 동화, 동시, 동극 등 문학 장르의 총칭으로 정의했다(이재철, 1983; 석용원, 1982).

한편, 유아문학은 1980년대부터 유아문학 교재가 출간되면서 출생에서 8세까지 유아를 대상으로 하는 문학이라는 주장이 주류를 이루었다(이상금, 장영희, 1986). 아

– 휘파람을 불어요(에즈라 잭 키츠 글 · 그림)

동문학은 일반적으로 대상 연령을 출생에서부터 15세까지로 보는 것이 가장 보편적이다(Charles Temple, 1998). 영유아문학은 우리나라에서 그 대상을 출생에서 8세까지의 유아기를 대상으로 한다.

그러나 아동문학이란 용어는 1980년대 이후 유아교육계에서 사용하기 시작하면서 현재는 우리나라에서는 널리 보편화되고 있지만, 일본과 중국에서는 유년문학으로 호칭하는 경향이 있으며 중국에서는 아동문학을 유년문학, 동년문학, 소년문학으로 세분화하는데, 그 대상을 3세에서 6세까지를 유년문학, 7~12세를 동년문학, 13~15세를 소년문학으로 분류하고 있다(김만석, 2002). 성장 발달이란 그 이전의 과정을 포함한 일련의 연속적인 변화기 때문에 성장 발달의 단계에서 영아기, 유아기, 아동기, 청소년기 등 발달 단계의 구분은 후기의 발달 과정이 일반적으로 그 이전의 과정을 포함한다. 그러므로 영유아기는 당연히 아동기 속에 포함되고, 영유아문학은 아동문학 속에 포함된다고 볼 수 있다.

그런데 필자가 본 교재에서 제목을 아동문학교육으로 선정한 것은 영유아문학의 대상을 취학 전 영유아로, 아동문학의 대상을 초등학교 아동으로 제한한다거나 아동문학이라는 이름으로 영유아기 문학을 다루고 있는 현실에서, 영유아문학과 아

동문학을 지나치게 구분하거나 제한된 의미로 혼용하는 용어의 혼란을 피하기 위한 의도에서 사용되었다.

실제로 영유아나 아동을 대상으로 하는 문학은 발달 연령에 따라 차이가 있는 것이 사실이다. 그러나 지나치게 연령을 의식해서 문학 작품을 제한적으로 구분하여 사용되는 일은 문학교육에서 경계해야 할 일이다. 페리 노들먼(Perry Nodelman, 2001)은 아동문학과 성인문학에 대한 지나친 경계를 오히려 경고하고 있다.

지금까지 영유아기 · 아동기라는 아동에 대한 대상을 중심으로 문학을 설명했다. 그러나 이 같은 설명은 어디까지나 아동문학에 대한 대상을 설명한 것이고 문학의 개념을 설명한 것은 아니다. 지금까지 아동문학을 연령 대상, 문학 장르의 총칭, 아니면 대상, 내용, 표현, 형식 등으로 구별해 온 것은 사실 아동문학에 대한 올바른 개념의 정의라고 볼 수는 없다.

그래서 필자는 카르스텐 간젤(Gansel, 1999) 교수의 주장을 근거로 아동문학을 요약, 정리하려고 한다. 그는 아동문학을 다음 네 가지 측면에서 정의하고 있다.

첫째, 어린이를 위해 쓰인 문학
둘째, 어린이에게 적합한 것으로 인식된 문학
셋째, 어린이에 의해서 수용된 문학
넷째, 행위 체계와 상징체계로서의 특수문학

첫째, 아동을 위해 쓰인 문학.

서구에서는 18세기 계몽주의 시대부터 아동만을 위해 작품들이 쓰이기 시작했다. 요즘 아동문학의 주류를 이루고 있는 창작동화, 동요, 동시, 동극, 그림책, 지식정보의 책 등은 창작에서부터 제작 출판 과정에 이르기까지 처음 기획 과정부터 독자 아동을 대상으로 하여 아동을 위해 쓰이고 있는데 이것이 "아동을 위해 쓰인 문학"의 범주에 해당한다.

둘째, 아동에게 적합한 것으로 인식된 문학.

아동문학은 아동을 위해 쓰인 작품만을 말하는 것은 아니다. 청소년이나 성인들

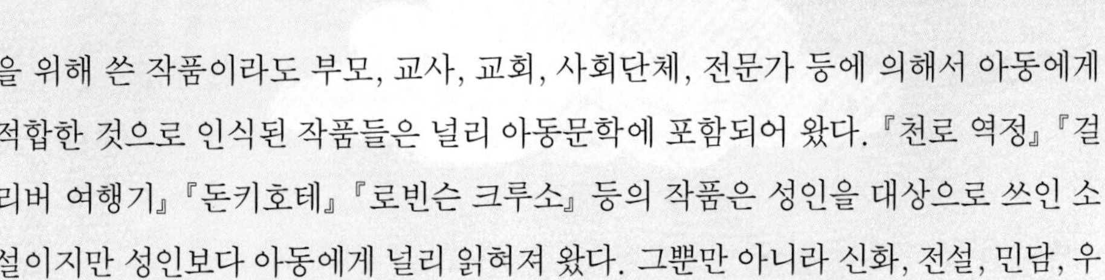

을 위해 쓴 작품이라도 부모, 교사, 교회, 사회단체, 전문가 등에 의해서 아동에게 적합한 것으로 인식된 작품들은 널리 아동문학에 포함되어 왔다. 『천로 역정』『걸리버 여행기』『돈키호테』『로빈슨 크루소』 등의 작품은 성인을 대상으로 쓰인 소설이지만 성인보다 아동에게 널리 읽혀져 왔다. 그뿐만 아니라 신화, 전설, 민담, 우화와 같은 설화문학 작품들이 옛날이야기 같은 전래동화의 형태로 아동문학의 장르에 널리 포함되었다.

셋째, 아동에 의해서 수용된 문학.

아동문학 작품의 실수요자는 아동이지만 실제 구매자는 대부분 부모, 교사나 친척 등 성인들에 의해서 이루어지는 전달 및 유통 체계의 2중 구조 때문에, 앞에서 제시한 아동에게 적합한 것으로 인식된 문학이 주류를 이루는 것이 사실이다.

그러나 그렇다고 해서 현실 속의 어린 독자들이 아무런 생각 없이 자신들을 위해 쓴 작품이라는 이유만으로 혹은 어른들에 의해서 적합하다고 인식된 문학 작품만을 수동적으로 수용해서 읽는 것은 아니다. 모리스 센닥(Maurice Sendak)의 『괴물들이 사는 나라』는 간결한 텍스트와 독특한 일러스트로 구성된 창작 그림동화인데, 처음 출판되었을 때 교사 평론가들에 의해서 어린이에게 부적합한 동화로 비판을 받았지만 어린 독자들의 선풍적인 반응에 힘입어 재평가되어 작가가 한스 크리스천 안데르센 문학상, 칼데콧 일러스트상 등을 수상한 명작이 되었다. 『걸리버 여행기』『돈키호테』『로빈슨 크루소』와 같은 작품들은 성인소설로서 어른들에 의해 어린이에게 적합한 문학으로 인식되었다 해도, 이들 작품이 어린이에게 지속적으로 읽혀지고 어린이문학으로 정착되기까지는 어린 독자들에 의해서 수용되었기 때문에 가능한 것이다.

동시의 경우도 그렇다. 페리 노들먼(2001)은 에드워드 리어(Edward Lear)의 「부엉이와 고양이(The owl and the pissy-cat)」란 시에 대해, 어른들은 어린이에게 부적합하다고 판단했지만 실제로 어린이들은 이 작품을 매우 좋아했고 유익했다고 지적하고 있다.

넷째, 사회 집단 체계 내에서의 특수 목적 집단문학.

정치, 경제, 사회, 문화와 같은 사회 집단의 체계 내에서 어린이문학은 특별한 예

술 영역으로서 다음과 같은 내부 구조 속에서 이루어진다.

- 저술: 저자, 번역가, 편집자, 구연가
- 출판 및 중재: 출판자, 책 도매상인, 서점 주인, 비평가, 교사
- 수용: 어린이 독자, 학자, 교사, 문학가, 비평가

이 같은 구조 속에서 어린이문학은 그 대상이 어린이라는 점에서 청소년문학이나 (성인)문학에 비해 대상 아동의 심리적 욕구 충족과 교육적 측면이 강조된다. 그래서 성인문학이 자주적인 데 비해 어린이문학은 인습과 규칙과 같은 제한적인 요소가 많은 비자주적인 문학적 특성을 갖고 있다. 이런 면에서 어린이문학은 그 대상이 어린이란 점에서 청소년문학이나 성인문학에 비해 어린이의 심리적 욕구 충족과 교육적 측면이 특히 강조된다. 그러므로 성인문학이 자주적인 데 비해 어린이문학은 인습이나 규칙과 같은 특징을 가진 비자주적 문학이며, 이런 면에서 어린이문학은 여성문학, 종교문학, 이민자문학과 같이 '특수 목적 집단문학'이라고 할 수 있다. 다시

– 노래하며 깡총거리는 종달새(헬가 게버트)

말해서, 어린이문학은 잠재적 독자가 갖고 있는 특징(연령, 인지 능력, 사회적 역할)에 따라 만들어지는 문학이기에 한정된 독자 집단과 문학적 행위 체계를 형성하며 저술, 출판 및 중재 수용 과정에서의 특수한 집단의 참여가 요구되는 문학이다.

이 같은 내용을 근거로 어린이문학을 정의하면 다음과 같이 요약된다. 아동문학이란, "어린이를 위해 쓰이거나 문학 중에서 어린이와 어린이를 위해 수용된 문학으로, 아동이라는 대상의 특성에 적합한 특수 목적 집단문학"이다.

제2절 아동문학의 가치와 중요성

문학은 하나님이시다.
마술이고 기적이다.
꽃과 나비가 사람과 춤추고 노래하며
하룻밤 새에 마법의 성이 생겨나고
왕국이 사라지기도 한다.

모두가 공상의 세계지만,
그러나 동화는 현실보다 더 사실적인
우리 인간 보편의 진실이 담겨 있다.
문학은 현실보다 더 많은 삶의 의미를 준다.
그래서 문학은 하나님의 천지창조와 같다.

–김경중「문학은 하나님의 천지창조」

1. 아동문학의 가치

새천년 1월 17일자 『LA타임즈』에 기고한 세계적인 문명 비평가 (『노동의 종말』의 저자) 제레미 리프킨(Jeremy Rifkin)은 "시간을 상품화하는 현대 초자본주의의 특징은 결국 정보 전달의 속도와 인간의 문화의 상품화에서 찾게 될 것"이라고 단정한 바 있다.

그의 이런 공언은 스필버그의 〈쥬라기 공원〉, 월트 디즈니의 〈타잔〉, 소니의 〈포켓몬〉 〈피카츄〉에서 이미 입증된 지 오래다. 카세트테이프 한 개의 공장도 가격은 600원의 생산 단가에 300원의 수익이 잡힌 900원이다. 여기에 비, 이효리, 휘성의 음악이 녹음되면 약 5,000원의 생산 가격이 형성되는데, 여기서 4,100원이라는 문화 가치가 형성된다. 오늘날에도 싸이, BTS(방탄소년단)를 비롯하여 K-POP과 트로트의 열풍은 많은 문화적 가치를 보여 주는 좋은 예이다.

문화란, ① 현대적 편리성(문화생활, 문화 주택), ② 높은 교양과 깊은 지식, 예술층의 요소(문화인, 문화재), ③ 종교, 예술, 과학, 철학 등 인류의 가치적 소산(문명, 물질적 소산) 등의 의미로 사용되고 있는데, 한마디로 말하면 문화란 인간이 다른 동물과 비교되는 가장 탁월한 능력이며, 개인에게 있어서 문화란 세상을 보는 안경이다.

이러한 문화의 가장 중요한 콘텐츠는 바로 문학이다. 문학은 한 개인이 탄생에서 죽음에 이르기까지 삶의 의미를 결정지어 주는 사회 문화적 유산의 가장 중요한 요소기 때문이다.

그런데 발달심리학, 교육학, 사회학 등 모든 학문적 이론 체계는 한 인간의 성격과 지적 발달이 영유아기·아동기에 거의 대부분 완성된다는 데 합의된 일치를 보이고 있다.

아동문학이란 문학의 본질적 특성을 공유하면서 아동의 수준으로 보고 듣고 느낄 수 있는 문학의 본질적 특성과 조건을 지닌 언어로 표현된 문학이라고 정의한 바 있다. 그런데 어린이문학의 본질에 좀 더 가까이 접근하기 위해서는 아동문학이 지니고 있는 가치의 문제를 생각해 볼 필요가 있다.

아동문학의 가치 문제는 다양하게 주장되고 있는데, 그것은 흔히 문학의 교육적 기능 또는 예술적 기능 등으로 구별된다. 소여와 코머(Sawyer & Comer, 1991)는 아동문학의 가치를 세상에 대한 학습, 긍정적 태도의 형성, 인간관계의 개선, 언어의 발달을 돕는 것 등으로 설명하고 있다.

그러나 이 같은 견해는 아동문학의 가치를 교육적 기능에 치중하여 설명하고 있어서 이 절에서는 아동문학을 문학의 본질적 기능에 비추어 그 가치를 설명하기로 한다.

1) 감동의 발견

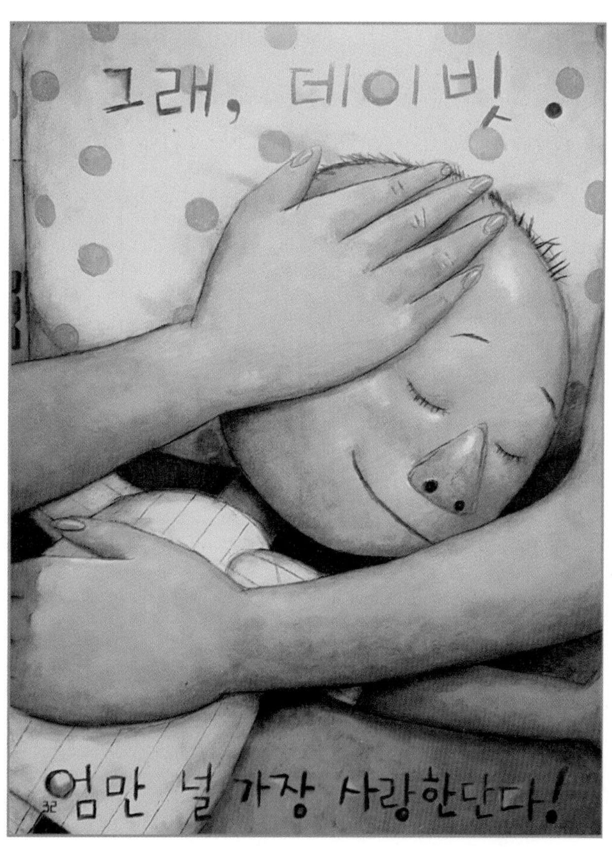

– 안 돼 데이빗(데이빗 섀논 글 · 그림)

괴테가 문학에 대한 설명에서 "문학은 우리를 가르치지 않는다. 다만, 감동으로 우리를 변화시킬 뿐이다."라고 한 말은 문학을 매우 함축적으로 표현해 주는 금과 옥조가 되고 있다.

문학을 포함한 모든 예술이 궁극적으로 추구하려는 것은 '인간 내면에 있는 진실'이다. 그리고 그 진실을 통해서 표현하려는 것은 '아름다움'이다. 그것을 우리는 미(美)라고 부른다. 이러한 아름다움이 감동을 통해서 우리에게 전해질 때 우리는 예술적 감동을 받는다고 말한다. 어린이들은 감동이란 말의 뜻은 몰라도 다음과 같은 상황에서 감동을 발견한다.

첫째, 문학 작품으로부터 재미를 발견할 때 영유아는 감동을 얻는다.

루켄스(Lukens, 1999)는 문학 활동의 첫 번째 동기는 즐거움을 얻기 위한 것이라고 주장하고 있다. 영유아가 문학 작품을 평가하는 간결한 말은 "이 책 재미있어, 없어?" 한마디뿐이다. 그들에게는 재미있으면 좋은 책이고 재미없으면 나쁜 책이 된다. 물론 여기에서 재미란 세속적인 웃음을 자아내게 하는 공허한 재미와 구별되는 상황에서 하는 말이다.

– 프레드릭(레오 리오니 글 · 그림)

머리 감은 새앙쥐

–윤석중

새앙쥐, 새앙쥐
왜 안 자고 나왔나?
화롯불에 묻은 밤
줄까 하고 나왔지

새앙쥐, 새앙쥐
왜 저렇게 뿌연가?
밤 한톨이 탁 튀어
재를 흠뻑 뒤썼지.

신나게 놀고 있는 영유아에게 왜 노는지 물으면 영유아는 서슴없이 "재미있으니까요."라고 대답한다.

재미, 그것은 놀이의 가장 중요한 요소이면서 문학의 세계로 인도하는 첫 번째 동기이고 감동을 주는 요인이 된다(김경중, 1990).

둘째, 어린이는 작품으로부터 아름다움을 발견할 때 감동을 얻는다.

재미있는 세계와 아름다운 세계를 구별할 수 있을지 모르겠다. 그것은 어쩌면 동질의 세계일지도 모른다. 그러나 재미와 아름다움은 다 같은 미(美)의 세계이면서도 감동의 영역은 분명 다르다.

『흰 토끼와 검은 토끼』(복음관)에서 검은 토끼와 흰 토끼의 표정을 보고 있노라면 우리는 아름답고 사랑스럽고 귀여운 것이 무엇인가를 금방 공감하게 된다. 『백설공주(1997)』를 그림과 함께 바라보면 백설공주의 모습에 빨려 드는 감동이 있다. 문학의 세계는 이처럼 아름다움에 대한 감동이 살아 있는 세계인 것이다.

셋째, 어린이는 작품을 통해 감사와 기쁨과 존중과 사랑이 넘치는 세계를 발견할 때 감동을 얻는다.

"별빛 보고 감사했더니 달빛 주시고, 달빛 보고 감사했더니 햇빛 주시더라."라는 말이 있다. 문학의 세계는 작은 것에서 감사와 기쁨, 보잘것없는 것에서 보석처럼 빛나는 아름다운 사랑의 큰 힘을 발견하게 해 준다. 『아라비안나이트』의 요술 램프나 『인어공주』에서 감사와 기쁨과 존중과 사랑의 놀라운 힘을 발견할 수 있다.

이것이 문학이 주는 감동의 세계인 것이다.

2) 세상에 대한 탐색

아동문학은 어린이에게 신기하고 경이로운 감동의 세계다. 어린이문학 작품을 통해서 어린이들은 세상에 대해 탐색할 기회를 얻게 되고, 그로 인해 지적 호기심과 주변 세계에 대한 지식을 넓히게 되고 인간에 대한 다양한 조망 능력을 갖게 되는 것이다. 여기에 대해 좀 더 구체적으로 살펴보면 다음과 같다.

첫째, 어린이는 문학적 경험을 통해 지적 호기심이 유발된다.

영유아는 태어나면서부터 부단히 주변의 세계를 탐색하려는 지적 호기심을 갖고 있다. 그러나 영유아기 · 아동기의 이 같은 지적 호기심은 본래 가지고 태어났다 할지라도 어린이가 성장하면서 일상생활에서 적절한 지적 자극이 유발되지 않으면 지속적으로 개발되지 않는다. 예를 들어, 동물이나 식물들의 세계를 다룬 문학 작품은 동식물이나 자연의 신비에 눈뜨게 하고 알지 못하는 새로운 미지의 세계에 대한 호기심과 지적 관심을 불러일으켜 준다.

둘째, 어린이는 문학적 경험을 통해 주변 세계에 대한 지식을 얻는다.

문학의 목적은 지식을 얻기 위한 것이 아니다. 그러나 문학 활동은 결과적으로 다양한 주변 세계에 대한 탐색을 통해서 현실적으로 다양한 지식을 가져다준다. 『정글북』 『이상한 나라의 앨리스』 『피터팬』 『아라비안나이트』 등의 동화는 영유아에게 경이로운 세상에 대한 신비한 감동과 함께 자연의 세계, 환상의 세계와 현실의 세계에서 직접적으로 경험할 수 없는 많은 지식을 다양하게 제공해 주고 있다.

셋째, 어린이는 문학적 경험을 통해 인간의 다양한 특성에 대해 조망하게 된다.

– 놀이수학(안노 미쓰마사 글 · 그림)

문학에는 수없이 많은 주인공이 등장하는데, 그중에는 흥부처럼 착하고 부지런한 주인공도 있고 놀부처럼 게으르고 악한 주인공도 있다. 콩쥐가 있고 팥쥐가 있으며, 백설공주가 있고 사악한 왕비가 있다. 피노키오같이 경솔하고 충동적이지만 착한 주인공도 있고, 피터팬과 같이 용기 있고 씩씩하고 멋진 주인공도 있다.

어린이들은 문학 속의 다양하고 멋진 주인공들과 동일시하면서 또는 그를 괴롭히는 나쁜 주인공과 싸우면서 다양한 주인공 인물에 대해서 이해하게 되고, 선악의 개념을 분명하게 이해하면서 인간에 대해 좀 더 따뜻한 사랑과 관대함을 갖게 되는 것이다.

2. 아동문학의 중요성

어린이가 태어나서 세상과 통하는 통로는 다양한 형태의 의사소통 능력 발달이다. 의사소통 능력을 통해서 어린이는 세상을 보다 정확하게 탐색하고 정보를 받아들이며 자신의 생각과 감정을 전달할 수 있기 때문이다. 영유아의 의사소통에는 언어적 활동과 비언어적 활동(동작, 표정, 몸짓)의 언어가 사용된다. 이러한 의사소통의 다양한 경험이 중요한 발달을 꾀하고 있음을 알 수 있다.

아동문학은 언어 발달이 성장 발달에 중요한 과제가 되고 있는 영유아기에 있어서 언어 능력의 발달에 중요한 역할을 담당하고 있다. 영유아교육에서 언어 발달 영역의 활동들은 듣기, 말하기, 읽기, 쓰기의 기초 능력을 길러 주는 활동들로 구분되는데, 영유아문학 활동은 바로 이 같은 언어생활의 네 가지 영역을 잘 반영하고 있다.

첫째, 문학 활동은 언어 능력을 기른다.

문학 활동은 듣기, 말하기, 읽기, 쓰기 등 언어 발달 영역 활동을 통하여 언어 발달을 돕는다. 쉬케단즈(Schickendanz, 1986)는 유아기에 문학 작품의 경험이 유아의

읽기 기술을 향상시킨다고 보고하였다.

둘째, 문학 활동은 학습 능력을 기른다.

문학 활동은 언어 능력의 발달을 도모할 뿐만 아니라 언어 능력의 발달을 통해서 영유아의 학습을 성공적으로 이끌어 가는 주요한 역할을 한다. 하스트와 우드워드(Harste & Woodward, 1989)는 문학 활동을 통한 문자 습득이 유아의 언어 학습과 언어 탐구 능력을 도모해 줌으로써 유아의 학습을 성공적으로 이끌어 준다는 연구 결과를 보고하였다.

셋째, 문학 활동은 독서 능력을 기른다.

영유아기에서 아동기에 이르는 시기는 독서의 기초적인 습관과 능력이 형성되는 중요한 시기다. 그러므로 영유아가 이 시기에 다양한 문학 작품에서 즐거움을 발견하고 바람직한 독서 습관을 형성하게 되면 놀라운 독서의 즐거움을 발견하게 되고 독서를 통한 무한한 지식의 습득과 문학적 감동을 체험하게 된다.

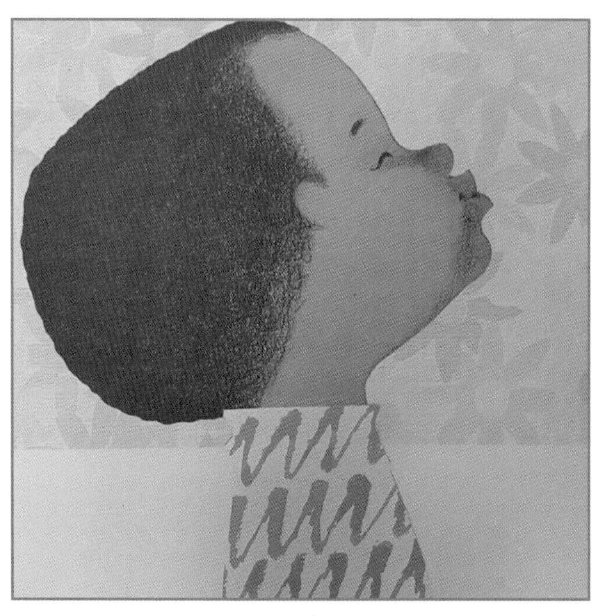

– 휘파람을 불어요(에즈라 잭 키츠 글 · 그림)

연구문제

1. 카르스텐 간젤(1999)의 근거로 아동문학을 정의하시오.
2. 영유아문학 활동의 언어생활 네 가지 영역 발달을 설명하시오.

제3장 아동문학교육이란

개관

문학교육의 문제는 '문학+교육'의 문제와는 다른 중요한 과제다. 제3장에서는 아동문학교육에 관한 정의와 성격, 목적 및 의의, 교사의 역할 등 문학교육의 본질에 관해서 기술하였다. 이 같은 문학의 본질에 관한 이해를 바탕으로 아동문학교육의 정의, 목적 및 목표, 접근 유형, 최근 동향에 관해서 기술하였다.

학습목표

- 문학교육의 정의, 성격, 목적 및 의의, 교사의 역할 등 문학교육의 본질을 이해한다.
- 아동문학교육의 개념 정의와 목적 및 목표, 접근 유형, 최근 동향을 이해한다.
- 아동문학교육에 관한 목적과 접근 방법을 바로 이해한다.

– 내 귀는 짝짝이(히도 반 헤네흐텐 글 · 그림)

제3장 / 아동문학교육이란

제1절 문학교육의 본질

문학은 우리를 가르치지 않는다.
감동을 통해서 변화시킬 뿐이다.

-괴테

1. 문학교육의 정의

최근 영유아문학 또는 아동문학 전공 교재들이 영유아문학교육 또는 아동문학교육이라는 이름으로 출간되고 있는 추세다. 그것은 이들 교재가 영유아교육이나 초등교육의 현장교육과 교사들에게 초점을 두고 있기 때문이다. 그러나 영유아교육기관이나 초등학교 교육과정에는 초등학교의 미술이나 음악처럼 문학이라는 교과목은 개설되어 있지 않다. 그러므로 이들 교재에서 말하는 문학교육은 문학 그 자체를 가르치겠다는 의미로 쓰인 것이 아니다. 문학교육은 문학의 교육 또는 문학에 대한 교육을 돕는다는 의미가 아니다. 오직 문학에 의한, 문학을 통한 교육을 의미하는 뜻으로 사용되고 있다. 그래서 지금까지 사용되고 있는 "문학교육"의 개념은 일반적으로 매우 제한적으로, 왜곡되어 있음을 알 수 있다.

구인환과 우한용, 박인기, 최병우(2001)는 문학교육을 하나의 교과적 구조로 파

악해야 한다고 보고, 문학교육은 단순히 '문학+교육'이라는 평면적 결합이 아니라 문학이라는 내용 변인과 교육이라는 방법 변인의 내적·질적 특성에 따른 독자적 의미를 상정해야 한다고 주장한다. 그리고 문학교육의 개념을 "문학 현상이 바람직하게 이루어지기 위한 일체의 의도적 모색의 과정과 결과"라고 정의하였다. 여기서 문학 현상이란 문학 작품을 중심으로 작품의 생산, 작품 자체의 구조, 작품의 수용 등 문학교육에서 다루어야 할 내용으로서의 문학을 뜻한다.

한편, 이들의 이론과 주장을 아동문학교육에서 수용하기에는 사용되고 있는 용어의 난해함과 이질감이 큰 것이 사실이다. 그러나 원론적으로 이들의 주장은 문학교육의 성격과 목적 및 의의에서 다음과 같은 내용으로 문학교육에 관한 올바른 방향을 설정하여 주고 있다.

2. 문학교육의 성격

1) 대화 문화로서의 문학교육

문학교육은 문학 안에서 문학과 더불어 즐기면서 자아를 발견하고 세계를 인식하며 현실을 상상력으로 초월하여 가능한 모델을 구축하는 문화의 교육이다. 문학교육은 동기의 내발성으로 말미암아 일과 놀이가 통합된 자율성을 띤다. 문학교육을 통하여 이루어지는 일과 놀이의 통합은 일종의 대화적 양상을 나타낸다.

문학교육은 문학적인 대화를 원활하게 해 줌으로써 문학적인 문법에 익숙하게 하고 그것을 문화적인 차원으로 승화시키는 작업이다. 다시 말해서, 문학적인 문화를 고양시키는 형식, 비형식적인 일체의 모색이 바로 문학교육이다.

2) 문학 전통의 계승과 창조

문학교육은 교육을 통해 가치 있는 문화를 전승하면서 동시에 새로운 문화를 창조한다. 인간의 삶은 새로운 문화를 끊임없이 창조해 나가면서 그 새로움 속에 늘 이전의 전통을 담아 새로운 문화의 진보와 향상을 추구한다. 그래서 문학교육은 위기의식의 해소와 새로운 질서 정착을 위한 노력의 일환으로 수행되어 왔다. 그 예로 조선시대 초 『용비어천가』의 제작이나 『두시언해』의 간행 사업, 고전교육을 강조한 미국의 교양교육 프로그램도 이 같은 맥락에서 이해할 수 있다.

그렇다고 해서 문학이 단순히 문화의 유지에만 집착하는 것은 아니다. 인간의 꿈은 현재의 굴레를 벗어나 초월할 수 있는 힘이다. 이를 뒷받침해 주는 것이 상상력이다. 이 상상력을 바탕으로 한 문학적 문화가 아니면 인간의 꿈은 어디에서도 실현될 수 없다. 문학적 문화의 수준 향상이라는 짐을 지고 분투하는 것은 분명 문학 교사의 고난임에 틀림없다. 그러나 문화의 보존, 전승과 문화적 혁신과 창조를 담당하는 것은 문학 교사의 영광이다. 인류 황금 시대의 꿈은 문학 교사의 세련된 감수성과 인간에 대한 폭넓은 안목 속에서 무르익는다.

3) 문학교육은 다음의 사항들이 전제되는 교육

문학교육은 문학적 문화의 고양을 목표로 한다. 그러므로 문학적 문화의 고양을 위한 문학교육은 다음과 같은 점들이 전제되어야 한다.

(1) 문학의 자율성을 바탕으로 한 문학교육이어야 한다.

지금까지의 문학교육은 제도적 교육이건 비제도적 교육이건 문학을 통한 다른 덕목의 교육에 강조점이 놓여 있다. 그러나 문학의 기능을 목적론적으로 국한하는 데 문제가 있다. 그러므로 문학교육의 가장 중요한 전제는 문학 그 자체에 대한 이해와 만남이 선행되는 교육이어야 한다는 것이다.

(2) 문학을 하나의 대상이나 도구로 볼 것이 아니라 작용 태도로서의 문학 현상으로 보아야 한다.

문학교육은 독자가 작품을 읽고 감상하는 기술을 전혀 도외시할 수는 없는 일이지만, 문학교육의 궁극적인 목표는 상상력의 세련에 두어야 한다. 이는 독자가 문학 속에 들어가 문학과 더불어 질문하고 그 답을 모색함으로써 한 시대의 문학적 관습을 익힘을 뜻한다. 그러므로 문학교육의 시각은 문학과 더불어 문학 안에서의 시각이어야 한다.

(3) 문학교육의 범위를 개방적 시각에서 설정해야 한다.

문학교육은 제도교육 안에서 완성되는 것이 아니라 평생교육, 즉 사회교육으로 확대되어야 한다. 문학적 감수성은 어느 단계에서 성장을 멈추는 것이 아니라 지속적으로 이루어지며, 경험의 축적과 함께 그 질이 세련되고 확대되는 것이다. 이것은 마치 지능이 수련을 통해 개발되는 것과 같은 이치다. 문학적 체험은 오랜 기간의 잠복기를 갖기도 한다. 문학의 실용성을 중심으로 하는 도구성을 배제하는 이유가 바로 여기에 있다.

(4) 문학이라는 것 자체가 보편성을 띤 문화 양태의 하나며 문화 행위의 일종이라는 전제가 필요하다.

문학을 통한 자기인식과 세계와의 교섭 작용을 하면서 수직적 전망을 확보하고 문학적 문화에 참여하는 작업은 삶의 한 국면에서만 제한적으로 이루어지는 성질의 것이 아니다. 공적인 교육을 통해 받은 문학교육이 밑거름이 되겠지만 공적인 교육을 떠난 다음에는 자발적인 자기교육의 형태로 지속적인 자기작용을 한다. 평생을 문학과 더불어 삶을 모색하는 것이다. 이는 문학교육이 사회교육의 속성을 띠고 있음을 입증한다. 문학교육은 평생교육의 속성을 띠면서 사회교육으로서 실현되어야 하는 문화교육이다.

이 같은 문학교육의 개념 및 성격의 맥락에서 설정된 문학교육의 목적과 의의는 다음과 같은 상상력의 세련, 삶의 총체적 체험, 문학적 문화의 고양에 두고 있다.

3. 문학교육의 목적 및 의의

1) 상상력의 세련

넓은 의미에서 문학교육의 목적은 문학적 문화의 성취다. 문학적 문화의 성취를 규정하는 조건이 바로 상상력의 세련이다. 그러나 문학에서 말하는 상상력은 언어적 상상력이며, 언어적 상상력이란 음과 영상과 의미로 구성된 언어로 이미지를 만드는 기술 혹은 이미지를 형성하는 심적 능력으로, 다음과 같은 세 가지 종류가 있다.

(1) 인식적 상상력

인식적 상상력은 인간의 언어 사용 능력 자체에 해당한다. 평면 위에 네 개의 점을 찍어 놓고 그것을 사각형 혹은 마름모꼴로 만드는 구성력, 무질서하게 주어진 소재를 의미 있게 질서화하는 능력이다.

이 같은 상상력은 응용과학이나 순수과학에 있어서도 분명히 없어서는 안 될 요소다. 경험의 모델을 만들고 직관을 파악하고 그것을 최후까지 추구하고 가설을 세우고 자유롭게 전개하는 구성력이 없다면 과학자는 아무도 할 수 없을 것이다(서광선, 소흥렬, 1981 재인용).

(2) 조응적 상상력

현실과 이상의 대비를 바탕으로 작용하는 상상력은 문학을 통한 세계 비판의 문제와 관련된 구성적 능력이다. 이러한 상상력은 현실을 조명해 보는 비판적 성격의 상상력이며, 문학의 교육과 더불어 나타날 수 있는 상상력으로 자신의 존재를 되묻는 스스로의 문제를 찾아내는 것이다. 그리고 우리의 지향점으로의 세계, 당위의 세계에 대한 물음을 제기하기 위한 초석을 다지는 상상력이며 구체적인 문학교육에

서는 주로 산문 영역에서 작용하는 상상력, 즉 시대정신의 문제와 연관되는 상상력이라 할 수 있다.

(3) 초월적 상상력

문학이 실생활과 관련하여 현실을 조응하고 비판하는 것에서 그친다면 문학으로서의 소임을 다할 수 없게 된다. 그것은 문학이 상상적인 속성의 어느 한계에 집착하기 때문이다.

현실의 세계는 문제투성이이며 이 같은 문제를 해결하고 완벽하게 충족된 세계에 살고 싶어 하는 것이 인간의 바람이다. 이런 바람이 이루어진 세계는 현실 세계를 상상력으로 초월했을 때 비로소 완성되는 자아와 세계의 결렬이 없는 세계다. 이 같은 세계를 그릴 수 있는 힘은 상상력을 통해서만 가능하다. 이렇게 구출된 상상력의 세계가 바로 문학의 세계이며 초월적 상상력의 세계다. 이 같은 상상력은 문학교육을 통해 맛볼 수 있는 소중한 창조의 경험이며 분열된 자아의 회복을 감당할 수 있는 문학 고유의 기능이다.

그래서 물질로부터, 자기 자신으로부터, 조직으로부터 소외를 극복하고 인간의 자기정체성을 회복하고, 지옥을 통해 천국을 꿈꾸는 삶의 길을 확보하고 전인적 인간으로서의 행복을 체험할 수 있는 것이 바로 초월적 상상력의 힘이다.

문학적 문화의 고양은 오직 이러한 상상력을 통해서 성취된다. 그러므로 이 같은 상상력의 세련은 문학교육의 중요한 목적이며 의의라 할 수 있다.

2) 삶의 총체적 체험

문학교육의 목적 및 의의에서 상상력의 세련과 함께 빼놓을 수 없는 요소가 삶의 총체적 체험이다. 우리는 작품을 읽으면서 작중 인물의 삶의 방식이나 성격이 우리 자신과 너무 닮았다는 데 놀랄 때가 있다. 그리고 닮음의 정도는 작품을 평가하는 척도가 되기도 한다. 이는 독자가 작중 인물과 자신을 동일시하는 데서 생겨나는 체험이다.

그러나 현실적 삶의 경험을 통한 동일시는 단편성, 일회성을 벗어나기 어렵다. 친구나 교사와의 접촉, 일시적 사건이나 일면적 지식 및 개념은 삶의 전체적 면모를 파악하는 데 한계가 있다. 그러나 문학 작품에서의 동일시는 의도적 · 총체적으로 현실의 다원적 국면을 망라하고 있다.

이처럼 문학은 우리의 유동적 삶을 구체적 실체로 포착하면서 삶의 본질적 구조를 반영한다. 그리하여 문학을 통하여 의도적 · 계획적으로 우리의 삶의 문제를 검증할 수 있게 된다. 그러므로 가장 실효성 있는 인간교육의 구체적 방안 가운데 하나가 문학을 통한 동일시이다.

한편, 현대의 학문은 삶과 역사와의 연관성을 상실한 채 전문화로 치닫는 경향이 있다. 현실의 삶은 단편적 · 즉흥적 경험과 지식을 제공할 뿐이다. 세계는 해체되고, 이데올로기와 이데올로기, 사회와 개인, 개인과 개인 사이의 분열이 일반화되고 있다. 그래서 자아상실과 불안, 좌절, 소외 등 산업자본주의 사회의 심각한 폐해들이 나타나고 있다. 그런데 이 같은 문제들을 해결할 수 있는 방안으로 삶의 총체적 체험을 가능케 하는 것이 문학이다. 성장기 아동은 매우 높은 가소성을 지니고 있어서 모방 가능한 대상에 대해 동일시하면서 자아를 형성해 간다.

3) 문학적 문화의 고양

근대 이후 세계 인식의 준거가 되고 있는 과학적 합리주의는 세계를 인식하는 훌륭한 방법이기는 하나 그것이 유일한 방법은 아니다. 과학적 합리주의가 사회 구조 속에서 과학적 발전을 가져왔지만, 그와 함께 파생된 인간의 소외 현상도 동시에 초래했다. 그러므로 이 같은 사회적 맥락 속에서 현대교육의 위기를 가져오게 되었으며, 이를 극복하기 위한 대안은 오직 문학교육에서 가능하다.

문학적 문화란 인간 본성과 인간다움과 인간의 가치를 최대한 고려하고 발휘하는 문화를 뜻한다. 이러한 문화의 성립을 통해 인간은 인간성이 소외되는 현실을 넘어서고 인간 존재에 대한 극도의 혼란에서 벗어날 수 있다. 문학교육은 이러한 문학적 문화를 고양시킬 수 있을 때 그 존재 의의를 갖는다.

4. 문학교육과 문학 교사의 역할

문학 교사는 문학의 새로운 지평을 향해 창조를 하는 장인적 정신으로 학생들의 창작 의욕을 촉발하는 역할을 해야 한다. 학생들의 창작은 우선 문학을 이해하는 지름길이 된다. 아울러 문학교육이 창의성 개발로서의 의미를 지니게 된다. 그런데 기존의 이론에서는 다음과 같은 대응이 이루어졌다(구인환, 우한용, 박인기, 최병우, 2001).

작가(作家) ➡ 중개자(仲介者) ➡ 독자(讀者)
생산 ➡ 분배 ➡ 소비 [수용]

이러한 구도는 문학 현상의 역동성을 설명하지 못한다. 문화 현상으로서 문학은 그 안에 스스로를 교육하는 교육성을 지니고 있다. 이를 지향성이라고 할 수 있는데, 독자의 내면화나 소비가 곧 소비로 끝나는 것이 아니라 문화의 다른 패러다임을 형성하는 생산의 한 구조가 된다는 것이다. 앞의 도식에서 중개자와 독자는 수준은 다르지만 문학 현상의 창조성을 담지하는 존재다. 이들이 소비하는 것은 다른 문화의 창조적 원동력이 된다. 창조적 생산으로 회귀하는 순환적 전이가 가능한 것이다. 이는 곧 다음과 같은 도식으로 명료하게 그 구조를 보일 수 있다.

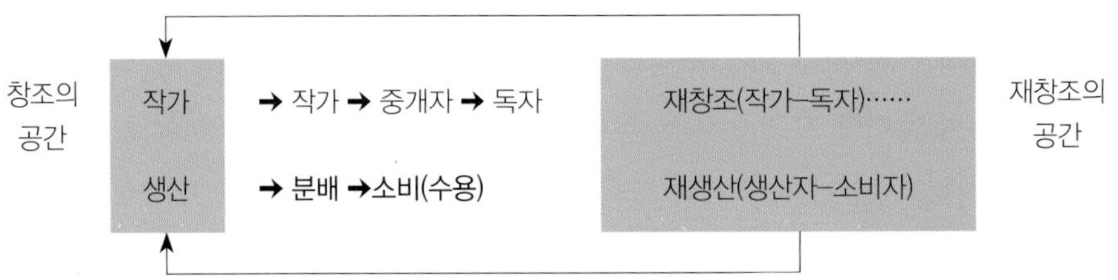

문학 교사가 수용하는 문학과 이를 중개하여 학생이 수용하는 문학은 다시 문학을 재생산하고 재창조하는 창조의 잠재력을 지니는 문화 현상이 된다. 이러한 구도로 사고를 전환할 때라야 문학교육을 통한 창조적 표현교육이 이루어진다. 따라서 문학 교사에게 문학 텍스트 창조의 주체면서 안내자의 역할이 부과되며, 수용자인 학생은 문학 텍스트를 직접 창조하는 계기를 마련하게 된다. 여기에서 문학 교사는 창조의 체험을 어떻게 가능하게 할 것인가 하는 모색이 필요하게 된다.

제2절 아동문학교육

1. 아동문학교육의 정의

> "나는 해 지는 풍경이 좋아. 우리 해 지는 구경하러 가……. 그렇지만 기다려야 해."
> "뭘 기다려?"
> "해가 지길 기다려야 한단 말이야."
>
> –생텍쥐페리 『어린 왕자』

지금까지 앞에서 살펴본 문학의 본질은 "문학교육을, 문학의 교육"으로 규정하고 문학은 문학으로 가르쳐야 한다는 원칙론을 제시하고 있다. 그것은 아동문학에서도 원론적인 측면에서 동일하게 적용될 수 있다. 다만, 문학 현상(활동)의 주 대상이 아동이라는 점에서 아동문학은 "문학 현상이 아동이라는 대상의 특성에 걸맞은 철학적 · 심리적 · 사회문화적 적합성에 따라 바람직하게 이루어지기 위한 일체의 의도적 활동"이다.

이 같은 활동은 기본적으로 다음과 같은 문학의 즐거움을 통한 자아의 발견과 세상의 인식, 문화의 전승과 창조, 자율적 · 포괄적 · 개방적 · 보편적 문화 행위를 포함한다.

- 문학의 즐거움을 통해서 자아를 발견하고 세상을 인식하며 대화의 문화를 발견해 간다.

- 문학을 통해 가치 있는 문화를 배우고 전승하면서 새로운 문화를 창조해 간다.
- 문학교육은 자율적이고 포괄적이고 개방적이고 보편적인 방향으로 이루어지는 문화 행위다.

2. 아동문학교육의 목적 및 목표

앞에서 구인환과 우한용, 박인기, 최병우(2001) 등이 제시한 문학교육의 의의를 통해서 설정한 아동문학교육의 목적 및 목표는 다음과 같은 언어적 상상력의 세련, 삶의 총체적 체험, 문학적 문화의 고양에 초점을 두고 있다.

1) 언어적 상상력의 세련

– 균형 잡기(김원숙)

문학적 문화의 성취를 규정하는 조건이 상상력의 세련이다. 언어적 상상력이란 음과 영상과 의미로 구성된 언어로, 이미지를 만드는 기술과 이미지를 형성하는 심적 능력을 개발한다.

(1) 문학 작품을 감상하는 태도와 능력을 기른다. 문학 작품이 주는 문학적 감동을 통해서 문학에 대한 관심과 태도를 길러 주고, 또 올바로 작품을 감상하는 태도와 능력을 통해서 더 많은 문학적 감동을 맛보는 심미감을 길러 준다.
(2) 문학 작품에서 표현되고 있는 언어의 개념과 이미지를 통해 풍부한 정서와 사고를 개발한다.

2) 삶의 총체적 체험

– 괴물들이 사는 나라(모리스 센닥)

(1) 현실 생활에서 직접 배울 수 없는 수많은 문제에 대해 문학을 통한 간접적인 경험을 통해서 문제를 해결하고 자신의 정체감을 발견하고 사람을 폭넓게 이해한다.

(2) 문학 작품을 통해 사람과 세상에 대한 이해를 바탕으로 사회적 관습과 도덕, 가치와 태도 등 건전한 심신의 발달을 도모한다.

3) 문학적 문화의 고양

– 도대체 그동안 무슨 일이 있었을까?(이호백 글 · 그림)

(1) 문학적 경험을 통해 듣고 말하고 읽고 쓰는 능력 또는 관심과 태도를 기른다.

(2) 일상생활 속에서 문학 작품을 통한 풍부한 언어생활을 통해서 다양한 문화를 배우고 전승하면서 창조적인 새로운 문화를 만들어 간다.

3. 아동문학교육의 접근 유형

– 나의 원피스(니시마키 가야코)

어린이들은 문학을 통해 즐거움을 얻고, 주변의 세계를 폭넓게 경험함으로써 자신과 세상을 보다 잘 이해하게 된다. 특히 어린이들은 신체적 · 지적 · 정서적 · 사회적으로 발달이 급속한 시기에 있으므로 이 시기의 문학적 경험은 문학을 대하는 태도나 인격 형성에 중요한 영향을 미친다.

어린이문학교육은 어린이가 좋은 작품을 통해 즐거움을 얻고, 작품을 바르게 이해하고 감상하는 능력과 태도를 갖도록 돕는 것을 목적으로 한다. 이를 위해서는 어린이의 발달적 특성을 고려한 문학 작품을 선정하고, 이것을 어린이에게 적합한 방법으로 제시하는 것이 중요하다. 따라서 어린이문학교육의 주요 요인은 문학 작품의 선택과 문학교육의 접근 방법이라고 할 수 있다.

아동문학의 접근 방법에는 크게 두 가지 형태가 있는데, 그 하나는 문학의 문학에 대한 교육과 다른 하나는 문학을 통한 교육이다(박선희, 김경중, 1989).

1) 문학의 문학에 대한 교육

문학의 문학에 대한 교육은 앞에서 구인환과 우한용, 박인기, 최병우(2001) 등이 앞에서 제시한 문학교육의 접근 형태가 전형적인 모델이라 할 수 있다. 그러나 아동의 입장에서 좀 더 구체적인 문학교육의 내용을 살펴보면 다음과 같다.

어린이는 책을 혼자서 읽을 수 있기 이전부터 성인이 읽어 주는 것을 들으면서 책에 대한 경험을 많이 하게 된다. 그런데 교사나 부모가 책을 들려주는 목적에 따라 책을 제시하는 방법이 달라질 수 있다. 매니와 와이즈맨(Many & Wiseman, 1992)은 동화를 읽어 주는 방법에서 경험적 접근법(Experience approach)과 분석적 접근법(Analysis approach)을 제시하였다.

경험적 접근법은 동화를 읽어 준 후 동화에 대한 느낌과 생각을 이야기하고 등장인물과의 동일시를 통하여 유아로 하여금 동화 속의 일을 경험하는 등의 심미적인 감상에 의한 문학적 체험을 할 수 있게 하는 방법이다. 가령, 이야기를 들려준 후에 “이 이야기 속의 등장인물은 어떻게 느꼈을까?” “○○에게 일어난 일이 너희들에게 일어났다면 어떻게 했겠니?” 등이다.

반면에 분석적 접근법은 동화를 듣고 동화에 대한 이야기를 나누는 과정에서 동화의 내용, 배경, 등장인물, 주제, 줄거리, 결말 등에 대한 분석을 통해서 동화의 구성 요소를 분석하고 평가함으로써 이야기 속에 담긴 정보를 얻는 데 초점을 맞추는 방법이다. 가령, "이 이야기 속에 누가 나왔니?" "이 이야기는 언제 일어난 일이니?" 등이다.

– 흰 토끼와 검은 토끼(가스 윌리엄스 글 · 그림)

영유아는 문학을 경험하기 이전에는 문학에 대해 분석할 수 없고, 이야기를 읽고 듣고 표현하는 과정에서 무의식적으로 문학 작품의 전체 형식에 대한 감각이 내면화되고 문학적 감상과 이해 능력이 발달되어 간다. 특히 경험적 접근법에 의해 동화를 제시할 때 영유아는 동화의 세계에 더욱 몰입하고 동화에 대한 심미적인 반응을 증진시킨다(Cox & Many, 1992; Rosenblatt, 1991; 채종옥, 1996).

그러나 영유아에게 책을 제시할 때 경험적 접근법만이 최선이라고 할 수는 없고 활동에 따라 융통성 있게 활용해야 할 것이다. 가령, 극화 활동이나 게임 활동을 하기 위해서는 초기에 이야기책을 경험적 접근에 의해 읽어 주고, 반응 활동을 한 후 몇 번 반복해서 읽은 내용에 대해 익숙해지면 분석적 접근에 의해 들은 이야기를 회상함으로써 이야기 속의 등장인물, 사건의 전개, 줄거리를 파악할 수 있도록 도와야 할 것이다.

2) 문학을 통한 교육

영유아교육이나 초등교육 현장에서 가장 일반적으로 이루어지고 있는 문학 활동들은 사실상 대부분 문학을 통한 교육이라 할 수 있다. 문학을 통한 언어교육, 미술교육, 도덕교육, 수학 · 과학 교육 등 다양한 활동이 최근 활발하게 프로그램화되고 있다. 박선희(1998)는 문학을 통한 교육을 다음과 같이 설명하고 있다.

문학을 통한 교육은 문학 그 자체를 포함하여 작품에 나타난 개념들을 문학을 통해 교육하는 방법으로서 주제를 중심으로 여러 학문 간, 발달 영역 간, 활동 간을 통합하여 교육적 경험을 갖게 하는 것이다. 즉, 통합적 접근에 의한 영유아문학교육이라고 할 수 있는데, 통합적 접근은 아동에게는 흥미 있는 것을 주제로 하여 가르쳐야 한다는 듀이(Dewey)의 교육철학에서부터 시작한다. 그 이후에 Elkind(1988), Chard(1992), Raines와 Canady(1989) 등도 통합적 접근에 의한 교육을 강조했는데, 통합적 접근에 의한 교육은 영유아로 하여금 모든 교육과정 영역에서 경험을 증가시킬 수 있는 장점이 있다. 또한 통합적 접근은 영유아가 분리된 개념을 학습하는 것보다 생활과 관련하여 총체적으로 경험할 때 개념에 대한 학습이 잘 이루어진다

– 흰 토끼와 검은 토끼(가스 윌리엄스 글 · 그림)

는 영유아의 발달적 특성도 반영하고 있다.

통합적 접근에 의한 영유아문학교육은 작품 속에 내포된 개념과 관련된 활동을 조직하는 데 있어서 Bromley(1996)가 제시한 거미줄 모형이 효과적이다. 거미줄 모형은 다양하게 활용되는데, 작품 내용을 중심 주제로 하고 관련된 활동을 조직하거나 문학에 대한 반응 활동 자체를 작품 내용과 관련하여 조직할 수도 있다.

영유아의 문학에 대한 반응은 본질적으로 텍스트와 영유아 개인과의 상호 교류

를 통해 일어나는 복합적인 과정이라고 하겠다. 이 관점은 영유아를 텍스트를 통해서 전달하는 의미를 받아들이기만 하는 수동적인 존재로부터 텍스트에 개인적인 경험을 불러내어 적극적으로 참여함으로써 문학적 의미를 구성하는 능동적인 존재로 보는 새로운 관점이다.

이러한 관점에 입각해서 구성하는 문학에 대한 반응 활동은 영유아로 하여금 문학을 감상한 후 반응을 함으로써 책을 깊이 이해하고 궁극적으로 독서의 즐거움을 느끼게 하는 것을 목적으로 한다.

『곰 사냥을 떠나자』를 중심 주제로 하여 전개할 수 있는 통합적 접근과 문학에 대한 반응 활동에 관한 거미줄 모형을 제시하면 다음과 같다.

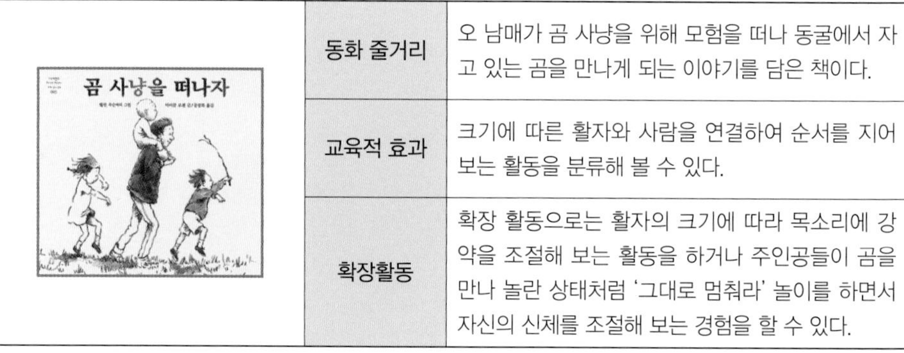

	동화 줄거리	오 남매가 곰 사냥을 위해 모험을 떠나 동굴에서 자고 있는 곰을 만나게 되는 이야기를 담은 책이다.
	교육적 효과	크기에 따른 활자와 사람을 연결하여 순서를 지어 보는 활동을 분류해 볼 수 있다.
	확장활동	확장 활동으로는 활자의 크기에 따라 목소리에 강약을 조절해 보는 활동을 하거나 주인공들이 곰을 만나 놀란 상태처럼 '그대로 멈춰라' 놀이를 하면서 자신의 신체를 조절해 보는 경험을 할 수 있다.

기본생활
- 곰의 먹이 알아보기
- '곰' 세수하기
- 동물을 소중히 보호하기

사회관계
- 친구와 함께 모방놀이
- '곰 사냥'에 필요한 물건 알기

신체운동
- 〈곰 세 마리〉에 맞추어 체조
- '곰' 흉내 내기

예술경험
- 자연물을 통해 집 만들기
- '곰' 탈 만들기

의사소통
- 반복되는 문장 찾아보기
- 뒷이야기 상상하여 말하기

자연탐구
- 사계절의 특징 관찰하기
- 겨울잠을 자는 동물 알기

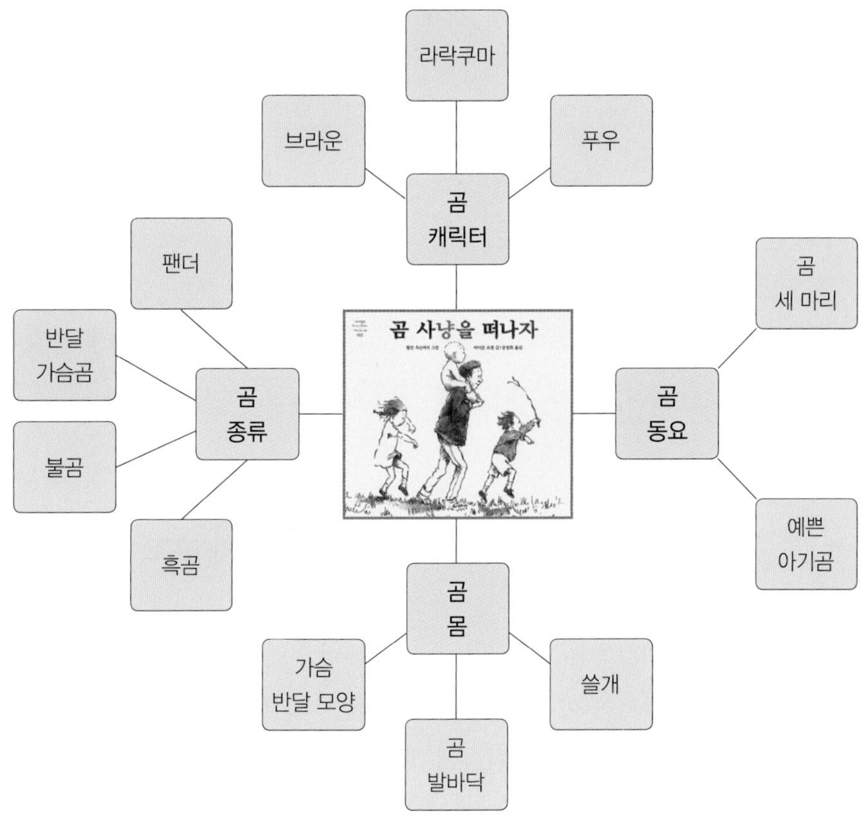

이 같은 문학의 접근 방법 중에서 우리의 교육현장에서 이루어지고 있는 문학교육은 문학을 통한 교육이 전통적으로 강하게 이어지고 있는 것이 사실이다. 그러나 구인환 등(2001)이 지적한 대로 문학이란 언어를 매체로 하는 의미의 예술이며 해석을 필요로 하는 예술이라는 점에서, 문학은 어느 정도 이데올로기적 성격을 띨 수밖에 없고 문학의 교육과 문학을 통한 교육도 단순히 이분법으로 쉽게 구분할 수 있는 것은 아니다. 다만, 그 접근 형태가 어떤 방법이든 그 내용이 문학 작품의 본질적 특성에 충실해야 한다는 당위성이 요구되는 것이다. 그런 의미에서, 괴테가 "문학은 우리를 가르치지 않는다. 다만 감동을 통해서 변화시킬 뿐이다."라고 한 말은 아동문학교육에서 꼭 새겨야 할 금언이다.

결국 문학교육의 접근을 문학교육이나 문학을 통한 교육, 어느 경우든 앞에 제시

된 두 일러스트의 『흰 토끼와 검은 토끼』와 같이 결과적으로 토끼(문학)라는 본질을 바라보는 것과 다를 바 없다.

4. 아동문학교육의 최근 동향

아동문학교육에 영향을 미치는 주요 요인은 영유아 도서와 영유아에게 적합한 문학교육 프로그램의 운영이라고 보고 이들에 관한 최근 동향을 살펴보고자 한다(박선희, 1999).

1) 반응-중심 아동문학교육 프로그램에 대한 관심의 고조

아동문학교육의 궁극적 목적이 문학을 깊이 이해함으로써 독서로부터 즐거움을 얻는 것이라는 점에 있어서는 이견이 없다. 최근에는 그러한 목적을 달성하기 위해 문학을 어떻게 제시하는 것이 효과적인가에 대해서 많은 관심을 두고 있다.

문학을 제시하는 방법은 영유아를 바라보는 관점에 따라 달라진다. 영유아를 텍스트가 전하는 의미를 받아들이는 수동적인 존재로 바라보는 관점으로부터 텍스트와의 상호작용을 통해 의미를 구성해 가며 문학적 체험을 하는 능동적 존재로 보는 관점으로 전환하였다. 이에 따라 영유아로 하여금 문학에 대해 더욱 깊이 이해하고 작품으로부터 얻은 감정을 자유롭게 표현함으로써 문학에 대한 감상과 이해 능력을 더 높일 수 있다고 보는 문학에 대한 반응을 격려하는 방법에 주목하고 있다. Cullinan과 Galda(1994), Glazer(1986), Temple, Martinez, Yokota와 Naylor(1998)와 같은 학자들은 유아의 반응을 격려하는 방법으로서 교사가 큰 소리로 책을 읽어 준 다음 유아로 하여금 책에 대해 이야기하기, 토의하기, 글짓기, 미술 활동으로 표현하기, 음악 · 동작으로 표현하기, 극화 활동하기를 통해 문학에 대해 반응할 기회를 가질 수 있도록 활동을 계획하고 실천할 것을 권유한다.

2) 문학의 영유아교육과정에 통합적 활용도 증가

최근에는 영유아 도서의 질적 수준을 높이는 데 많은 관심을 기울이게 되었는데, 이에 관한 연구들로서는『Caldecott 메달 도서의 특성 분석』(서정숙, 1996),『유아에게 적절한 그림책』(이경우 외, 1997) 등이 있다. 이 연구들과 병행하여 영유아 도서의 통합적 활용에 대한 연구 · 개발이 활발해졌고, 그 활용도 증가했다. 예를 들면, 유치원 교육과정 통합 활동 자료인『유아를 위한 문학 활동』(박선희, 이송은, 1997),『문학적 접근을 통한 과학교육』(조부경, 1996),『웹 구성 활동을 통한 아동문학교육』(이현섭 역, 2001),『유아교육과 아동문학』(김경중, 2002),『동화 및 언어 지도』(김경중, 전연주, 박경신, 2003) 등이 있다.

3) 그림책 일러스트레이션에 대한 관심의 고조

그림책에서 일러스트레이션은 장식이나 삽화가 아니라 영유아의 심미적 · 문학적 경험에 중요한 영향을 미치는 요인이다. 그러나 우리나라 그림책을 외국 그림책과 비교해 보면, 특히 일러스트레이션이 질적으로 떨어지는 것을 볼 수 있다. 그런 상황에서 1980년대에는 한국 일러스트레이션 중 영유아용 그림책의 일러스트레이션 부문에서 가장 두드러진 양적인 증가를 보였다(곽영권, 1994). 어문각의『어린이 전래동화집』(1981)은 국내 최초로 출판사와 그래픽 디자이너가 공동 기획해서 제작한 한국전래동화집이다. 뒤이어 웅진출판사의 한국 최초의 아동용 종합 창작 도서인『어린이 마을』, 계몽사의『어린이 동산』이 출간되었다. 류재수(1985)는 국내의 기존 아동 일러스트레이터들이 '식민지 잔재의 조형 관념'과 '서구 지향적 조형 의식'을 가지고 있다고 비판하면서, 1988년에 어린이 그림책으로서는 국내 최초의 단행본인『백두산 이야기』를 출간하였고 이것을 일본으로 수출하기까지 하였다.

최근 들어 텍스트와 일러스트가 뛰어난 세계 명작 그림책들이 다양하게 번역 출판되고 있다. 비룡소, 시공주니어, 보림, 재미마주, 지경사, 사계절, 문학동네어린이, 웅진출판사, 분도출판사, 한림출판사 등의 출판사가 그 대표적인 사례이다.

4) 영유아 도서 형태의 다양화

일반적인 영유아 도서의 형태는 평면적인 것인데, 1990년대 초반부터 입체 일러스트레이션을 이용한 토이북(Toy book; 움직이는 입체 그림책)이 등장하였다. 종류로는 펼치면 갑자기 튀어나오는 책, 펼치는 책, 구멍이 뚫린 책 등으로서 오락성과 교육성을 내포한 책이라고 할 수 있다. 또한 1990년대 초반부터 영유아용 그림책을 CD-ROM에 저장한 전자도서가 제작되기 시작하였다. 멀티미디어의 통합성과 용이성은 영유아로 하여금 텍스트에 반응하고 상호작용하는 새로운 기회를 제공(Wepner, 1991)하게 되었는데, 멀티미디어 소프트웨어는 어린이들의 표현력과 반성력의 발달을 격려하는 특성을 가진다(Sponder, 1993). 그러한 프로그램과의 상호작용은 등장인물이나 장면들을 움직이게 함으로써 즉각적인 피드백을 얻고, 영유아가 원할 때마다 텍스트로 다시 돌아갈 수 있으며, 그림을 그리고 출력하여 책을 만들 수 있다. 최근에는 영유아문학 관련 자료나 작품들을 인터넷을 통해 얻을 수 있게 되었는데, 영유아 도서는 다양한 양상으로 발전되고 있다.

1. 문학교육의 목적을 설명하시오.
2. 문학 교사의 역할을 기술하시오.
3. 최근 아동문학교육의 동향을 적어 보시오.

제2부
아동문학의 종류

주제 이야기

엄마 씨앗 아빠 씨앗
(티에리 르냉 글, 세르주 블로크 그림)

길 떠나는 너에게
(최숙희)

용기 모자
(리사 데이크스트라 글, 마크 얀센 그림)

염소 4만원
(옥상달빛 글, 조원희 그림)

제4장 아동문학과 아동 발달

개관

아동문학에 있어서 가장 중요한 것은 바로 영유아의 성장과 발달이다. 아동문학은 아동이 이해하고 공감할 수 있고, 아동의 감정, 아동의 생활, 아동의 성장과 발달에 맞게 쓰여야 한다. 이에 제4장에서는 영유아의 언어, 인지, 사회 · 도덕성, 인성 그리고 창의성 발달에 미치는 영향에 대하여 문학 활동과 함께 알아보고자 한다.

학습목표

- 아동 발달에 대하여 이해한다.
- 연령별 그림책에 대해 알아본다.

–로지의 산책(팻 허친스)

제4장 / 아동문학과 아동 발달

 제1절 아동 발달

개울가에 올챙이 한 마리 꼬물꼬물 헤엄치다
뒷다리가 쑥 앞다리가 쑥 팔딱팔딱 개구리 됐네
꼬물꼬물 꼬물꼬물 꼬물꼬물 올챙이가
뒷다리가 쑥 앞다리가 쑥 팔딱팔딱 개구리 됐네

–윤현진 「올챙이 송」

1. 언어 발달

브리태니커 사전에 따르면, 아동문학이란 어린이를 즐겁게 하거나 가르치기 위해 글로 쓴 작품과 거기에 딸린 삽화를 통틀어 일컫는 말이다. 즉, 아동문학은 영유아의 언어 활동을 풍부하게 해 주고 어휘력을 증가하게 해 주는 좋은 교육 매체이다(송미정, 2011).

또한 어렸을 때부터 이야기책을 많이 접한 영유아는 이야기 스키마(Schema)를 형성하는 데 도움을 받아 앞으로의 줄거리에 대해 예견할 수 있으며 읽은 내용도 더 정확하게 이해할 수 있다. 이러한 언어 능력 발달은 문학을 통해 모국어와 민족에 대한 이해를 높이는 것과도 관련이 있다(이송은, 이선영, 2010).

언어 발달 측면에서 보면 아동은 문자 획득 이전의 단계이거나 또는 처음으로 문자에 관심을 갖고 경험하는 단계에 있다. 그러므로 아동문학 작품은 쉬운 단어와 단순한 문장으로 구성되어 있어야 한다. 특히 어린이들은 주위의 많은 사람과 접촉하면서 언어 매체나 언어 사용자와의 상호작용을 하면서 자연스럽게 언어를 발달시켜 나간다. 어린이들은 많은 문학 작품을 통하여 음성언어와 문자언어의 총체적 발달의 향상을 경험할 수 있다. 이러한 경험을 통하여 구체적으로 어휘력의 발달과 이야기 감각의 표현력, 글짓기 능력의 진보, 모국어에 대한 이해력과 자부심을 가진다. 그러므로 영유아의 문학 작품은 적절한 선정을 통하여 언어 발달을 꾀할 수 있도록 다음과 같은 방법을 제시한다.

- 말하기에서는 문학 작품을 통한 자신의 느낌이나 감정 표현하기, 작품에 대한 수수께끼, 좋았던 장면에 대하여 설명하기, 궁금한 것 물어보기의 방법을 제시한다.
- 듣기에서는 어른이 구연해 주기, 문학 작품 읽어 주기, 궁금한 것에 대한 내용을 잘 듣기의 방법을 제시하였다.
- 읽기에서는 재미있는 장면 다시 읽어 보기, 다양한 단어 찾아보기, 주인공과 등장인물의 이름 알아보기의 형태가 있다.
- 쓰기에서는 끼적이기, 재미있는 장면 그려 보기, 단어 써 보기의 방법을 제시한다. 문학 작품을 통해 영유아는 실제 사용하는 언어보다 더 풍부하고 세련된 언어를 이해하게 된다.

문학 작품을 통하여 아동은 이야기의 흐름을 이해하고, 다음 이야기에 대한 직관력이 생기고, 주인공에 대한 감정 이입을 통하여 주인공을 따라잡고, 글짓기를 통해 서론과 본론, 결론에 대한 감각을 익히며, 다양한 어휘 구사를 하고, 모국어에 대한 아름다움과 자부심을 느끼며, 시대적 흐름과 민족성을 읽어 나간다. 이처럼 문학은 언어와 밀접한 관련이 있는 동시에 영유아에게 문학 작품을 통해 다양한 장르, 다양한 문체, 언어 형태, 작품의 내용을 경험하게 한다.

구체적으로 영유아가 문학을 통하여 언어 발달을 할 수 있는 측면은 다음과 같다(김소양 외, 2006).

첫째, 문학 작품의 다양하고 성숙한 언어를 접하게 된다.
둘째, 문학 작품을 통해 자연스럽게 새로운 어휘를 학습하며 상황에 맞는 문법으로 언어를 사용할 수 있다.
셋째, 문학 작품에 흥미를 가지고 열중하며 바르게 듣는 태도를 갖는다.
넷째, 문학 작품을 통해 의사소통을 효율적으로 익히게 된다.
다섯째, 언어를 창의적이고 심미적으로 사용하고 즐길 수 있다.

2. 인지 발달

인지 발달 측면에서 보면 영유아는 자신의 입장에서만 생각하는 자기중심적 사고를 하며, 모든 사물에는 생명이 있다고 믿는 물활론적 사고를 하기도 한다. 그리고 이 시기의 영유아는 자기가 보고, 듣고, 느끼고, 생각하고, 상상하는 것은 모두가 외부에 실재하고 있다고 생각하는 실재론적 사고 특성을 가지고 있으며, 모든 사물이나 현상이 인간을 위해 존재한다고 생각하는 인공론적 사고의 특성이 있다. 그러므로 아동문학은 영유아의 사고를 고려하여 작품을 써야만 친밀감과 공감대를 형성하여 영유아에게 흥미를 부여할 수 있다. 영유아의 사고는 영유아가 문제 해결의 과정에서 그 결론에 이르기까지의 심리 작용을 뜻하며, 사고력의 발달은 이러한 문제 해결 과정에서 결론을 도출해 내는 과정에서 발달된다 . 그러한 사실들을 구체적으로 알아보기 위해 영유아 사고의 특성과 발달을 살펴보고자 한다.

비고츠키(Vygotsky, 1962)는 사고란 사고의 도구인 언어와 영유아의 사회, 문화적 경험에 의해 발달된다고 하여 사고에 공헌하는 언어의 역할을 중시하였다.

사고를 강조하는 피아제(Piaget, 1962)는 언어란 잠재해 있는 사고의 표현이며 언어로 표현할 수 있는 것은 일종의 사고라 강조하면서 사고의 발달이 언어의 발달

에 선행함을 주장하였다. 영유아기는 전 생애를 통해 가장 짧은 기간 동안 가장 많은 것을 배우며 인간의 행동 양식이 고정되는 시기이므로 이 시기의 동화에 대한 경험은 언어 발달, 정서 발달, 가치관 형성 등과 관련하여 중요한 의미를 가진다. 또한 영유아기는 감수성이 강한 시기이므로 동화에서 받은 인상은 축적되어 성인이 되었을 때 인격 형성의 기초가 된다.

황은순(2013)은 영유아의 문학적 경험을 통하여 자기중심적인 사고 특성에서 탈피할 수 있도록 돕는 등 인지 발달을 돕는 다음과 같은 기회를 제공한다.

첫째, 새로운 개념을 획득하고 이미 알고 있는 개념을 확실하게 한다.
둘째, 다양한 사고 과정 속에서 관찰, 비교, 분류, 조직, 적용하는 기술을 개발한다.
셋째, 논리적으로 추론하는 능력을 확장시키며, 비판적인 사고 기술을 활용하게 된다.
넷째, 문제 해결 능력을 발달시킬 수 있다.

이송은과 이선영(2010)은 피아제의 인지 발달 단계에 따른 그림책의 선택을 위해 다음과 같은 기준을 선정하였다.

첫째, 0~만 2세의 감각운동기에는 오감각이 발달하므로 만지고 냄새 맡고 먹어 보는 등의 감각 활동에 대한 안전성이 있는 책이 좋다.
둘째, 만 2~5세의 전조작기에는 지각적 속성에 의해 판단하고, 상징적 사고 기능이 발달하며 자기중심적 · 물활론적 · 실재론적 사고의 특성을 보이므로 탐색을 격려할 수 있는 개념 정보 책, 단순한 구조의 환상 그림책, 간단한 줄거리에 시간적 경과가 예시된 책, 타인의 관점을 고려해 볼 수 있는 소재의 책이 좋다.
셋째, 만 5세 이후의 구체적 조작기에는 가역적 사고와 보존 개념이 획득되고 논리적 문제 해결이 가능하며 탈중심화 도덕적 양심이 발달하는 인지적 특성을 가지고 있으므로 장애나 따돌림 같은 사회적 문제를 다룬 책, 시간과 공간적 배경을 달리하는 전기문, 다양한 정보 책과 사실동화, 환상동화가 좋다.

전반적으로 인지 발달을 살펴보면 영아기에는 감각과 지각에 의한 정보의 습득, 반사행동을 통한 세상의 지각, 대상연속성의 발달, 회상과 재인에 의한 기억 전략, 조건화 및 모방에 의한 학습이 이루어지고, 영유아기에는 상징적 사고, 자기중심적 사고, 물활론적 사고의 특성, 분류와 서열화 능력 발달, 메타인지 능력 발달, 시연, 조작화, 정교화 및 인출 전략의 사용을 알 수 있다.

3. 사회 · 도덕성 발달

그림책의 세계는 눈으로 그림을 보면서 귀로 문장을 들을 때의 신비로운 작용에 의해 만들어진다. 사실, 어린이는 삽화를 보는 것이 아니라 삽화를 읽는다. 그림책은 말의 세계이며 말이 되지 못하는 그림은 없다. 어른들의 경우에는 그림을 보지만, 어린이는 그림을 읽는다. 그림 속에 있는 말을 읽고 그와 동시에 청각을 통한 말의 세계를 체험하며, 귀로 들은 말의 세계와 눈으로 본 말의 세계가 어린이 속에서 하나가 된다. 그때 그림책이 완성되는 것이다.

영유아는 이러한 그림책을 읽음으로써 인간이 진보해 온 생활의 양식을 관찰할 수 있고, 도의 및 규범을 배울 수 있으며, 또한 심미성이나 상상력을 학습할 수도 있다(석용원, 1989). 마쯔이 다다시(1990)는 그림책을 읽음으로써 영유아가 다음과 같은 세 가지 이점을 얻을 수 있다고 하였다.

첫째, 그림책을 통해 간접적인 체험을 하게 되고, 그러한 체험은 풍부한 상상력을 길러 준다.
둘째, 그림책을 읽음으로써 영유아는 즐거움과 기쁨을 얻게 된다.
셋째, 훌륭한 언어가 담긴 그림책을 반복해서 읽음으로써 문장의 리듬, 언어의 감각을 기를 수 있다.

좋은 그림책이란 무엇보다도 아동의 입장에서 눈에 잘 보이도록 그려진 그림책이어야 하며, 아동의 '대화의 대상'으로 그림책이 존재하도록 하는 것이 매우 중요

하다. 또한 좋은 그림책은 아동의 도서에 대한 성향과 태도 형성, 기쁨과 이해력, 흥미와 욕구, 간접경험의 제공, 공상력과 상상력의 신장, 언어 발달, 사회·정서 발달, 심미적 감상력의 발달에 기여하는 책을 말한다.

아동은 세상을 살아가면서 희로애락(喜怒哀樂)을 함께 추억하고 있다. 따라서 그림책 속에서 현실, 과거, 미래에 대한 당면한 문제 해결력을 신장시켜 주고, 다른 사람과의 의사소통 상황에 적합한 언어를 사용하며, 긍정적인 정서와 부정적인 정서의 바람직한 해결 방법을 배우게 된다. 그러므로 아동문학은 영유아의 사회·정서 발달의 측면도 고려해야 함은 물론이고, 영유아의 다양한 요구를 충족시켜 줄 때 영유아에게서 호기심과 흥미를 불러일으킴으로써 영유아의 사회적 도덕성 발달을 함양할 수 있을 것이다. 이를 구체적으로 살펴보면 다음과 같다(김소양 외, 2006).

첫째, 긍정적인 자아개념을 발달시킨다.
둘째, 자아존중감을 형성하고 자신의 가치를 인식한다.
셋째, 사회에 대해 긍정적인 사고를 한다.
넷째, 친사회적인 행동이 증가한다.
다섯째, 도덕적인 태도 및 양심이 발달한다.
여섯째, 지역사회에 대해 긍정적인 사고를 한다.
일곱째, 친사회적인 행동의 긍정적인 변화를 가져온다.

아동문학은 때로는 아동에게 가상의 세계를 꿈꾸게 하고 실생활에 대한 다양한 지식을 간접적으로 체험하는 하나의 도구로서, 아동은 이 시기에 다양한 동화를 접하면서 심미감을 기르고 정서적 공감대를 느끼며 조망 능력의 발달을 하게 된다. 김세희와 현은자(1996)는 어린이의 확장되어 가는 세계와 기본적 요구에 대한 이해를 돕는 책의 종류를 내적 세계, 가족 세계, 사회적 세계, 자연적 세계, 종교적 세계로 분류하였다. 다음에서 몇 가지 분류에 따른 내용들을 소개한다.

표 4-1 **동화책을 통한 영유아의 사회 · 정서 발달 내용**

분류	내용
자아개념	자아개념의 발달에 있어 가장 중요한 것은 내가 (개인) 중요하다는 것을 아는 것이다. (자기존중, 자기의 힘, 자아상)
책임감	영유아는 성장에 따라 자기 자신이 맡은 일의 중요성을 깨닫고 자신의 일을 소홀하게 처리했을 때 일어나는 결과들을 보며 책임감과 의무감을 갖는다.
정의감	영유아는 선과 악, 옳고 그름의 개념을 내면화해 가면서 우리의 행동이 자신과 다른 사람에게도 영향을 미친다는 것을 인식한다
상상과 모험	영유아는 그림책을 보면서 사실적이면서도 공상적인 삶을 발달시킨다. 특히 상상적인 이야기는 즐거움의 원천을 제공할 뿐 아니라 영유아의 상상력과 이야기 감각을 발달시킨다.
장애	장애인에 대한 새로운 시각과 관심이 요청되는 가운데, 주인공이 신체상의 장애 때문에 어려움을 겪게 되나 여러 가지 방법으로 극복한다는 이야기가 대부분이다.
영유아	영유아의 일상생활로부터 갖게 되는 스트레스(갈등)를 완화시켜 주고 영유아의 정서적 · 사회적 · 지적 발달을 지지하는 데 중요한 역할을 한다.
두려움(공포)	영유아는 동화책을 통하여 내적 세계를 배움으로써 두려움(공포)을 줄여 나갈 수 있다.
가족	영유아가 처음 접하게 되는 미시적 체계에서부터 형성된 신뢰감과 안정감을 기초로 하여 점차 사회적인 구성원이 된다.
형제(자매)	형제(자매)는 친한 친구이면서 동시에 아름다운 적이다. 사랑하면서도 미워하면서 동시에 성장을 꾀한다.
조부모	영유아의 따뜻한 추억을 되살려 주는 가족 체계이다.
친구	영유아는 친구를 통하여 사회관계, 즉 우정(대인 관계)의 기초를 형성한다.
협동	함께 선의의 경쟁의식과 더불어 협동, 나눔, 배려를 배우게 된다.

4. 창의성 발달

아동문학은 창의성을 기르도록 도와주는 교수 매체임에 틀림없다. 토렌스(Torance, 1973)에 의하면, 창의성은 유아기인 만 4~5세에 절정을 보이다가 초등학교 4학년 이후로 급격한 감소가 나타난다. 따라서 유아기는 왕성한 창의력이 분출되는 시기이며, 이러한 창의력 증진을 위한 다각적 접근이 요구되는 시기로 볼 수 있다. 길포드(Guilford)는 인간의 정신 작용 중 창의성은 확산적 사고에 해당하는 것

으로, 문제에 대한 민감성, 사고의 유창성, 융통성 및 독창성 그리고 재정의성과 정교성 등이 포함된다고 하였다(김상윤, 2006 재인용).

아동의 상상을 풍부하게 하는 데 그림책은 큰 역할을 한다. 창의력은 머릿속에만 들어 있는 심상인 상상력을 구체화하는 힘이라고 할 수 있다. 무에서 유를 창조하는 것이 아닌, 자신이 가지고 있는 기존의 경험을 바탕으로 새롭게 유용한 결합을 하는 것이다. 그러므로 아동은 동화를 통해서 과거와 현재, 미래를 만나고 세상에 대한 이해를 넓히며 새로운 생각과 경험에 접근하게 된다. 따라서 아동은 그림책을 통해 자신이 실제 겪어 보지 못했던 일들에 대해 간접경험을 쌓을 수 있으며, 상상의 세상을 마음속에 그려 나가며 그 폭을 넓게 확대시킬 수 있다.

창의성의 구성 요소

① 민감성: 주변의 환경에 대해 예리한 관심을 가지고 이를 통해 문제를 찾아내어 새로운 탐색 영역을 넓히는 능력
② 유창성: 지각한 문제에 대해서 많은 양의 해결안을 산출해 내는 능력
③ 융통성: 기존의 사고방식을 버리고 새로운 각도에서 해결책을 생각해 내는 능력, 고정적인 사고의 틀을 벗어나 다른 관점이나 범주에서 해석하여 새로운 의미나 사용법을 찾아내는 능력
④ 독창성: 자극에 대해서 매우 희귀하고 참신한 아이디어를 산출하는 능력, 다른 사람과 같지 않은 생각을 떠올리는 것
⑤ 정교성: 기존의 아이디어를 세분화하거나 문제에 포함된 의미를 구체적으로 파악하는 능력, 아이디어를 실제적 상황에 맞게 발전시키는 것
⑥ 재정의: 새로운 목적을 위해 친숙한 대상을 다르게 해석하는 능력

역사상 최초로 그림책을 제작한 코메니우스(Johann Amos Comenius)는 그림책의 필요성을 세 가지로 꼽았는데, 첫째는 사물의 모양을 마음에 새겨 주는 데 도움을 주며, 둘째는 어린이들에게 책이란 재미있는 것이라고 생각하게 하며, 셋째는 읽기를 배우는 것을 도와준다고 하였다. 결국 아동문학이란 독자인 영유아의 전인 발달을 위

해 그들의 발달적 특성을 고려하여 쓰인 문학의 장르를 총칭한 것이라고 정의할 수 있다. 이처럼 영유아의 창의적인 사고는 문학을 경험함으로써 더 발달할 수 있다.

첫째, 영유아는 문학을 통해 들은 내용을 자신의 상상력과 창의력으로 새롭게 이야기를 꾸밀 수 있다.

영유아 자신의 경험과 자기 나름대로 의미를 이해하거나 해석한 대로 이야기를 창조할 수 있기 때문에 문학은 영유아의 창의성을 증진시키는 데 효과적이다(McGee & Richgels, 1990). 특히 그림에만 의존하여 이야기를 구성해 놓은 글 없는 그림책은 영유아로 하여금 인쇄된 글자에 의해 제한을 받지 않고 이야기를 구성할 수 있게 해 주므로 영유아가 창의적으로 생각하고 상상하고 반응할 수 있게 해 준다(서정숙 외, 2012).

둘째, 영유아는 문학을 통하여 다양한 삶의 세계를 접할 수 있다.

등장인물이 처한 문제에 공감하고 새로운 깨달음을 얻으며 합리적인 해결 방법을 생각해 보는 기회를 갖게 됨으로써, 문학은 영유아의 창의적인 사고 능력을 기르는 데 도움을 준다(유영애, 2006).

셋째, 문학은 영유아에게 즐거움과 재미있는 생각을 새겨 준다.

영유아는 동화책의 내용을 보고 말하며, 언어를 통해 생각하고, 읽고 쓰면서 본문을 생각하며 사고하고 음미하는 의식이 싹터 결국 창의적 사고 능력이 길러진다. 이미지가 정해져 있는 그림이나 영화에 비해 이야기로 들려주는 동화의 경우, 영유아의 마음속에 상상의 세계를 자유롭게 펼쳐 나갈 수 있게 함으로써 이미지를 나름대로 구성해 나가는 경험을 갖게 해 준다. 그리고 자기가 들은 이야기를 다른 친구들에게 전해 주는 과정에서 이야기를 좀 더 재미있게 구성하기도 한다(김상윤, 2006). 그림을 보며 자유롭게 상상해 보는 과정을 통해 영유아는 능동적인 참여자가 되고, 자신의 경험과 지식을 바탕으로 문학 활동을 통해 자신만의 이미지를 새로이 구성해 나감으로써 영유아의 문제 해결력을 키워 주고 지식을 내면화하여 영유아의 창의성 발달에 긍정적 효과를 미칠 수 있다.

넷째, 영유아는 동화 속에서 작가의 예리한 창의력을 엿봄으로써 창의적 사고 능

력을 기를 수 있다.

동화가 전개되는 과정에서 극적인 장면마다 보이는 작가의 단순하고 인과적인 해석을 벗어난 재치와 해결 고리는 독자에게 사고의 전환을 가져오게 한다.

다섯째, 다양한 문학 활동은 영유아의 창의력을 신장시킨다(허미예, 1999).

글 없는 그림책을 활용하여 사물들의 이름과 관계된 문장 구성하기, 재미있는 장면을 글로 나타내기, 글 있는 그림책 만들기, 작가에게 편지 쓰기, 중간 이야기 꾸며 보기, 후속 이야기 짓기, 재미있는 생각모음집 만들기 등의 문학 활동은 영유아의 창의력을 신장시킨다.

결론적으로, 아동문학은 영유아로 하여금 즐거움을 느끼게 함으로써 정서를 순화시키며, 간접경험으로 자신과 타인의 감정을 이해함으로써 사회 · 정서 발달의 기초가 된다. 또한 영유아의 언어 활동을 풍부하게 함으로써 성숙한 언어생활을 하게 하고, 다양한 사고 과정을 하게 함으로써 인지 발달을 돕는다. 나아가 영유아는 문학 속에서 다양한 삶의 세계를 경험함으로써 창의적 사고 능력이 길러지고 도전적이고 풍부한 삶을 살아갈 수 있게 된다.

제2절 연령별 특징과 그림책

우리 집에 왜 왔니 왜 왔니 왜 왔니
꽃 찾으러 왔단다 왔단다 왔단다
무슨 꽃을 찾으러 왔느냐 왔느냐
○○꽃을 찾으러 왔단다 왔단다
가위 바위 보
이겼다 꽃바구니 하나 얻었다.
졌다 분하다 말도 말하라

–작자 미상 「우리 집에 왜 왔니」

1. 영아기

1) 신체 발달과 그림책

영아 전기에는 고개를 가누고 기어 다니고 걷기 시작하면서 주변 세계를 탐색하지만, 영아 후기가 되면서 자신의 몸을 자유롭게 움직이며 오감 자극을 통하여 직접적인 활동을 행한다. 이 시기에는 견고하면서도 세탁이 용이한 책을 제공하는 것이 좋다. 그림책으로는 『달님이 달강달강』(이정림, 이명주 / 넥서스주니어), 『감각 쑥쑥』(박은정, 성시형 / 시공주니어), 『재잘재잘 꼬마책』(신혜은 글, 강덕선 그림 / 웅진), 『응가하자 끙끙』(최민오 / 보림), 『걷는 게 좋아』(하영 / 파란자전거)가 있다.

2) 언어 발달과 그림책

영아기는 언어의 결정적인 시기로 어휘의 수가 빠르게 증가하기 때문에 개념 형성을 돕고 어휘 발달에 도움을 주는 다양한 책을 제공하는 것이 중요하다. 그림책으로는 『도리도리 짝짜궁』(김세희, 유래로 / 보림), 『사과가 쿵!』(다다 히로시 / 보림), 『촉감 그림책』(피오나 랜드 / 애플비), 『자장자장 엄마 품에』(임동권 글, 류재수 그림 / 한림), 『넉 점 반 』(윤석중 / 창비)이 있다.

3) 인지 발달과 그림책

영아기는 감각 경험과 신체 발달을 통하여 뇌의 발달이 놀라울 정도로 향상되어 간다. 특히 청각 능력은 처음에는 주변의 모든 것이 어렴풋이 지각되므로 영아에게 모빌을 준비할 때도 처음에는 흑백으로 준비해서 점점 선명한 색으로 보여 주고 있다. 그림책으로는 『까꿍놀이』(바니 찰스버그, 서남희 / 보림큐비), 『무엇이 무엇이 똑같을까?』(이미애, 한병호 / 보림), 『누구야?』(정순희 / 창비)가 있다.

4) 사회 · 도덕성 발달과 그림책

영아기는 양육자와의 기본적인 애착 형성을 토대로 신뢰감이 나타나고 있다. 주 양육자와의 관계에서 자신의 감정 표현이 이루어지고, 이는 영유아교육기관에서의 친구 관계 형성에 많은 영향을 준다. 그림책으로는 『둘이서 둘이서』(김복태 / 보림), 『곤지곤지 잼잼』(최숙희 / 푸른숲주니어), 『안아 줘』(재즈 앨버로우 / 웅진주니어), 『사랑해 사랑해 사랑해』(버나뎃 로제티 슈스탁, 캐롤라인 제인 처치 / 보물창고)가 있다.

5) 창의성 발달과 그림책

영아기에는 많은 것을 경험하게 하여 탐구하고 호기심을 유도할 수 있는 양육자와 교사의 세심한 지도와 폭넓은 경험을 위한 일상생활에서의 반복적인 활동을 유도하는 것이 중요하다. 그림책으로는 『0세 눈으로 배워요』(애플비 편집부), 『문제가 생겼어요』(이보나 흐미엘레프스카 / 논장), 『파랑이와 노랑이』(레오 리오니 / 파랑새어린이), 『용기 모자』(리사 데이크스트라 / 책과콩나무), 『생각 123』(이보나 흐미엘레프스카 / 논장)이 있다.

2. 유아기

1) 신체 발달과 그림책

유아기는 주변 세계에 대한 호기심이 왕성하고 매우 활동성이 강하기 때문에 모험적인 내용을 다룬 다양한 주제로 놀이를 지원해 줄 수 있는 책을 제공하는 것이 좋다. 그림책으로는 『우리 몸의 구멍』(허은미 글, 이혜리 그림 / 길벗어린이), 『난 크고 싶어』(안드레아 샤빅 글, 러셀 이토 그림 / 그린북), 『뛰어라 메뚜기』(다시마 세이조 / 보림)가 있다.

2) 언어 발달과 그림책

유아기에는 주변의 글자에 민감하게 반응하면서 수천 개 이상의 다양한 어휘로 폭발적인 언어구사력이 향상된다. 그래서 새로운 단어나 조금 더 복잡한 언어들이 내재되어 있는 문학 작품을 선택할 수 있는 도서관이나 다양한 매체의 활용, 작품 관람을 이끌어 주는 것이 좋다. 그림책으로는『글자가 사라진다면』(윤아해, 육길나, 김재숙 / 뜨인돌어린이),『우체부 아저씨와 비밀편지』(앨런 앨버그, 자넷 앨버그 / 미래아이),『책청소부 소소』(노인경 / 문학동네어린이)가 있다.

3) 인지 발달과 그림책

유아기에는 물활론적 사고와 상상력이 발달되고, 호기심으로 인한 질문이 많아진다. 상징적 표상이 시작되고 가상놀이를 즐기며, 자신이 좋아하는 특정 자극에 대한 선택적 주의 집중을 한다. 그림책으로는『된장찌개』(천미진, 강은옥 / 키즈엠),『씨앗은 무엇이 되고 싶을까?』(김순한, 김인경 / 길벗어린이),『연이네 설맞이』(우지영, 윤정주 / 책읽는곰),『누구 발일까?』(정해영 / 논장),『흔들흔들 다리에서』(기무라 유이치, 하타 고시로 / 천개의바람)가 있다.

4) 사회 · 도덕성 발달과 그림책

유아기에는 대인 관계의 폭이 넓어지므로 다른 친구와의 협력, 친사회적 행동, 갈등 해결, 감정 표현, 선과 악의 구별 등의 관심을 위한 책을 제공하는 것이 좋다. 그림책으로는『소피가 화나면, 정말 정말 화나면』(몰리 뱅 / 책읽는곰),『용감한 아이린』(윌리엄 스타이그 / 웅진닷컴),『무지개 물고기』(마르쿠스 피스터 / 시공주니어),『반쪽이』(빨간풍선, 한차연 / 한국헤르만헤세),『도깨비 감투』(정해왕, 이승현 / 시공주니어)가 있다.

5) 창의성 발달과 그림책

유아기에는 다양한 생각과 자신감을 토대로 주제를 가지고 통합적 활동을 이끌어 주는 책을 지원하고 다양한 활동을 위한 자료, 비품을 첨가해 줘야 한다. 그림책으로는 『네 개의 그릇』(이보나 흐미엘레프스카 / 논장), 『동굴 안에 뭐야?』(김상근 / 한림), 『작은 발견』(이보나 흐미엘레프스카 / 논장), 『뒤죽박죽 카멜레온』(에릭 칼 / 더큰), 『생각연필』(이보나 흐미엘리프스카 / 논장)이 있다.

연구문제

1.주제를 정하여 통합적 주제망을 형성하시오.

2.영유아의 창의성 발달을 돕는 연령별 그림책을 제시하시오.

제5장 국가수준의 아동문학교육

개관

국가수준의 아동문학교육은 영유아중심 · 놀이중심의 가장 중요한 근원이다. 제5장에서는 표준보육과정과 누리 과정에서 영유아의 문학 경험과 관련하여 교육 내용을 전체적으로 살펴보고자 한다. 영유아의 일상생활 속에서 자신이 경험하는 모든 이야기가 포함된다. 문학 속의 등장인물의 갈등, 자연 현상의 깨달음, 이야기를 전달하는 양육자와 현장 교사들의 간접경험이 영유아의 인지적 자극과 함께 발달을 순조롭게 만들어 준다.

학습목표

- 표준보육과정의 체제, 구성 방향, 목적과 목표를 이해한다.
- 누리 과정의 구성 방향, 목적과 목표에 대하여 이해한다.
- 영아와 유아의 의사소통 영역을 살펴보고 연계하는 활동을 이해한다.

–넉 점 반(윤석중)

제5장 / 국가수준의 아동문학교육

제1절 표준보육과정과 영아문학교육

"넉 점 반
넉 점 반."
아기는 오다가 분꽃 따물고 니나니 나니나
해가 꼴딱 져 돌아왔다.
해가 꼴딱 져 돌아 그리곤 엄마한테 말해요.
"엄마
시방 넉 점 반이래"

–윤석중 「넉 점 반」

1. 표준보육과정의 체제

표준보육과정은 「영유아보육법」 제29조 보육과정에 근거하며, 모든 어린이집은 제29조 제3항에 근거하여 표준보육과정에 따라 영유아를 보육하도록 노력하여야 한다. 구체적인 보육 과정과 내용은 「영유아보육법」 시행규칙 제30조에 의거한다.

제4차 표준보육과정은 영유아중심, 놀이중심 보육과정을 통해 자율성 · 창의성을 높이는 것을 목적으로 하며, 어린이집 현장에서는 표준보육과정 개정안(0~만 2세)과

누리 과정(만 3~5세)과의 연계를 통해서 0~만 5세 영유아의 경험 및 연령 간 발달 연결이 가능하고 어린이집 현장에서는 일관된 보육과정을 제공하도록 하고 있다. 여기서는 0~만 2세 표준보육과정을 다루고자 한다.

1) 추구하는 인간상

가. 건강한 사람
나. 자주적인 사람
다. 창의적인 사람
라. 감성이 풍부한 사람
마. 더불어 사는 사람

2) 표준보육과정의 기본 전제

가. 국가수준의 공통성과 지역, 기관 및 개인 수준의 다양성을 동시에 추구한다.
나. 영유아의 전인적 발달과 행복을 추구한다.
다. 영유아중심과 놀이중심을 추구한다.
라. 영유아의 자율성과 창의성 신장을 추구한다.
마. 영유아, 교사, 원장, 부모 및 지역사회가 함께 실현해 가는 것을 추구한다.

2. 표준보육과정의 구성 방향 및 체계

1) 구성 방향

가. 영유아는 개별적인 특성을 지닌 고유한 존재임을 전제로 구성한다.
나. 0~만 5세 모든 영유아에게 적용할 수 있도록 구성한다.

다. 추구하는 인간상 구현을 위한 지식, 기능, 태도 및 가치를 반영하여 구성한다.

라. 표준보육과정은 다음의 영역을 중심으로 구성한다.

- 0~만 1세 보육과정과 만 2세 보육과정은 기본생활, 신체운동, 의사소통, 사회관계, 예술경험, 자연탐구의 6개 영역을 중심으로 구성한다.
- 만 3~5세 누리 과정은 신체운동・건강, 의사소통, 사회관계, 예술경험, 자연탐구의 5개 영역을 중심으로 구성한다.

마. 0~만 5세 영유아가 경험해야 할 내용으로 구성한다.

바. 초등학교 교육과정과의 연계성을 고려하여 구성한다.

2) 구성 체계

가. 총론은 만 3~5세 누리 과정 개정 방향과 취지를 수용하되 보육의 정체성 유지, 영아보육의 특성을 반영하였다.

나. 0~만 2세 영역별 내용은 제3차 어린이집 표준보육과정을 토대로 영아보육의 특성을 반영하였다.

다. 기존의 연령 체계를 유지하여 0~만 1세 보육과정, 만 2세 보육과정, 만 3~5세 누리 과정으로 제시하였다.

라. 구성 체계를 조정하여 영역, 내용 범주, 내용 체계를 유지하고, 0~만 1세의 4수준, 만 2세의 2수준으로 구분하였던 세부 내용을 내용과 통합하였다.

마. 0~만 2세 보육과정은 기존의 6개 영역을 유지하고 내용을 간략화하였다.

바. 전체적으로 영유아중심, 놀이중심을 추구하였다.

사. 영유아 기본 권리의 개별 보장을 중시하여 영유아는 개별적인 특성을 지닌 고유한 존재로 존중받아야 함을 강조하였다.

표 5-1 **표준보육과정 6개 영역별 내용 범주**

기본생활	신체운동	의사소통	사회관계	예술경험	자연탐구
건강하게 생활하기	감각과 신체 인식하기	듣기와 말하기	나를 알고 존중하기	아름다움 찾아보기	탐구 과정 즐기기
안전하게 생활하기	신체 활동 즐기기	읽기와 쓰기에 관심 가지기	더불어 생활하기	창의적으로 표현하기	생활 속에서 탐구하기
		책과 이야기 즐기기			자연과 더불어 살기

3. 표준보육과정의 목적과 목표

1) 목적

영유아가 놀이를 통해 심신의 건강과 조화로운 발달을 이루고 바른 인성과 민주 시민의 기초를 형성하는 것을 목적으로 한다.

2) 목표

(1) 0~만 1세 보육과정

① 자신의 소중함을 알고, 건강하고 안전한 환경에서 즐겁게 생활한다.
② 자신의 일을 스스로 하고자 한다.
③ 호기심을 가지고 탐색하며 상상력을 기른다.
④ 일상에서 아름다움에 관심을 가지고 감성을 기른다.
⑤ 사람과 자연을 존중하고 소통하는 데 관심을 가진다.

(2) 만 2세 보육과정

① 자신의 소중함을 알고, 건강하고 안전한 환경에서 즐겁게 생활한다.
② 자신의 일을 스스로 하고자 한다.

③ 호기심을 가지고 탐색하며 상상력을 기른다.
④ 일상에서 아름다움에 관심을 가지고 감성을 기른다.
⑤ 사람과 자연을 존중하고 소통하는 데 관심을 가진다.

4. 표준보육과정의 운영

1) 편성 · 운영

가. 어린이집의 운영 시간에 맞추어 편성한다.
나. 표준보육과정을 바탕으로 각 기관의 실정에 적합한 계획을 수립하여 운영한다.
다. 하루 일과에서 바깥놀이를 포함하여 영유아의 놀이가 충분히 이루어지도록 편성하여 운영한다.
라. 성, 신체적 특성, 장애, 종교, 가족 및 문화적 배경 등에 따른 차별이 없도록 편성하여 운영한다.
마. 영유아의 발달과 장애 정도에 따라 조정하여 운영한다.
바. 가정과 지역사회와의 협력과 참여에 기반하여 운영한다.
사. 교사 연수를 통해 표준보육과정의 운영을 개선할 수 있도록 한다.

2) 교수 · 학습

가. 영유아의 의사 표현을 존중하고 민감하게 반응한다.
나. 영유아가 흥미와 관심에 따라 놀이에 자유롭게 참여하고 즐기도록 한다.
다. 영유아가 놀이를 통해 배우도록 한다.
라. 영유아가 다양한 놀이와 활동을 경험할 수 있도록 실내외 환경을 구성한다.
마. 영유아와 영유아, 영유아와 교사, 영유아와 환경 사이에 능동적인 상호작용이 이루어지도록 한다.

바. 각 영역의 내용이 통합적으로 영유아의 경험과 연계되도록 한다.
사. 개별 영유아의 요구에 따라 휴식과 일상생활이 원활히 이루어지도록 한다.
아. 영유아의 연령, 발달, 장애, 배경 등을 고려하여 개별 특성에 적합한 방식으로 배우도록 한다.

3) 평가

표준보육과정에서 평가는 어린이집에서 영유아가 중심이 되고 놀이가 살아나는 표준보육과정의 운영을 되돌아보고 개선해 가는 과정이다. 표준보육과정은 어린이집에서 영유아 · 놀이중심 보육과정을 운영하는 데 도움이 되고자 평가를 간략화하고 각 어린이집의 자율적인 평가를 강조하였다. 어린이집은 평가의 목적, 대상, 방법, 결과의 활용을 바탕으로 표준보육과정 평가를 자율적으로 실시할 수 있다.

평가는 다음 사항에 중점을 두고 실시한다.

가. 표준보육과정 운영의 질을 진단하고 개선하기 위해 평가를 계획하고 실시한다.
나. 영유아의 특성 및 변화 정도와 표준보육과정의 운영을 평가한다.
다. 평가의 목적에 따라 적합한 방법을 사용하여 평가한다.
라. 평가의 결과는 영유아에 대한 이해와 표준보육과정 운영 개선을 위한 자료로 활용할 수 있다.

5. 표준보육과정의 의사소통 영역

1) 성격

제4차 어린이집 표준보육과정에서 제시한 의사소통 영역은 듣기와 말하기, 읽기와 쓰기에 관심 가지기, 책과 이야기 즐기기의 세 가지 내용 범주로 구성된다.

(1) 0~만 1세 의사소통

① 목표

- 0~만 1세 영아가 의사소통 능력의 기초를 형성하는 경험을 하는 것이다. 일상생활에서 다른 사람의 말이나 이야기를 듣고 말하기를 즐기며, 주변의 그림과 다양한 상징에 관심을 갖고 자유롭게 끼적이기에 관심을 갖는 것과 다양한 책과 이야기를 접하며 관심을 가지는 것을 목표로 한다.
- 의사소통 능력의 기초를 형성한다.

가. 일상생활에서 듣기와 말하기를 즐긴다.
나. 읽기와 쓰기에 관련된 관심을 가진다.
다. 책과 이야기에 관심을 가진다.

② 내용 범주 및 내용

내용 범주	내용
듣기와 말하기	• 표정, 몸짓, 말과 주변의 소리에 관심을 갖고 듣는다. • 상대방의 이야기를 들으면서 말소리를 낸다. • 표정, 몸짓, 말소리로 의사를 표현한다.
읽기와 쓰기에 관심 가지기	• 주변의 그림과 상징에 관심을 가진다. • 끼적이기에 관심을 가진다.
책과 이야기 즐기기	• 책에 관심을 가진다. • 이야기에 관심을 가진다.

(2) 만 2세 의사소통

① 목표

- 만 2세 영아가 듣기, 말하기, 읽기, 쓰기의 의사소통 방식에 관심을 가지고 활용하며, 책과 이야기에서 상상하는 즐거움을 경험하기이다. 만 2세 영아가 일상생활에서 듣고 말하기를 즐기고, 그림과 문자 상징을 읽고 쓰기에 관심을 가지는 것과 책과 이야기를 즐길 수 있는 경험을 하는 것을 목표로 한다.

• 의사소통 능력과 상상력의 기초를 기른다.

가. 일상생활에서 듣기와 말하기를 즐긴다.
나. 읽기와 쓰기에 관심을 가진다.
다. 책과 이야기에 재미를 느낀다.

② 내용 범주 및 내용

내용 범주	내용
듣기와 말하기	• 표정, 몸짓, 말과 주변의 소리에 관심을 갖고 듣는다. • 상대방의 이야기를 듣고 말한다. • 표정, 몸짓, 말소리로 의사를 표현한다. • 자신의 요구와 느낌을 말한다.
읽기와 쓰기에 관심 가지기	• 주변의 그림과 상징, 글자에 관심을 가진다. • 끼적이며 표현하기를 즐긴다.
책과 이야기 즐기기	• 책에 관심을 가지고 상상한다. • 말놀이와 이야기에 재미를 느낀다.

6. 표준보육과정 영역과 영아문학교육 연계

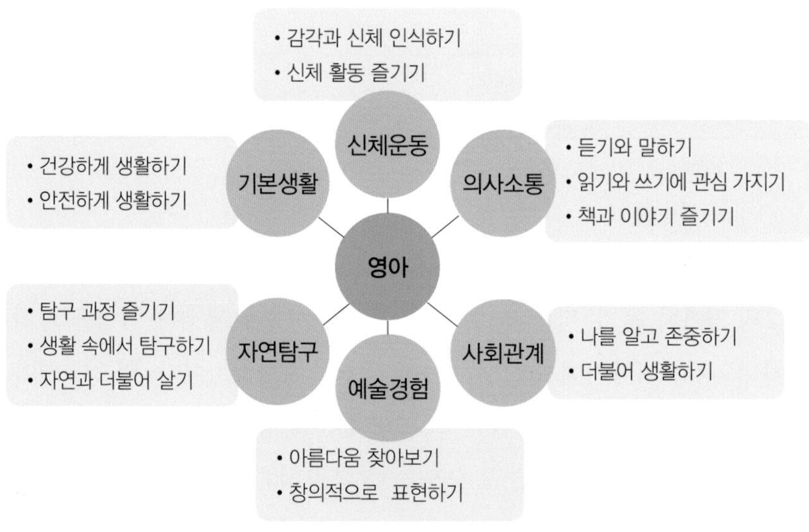

[그림 5-1] **표준보육과정 영아 영역**

1) 기본생활 영역과 영아문학

0~만 1세 영아의 기본생활 영역 목표는 건강하고 안전한 일상생활을 자연스럽게 경험하는 것이다. 신체의 청결과 위생, 수유 및 이유식 등의 식사, 편안한 휴식과 배변을 통해 건강한 생활을 경험하며 놀이를 하고 교통수단을 이용하는 등 일상에서 안전한 생활을 경험하는 것을 목표로 한다.

만 2세 영아의 기본생활 영역 목표는 건강하고 안전한 생활 습관의 기초를 형성하는 것이다. 신체의 청결과 위생, 즐거운 식사, 배변 습관의 형성, 안전한 놀이와 생활, 위험한 상황에서의 대처 등 일상생활에서 건강하고 안전한 생활 습관의 기초를 형성하는 것을 목표로 한다.

기본생활 영역에서 영아문학이 통합적으로 이루어지기 위한 방안은 다음과 같다.

건강하게 생활하기 손 씻는 법 말해 보기 / 우리 치카치카 해요 / 옷 입는 방법 말해 보기

만 1세

만 2세

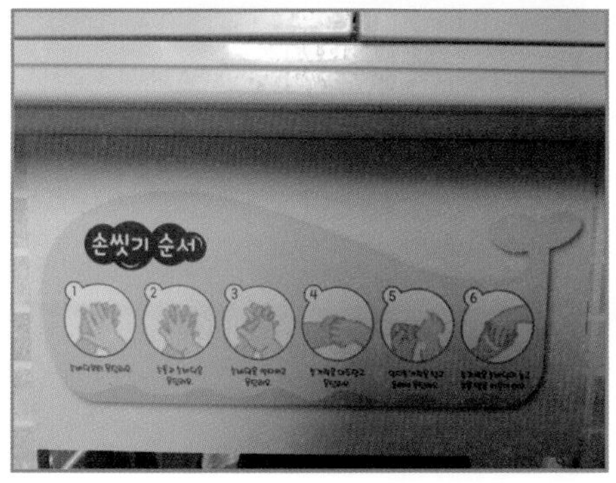

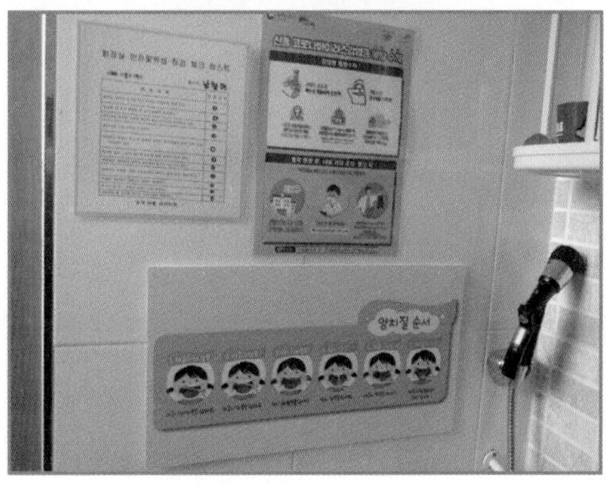

안전하게 생활하기 뜨거운 것은 조심해요 / 신호등 이름 맞추기 / 횡단보도는 어떻게 건너야 할까? / 딱딱하거나 날카로운 물건을 조심해요 / 물, 눈놀이 전에 안전한 놀이 방법 이야기를 나눠요

2) 신체운동 영역과 영아문학

0~만 1세 영아의 신체운동 영역 목표는 주변 자극에 반응하고 감각으로 주변의 사물과 환경을 인식하며 자신의 신체를 즐겁게 탐색해 보는 것이다. 또한 영아의 기본 운동 능력을 발달시키기 위해 자신의 대소근육을 이용하여 기본 운동을 시도하고 실내외에서 신체를 이용한 활동을 즐기는 것에 중점을 둔다.

만 2세 영아의 신체운동 영역 목표는 감각을 활용하고 신체 활동을 즐기는 경험을 하는 것이다. 감각을 활용하여 주변 사물과 환경을 탐색하고 자신의 신체를 인식

만 1세

만 2세

하며, 대소근육을 조절하고 기본 운동과 실내외 신체 활동을 즐기도록 하는 데 중점을 둔다.

신체운동 영역에서 영아문학이 통합적으로 이루어지기 위한 방안은 다음과 같다.

감각과 신체 인식하기 눈, 코, 입은 어디 있나?(신체 구조, 명칭 알아보기) / 친구 얼굴은 어떻게 생겼지? / 선생님 얼굴은 어떻게 생겼지? / 가족 얼굴 떠올려 보기 / 나의 눈썹과 친구 눈썹은 어떻게 다를까?

신체 활동 즐기기 동물들 움직임 말로 표현하기 / 한글 블록 높이 쌓기 / 특정 단어 찾기 / 동물의 소리 흉내

3) 의사소통 영역과 영아문학

0~만 1세 영아의 의사소통 영역 목표는 의사소통 능력의 기초를 형성하는 경험을 하는 것이다. 일상생활에서 다른 사람의 말이나 이야기를 듣고 말하기를 즐기며, 주변의 그림과 다양한 상징에 관심을 갖고 자유롭게 끼적이기에 관심을 갖는 것과 다양한 책과 이야기를 접하며 관심을 가지는 것을 목표로 한다.

만 2세 영아의 의사소통 영역 목표는 듣기, 말하기, 읽기, 쓰기의 의사소통 방식에 관심을 가지고 활용하며, 책과 이야기에서 상상하는 즐거움을 경험하기이다. 일상생활에서 듣고 말하기를 즐기고, 그림과 문자 상징을 읽고 쓰기에 관심을 가지는 것과 책과 이야기를 즐길 수 있는 경험을 하는 것을 목표로 한다.

의사소통 영역에서 영아문학이 통합적으로 이루어지기 위한 방안은 다음과 같다.

듣기와 말하기 물건 이름 듣고 물건 찾기 / 이름 듣고 선생님이나 친구 찾기 / 선생님, 친구들 이름 듣기 / 운율이 있는 말 듣기 / 선생님이 시키는 말에 따라 행동하기 / 동시, 동화 듣기 / 동물 울음소리 듣기 / 자기 이름 듣고 손 들어 보기 / 소리 듣고 흉내 내기 / 선생님 따라 말하기 / 친구 이름 언어 카드 / 교실에 있는 물건 이름 말하기 / 언어 카드 따라 말하기 / 꽃 이름 카드 말하기 / 자기 이

름 듣고 대답하기 / 여러 가지 소리 내 보기 / 행동에 맞는 말하기 / 자신의 느낌과 생각 말하기 / 나도 아나운서 / 역할놀이를 해요

읽기와 쓰기에 관심 가지기 친구 얼굴 사진 책 / 그림책에 흥미 가지기 / 글자 모양에 흥미 가지기 / 글자를 읽는 흉내 내 보기 / 큰 종이에 끼적거리기 / 다양한 쓰기 도구(크레파스, 색연필, 연필, 매직 등)에 흥미 가지기 / 점선 따라 써 보기 / 내 이름 쓰기 / 마음대로 끄적거려요

책과 이야기 즐기기 친구와 함께 책 보기 / 내용을 말해 보기 / 내가 좋아하는 동화책 이름 말하기 / 등장인물의 흉내 내기 / 내가 만약 주인공이라면?

만 1세

만 2세

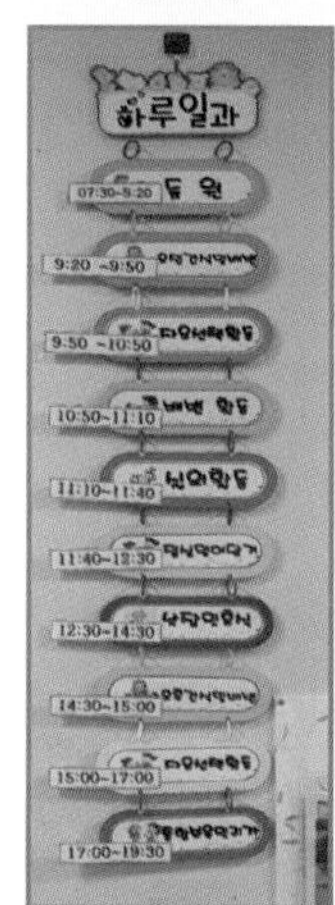

4) 사회관계 영역과 영아문학

0~만 1세 영아의 사회관계 영역 목표는 자신을 인식하고 주변의 친숙한 사람과 관계를 맺는 경험을 하는 것이다. 다른 사람과 분리된 자신을 고유한 존재로 인식하고 친숙한 성인과 안정적인 애착을 형성하여 어린이집에서 또래, 교사와 편안하게 지내는 것을 목표로 한다.

만 2세 영아의 사회관계 영역 목표는 자신에 대해 알아가고, 다른 사람과 더불어 생활하는 경험을 통해 사회관계 형성의 기초를 기르는 것이다. 자신이 다른 사람과 다르다는 것을 알고 자신을 긍정적으로 인식하며, 다른 사람과 생활하며 즐겁게 지내기 위한 태도를 기르는 것을 목표로 한다.

사회관계 영역에서 영아문학이 통합적으로 이루어지기 위한 방안은 다음과 같다.

만 1세

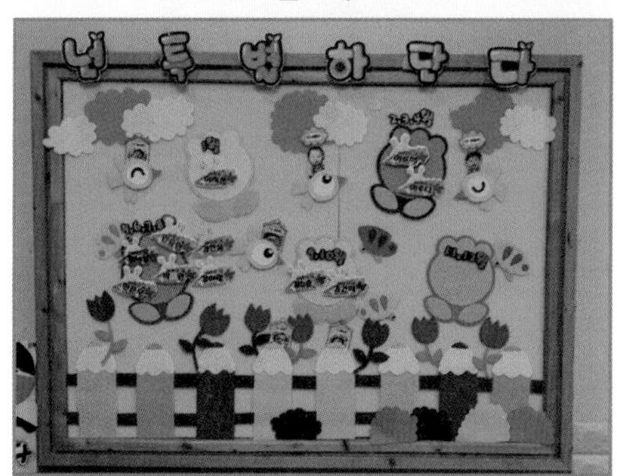

만 2세

나를 알고 존중하기 내 물건에 내 이름 카드 붙이기 / 나의 기분 말하기 / 내 이름이 붙어 있는 물건을 찾아요 / 나는 어디가 예쁠까?

더불어 생활하기 이름 카드에 맞게 물건의 자리에 갖다 놓기 / 만나고 헤어지는 인사하기 / 자신이 속한 반 이름 찾기 / 바른 태도로 인사하기 / 친구 이름 맞히기 / 선생님, 친구들에게 사랑한다고 말하기

5) 예술경험 영역과 영아문학

0~만 1세 영아의 예술경험 영역 목표는 자연과 생활에서 아름다움을 느끼고 경험하며 표현하는 과정을 즐기는 것이다. 아름다움에 관심을 가지고 느끼는 것을 즐

만 1세

만 2세

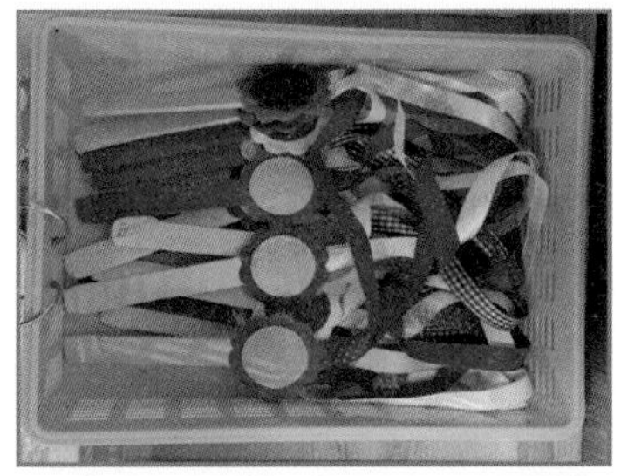

기며 자신의 경험과 느낌을 자연스럽게 표현하도록 한다.

만 2세 영아의 예술경험 영역 목표는 일상에서 아름다움을 느끼고 즐기는 것이다. 자연과 생활 속 경험에서 아름다움을 느끼고 관심을 가지며, 예술을 통해 자신의 느낌과 생각을 자유롭게 표현하도록 한다.

예술경험 영역에서 영아문학이 통합적으로 이루어지기 위한 방안은 다음과 같다.

아름다움 찾아보기 자신이 본 아름다움 말해 보기 / 아름다운 자연물의 색은? / 노래 속 익숙한 낱말 찾아보기

창의적으로 표현하기 악기 소리를 입으로 표현해요 / 음악을 들으며 끄적거려요 / 익숙한 낱말들은 노래로 만들어요 / 동물 가면 만들고 울음소리를 표현해요

6) 자연탐구 영역과 영아문학

0~만 1세 영아의 자연탐구 영역 목표는 주변 환경과 자연에 관심을 가지는 경험을 하는 것이다. 자신을 둘러싸고 있는 주변 세계와 자연에 호기심을 가지고 일상에서 탐색하기를 즐기며 주변의 동식물과 날씨의 변화에 관심을 가지는 것을 목표로 한다.

만 2세 영아의 자연탐구 영역 목표는 주변 환경과 자연에 관심을 가지고 탐색하는 과정을 즐기는 데 있다. 자신을 둘러싸고 있는 주변 세계와 자연에 대해 호기심을 가지고 생활 속에서 주도적으로 탐색하기를 즐기며 주변의 동식물에 관심을 가지고 날씨와 계절의 변화에 관심을 가지는 것을 목표로 한다.

자연탐구 영역에서 영아문학이 통합적으로 이루어지기 위한 방안은 다음과 같다.

탐구 과정 즐기기 주변 사물 이름 알아맞히기 / 자연물(모래, 나무, 돌 등) 이야기해 보기 / 모래는 어떤 느낌일까?

생활 속에서 탐구하기 같은 모양 찾아 보기 / 주변 사물 모양과 색 말하기 / 숫자와 크기 알아맞히기 / 물건 수 카드를 맞혀요 / 도형 찾아 말해 보기

만 1세

만 2세

자연과 더불어 살기 주변 동식물의 모양과 특징 카드 / 돌, 모래, 물 등의 자연물 카드 / 날씨 카드 / 선생님, 친구 목소리는 어떻게 다를까? / 어떤 물건일까?

 제2절 누리 과정과 유아문학교육

오직 마음으로 보아야만 제대로 볼 수 있어.

중요한 것은 눈에 보이지 않거든.

–생텍쥐페리 『어린왕자』

1. 누리 과정의 체제

「2020 개정 누리 과정」은 「영유아보육법」 제29조와 같은 법 시행규칙 제30조, 「유아교육법」 제13조 제2항에 의거하여 국가수준의 교육과정으로 유아가 놀이를 통해 심신의 건강과 조화로운 발달을 이루고 바른 인성과 민주 시민의 기초를 형성하는 것을 목적으로 하고 있다.

만 3~5세 보육과정(누리 과정)의 고시 특성을 정리하면 다음과 같다.

가. 교육과정의 구성 체계를 확립하였다.
나. 누리 과정의 성격을 '공통의 교육과정'으로 명시하였다.
다. 기존의 구성 체계를 유지하고 5개 영역의 내용을 간략화하였다.
라. 유아중심, 놀이중심을 추구하였다.
마. 누리 과정 실행력과 현장의 자율성을 강조하였다.
바. 평가를 간략화하였다.

2. 누리 과정의 구성 방향

1) 구성 방향

가. 만 3~5세 모든 유아에게 적용할 수 있도록 구성한다.
나. 추구하는 인간상 구현을 위한 지식, 기능, 태도 및 가치를 반영하여 구성한다.
다. 신체운동 · 건강, 의사소통, 사회관계, 예술경험, 자연탐구의 5개 영역을 중심으로 구성한다.
라. 만 3~5세 유아가 경험해야 할 내용으로 구성한다.
마. 0~만 2세 보육과정 및 초등학교 교육과정과의 연계성을 고려하여 구성한다.

2) 누리 과정의 성격

가. 국가수준의 공통성과 지역, 기관 및 개인 수준의 다양성을 동시에 추구한다.
나. 유아의 전인적 발달과 행복을 추구한다.
다. 유아중심과 놀이중심을 추구한다.
라. 유아의 자율성과 창의성 신장을 추구한다.
마. 유아, 교사, 원장(감), 학부모 및 지역사회가 함께 실현해 가는 것을 추구한다.

3) 추구하는 인간상

가. 건강한 사람
나. 자주적인 사람
다. 창의적인 사람
라. 감성이 풍부한 사람
마. 더불어 사는 사람

3. 누리 과정의 운영

「2019 개정 누리 과정」은 이상의 국정 방향을 충실히 반영하여 유아중심 · 놀이중심, 교사의 자율성 강화를 기본 방향으로 하여 개정되었다.

1) 목적

만 3~5세 유아가 놀이를 통해 심신의 건강과 조화로운 발달을 이루고 바른 인성과 민주 시민의 기초를 형성하는 것을 목적으로 하고 있다.

2) 목표

가. 자신의 소중함을 알고, 건강하고 안전한 생활 습관을 기른다.
나. 자신의 일을 스스로 해결하는 기초 능력을 기른다.
다. 호기심과 탐구심을 가지고 상상력과 창의력을 기른다.
라. 일상에서 아름다움을 느끼고 문화적 감수성을 기른다.
마. 사람과 자연을 존중하고 배려하며 소통하는 태도를 기른다.

3) 편성 · 운영

가. 1일 4~5시간을 기준으로 편성한다.
나. 일과 운영에 따라 확장하여 편성할 수 있다.
다. 누리 과정을 바탕으로 각 기관의 실정에 적합한 계획을 수립하여 운영한다.
라. 하루 일과에서 바깥놀이를 포함하여 유아의 놀이가 충분히 이루어지도록 편성하여 운영한다.
마. 성, 신체적 특성, 장애, 종교, 가족 및 문화적 배경 등으로 인한 차별이 없도록 편성하여 운영한다.
바. 유아의 발달과 장애 정도에 따라 조정하여 운영한다.
사. 가정과 지역사회와의 협력과 참여에 기반하여 운영한다.
아. 교사 연수를 통해 누리 과정의 운영이 개선되도록 한다

4) 교수 · 학습 방법

교수 · 학습은 유아가 즐겁게 놀이하며 스스로 배울 수 있도록 교사가 지원할 때 고려해야 할 사항이다.

가. 유아가 흥미와 관심에 따라 놀이에 자유롭게 참여하고 즐기도록 한다.

나. 유아가 놀이를 통해 배우도록 한다.
다. 유아가 다양한 놀이와 활동을 경험할 수 있도록 실내외 환경을 구성한다.
라. 유아와 유아, 유아와 교사, 유아와 환경 간에 능동적인 상호작용이 이루어지도록 한다.
마. 5개 영역의 내용이 통합적으로 유아의 경험과 연계되도록 한다.
바. 개별 유아의 요구에 따라 휴식과 일상생활이 원활히 이루어지도록 한다.
사. 유아의 연령, 발달, 장애, 배경 등을 고려하여 개별 특성에 적합한 방식으로 배우도록 한다.

5) 평가

누리 과정은 유치원과 어린이집에서 유아 · 놀이 중심 교육과정을 운영하는 데 도움이 되고자 평가를 간략화하고 각 기관의 자율적인 평가를 강조하였다. 유치원과 어린이집은 평가의 목적, 대상, 방법, 결과의 활용을 바탕으로 누리 과정 평가를 자율적으로 실시할 수 있다.

가. 누리 과정 운영의 질을 진단하고 개선하기 위해 평가를 계획하고 실시한다.
나. 유아의 특성 및 변화 정도와 누리 과정의 운영을 평가한다.
다. 평가의 목적에 따라 적합한 방법을 사용하여 평가한다.
라. 평가의 결과는 유아에 대한 이해와 누리 과정 운영 개선을 위한 자료로 활용할 수 있다.

4. 누리 과정 의사소통 영역의 목표

의사소통의 목표는 일상생활에서 말과 글의 의미 있는 경험을 통해 기초적인 수준의 말과 글을 즐겁고 바르게 사용할 수 있는 능력과 태도를 기르는 데 있다.

- 다른 사람의 말을 주의 깊게 듣는 태도와 이해하는 능력을 기른다.
- 자신의 생각과 느낌을 말하는 능력을 기른다.
- 글자와 책에 친숙해지는 경험을 통하여 글자 모양을 인식하고 읽기에 흥미를 가진다.
- 말과 글의 관계를 알고 자신의 생각, 느낌, 경험을 글로 표현하는 데 관심을 가진다.

5. 누리 과정의 의사소통 영역 내용

유아는 주변 사람들과 소통하며 관계를 맺는 능동적인 의사소통자이다. 유아는 다른 사람의 말을 주의 깊게 듣고 자신의 생각과 느낌을 다양한 방법으로 표현하며 소통하는 것을 즐기고, 책과 이야기에 관심을 갖는다. 의사소통 영역은 유아가 다른 사람과 소통하며, 일상에서 만나는 글자나 상징에 관심을 가지고 책과 이야기를 즐기는 경험과 관련된 내용이다.

교사는 유아가 자신의 느낌과 생각을 적절하게 말하는 경험을 통해 바른 언어생활을 할 수 있도록 돕는다. 또한 유아가 아름다운 우리말이 담긴 책과 이야기에 흥미를 가지고 언어가 주는 재미와 상상을 충분히 즐길 수 있도록 지원할 수 있다.

1) 목표

일상생활에 필요한 의사소통 능력과 상상력을 기른다.

가. 일상생활에서 듣고 말하기를 즐긴다.
나. 읽기와 쓰기에 관심을 가진다.
다. 책이나 이야기를 통해 상상하기를 즐긴다.

2) 내용 범주 및 내용

내용 범주	내용
듣기와 말하기	말이나 이야기를 관심 있게 듣는다. 자신의 경험, 느낌, 생각을 말한다. 상황에 적절한 단어를 사용하여 말한다. 상대방이 하는 이야기를 듣고 관련해서 말한다. 바른 태도로 듣고 말한다. 고운 말을 사용한다.
읽기와 쓰기에 관심 가지기	말과 글의 관계에 관심을 가진다. 주변의 상징, 글자 등의 읽기에 관심을 가진다. 자신의 생각을 글자와 비슷한 형태로 표현한다.
책과 이야기 즐기기	책에 관심을 가지고 상상하기를 즐긴다. 동화, 동시에서 말의 재미를 느낀다. 말놀이와 이야기 짓기를 즐긴다.

6. 누리 과정 영역과 유아문학교육 연계

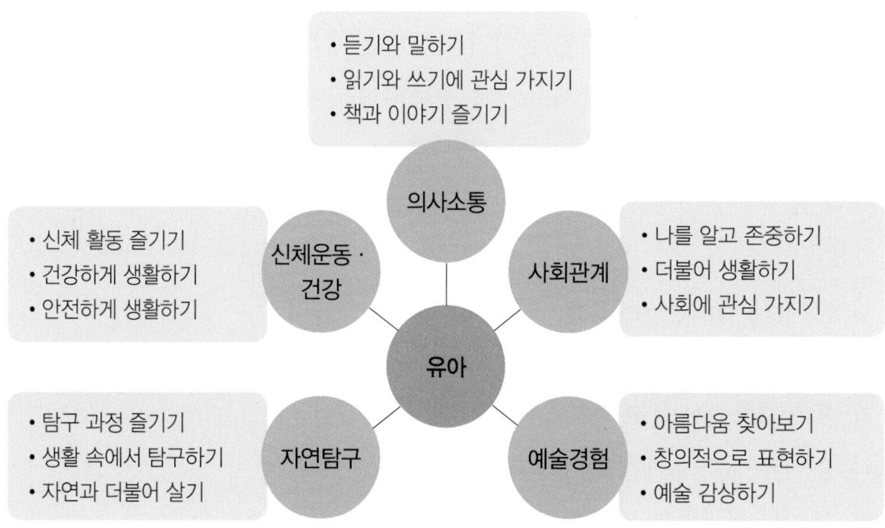

[그림 5-2] **누리 과정 유아 영역**

1) 신체운동 · 건강 영역과 유아문학

신체운동 · 건강 영역의 목표 및 내용 범주는 유아가 다양한 신체 활동에 즐겁게 참여하고, 청결과 위생, 즐거운 식사, 적당한 휴식을 통해 건강한 생활 습관을 기르며, 일상에서 안전하게 생활하는 방법을 배우고 실천하는 내용으로 구성하였다.

신체 활동 즐기기 유아가 스스로 신체를 움직이는 동안 자연스럽게 자신의 신체를 인식하고 조절하며, 실내외에서 다양한 신체 활동에 자발적으로 참여하면서 즐기는 내용이다.

건강하게 생활하기 유아가 스스로 몸과 주변을 깨끗이 하고, 즐겁게 식사하며, 자신의 신체 리듬에 맞게 휴식을 취하고, 질병을 예방하는 다양한 방법을 실천하는 내용이다.

안전하게 생활하기 유아가 안전하게 놀이하고 생활하며, 자주 접하는 TV, 컴퓨터, 스마트폰을 바르게 사용하고, 안전하게 다닐 수 있도록 교통안전 규칙을 지키며, 안전사고, 화재, 재난, 학대, 유괴 등의 위험한 일이 발생하였을 때 도움을 요청하거나 대처할 수 있는 방법을 경험하는 내용이다.

신체운동 · 건강 영역에서 유아문학이 통합적으로 이루어지기 위한 방안은 다음과 같다.

내용 범주	유아 통합 활동
신체 활동 즐기기	눈 가리고 친구 안내 들으며 걷기 / 여러 가지 감각 느끼고 촉감 말해 보기 / 무슨 냄새일까? / 쓴맛, 단맛, 신맛, 매운맛, 짠맛(미각) 구별해서 말해 보기 / 눈 가리고 말소리, 노랫소리 찾아가기 / 실내외 다양한 놀이 체험하기 / 그림 카드 뒤집기(소근육 조절) / 기본 운동 후 느낌 말하기 / 무궁화 꽃이 피었습니다 / 숨겨진 낱말 카드 찾아보기 / 놀이기구 타 보고 느낌 말하기 / 스피드 게임 / 몸으로 말해요
건강하게 생활하기	손 씻는 방법 말하기 / 계절에 맞는 옷은? / 바른 식사 습관 말하기 / 몸에 좋은 음식, 나쁜 음식 말하기 / 이 닦기 순서 알기 / 규칙적인 생활 습관 기르기 / 적절한 휴식 취하는 방법

안전하게 생활하기	교통안전 규칙 말하기 / 교통수단 말하기 / 질서를 지켜요 / 교통안전 수칙 읽기 / 상황 속 도움 요청하는 법 말하기 / 자기 반의 규칙 정해 보기 / 대중 매체와 기기를 바른 태도로 사용하기

만 3세

만 5세

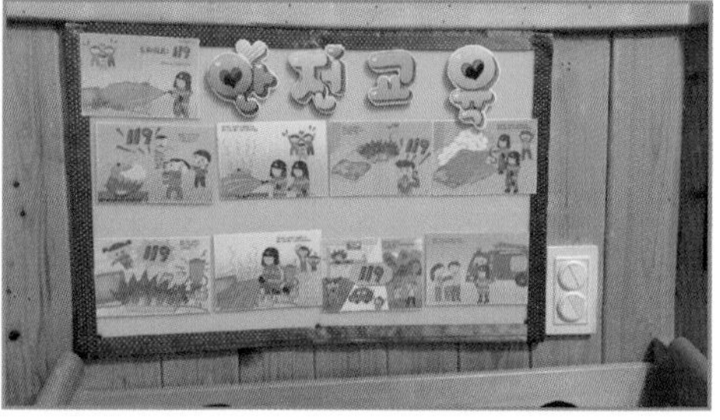

2) 의사소통 영역과 유아문학

의사소통 영역의 목표와 내용 범주는 유아가 일상생활에서 다른 사람의 말이나 이야기를 듣고 말하기를 즐기며, 주변의 상징을 읽고 글자와 비슷한 형태로 써 보기에 관심을 가지며, 다양한 책과 이야기를 통해 상상하기를 즐기는 내용으로 구성하였다.

듣기와 말하기 유아가 다른 사람의 말이나 이야기를 관심 있게 듣고, 자신의 경험, 느낌, 생각을 상황에 적절한 단어를 사용하여 말하고, 고운 말을 사용하는 내용이다.

읽기와 쓰기에 관심 가지기 유아가 말과 글의 관계에 관심을 가지고 주변의 상징, 글자 등을 읽으며, 자신의 생각을 글자와 비슷한 형태로 표현해 보는 내용이다.

책과 이야기 즐기기 유아가 다양한 책에 관심을 가지고 상상하며 동화, 동시에서 말의 재미를 느끼고, 말놀이와 이야기 짓기를 즐기는 내용이다.

의사소통 영역에서 유아문학이 통합적으로 이루어지기 위한 방안은 다음과 같다.

내용 범주	유아 통합 활동
듣기와 말하기	다른 사람 말에 귀 기울이기 / 친구 이야기 들어 주기 / 선생님이 들려주는 동화 듣기 / 자연 소리 듣기 / 낱말 발음을 들어 봐요 / 동요, 동시 듣기 / 바른 태도로 들어요 / 질문을 듣고 적절하게 대답해요 / 이야기를 듣고 기억해서 말해요 / 소리 듣고 무엇인지 말해 보기 / 나의 이름 소개하기 / 나는 누구일까요? 수수께끼 하기 / 친구, 선생님께 하고 싶은 말 / 오늘은 내가 선생님 / 끝말잇기 / 알맞게 문장 순서를 말해 봐요 / 바르게 발음해서 말해요 / 자신의 느낌, 생각, 경험 말하기 / 상황에 맞는 언어를 사용해요 / 바른 태도로 말해요 / 친구와 마주 보고 말해요 / 말 따라 하기 게임 / 사건이 일어난 순서대로 그림 보고 말해 보기 / 타인에게 들은 이야기를 전달해요
읽기와 쓰기에 관심 가지기	책 소리 내어 읽기 / 이어 읽기 / 낱말 카드 읽어 보기 / 주변에서 자주 보는 글자 읽기 / 동요, 동시, 동화 읽기 / 그림책을 읽어요 / 그림책 보고 내용 예측하기 / 게임 규칙 읽기 / 비슷한 발음 읽기 / 동시 보고 쓰기 / 내 이름 적기 / 그림 카드 쓰기 / 놀이 규칙 보고 적어 보기 / 내가 할 수 있는 일 적어 보기 / 가족 이름 쓰기 / 가족에게 편지 쓰기 / 재미있는 경험 쓰기 / 간판 이름이나 사물 이름표 만들기 / 쪽지 쓰기 / 문집 만들기 / 선 긋기 / 도형 그리기
책과 이야기 즐기기	책 읽고 상상하기 / 동시와 동화 즐기기 / 우리말의 재미와 아름다움 느끼기 / 끝말잇기 / 수수께끼와 스무고개 만들기

만 3세

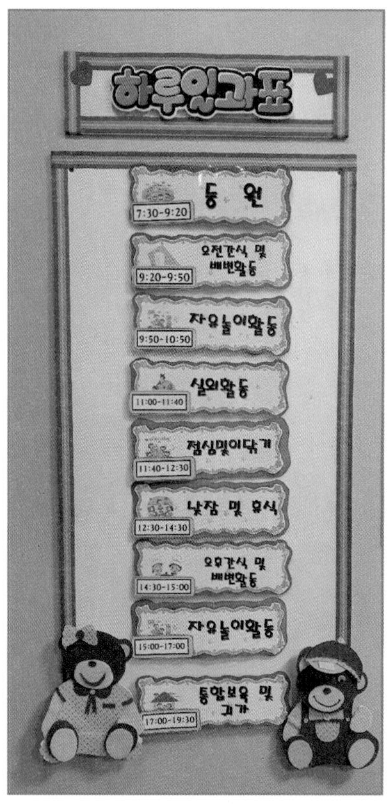

만 5세

3) 사회관계 영역과 유아문학

사회관계 영역의 목표와 내용 범주는 유아가 자신을 이해하고 존중하며, 친구와 가족 또는 다른 사람들과 사이좋게 지내며, 유아가 속한 지역사회와 우리나라, 다양한 문화에 관심을 갖는 내용으로 구성하였다.

나를 알고 존중하기 유아가 자신을 나타낼 수 있는 것과 자신의 감정을 알고 상황에 맞게 적절하게 표현하며, 자신이 할 수 있는 것을 스스로 해 봄으로써, 긍정적인 자아존중감과 자율성을 경험하는 내용이다.

더불어 생활하기 유아가 가족의 의미와 소중함을 알며, 친구와 서로 돕고 양보, 배려, 협력하며 사이좋게 지내고, 사람들마다 감정, 생각, 행동이 각기 다름을 알고 존중하여, 친구와의 갈등을 여러 가지 긍정적인 방법으로 해결하는 내용이다. 또한 친구와 어른께 예의 바른 태도로 말하고 행동하며, 사회 공동체의 일원으로서 약속과 규칙의 필요성을 알고 지키는 내용이다.

사회에 관심 가지기 유아가 사회 구성원으로서 자신이 사는 지역에 관심을 가지고 탐구하며, 우리나라의 상징, 언어, 문화를 알아 가면서 대한민국 국민으로서 긍지와 자부심을 가지는 내용이다. 그리고 다른 나라의 다양한 문화에 관심을 가지고 존중하는 경험을 담고 있다.

사회관계 영역에서 유아문학이 통합적으로 이루어지기 위한 방안은 다음과 같다.

내용 범주	유아 통합 활동
나를 알고 존중하기	나의 소중함 말해 보기 / 나의 장점 말해 보기 / 나의 기분 말하기 / 내가 자랑스러웠던 경험 말하기 / 내가 할 수 있는 일 써 보기 / 적절한 감정 표현하기
더불어 생활하기	친구 표정을 읽어요 / 게임을 한 후 기분 말하기 / 주말에 있었던 일 친구와 말해 보기 / 집에서 내가 할 수 있는 일은? / 가족 이야기해 보기 / 부모님을 도와 드린 경험 말하기 / 친구와 어른께 인사해요 / 친구와 약속을 정하기 / 친구와 사이좋게 지내려면? / 갈등 해소법 적어 보기
사회에 관심 가지기	우리나라 여러 인사법을 말해 봐요 / 우리나라를 상징하는 것 말해 보기 / 전통놀이 경험해 보고 느낌 말해 보기 / 마트, 시장에서 물건 샀던 경험 말하고 지도 그려 보기 / 다양한 문화와 생활 양식 찾아보고 말하기

만 3세

만 5세

4) 예술경험 영역과 유아문학

예술경험 영역의 목표와 내용 범주는 유아가 자연, 생활, 예술에서 아름다움을 느끼고, 음악, 움직임과 춤, 미술, 극놀이 등의 예술에서 자신의 느낌과 생각을 창의적으로 표현하는 과정을 즐기며, 다양한 예술 작품을 감상하며 다른 사람의 예술 표현을 존중하는 내용으로 구성하였다.

아름다움 찾아보기 유아가 자연과 생활에서 아름다움을 느끼며 예술적 요소에 관심을 가지고 찾아보는 내용이다.

창의적으로 표현하기 유아가 노래를 즐겨 부르고, 간단한 소리와 리듬을 만들어 보며, 자유롭게 움직이며 춤추고, 다양한 미술 재료와 도구를 활용하여 표현하며, 경험과 이야기를 극놀이로 표현하는 내용이다.

예술 감상하기 유아가 자신과 또래의 작품뿐만 아니라 다양한 예술을 감상하며 상상하기를 즐기고, 서로 다른 예술 표현을 존중하며, 우리 고유의 전통 예술에 친숙해지는 내용이다.

예술경험 영역에서 유아문학이 통합적으로 이루어지기 위한 방안은 다음과 같다.

내용 범주	유아 통합 활동
아름다움 찾아보기	물건의 색, 모양, 질감 이야기해 보기 / 산책하면서 아름다웠던 풍경 말해 보기 / 빠르기가 다른 음악 듣고 느낌 이야기해 보기
창의적으로 표현하기	노랫말 동화 만들기 / 리듬악기를 연주하고 느낌을 말해 봐요 / 노래로 자기 생각을 말해요 / 극놀이 경험 이야기해 보기 / 예술 활동에 참여하고 표현 과정 말해 보기 / 노래 개사하기
예술 감상하기	연극을 보고 느낌을 말해 봐요 / 음악을 듣고 느낌을 말해 봐요 / 친구들의 예술 작품을 보고 이야기해 보기 / 미술관 구경 후 느낌을 말해 봐요 / 우리나라 전통 예술에 관심 가지기

만 3세

만 5세

5) 자연탐구 영역과 유아문학

자연탐구 영역의 목표와 내용 범주는 유아가 호기심을 가지고 궁금한 것을 적극적으로 탐구하는 과정을 즐기며, 생활 속의 문제를 수학적 · 과학적으로 탐구해 보면서 생명과 자연환경을 존중하는 내용으로 구성하였다.

탐구 과정 즐기기 유아가 주변 세계와 자연에 대해 지속적으로 호기심을 가지고, 궁금한 것을 탐구하는 과정에 적극적으로 참여하면서 서로 다른 생각에 관심을 갖는 내용이다.

생활 속에서 탐구하기 유아가 물체의 특성과 변화를 여러 가지 방법으로 탐색하고, 물체를 세어 수량을 알아보고, 물체의 위치와 방향, 모양을 알고 구별하며, 길이와 무게 등의 속성을 비교하고, 반복되는 규칙을 찾아보고, 모은 자료들을 기준에 따라 분류하며, 도구와 기계에 관심을 가지고 생활 속의 문제를 다양하게 탐구하는 내용이다.

자연과 더불어 살기 유아가 주변의 동식물에 대해 관심을 가지고, 생명과 자연환경을 소중히 여기며, 날씨와 계절의 변화를 생활과 관련짓는 내용이다.

자연탐구 영역에서 유아문학이 통합적으로 이루어지기 위한 방안은 다음과 같다.

내용 범주	유아 통합 활동
탐구 과정 즐기기	자연에 대해서 호기심 가지고 찾아 이야기해 보기 / 궁금한 것을 찾아 탐구하고 써 보기 / 나하고 다른 생각을 들어 보기 / 수수께끼놀이를 통한 궁금증 해결해 보기
생활 속에서 탐구하기	덧셈, 뺄셈 말하기 퀴즈 / 책 속 등장인물 수 말하기 / 많다, 적다 비교해서 말하기 / 물건의 위치, 방향을 말해 봐요 / 물체의 특성 탐색 / 도구와 기계의 명칭 알기 / 우리 생활에 도움을 주는 기계나 도구의 비교 / 내가 모으거나 수집하는 것들의 분류 / 우리 생활 속 규칙과 질서 써 보기 / 신체나 물건들의 길이와 무게 재어 보기
자연과 더불어 살기	낮과 밤의 규칙성 말해 보기 / 계절의 변화 이야기해 보기 / 돌의 촉감은? / 관심 있는 동물 특징 말해 보기 / 오늘의 날씨 말해 보기 / 달걀이 꼬꼬닭이 되었어요 / 곤충을 관찰하고 생김새 말해 보기 / 동물들의 먹이와 사는 곳 알기

만 3세

만 5세

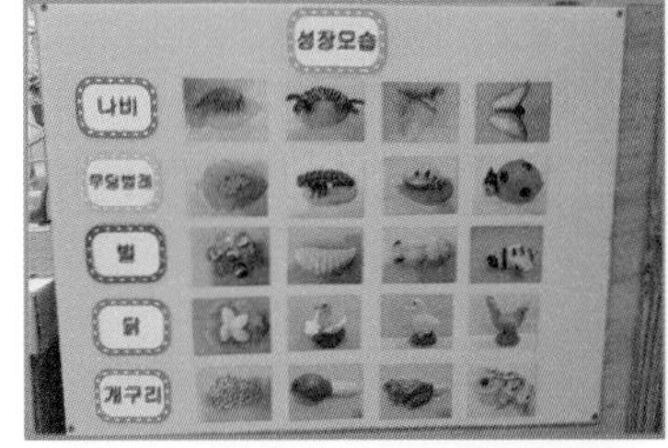

연구문제

1.표준보육과정의 목적과 목표를 설명하시오.

2.누리 과정에서의 의사소통 영역을 설명하시오.

3.누리 과정 영역과 유아문학교육 연계에 대하여 기술하시오.

제6장 그림책

개관

그림책은 글(텍스트)과 그림(일러스트)이 통합적으로 표현하는 독특한 아동문학의 중복된 장르다. 그림책의 구분도 다양하다. 그러나 제6장에서는 그림책을 영유아 책과 그림 이야기책으로 구분하여, 영유아 책은 글 없는 그림책, 장난감 책, 한글과 알파벳 책, 수 세기 책, 개념의 책으로 구분하여 기술하였다. 한편, 그림 이야기책으로는 텍스트와 일러스트의 요소와 특징들을 기술하였다.

학습목표

- 그림책과 그림책의 분류를 안다.
- 텍스트와 일러스트의 개념 및 관계를 이해한다.
- 영유아 책의 분류를 알고 그림의 특성을 이해한다.
- 그림 이야기책에서 텍스트와 일러스트의 주요소를 알고 이해한다.

– 흰 토끼와 검은 토끼(가스 윌리엄스 글 · 그림)

그림책의 정의

그림책의 의의는 루이스 캐럴(Lewis Carroll)이 『이상한 나라의 앨리스』 첫 장에서 앨리스를 통해 "그림도 없고, 대화도 없는 책을 무슨 재미로 읽을까?"라고 하는 독백에서 잘 나타나 있다. 어린 독자들은 누구나 책 속에서 그림을 보면서 대화(이야기)를 즐기고 싶은 마음을 갖고 있기 때문이다.

본래 그림책은 텍스트(글)에 담겨 있는 메시지를 그림(일러스트)으로 전달하는 책을 의미한다. 대부분 그림책의 메시지는 일반적으로 글(텍스트)로 표현되기 때문에, 그림책은 글(텍스트)이 지닌 메시지와 그림(일러스트)을 통합하여 새로운 메시지를 창조함으로써 어린 독자들을 경이로운 문학적 감동의 세계로 인도하는 독특한 어린이문학의 장르다. 이 같은 개념을 명확히 하기 위해 다음의 용어들을 알아보기로 한다.

용어 해설

- **텍스트**(Text): 그림책에서 글로 쓰인 본문을 지칭하는 말이다. 일반적으로 언어적 구조물인 문학 작품으로, 그림책에서는 글로 쓰인 본문 작품이란 말 대신에 텍스트라는 용어를 사용한다. 그 이유는 오늘날 작가중심의 문학 이론으로부터 독자중심의 수용미학 이론에서 볼 때, 작품이란 말은 걸작이라는 뜻을 갖고 있는 가치 평가적인 의미가 있기 때문이다.
- **일러스트**(Illust, Illustration): 일러스트레이션의 줄인 말로, 그림책의 그림을 가리키는 말이다. 흔히 삽화라는 말로 널리 사용되어 왔는데, 삽화는 글에 끼워 넣은 그림이란 의미가 있어서 부적절한 표현으로 지적되고 있다. 최근 일러스트는 인쇄 매체를 통해 텍스트의 메시지가 텍스트와 통합적으로 표현된 그림을 의미한다.

– 예방주사 무섭지 않아!(후카미 하루오)

제6장 / 그림책

 제1절 영유아 책

> 모든 그림 속에는 이야기가 있고,
> 모든 이야기 속에는 그림이 있다.
>
> – 로버트 글렌

성인문학을 하는 일부 작가들은 영유아 책을 문학으로 분류하는 것에 대해 상당한 거부감을 표시해 왔다. 그 이유는 일반적으로 다음과 같은 두 가지로 요약된다.

첫째, 문학은 정서와 함께 사상성을 담고 있어야 하는데 아동을 위한 작품에 사상성이 있을 수 있는가에 대한 의구심이다.
둘째, 문학은 언어로 표현된 예술인데 언어가 올바로 발달되지 못하고 언어 사용이 미숙한 영유아 · 아동에게 문학이라는 말을 사용하는 것이 부적절하다는 것이다.

그러나 이 같은 생각들은 오늘날 이미 부적절한 이론으로 밝혀진 '어린이를 어른의 축소판으로 보거나 백지와 같이 보는 이론'처럼 영유아 · 아동 문학에 대한 편견과 왜곡된 생각에서 나온 주장에 불과하다. 정서란 희로애락의 감정이고, 사상이란 마음에 품는 생각이다. 그러므로 정서와 사상성의 문제에서 볼 때 어른들의 관점과 생각에만 정서와 사상이 있고 어린아이의 관점과 마음속에는 정서와 사상이 없다

고 할 수 없는 것이다.

그리고 문학이 언어로 표현된 예술이란 점에서, 언어가 미숙한 아동에게 어떻게 언어적 메시지가 문학적으로 사용될 수 있겠는가 하는 우려도 어린이의 언어 능력에 대한 편견과 무지 때문이다. 2~4세 영아는 일생 중 언어 발달이 가장 왕성한 시기이며, 6세경 어린이는 성인 어휘의 2/3를 습득하게 된다. 어린이보다 언어 발달이 더 지체된 성인도 많다. 그들이 읽고 쓰는 언어가 미숙하다는 이유만으로 그들을 문학의 대상에서 제외시킬 사람은 아무도 없다. 아동은 성인의 생각과 감정, 읽고 쓰는 언어가 다를 뿐이다.

한편, 글 없는 그림책, 문자나 숫자 개념 습득에 목적을 둔 글자 책, 숫자 책, 콘셉트북과 같은 영유아 책을 어떻게 문학의 범주에 포함시킬 수 있을 것인가라는 문제도 있어 왔다. 이 같은 문제는 아동문학이 보다 일찍부터 발달했던 유럽이나 미국에서도 상당한 논란이 있었던 것이 사실이다. 그러나 오늘날은 영유아 책들을 문학의 종류로 소개하고 있는 것이 일반화되고 있다. 그 이유를 필자는 다음과 같이 보고 있다.

첫째, 글 없는 그림책은 글, 즉 텍스트가 생략된 것이다.

글 없는 그림책의 경우는 어디까지나 글이 생략되었을 뿐이지 메시지가 없는 것이 아니다. 다시 말해서, 글이 생략된 텍스트에 의해서 메시지가 더욱 선명하게 살아 있다.

둘째, 모든 영유아 책의 언어는 간결한 문학적 메타포(은유)가 들어 있다.

은유를 메타포(Metaphor)라 하는데, Meta는 초월, 벗어남의 뜻이고, phor는 이동한다는 뜻이다. 따라서 은유는 어떤 사물이나 의미나 감정이 다른 사물이다. 의미로 옮겨져 전자의 사물이 후자의 사물로 전이되는 것을 말한다. 텍스트가 있는 그 밖의 영유아 책들의 경우, 내용이나 목적 방법은 달라도 그러한 것들이 어린이를 문학의 세계로 안내하는 훌륭한 길잡이가 되고 있다.

셋째, 모든 영유아 책은 넓은 의미에서 통합적인 문학적 메시지가 들어 있다.

영유아기 · 아동기는 성장 발달의 단계에서 나타나는 특성상 분화보다는 통합적인 접근이 발달에 효과적이기 때문에, 영유아 책이 다루는 다양한 측면에 대해 언어의 즐거움이나 사물의 현상과 개념을 보다 잘 이해함으로써 보다 쉽게 문학적 감동과 경험을 영유아에게 제공할 수 있다.

이 같은 이유로 영유아 책은 문학의 종류에서 다루어지고 있으며, 대부분의 영유아 책은 그림과 함께 책이 의도하는 메시지를 담고 있어서 그림책의 형태로 제작, 출판되고 있는 것이다.

1. 글 없는 그림책

글 없는 그림책은 텍스트가 거의 없거나 전혀 없이 그림만으로 표현된 책이다. 이런 책들은 글이 없기 때문에 '문학이라고 불릴 수 있는가'라는 논쟁의 주제가 되기도 했다. 그러나 비록 글이 없다 해도(생략), 주제, 관점, 등장인물, 배경 등과 같은 메시지가 문학적인 요소를 다 갖추고 있기 때문에 최근에 와서 그 같은 논란을 벌이

– 파도야 놀자(이수지)

는 사람은 없다.

그리고 글 없는 그림책은 영유아가 자발적이고 적극적으로 스토리텔링과 언어적 기술과 상상력을 발전시켜 가도록 돕는 매우 유용한 방법으로 활용되고 있으며, 독자의 반응을 요구하고 긍정적 독서 습관과 태도를 기르는 데 중요한 역할을 한다. 또한 글 없는 그림책은 취학 전 영유아에게만 유용한 것이 아니라 학령기 모든 아동에게도 유용하게 사용된다.

그 밖에도 글 없는 그림책은 다음과 같이 어린이와 어른들 모두를 즐거움의 세계로 인도한다.

글 없는 그림책의 특징

1. 글이 거의 없거나 전혀 없지만, 글 없는 그림책은 주제, 관점, 등장인물, 배경, 플롯 등 문학적인 메시지와 요소를 갖고 있다.
2. 글 없는 그림책은 영유아에게 스토리텔링과 언어적 기술, 올바른 독서 습관과 태도를 길러 주는 유용한 매체다.
3. 글 없는 그림책은 영유아뿐만 아니라 학령기 전 아동에게도 유익하게 활용될 수 있다.
4. 글 없는 그림책은 어린이부터 성인에 이르기까지 상상력을 키워 주고 즐거움의 세계로 안내하는 매력적인 매체다.

2. 장난감 책

장난감 책(하드보드지 책, 옷감 책, 팝업 책 등)에는 이야기 이외에 다양한 매력적인 요소들이 들어 있다. 장난감 책들은 평범한 그림책이나 개념 책들과는 달리 장치들이 잘 작동하는지, 유해한 요소는 없는지 등 실용적인 문제를 점검해야 한다.

보통 이런 책들은 영아를 위해 만들어진다. 하드보드지 책이나 옷감을 이용한 책은 내구성이 강해야 하고, 쉽게 닦을 수 있어야 하며, 거칠게 다루어도 잘 버텨야 한

– 위를 봐요(정진호)

다. 책을 잘 다루는 법에 대하여도 유의해야 하지만, 어린 독자들은 장난감 책을 일반 책들과 크게 다르다고 생각하지 않는다. 그러나 긁어 보거나 냄새를 맡을 수 있는 책들은 여러 번 읽게 되지 않는다. 그리고 이제는 고전이 된 몇몇의 창의적인 장난감 책들도 있다.

도로시 쿤드하르트(Dorothy Kundhard)의 『애완동물 버니』는 질감이 느껴지는 표면과 움직이는 부분들이 있다. 이런 책을 읽으면 어린 독자는 자연스럽게 책과 상호작용의 과정을 필연적으로 갖게 된다.

튀어나오는 책(팝업)이나 장치가 달린 책은 삼차원 모형과 움직이는 부분들을 사

용하여 복잡하게 구성될 수 있다. 그러나 거의 대부분 장난감 책에서는 시각적인 면이 우선시되고 텍스트는 두 번째가 된다. 튀어나오는 책이나 장치가 달린 책들은 페이지가 적어서 단순한 내용을 담고 있다. 전래동화가 장난감 책으로 만들어지면 플롯의 세부적인 면과 흥미로운 언어들이 화면과 장치들로 대체되어 버린다.

3. 한글과 알파벳 책

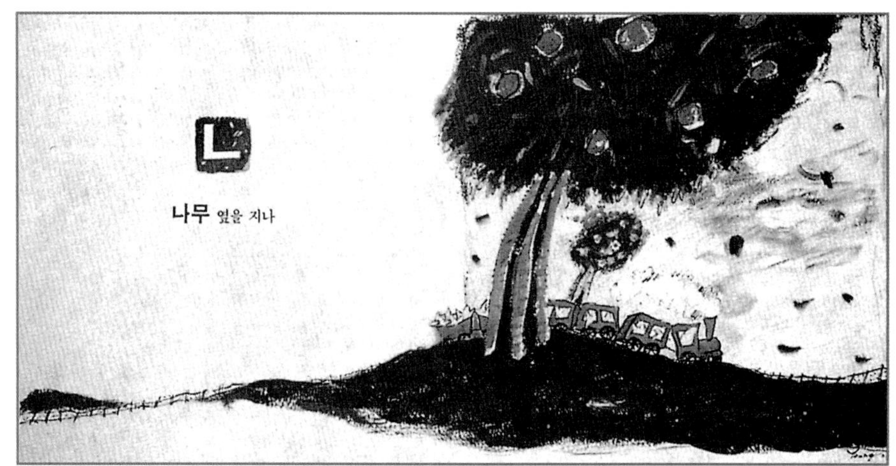

–『기차 ㄱㄴㄷ』(박은영 글 · 그림)

–『준영 ㄱㄴㄷ』(박은영 글 · 그림)

1) 한글 책

한글 책은 한글에 대한 자음과 모음 또는 단어를 사물과 연결한 그림을 통해서 한글에 대한 관심과 즐거움을 통해서 한글을 익히도록 하려는 목적으로 집필되었다. 한글 책은 한글의 구조와 어휘의 습득에 초점을 둔 책과, 간단한 동요나 동시와 같은 문학 작품을 그림과 함께 제시하는 한글 어휘 책 또는 한글 문학 책이 있다.

• **『가나다라 우리글』**(백원기 글 · 그림, 한국유아교육연구회 / 마당, 1994)

재롱이가 '글자나라'로 여행을 떠나면서 'ㄱ' 글자나라, 'ㄴ' 글자나라 등을 거쳐 사물의 이름을 알게 된다. 왼쪽에는 이야기, 오른쪽에는 사물의 그림과 이름들이 있어 실제 사물과 글자를 연결시킬 수 있다. 이야기 뒤편에는 엄마가 읽어 아이와 함께 할 수 있는 놀이를 통한 언어 학습의 예를 제시해 놓았다. 예를 들어, 끝말잇기놀이, 수수께끼놀이, 누가누가 많이 아니?(예: 음식 이름 번갈아서 하나씩 대기 놀이), 반대말 대기, 그림책 만들기 등을 소개시켜 놓았다(김현희, 박상희, 2001).

• **『기차 ㄱㄴㄷ』**(박은영 글 · 그림 / 비룡소, 1997)

이 책은 어린이가 좋아하는 기차를 주인공으로 삼았다. "기다란 기차가 나무 옆을 지나 다리를 건너 랄랄랄 노래를 부르며 마을을 거쳐서 비바람 속을 헤치고 숲속을 지나 언덕을 넘어서 자동차 사이를 빠져나와 창문을 닫고 커다랗고 컴컴한 터널을 통과해서 넓은 풀밭을 가로지르면, 해는 벌써 지고 있어요."라는 글을 기차가 이동하는 경로에 따라 자음의 순서로 배열하였다.

• **『말놀이 동시』**(문삼석 글, 강영수 그림 / 글송이, 2002)

『엄마랑 종알 종알 말놀이 동시』라는 제목의 이 책은 아동문학가 문삼석의 영유아를 대상으로 하는 동시로, 일러스트와 함께 수록하여 시에 대한 딱딱하고 지루한 고정 관념을 없애고 한글의 어휘력을 키워 줄 수 있는 그림책이다. 의성어, 의태어가 재미있고 일러스트가 재미있어서 영유아에게 우리말의 즐거움을 주면서 다양한

어휘, 사물의 개념을 길러 줄 수 있는 책이다.

2) 알파벳 책

대부분의 알파벳 책은 영유아에게 알파벳의 소리와 글자를 가르치기 위하여 고안되었다. 그렇기 때문에 매우 교육적이다. 알파벳 책들은 일반적으로 다음의 세 가지 일반적인 패턴 중 하나로 구성된다(Charles & Temple, 1998).

- 주제별로 구성된 책은 어떤 사물에 대한 주제나 화제에 초점을 맞춘 동물이나 알파벳 책 또는 동물 수 세기 책이 있다.
- 여러 가지 내용을 모은 책은 주제의 통합이 잘 이루어지지 않는다(그러나 그림의 스타일이나 톤에서는 통합을 보여 준다). 모음 책은 창의성을 별로 요구하지 않는다는 제한점도 갖는다.
- 알파벳 책 중에서 가장 드문 것은 이어지는 이야기책인데, 이 책은 알파벳이나

-알파벳은 요술쟁이(수스 맥도날드 글 · 그림)

숫자를 연속되는 이야기상에서 제시한다. 이런 책들은 잘 구성된 플롯을 가진 알파벳 책으로 알파벳을 가르치는 것이 어떤 것인지를 보여 준다. 보통 글자를 인식하고 배운다는 것 자체가 어렵기 때문에, 이야기의 구성 자체는 매우 단순하다.

- **『알파벳은 요술쟁이』**(수스 맥도날드 글 · 그림 / 케이유니버스, 2002)

일러스트 분야 칼데콧 수상 작품으로, 알파벳의 대문자와 소문자 A에서 Z까지 첫 자로 시작되는 사물을 일러스트로 재미있게 표현한 작품이다. 이 책은 알파벳에 대한 호기심과 즐거움을 느낄 수 있도록 텍스트와 일러스트가 잘 조화되어 있다.

(1) 알파벳 책의 내용

알파벳 책에서 가장 중요한 면은 아마도 명확성일 것이다. 명확성이 없다면 영유아에게 글자와 소리를 가르친다는 원래의 목적이 무의미해진다(예: 닥터 수스의 ABC). 만 3~4세의 유아는 (닥터 수스의 ABC에서) '악어'란 단어를 모를 수도 있고, 그것을 그림이 잘 알려 준다.

우리는 보통 알파벳을 가르칠 때 소리와 연관시킨다. 다시 말하면, 알파벳 책의 목적은 아이들이 글자의 모양과 소리를 연관시킬 수 있도록 돕는 것이다. 이것은 그리 간단한 것이 아니다. 예를 들어, 모음은 여러 가지 소리를 가지고 있다. 몇몇의 알파벳 책은 같은 알파벳을 사용했지만 여러 소리가 나는 대상을 제시함으로써 이러한 문제를 해결한다.

(2) 알파벳 책의 디자인

좋은 알파벳 책의 디자인과 그림은 영유아의 연령에 맞게 글자를 잘 알아볼 수 있도록 제작되어야 한다.

4. 수 세기 책

– 놀이수학(안노 미쓰마사 글 · 그림)

알파벳 책과 같이 대부분의 수 세기 책 또한 개념과 숫자를 인지하는 것을 가르친다는 교육적 목적을 가지고 있다. 한글 책이나 알파벳 책에 대한 사항들은 대부분이 수 세기 책에도 해당된다. 수 세기 책은 단순히 수의 개념을 전달하려는 것이 아닌, 예술적 기쁨을 목적으로 한 숙련된 독자들을 위한 책이어야 한다.

데이비드 러셀(David, L. Russell, 2001)은 수 세기 책의 내용과 디자인에 관해 다음과 같은 점을 강조했다.

1) 수 세기 책의 내용

알파벳 책과 마찬가지로 수 세기 책도 대부분 텍스트는 없고 수와 수를 세는 물체만 나와 있다. 어른들의 입장에서 수 세기는 당연하게 생각되지만 어린이에게는 매우 추상적인 개념이라는 것을 유념해야 한다. 우리는 이름(일, 이, 삼……)과 상징물(1, 2, 3……)을 제시하고, 이것들은 순서대로 양을 표현하기도 하지만 유아에게는 하나 이상의 추상적 개념을 다루고 있는 것이다. 이러한 복잡함 때문에 수 세기 책 내용의 가장 중요한 점은 셀 수 있는 물체가 명확하게 판별되고 제시되어야 한다는 점이다.

2) 수 세기 책의 디자인

수 세기 책은 수와 아라비아 숫자가 같이 제시되어야 하며, 때로는 스펠링도 제시되고 같은 줄에 숫자가 제시되어야 한다.

3) 수 세기 책 소개

데이비드 러셀은 좋은 수 세기 책으로 안노 미쓰마사(Anno Mitsumasa, 1977)의 수 세기 책을 추천하였는데, 우리나라에서 번역 출판되었다.

- **『놀이수학』**(안노 미쓰마사 글 · 그림, 편집부 옮김 / 한림출판사, 1995)

수의 여러 개념을 다양한 도형과 사물을 연결하여 쉬운 것부터 어려운 것까지 고루 보여 주는 책이다. 내용은 〈외돌토리〉 〈이상한 풀〉 〈차례〉 〈키 재기〉 등 네 가지 영역으로 나누어 수와 집합 사물과 사물의 곱셈 원리, 서수와 집합, 수의 측정과 비교와 비율들을 재미있게 이해할 수 있도록 텍스트와 그림으로 잘 표현해 주고 있다.

- **『이상한 나라의 숫자들』**(크라안 부부 글 · 그림, 김영무 옮김 / 분도출판사, 1990)

혼자 사는 게 너무 외로운 하나(1)는 친구를 찾아 길을 떠난다. 처음에 만난 영(0)이 친구를 하자고 하지만 하나는 0이 아무것도 아니라고 같이 놀지 않는다. 하나는 2, 3, 4, 5, 6, 7, 8, 9 숫자들을 하나씩 만나지만 이 숫자들과 잘 어울릴 수 없음을 깨닫고 돌아오는 길에 다시 0을 만나 10이라는 숫자를 만들어 서로 어울린다.

• 『**함께 세어 보아요**』(안노 미쓰마사 그림 / 마루벌, 1975, 1997)

0에서 12까지 숫자를 세고 익히며 숨은그림찾기를 하듯 숫자를 찾아 세어 볼 수 있는 아름다운 그림책이다. 각 장에는 숫자를 의미하는 여러 그림이 들어 있다. 그리고 막대그래프에도 숫자를 표시할 수 있는 상자가 있다.

• 『**장난꾸러기 아기 오리들**』(수지 아담스 글 · 그림, 편집부 옮김 / 여명출판사, 1997)

다섯 마리 아기 오리와 엄마 오리가 살았는데, 헤엄치러 갔다가 집으로 돌아오는 길에 아기 오리들이 자꾸만 장난을 치고 없어지는 과정에서 덧셈, 뺄셈 공부를 자연스럽게 하게 된다. 집으로 무사히 돌아온 아기 오리들은 엄마와 뽀뽀를 한 뒤 행복한 잠이 든다.

5. 개념 책

– 사계절(존 버닝햄)

1) 개념 책의 내용

개념에 관한 책은 영유아에게 인지적 개념을 가르치기 위해 고안되었다. 개념 책들은 과학적 · 사회적 개념들을 담고 있다. 엄밀히 말하면 알파벳과 수 세기 책도 개념 책으로 분류할 수 있지만, 개념 책의 종류가 너무 많기 때문에 일반적으로 개념 책은 반대 개념, 색 개념, 공간 개념, 소리 등에 관한 개념들을 주로 다룬다.

또한 다른 종류의 개념 책은 사실적 · 물질적 개념이 아니라 태도를 형성해 나가는 것이나 감정 등에 대하여 다루고 있는데 대체로 좋은 반응을 얻고 있다.

때때로 개념 책은 이야기나 화자가 서술하는 형식으로 구성되어 있는 것이 많고, 작은 시리즈의 이야기나 몇 개의 개념에 대한 그림만을 나열하기도 한다. 개념 책의 목적과 디자인이 무엇이든 간에 창의적인 그림과 명확하게 정의된 개념, 매력성, 잘 정리된 편집은 필수적이다(Russell, 2001).

2) 개념 책의 실제

개념의 책은 언어 개념(비슷한말, 반대말), 색 개념, 공간 개념, 크기 · 양 · 모양 개념, 교통 개념, 과학 개념, 우주와 자연 현상, 세계 여러 나라, 환경, 직업 등 다양하다. 김현희와 박상희(2001)가 소개한 각 주제별로 잘 선정된 대표적인 작품은 다음과 같다(박선희, 김경중, 1999).

(1) 나 · 가족 · 친구

• **『피터의 의자』**(에즈라 잭 키츠 글 · 그림, 이진영 옮김 / 시공사, 1996)

피터에게 여동생이 생겨 일어나는 변화와 갈등을 통해서 나와 동생, 가족의 관계를 이해할 수 있도록 하면서 자신에 대한 자아개념을 긍정적으로 갖도록 돕는다.

• **『나랑 같이 놀자』**(마리홀 에츠 글 · 그림, 양은영 옮김 / 시공사, 1996)

소녀가 들에 나가 여러 동물과 친구가 되어 행복해하는 모습을 통해서 친구가 되어 가는 과정을 통해 친구의 의미를 느낄 수 있게 돕는다.

(2) 색

• **『세 가지 빛깔의 이상한 모험』**(김대원 / 문선사, 1991)

분홍, 노랑, 파랑의 물감을 가지고 그림을 그리며 색을 혼합해 보고 있다. 노랑+파랑=초록, 빨강+노랑=주황 및 여러 혼합색의 배열을 셀로판지를 통해 보여준다.

• **『제각기 자기 색깔』**(레오 리오니 글 · 그림, 김영무 옮김 / 분도출판사, 1987)

코끼리는 회색, 금붕어는 빨강, 앵무새는 초록, 돼지는 분홍처럼 동물마다 제각기 색이 있는데, 카멜레온은 가는 곳마다 색깔이 변하여 자신만의 색이 없음을 슬퍼한다. 그래서 친구 카멜레온과 둘이 나란히 있으면 어디를 가든 색깔은 변하지만 항상 같은 색을 가질 수 있다고 생각한다. 그래서 함께 있기로 하여 똑같은 색을 지니며 행복하게 산다는 이야기이다. 색깔에 대한 지식도 주지만 환상적 요소가 가미된 이야기다.

(3) 크기 · 양 · 모양

• **『많아요, 적어요』**(딕 부르너 / 지경사, 1988)

그림에 따라 물건의 많고 적음을 알려 주고, 동물의 크고 작음을 알려 주는 내용이다.

• **『세모 · 네모 · 동그라미』**(A. J. 우드 글, 데이빗 앤스터 그림 / 한국프뢰벨, 1996)

공룡이 등장하여 동그라미, 세모 등이 포함되어 있는 놀잇감을 가지고 놀면서 모양의 개념을 소개한다. 쉽고 친숙한 것에서부터 점점 덜 익숙한 모양을 재미있게 나타내고 있다. 1, 2세 유아도 즐길 수 있는 모양 그림책이다.

(4) 교통기관

• **『기차–프뢰벨 사이언스 스쿨 12』**(조나단 루터란드, 김영민 옮김 / 한국프뢰벨, 1986)

초고속 열차들의 기록과 기차, 지하철, 철도 체계 등에 대해 자세하게 설명하고 있다.

• **『비행기–프뢰벨 사이언스 스쿨 13』**(조나단 루터란드, 이범홍 옮김 / 한국프뢰벨, 1986)

제트엔진의 발명부터 최신 비행기의 발전 과정과 비행 원리에 대해 설명한다. 그리고 간단하고 안전한 실험으로 비행기의 기본 원리를 설명하고 있다.

(5) 생물 과학

• **『어떻게 잠을 잘까요?』**(야브유치 마사요키 글 · 그림 / 한림출판사, 1991)

영유아는 작고 큰 동물들의 특이한 생김새와 생태에 대한 호기심이 유난히 강하다. "다람쥐는 어떻게 잠을 잘까? 박쥐는? 홍학은?" 이렇게 두 박자로 이어지는 단순한 구조의 그림책이라 영유아도 재미있게 볼 수 있다. 그림도 세밀하고 정감이 넘친다.

• **『엄마가 알을 낳았대』**(배빗 콜 글 · 그림, 고정아 옮김 / 보림, 1996)

아기가 태어나는 과정에 대하여 솔직하게 이야기한 코믹하고 독특한 그림의 성교육 그림책이다. 어느 날 아빠는 엄마가 소파 위에 알을 낳아 그 속에서 아이가 태어났다고 얘기한다. 그러나 아이들은 오히려 엄마와 아빠에게 아이가 어떻게 태어나는지를 그림과 함께 설명해 준다. 솔직하고 정확하게 말하는 아이들과 비유하려 하고 은폐하려는 어른들의 모습이 대비되었다.

• **『매우 배가 고픈 애벌레』**(에릭 칼 글 · 그림, 편집부 옮김 / 한국몬테소리, 1997)

일요일 아침, 알에서 깨어난 아주 작은 배고픈 애벌레가 번데기가 되고 아름다운 나비로 변화하는 것을 보여 주는 아주 작고 예쁜 그림책이다. 요일별로 먹는 수가 늘어나며 토요일에는 아이들이 좋아하는 먹을 것이 많이 나온다. 특히 사과, 배, 자두, 딸기 등을 먹으면서 애벌레가 지나가는 자국이 구멍으로 나타나 유아가 즐거워하는 책이며, 요일과 숫자에 대한 것도 자연스럽게 익힐 수 있는 책이다.

(6) 자연 현상과 우주

• **『지구와 하-첫 발견 시리즈』**(장뻬에르 베르데 글, 씰밴 빼롤 그림, 편집부 옮김 / 꼬마샘터, 1991)

우리가 살고 있는 지구가 태양과 어떤 관계를 지니고 있는지를 설명하고, 지구의 표면이 산, 평야, 바다로 덮여 있는 모습을 아름다운 사진과 셀로판지로 꾸몄다.

• **『사계절』**(존 버닝햄 글 · 그림, 박철주 옮김 / 시공사, 1996)

지식을 전달하는 책 중에서 지식의 폭이 얕은 책이라고 할 수 있다. 이 책에서는 사계절에 관해 설명하고 있는데, 아이들이 쉽게 알 수 있도록 쉬운 내용과 재미있는 그림으로 봄, 여름, 가을, 겨울의 특성과 변화를 보여 준다.

(7) 우리나라

• **『사물놀이』**(조혜란 그림, 김동원 구음 · 감수 / 길벗어린이, 1998)

천둥소리를 닮은 꽹과리, 바람 소리를 닮은 징, 빗소리를 닮은 장고 그리고 구름을 닮은 북, 이렇게 두 가지 쇠 악기와 두 가지의 가죽 악기가 어우러져서 하늘을 울리고 땅을 울리어 모든 사람을 하나로 만드는 우리만의 힘찬 음악이고 놀이이며 신나는 한판이다. 이 책은 사물놀이에 쓰이는 악기와 사물놀이 한판을 어린이들이 소리를 눈으로 보는 것처럼 느낄 수 있도록 표현하였다. '구음과 사물' '판굿' '웃다리

풍물'을 보여 줄 수 있는 CD가 첨부되어 있다.

(8) 세계 여러 나라

• **『세계의 어린이-우리는 친구』**(유네스코 아시아 문화센터기획 / 한림출판사, 1991)

이 책은 꿈을 지닌 어린이들이 좀 더 넓은 세계를 이해하고 평화롭고 살기 좋은 지구촌을 만드는 주인공이 되기를 바라는 마음으로 만들었다는 취지가 잘 살아나는 책이다. 우리나라를 비롯해서 저 멀리 서아프리카까지 세계 곳곳에서 친구들이 어떻게 살아가는지, 생활 풍습은 어떠한지를 소개하고 있다.

• **『우리는 서로 달라요』**(보리 글 · 그림 / 웅진출판사, 1990)

세계 여러 나라 어린이들의 피부색, 의식주 생활, 말과 글, 아이들 놀이의 서로 다른 모습을 한국 어린이의 눈을 통해 소개하고 있다.

(9) 환경 보존

• **『마른 풀의 향기』**(김병규 글 · 그림 / 한국프뢰벨, 1992)

공해로 인하여 시들어 가는 지구와 소나무가 괴로움을 당하는데 구름, 바람, 해, 달도 도와줄 수 없어서 고민하지만 파란 풀들이 지구를 감싸 주면서 지구가 웃음을 되찾는다.

(10) 직업

『디자이너가 되고 싶어요-내가 되고 싶은 나 8』(이명원 / 대교출판, 1998)

어린이들에게 가장 인기 있는 직업 10가지를 뽑아서, 실제로 활동하고 있는 전문가들이 자신의 직업과 삶을 사진과 함께 소개하고 있다. 즉, 화가, 선생님, 조종사, 간호사, 경찰관, 과학자, 피아니스트, 축구선수, 치과의사가 소개된다. 디자이너 홍

미화 선생님의 이야기로서 패션쇼에 출품된 작품들과 그 옷이 만들어지기까지의 과정 그리고 어렸을 때부터의 성장 배경과 현재의 생활이 그려지고 있다.

- **『때묻지 않는 옷을 만드는 디자이너-내가 커서 이 다음에 6』**(선안나 글, 임연옥 그림 / 두산동아, 1997)

놀이터에서 친구들과 놀기를 너무나 좋아하는 은종이의 옷은 깨끗할 겨를이 없다. 비가 갠 어느 날 친구들과 웅덩이 건너뛰기 시합을 하다가 그만 미끄러져서 흙탕물투성이가 된다. 그 옷을 빠느라 땀을 뻘뻘 흘리시는 엄마를 보며 미안해진 은종이는 때 묻지 않는 옷을 만들어서 입고 친구들과 노는 상상을 하게 된다. 은종이의 생각을 알게 된 엄마는 디자이너가 되어 그 옷을 만들 수 있을 것이라고 하며 격려해 준다. 의성어와 의태어, 반복된 대화체 문장들이 유아에게 흥미를 줄 수 있다. 유아의 시각에서 이야기가 만들어져 유아가 공감할 수 있는 그림책이다.

– 안 돼 데이빗(데이빗 섀논 글 · 그림)

제2절 그림 이야기책

주위를 둘러보면 모두 네모난 것들뿐인데
우리는 언제나 듣지 잘난 어른들의 멋진 이 말
"세상은 둥글게 살아야 해"

－유영석「네모의 꿈」

문학에서 본문에 해당하는 작품의 글을 텍스트, 그림을 일러스트라 한다. 글이란 너무 광범위한 표현이고 작품이란 평가의 의미가 내포되어 있어 오늘날에는 수용 이론의 관점에서 작품이란 말 대신 텍스트라는 용어를 사용한다. 그림 이야기책은 텍스트와 일러스트가 통합된 예술이다. 외관상의 단순함에도 불구하고 좋은 그림 이야기책은 두 개의 분명하게 다른 예술의 형태를 다루는 매우 복잡한 작업의 결과이다. 이 절에서는 그림 이야기책의 텍스트에 나타난 예술적 스타일과 기술에 대하여, 그리고 그림 이야기책의 일러스트에 나타난 디자인과 의미에 대한 논의를 살펴보기로 한다.

1. 텍스트(이야기)의 요소

그림 이야기책의 내용은 전래동화, 환상동화, 생활소설 및 사실적 이야기 등 매우 다양하고 광범위하다. 그러나 그림 이야기책들은 관점, 등장인물, 플롯, 갈등, 주제, 문체(어조), 분위기 등에서 다음과 같은 보편적인 특성을 지니고 있다.

1) 플롯

그림책의 플롯(Plot)은 단순하고 빠르게 진행된다. 종종 그림책의 플롯은 반복되

– 따로따로 행복하게(배빗 콜)

는 패턴에 의지하고 있으며, 그림책 디자인의 리듬 있는 원래 구성과도 잘 어울린다. 단순하고 리듬 있는 텍스트는 유아가 쉽게 익힐 수 있어서 이야기해 주는 것을 도와줄 수 있다.

더 큰 아이들을 위한 그림책들은 좀 더 복잡한 플롯을 가지고 있어서 독자의 세련된 문학적 욕구를 충족시킬 수 있다.

팻 허친스(Pat Hutchins)의 『로지의 산책』에서 일러스트는 텍스트와 전체적으로 다른 이야기를 진행한다. 텍스트는 단 한 문장씩으로 닭 로지의 오후 산책에 대하여 묘사하고 있다. 오직 그림을 통해서만 우리는 로지가 배고픈 여우에게 미행을 당하고 있으며, 결국 그 여우는 차례차례 곤혹을 당하다가 벌들에게 쫓겨 사라지게 된다는 것을 알 수 있다. 그리고 로지는 자신의 주변에서 생기는 일들에 대해서는 전혀 알지 못하고 제시간에 저녁을 먹으러 돌아오게 된다.

이처럼 그림책 텍스트의 플롯은 텍스트와 일러스트가 서로 다른 역할의 조화를 통해 다음과 같이 도와준다.

- 단순하면서도 디테일한 면을 보여 준다.
- 생동감 있고 풍부한 의미성을 지닌다.
- 아동의 눈높이로 발달에 적합한 수준에 맞게 문학과 미술의 예술적 감동을 함께 맛볼 수 있게 도와준다.

2) 등장인물

– 내 귀는 짝짝이(히도 반 헤네흐텐 글 · 그림)

그림책에서의 등장인물은 호기심이 많고, 개구쟁이이며 말을 잘 안 듣는 개성 있는 성격을 나타내고 있다.『괴물들이 사는 나라』에서 맥스는 괴물과 같이 괴팍한 행동을 한다. 이런 명백한 특징 외에도 우리는 등장인물이 무얼 좋아하고, 추구하는 욕심이 무엇인지 등에 대하여 쉽게 잘 알 수가 없다.

그러나 영유아는 자신과 닮은 인물들을 잘 판별해 내는 경향이 있고 그림책의 등장인물은 대부분 어린아이 혹은 아이의 행동을 잘 보여 주는 동물이다. 사실, 우리는 주인공의 연령으로 미루어 보아 그림책의 잠정적인 독자 연령을 대략 짐작할 수 있다.『괴물들이 사는 나라』의 맥스는 4~5세 정도로 보였으므로 우리는 잠정적 독자 연령을 4~5세로 추정할 수 있다.

3) 테마

– 따로따로 행복하게(배빗 콜)

그림책의 주제는 명확하게 초점이 맞추어져 있어서 하나의 주제가 책의 전반을 지배한다. 그러나 주제의 범위는 사실 무제한이다. 그림책에 있어서 금기시되는 주제는 거의 없어서 우리는 대학살, 히로시마 폭탄 투하, 사회적 폭력, 동성애에 관한 책들도 찾아볼 수 있다. 이런 많은 미묘한 이슈는 섬세한 그림 작업에 의해 교묘하게 잘 다루어졌고, 거친 주제들은 결말 부분에서 희망에 대한 암시를 줌으로써 그 강도를 경감시켜 준다. 이러한 감정적으로 부담을 줄 수 있는 주제들은 유아와의 의미 있는 토론을 이끌어 내도록 고안되었다.

보통 그림책은 평균 2,000자 정도로 이루어져 있기 때문에 실로 단어들은 주의 깊게 선택해야 한다. 많은 그림책은 대화 부분이 주를 이루기 때문에 소리 내어 읽는 즐거움을 준다. 소리 내어 읽는 것은 그림책의 중요한 역할이어서 많은 책은 소리 내어 읽기를 위하여 고안된다. 재능 있는 작가들은 영유아가 언어에 대하여 갖는 즐거움, 사랑 등의 매력을 알게 한다.

2. 일러스트의 예술적 요소

그림 이야기책은 보통 사람들이 생각하는 것보다 훨씬 세련된 문학예술 작품이며, 어린이는 종종 성인보다 더 예리하게 느낄 수 있다.

무엇보다도 그림 이야기책은 서술적인 이야기가 있는 문학예술이다. 서술적 예술로서 그림 이야기책은 아티스트인 일러스트레이터가 바라보는 여러 가지 스타일로 표현될 수 있는데, 사진을 이용한 사실주의에서부터 추상주의까지 다양하다. 그러나 일러스트레이터의 다양한 스타일과 관점에도 불구하고 보편적이고 관례적인 그림 이야기책의 예술적 요소가 있기 마련이다.

데이비드 러셀(1991)이 밝힌 그림 이야기책의 선, 공간, 모양, 색깔, 질감, 구도, 관점 등에서 예술적 요소는 다음과 같다.

1) 선

선은 물체를 규정짓고 동시에 감정적 반응을 암시하는 데 쓰인다. 우리는 물체에 윤곽선을 주는 것이 물체의 형태에 명확함을 더해 준다는 것을 알고 있지만, 선은 움직임, 거리, 심지어 느낌까지도 암시할 수 있다. 곡선과 원은 따뜻함, 아늑함과 안전성을 암시한다. 날카롭고 지그재그인 곡선은 흥분과 빠른 움직임을 암시한다. 수평선은 고요한 안정성을, 반면에 수직선은 높이와 원경을 암시한다.

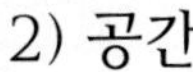

2) 공간

우리는 종종 공간—말 그대로 페이지에서의 빈 공간—을 예술적 요소로 생각하지 않지만, 사실 매우 강력한 예술적 요소가 된다. 공간, 즉 여백이 그림 이야기책에서 가장 중요한 부분이라고 주장하는 사람도 있다. 사실, 공간은 페이지에서 우리의 주의를 사물에 갖게 해 준다. 만약 페이지의 빈 공간이 매우 적고 많은 이미지로 가득 차 있을 경우, 우리의 주의력은 필연적으로 분산되고 어디를 보아야 할지 모르게 된다. 탁 트인 공간의 부족은 밀실공포증을 불러일으키거나 불편한 느낌을 주고 혼돈을 일으킬 수 있다.

그러나 페이지가 단 한 가지 사물 주변에 너무 많은 빈 공간을 가지고 있다면 모든 주의는 한 물체로 쏠리게 된다. 때때로 이렇게 공간을 후하게 제공함으로써 조용하고 평온함을 암시할 수 있지만 공허함, 외로움, 고립 등을 암시할 가능성도 있다. 그리고 공간은 거리감을 표현할 수도 있다.

3) 모양

모양은 기하학적으로 원, 타원, 정사각형, 직사각형, 삼각형 등의 형상이다. 일러스트레이터는 일러스트에서 잘 사용되는 모양을 잘 알고 있으며, 이런 모양들은 감정적인 반응을 이끌어 낸다. 둥그런 모양은 곡선과 원을 이루는 선에서 주는 감정적 반응과 비슷하게 편안함, 안정성, 안전성 등을 유도한다. 모가 나고 각이 진 모양은 동요, 혼란, 놀람과 같은 흥분된 반응을 끌어낸다.

4) 색

색은 정서적 반응을 가장 잘 불러일으키는 예술적 요소이다. 그러나 그림책에서는 대부분 인습적인 형태(하늘은 파랗고, 풀은 녹색이며 등등)로 사용하고 있다. 그러나 색은 이런 형태보다 훨씬 많은 가능성을 지니고 있으며, 영유아는 색깔의 미묘함

에 특별하게 반응하기도 한다.

색은 정서적 반응을 일으키는 능력이 있다. 심리학자들은 빨강과 노랑은 따뜻하고 뜨거운 색이며 흥분을 이끄는 반면, 파랑과 녹색은 시원하고 차가운 색으로 조용하고 차분한 느낌을 준다고 말한다. 이런 반응들은 우리의 자연적인 세계에 대한 반응이 형태를 갖춘 것일지도 모른다. 노랑과 빨강이 따뜻함과 행복감을 주는 이유는 태양과 불의 색깔이기 때문이고, 파랑이 잔잔하고도 우울한 이유는 아마도 우리가 고요한 물, 넓은 하늘에 연관시키기 때문일 것이다. 또한 색에 대하여 인습적으로 반응하기도 하는데, 보라색은 고귀함을, 녹색은 실투와 병 또는 삶, 재생을, 빨간색은 위험과 대담성을, 파란색은 우울함과 충성, 청명함을, 노란색은 소심함과 활기참 등의 반응을 의미했다(이런 인습적인 반응은 문화적 현상이다. 중국에서는 노란색이 황제를 뜻했으며, 대부분 아시아 지방에서는 하얀색이 장례식 때 사용하는 색, 빨간색이 신부가 결혼할 때 입는 색이다).

또한 색은 문화적 특색을 암시하는 데 사용된다.

우리는 그림책이 아이들을 위해 밝은 색을 사용해야 한다거나, 너무 밝은 색상은 아이들을 필요 이상으로 흥분시킬 것이라고 생각해서는 안 된다. 인기가 오래 지속되는 유명한 그림책 중에는 흑백이나 단색 그림으로만 이루어진 책들도 있다.

5) 질감

그림책 일러스트레이터들은 종이로 된 평평한 백지 면에 입체적인 효과(털, 나뭇결, 부드러운 실크 등)를 보여 준다. 이런 예술적 특성을 우리는 질감이라고 한다. 그림의 사실성을 강조하려는 작가들은, 특히 질감에 많은 주의를 기울인다. 그러나 덜 사실적인 스타일의 그림에서도 질감을 사용하여 풍부한 시각적 경험을 제공하고, 보는 이의 상상력을 자극할 수 있다.

6) 구도와 관점

그림의 구도는 그림 속의 세부 사항(디테일)들을 배열하는 것이다. 이러한 구도는 이야기의 정서적 효과만큼이나 메시지의 서술적 측면에서도 매우 중요하다. 구도에서의 첫 번째 관심사 중 하나는 모양의 조직이다. 예를 들어, 많은 큰 모양이 모여 있을 때에는 안정성, 제한성, 둘러쌈 또는 어색함 등을 암시할 수 있다. 반면에 가볍고 섬세한 모양이 성기게 모여 있을 때에는 움직임, 우아함, 자유 등을 암시한다.

사물의 조직 이외에도 작가들은 초점을 어디에 맞출 것인지, 어떤 각도에서 그림을 보여 줄 것인지, 어떤 분위기에서 그림이 잘 전달될 것인지에 대하여 생각해야 한다. 관점이란 독자가 화면에서 사물을 보게 되는 위치를 뜻한다. 우리가 장면에 더욱 가까이 다가갈수록, 이야기 속에 더 끌려 들어가게 된다.

3. 그림책의 디자인과 의미

전체 책의 디자인과 디자인이 텍스트와 일러스트에 기여하는 방식은 개별적인 그림의 구도와 깊게 관련이 있는데, 그것은 그림책이란 것이 매우 독특한 예술의 형태이기 때문이다. 리듬, 움직임, 긴장, 지면 배정은 디자인과 그림책의 의미에 있어서 중요한 몇 가지 특징들이다.

1) 리듬과 움직임

데이비드 러셀(1986)은 리듬을 예술에서의 조절된 반복이라고 하였다. 좋은 그림책 디자인은 페이지에서 페이지로 옮겨 갈 동안 일정한 느낌의 리듬—이야기의 서술 구조에 알맞는—을 만들어 낸다. 그림책 디자인의 관례 중 하나는 우리가 글과 그림을 왼쪽에서 오른쪽으로 옮겨 가며 읽는다는 것이다. 결과적으로, 우리는 화면의 왼쪽에 나타나는 사물을 가깝게 인식한다. 그래서 보통 주인공은 화면의 왼쪽에

위치하고 적대자들은 오른쪽에 위치한다. 이러한 일상적 배치에 반대되는 구도는 방안의 어수선한 분위기를 증가시킨다(이렇게 왼쪽에서 오른쪽으로 글을 읽는 방법은 순전히 인습적인 것이다. 이스라엘의 경우에는 오른쪽에서 왼쪽으로 읽는다. 그러므로 그림의 흐름도 오른쪽에서 왼쪽이다).

이런 움직임은 그림책에서 또 다른 변칙(리듬이 깨어짐)을 암시한다. 움직임이 계속 뒤를 향하는 것은 아니다. 오히려 어떤 때 우리는 그림을 보고 글을 읽고 다시 그림을 본다. 그림은 시작하고 끝마치는 패턴을 만들고, 텍스트는 이것을 따르게 된다. 그래서 어떤 텍스트들은 그림 없이 읽으면 내용이 이상하게 느껴지는 것이다. 그림책들은 보통 페이지 사이에 자연스럽게 독자로 하여금 '정지'하게 만들어서 긴장을 하고 다음 페이지를 넘기도록 조성한다.

2) 긴장

좋은 그림책은 노들먼(2001)이 언급한 것처럼 '직접적 긴장'을 만드는데, 직접적 긴장이란 글이 말하는 것과 그림이 묘사하는 것 사이의 긴장으로 우리의 흥분과 흥미를 고조시킨다. 이런 긴장이 없는 책은 글이 말하는 것을 묘사하기만 하는 그림이나, 그림의 내용을 설명하기만 하는 글을 예로 들 수 있는데, 곧 독자의 흥미를 떨어뜨린다.

그림책 텍스트의 단어들은 다음 세 가지 역할을 수행해야 한다.

첫째, 그림의 정서적 · 서술적인 내용을 우리가 어떻게 해석해야 할 것인가를 암시한다.
둘째, 하나의 그림 또는 여러 연속된 그림에서 인과관계를 알려 준다.
셋째, 무엇이 중요하고 무엇이 중요하지 않는지를 알려 준다.

3) 지면 배정

책 디자인의 또 다른 요소는 글과 그림의 위치 선정이다. 모든 그림이 화면의 같

은 위치에 있는가? 모든 그림의 크기가 같은가? 위치와 크기가 페이지마다 다른가? 특정 위치와 크기를 선택한 좋은 이유라도 있는가? 위치와 크기가 이야기 전체를 강화시켜 주는가? 페이지의 크기와 모양은 어떤가? 예를 들어, 대부분의 그림책은 세로보다는 가로로 넓기 때문에 서술적인 그림이 더 알맞다.

등장인물들은 세로가 길고 가로는 넓지 않기 때문에 가로의 넓은 공간은 작가가 서술적인 면을 확장시킬 배경을 그릴 부분을 준다. 반면, 길고 좁은 책들은 등장인물에 중점을 두고 배경을 축소시키는 경우가 많다.

책의 크기 또한 영향을 미친다. 우리는 보통 아주 작은 책이나 아주 큰 책들은 영아를 대상으로 한다고 생각한다. 작은 책은 손으로 잘 쥐기 쉽고, 큰 책은 눈에 잘 띄기 때문이다. 반면, 중간 크기의 책들은 종종 복잡하다. 이러한 사항들은 모두 글 작가, 그림 작가, 편집자들이 책을 제작하기 전에 고려해야 할 사항이다.

모리스 센닥의 『괴물들이 사는 나라』는 글과 그림의 지면 배정이 서로의 질을 어떻게 높였는지를 잘 보여 준다. 이야기가 시작되면서 개구쟁이 주인공 맥스는 집을 엉망으로 만든다(여기서 중요한 점은 독자들이 맥스에 대한 감정 이입을 잘 하도록 맥스

– 지각대장 존(존 버닝햄 글 · 그림)

가 집을 엉망으로 만드는 실제적 장면은 보여 주지 않는다는 점이다. 대신에, 벽에다가 연필을 막 던지려고 하는 장면, 강아지에게 막 달려들려고 하는 장면으로 묘사했다). 첫 번째 그림은 매우 작으며 하얀 경계로 둘러싸여 있다.

그러고 나서 맥스는 나쁜 행동으로 방으로 들어가라는 명령을 받는다(여기서 중요한 것은 엄마의 모습은 보이지 않는데, 독자의 초점이 완전히 맥스에게 맞춰져 있기 때문이다). 곧 맥스의 방은 거대한 숲으로 바뀌고 바다가 옆에서 넘실거린다. 그림은 페이지 위에서 계속해서 커지고 커져서 하얀 경계는 사라지고 페이지와 똑같은 크기가 된다.

점점 그림은 페이지 위에 오버랩되어 페이지 크기로 펼쳐진다. 그러는 동안 글(텍스트)은 이 이상한 사건에 대하여 설명한다. 맥스는 개인 보트에 발을 딛고 괴물들이 사는 나라로 항해를 시작한다. 거기서 그는 왕이 되고 모든 생물이 자기가 하고 싶은 것(모든 아이가 꿈꾸는 것)을 할 동안 그곳을 통치한다. 이렇게 소동을 부리고 노는 동안 그림(일러스트)은 완전히 페이지를 덮어서 글이 보이지 않게 된다. 즉, 인간의 언어가 사라짐과 동시에 맥스는 동물같이 변하고 현실을 변화시켜 버리는 것이다. 결국 맥스는 자신을 가장 사랑해 주는 사람이 있는 곳을 그리워하게 되고 다시 보트를 타고 포근한 그의 방으로 돌아와서 "아직도 따뜻한" 저녁밥을 발견한다.

그가 돌아오는 부분의 그림은 점점 줄어들면서 다시 하얀 경계가 나타나고 동시에 맥스도 제정신을 되찾는다. 이야기의 결말에서 맥스는 꿈에서 깨어나고, 집을 엉망으로 만들어 놓은 괴물이 아니라 평범한 작은아이와 같이 묘사된다. 마지막 말 "저녁밥은 아직도 따뜻했다."는 그림 없이 화면에 제시되면서 우리가 그림의 도움 없이 전적으로 텍스트에 집중하도록 한다.

이것은 우리가 마지막 말에 대해 숙고하도록 유도하는데, 여기에는 부모의 조건 없는 사랑을 강조하고, 중간에 맥스가 "1년 동안 항해"를 해서 괴물들의 나라에 갔다는 말을 부인하려는 것 같아 보인다. 직접적인 그림을 보는 것이 이렇게 대강 설명하는 것보다 훨씬 풍부한 암시를 주고 있지만, 글과 그림의 공동 작업에서 나타나는 여러 가지 가능성들에 대한 개념을 설명하고자 한 것이다.

이렇게 좋은 그림책의 글과 그림(텍스트와 일러스트)은 서로 고유의 역할과 기능을 통해서 메시지를 보다 풍부하게 전해 준다.

연구문제

1. 그림책의 의의를 설명하시오.
2. 글 없는 그림책, 장난감 책, 한글과 알파벳 책, 수 세기 책, 개념 책의 특징을 적어 보시오.
3. 한 권의 그림책을 선정하여 아래의 요소별로 구분하시오.
   1) 텍스트 요소(플롯, 등장인물)
   2) 일러스트의 예술적 요소(선, 공간, 모양, 색, 질감, 구도와 관점)
   3) 그림책의 디자인(리듬과 움직임, 긴장, 지면 배정)

제7장 전래문학

개관

아동문학의 대표적인 전래문학은 전래동화와 전래동요가 있다. 제7장은 전래동화의 개념 정의와 기원과 목적, 요소와 특성을 기술하고 있다. 그리고 전래동요의 개념과 특성, 유형, 자장가와 외국의 마더 구스에 대해 설명하였다.

학습목표

- 전래문학으로서 전래동화에 대해서 이해한다.
- 전래문학으로서 전래동요를 이해한다.
- 전래문학의 보편적 특성을 이해한다.
- 전래동요와 자장가에 대해서 이해한다.
- 자장가와 마더 구스에 대해서 이해한다.

– 혹부리 영감(임정신, 임향한)

전래문학의 정의

전래문학은 오랜 세월 동안 입에서 입으로 전해 내려온 시적 운율과 이야기로, 처음에는 글로 쓰이지 않고 구전되어 오다가 기록 문학으로 정착된, 오랜 세월 동안 이어 온 인류의 창작품들이다.

비록 지금은 글로 쓰였지만 이런 이야기들은 수 세기 동안 입으로만 전해져서 살아남았다. 전래문학 작품들은 계속 입으로 전해지면서 내용이 잘 바뀌기도 했고 또 수백 개의 변형을 하기도 하였는데, 그러한 변형의 과정은 사회나 문화의 독특한 요소들을 지니고 있으면서 모든 문학의 뿌리를 형성하고 있어서 이런 이야기의 내용은 우리가 읽고 보는 모든 책과 영화의 기초를 이루고 있다. 이처럼 전래문학이란 오랜 세월 사람들의 입에서 입으로 전해 오다 문자로 기록되어 전해지고 있는 문학으로, 신화, 전설, 민담 등의 설화와 우화, 민요 등을 말한다.

그러나 아동문학에서의 전래문학은 이 같은 문학을 다 수용하는 것이 아니라, 어린이에게 적합한 매력적이고, 재미있고, 전형적인 특성을 지닌 신화, 전설, 민담, 우화 등 이야기문학의 뿌리에서 나온 전래동화와, 민요에서 나온 동요, 자장가, 널서리 라임(마더 구스) 등과 같은 "전래동화와 전래동요 등을 총칭하는 문학"이다.

아동문학으로서 전래동화와 전래동요는 다음과 같은 특성을 지닌다.

첫째, 인물, 플롯, 운, 리듬이 분명하여 기억하기 쉽고 재미있다.

둘째, 쉽고 재미난 언어적 텍스트는 어린이가 쉽게 듣고, 배우고 암송할 수 있도록 적극적인 참여와 상호작용을 유발한다.

셋째, 다른 어떤 문학보다 어린이에게 강력한 감동과 삶의 보편적 의미를 심어 주는 가장 생동감 있는 다문화 문학의 독특한 한 형태다.

– 팥죽 할멈과 호랑이(백희나 글, 박윤구 그림)

제7장 / 전래문학

 제1절 전래동화

나바호 인디언들은 사람의 진정한 가치를
그가 알고 있는 이야기들과 노래들로 결정한다.
왜냐하면 그것들을 통해 한 개인은
다른 사람들의 삶과 연결되기 때문이다.

– 루치 타파혼소

1. 전래동화의 개념

1) 전래동화의 정의

전래동화는 오랜 세월 동안 사람들의 입에서 입으로 구전되어 오던 신화, 전설, 민담 등의 설화와 우화 등의 전래 이야기를 어린이들에게 맞게 들려주고 개작한 옛날이야기를 말한다(김경중, 2002).

세계적으로 가장 손꼽히는 전래동화의 전형은 독일의 그림 형제(Grimm Jacob Ludwig Carol, 1785~1863, Grimm Wilhelm Carl, 1786~1859)가 당시 유럽에 구전되어 오던 이야기들을 수집하여 엮은 동화집(Kinder and Haus Märchen) 작품이다. 그의 이러한 이야기들을 독일에서는 메르헨(Märchen)이라 불렀고, 메르헨을 미국에서는 페어리 테일(Fairy tale)로 번역하였다. 그리고 민담, 민화에 해당하는 페어리 테일들을 영어로 포크 테일(Folk tale)이라 부른다.

오늘날 세계의 모든 민족과 국가는 그들 나름대로 다양한 전래동화를 갖고 있는데, 대부분 이들 전래동화는 각 문화의 독창적인 특징에도 불구하고 범문화적으로 다음과 같은 보편적인 특성을 지니고 있다.

2) 전래동화의 특성

(1) 거의 모든 전래동화는 뛰어난 환상성을 지니고 있다.

시간과 공간을 초월해서 대부분 전래동화는 상징과 은유로 인간 보편의 문제를 상상력을 통해서 환상적으로 표현해 주고 있다.

(2) 등장인물의 성격이 선악, 미추, 빈부, 귀천 등의 양극성을 띠고 있다.

전래동화의 주인공은 독특하고 개성적인 성격을 지닌 주인공으로 묘사되기보다는 선하거나 악하고, 아름답거나 추하고, 부자거나 가난하고, 신분이 높거나 천한 전형적인 등장인물이 등장한다. 그래서 이러한 극단적인 갈등 관계를 경험한 선한 주인공이 사악한 주인공을 물리치고 행복한 결말을 맞는다.

(3) 전래동화는 시작과 끝에 일정한 형식이 있다.

전형적인 전래동화는 "옛날 옛날 아주 먼 옛날…….''로 시작해서 "…… 그래서 행복하게 오래오래 잘 살았습니다.''로 끝난다.

특히 옛이야기에서 행복한 결말은 무의식이 의식의 표면으로 떠올라 옛이야기 속의 내용에 빨려 들어가는 것을 두려워하지 않게 한다.

(4) 전래동화는 문장이 산문적 · 서사적이며 내용의 묘사가 인물의 성격이나 배경에 치중하지 않고 이야기의 줄거리에 초점을 맞춘다.

3) 전래동화의 가치와 중요성

전래동화는 옛날이야기 민담 · 우화 · 신화 · 전설 등과 같은 신화의 형태 속에서 그 상징적 · 심리적 의미를 포착하여 동심의 수준에 맞게 개작 재화한 아동문학 작품을 말한다[1](김경중, 2002). 문학 매체인 동화는 시간과 공간의 한계를 넘어서 수많은 사람의 소망과 이상, 지혜와 상상력이 넘치는 환상의 보물창고라 할 수 있다.

특히 전래동화 중 옛이야기는 의식(Concius), 전의식(Preconcious) 등 모든 정신층위에 작용하며 중요한 메시지를 전달한다. 그리고 삶의 보편적인 문제들, 특히 어린이의 마음속에 자리 잡고 있는 문제들을 다룸으로써 자아의 발달을 자극한다. 또한 옛이야기는 어린이를 전의식과 무의식의 억압에서 해소시키고 심리적인 자유를 허락한다. 이야기가 전개됨에 따라 어린이는 본능의 억압을 긍정적으로 자각하게 되며 또 자아와 초자아가 허용하는 선에서 본능을 충족시킬 방법을 찾게 된다(Bruno Bettelheim, 1998).

뿐만 아니라 전래동화는 우리의 전통과 사상, 권선징악, 인과응보의 구조를 이루고 윤리관과 도덕성의 주된 메커니즘이 내포되어 있으며, 함께 살아가는 집단 무의식과 공동체 의식을 형성하는 민중성의 고유함이 녹아 소중한 삶의 의미를 전승 · 전파하고 있다.

아동이 성장하면서 스스로 터득해야 할 것은 삶의 의미와 지혜를 배우는 일이다. 아동이 살아가고 있는 현대사회는 수많은 창작동화와 지식 정보 책이 범람하고 있지만, 내면의 깊숙한 숨겨진 이야기와 정서를 불러올 수 있는 문학 작품으로 환상성의 보고인 전래동화에 견줄 수는 없을 것이다.

아동에게 전래동화의 가치와 들려주어야 할 중요성에 대해 브루노 베텔하임(Bruno Bettelheim)[2]의 『옛이야기의 매력』을 중심으로 몇 가지 정리해 보면 다음과 같다.

---

1) 『유아교육과 아동문학』(신아출판사, 2002), 『사랑에의 용기』 『위기의 부모 어린이 어떻게 할 것인가』 등이 있다.
2) 브루노 베텔하임(Bruno Bettelheim): 심리학자. 주요 작품으로 『사랑만으로 충분하지 않다』 『삶의 게으름』 등이 있다.

(1) 등장인물의 양극성에 따른 선택, "착한 사람을 선택할까, 나쁜 사람을 선택할까?"

이야기를 듣는 청자는 반복되는 운율을 통해 어느새 현실을 떠나 이야기 새를 따라 여행을 떠난다. 이야기를 따라가다 보면 어떤 등장인물을 따라잡기할까 망설이게 된다. 이때 이야기 속의 인물의 양극성이 크면 클수록 청자는 선택이 수월해진다. "착한 사람을 선택할까?" "나쁜 사람을 선택할까?"

선택이 끝나고 나면 등장인물과 동일시하고, 자신의 심정을 투사하여 공주가 되어 춤을 추기도 하고, 멋진 왕자가 되어 적들을 해치우는 승리를 맛보기도 한다. 그러다가 이야기가 "행복하게 오래오래 살았답니다."로 끝이 나면 안도의 숨을 쉬고, 정서적인 안도감과 관계의 안전성 속에서 막연한 죽음의 공포까지도 사라지게 된다.

(2) 현실에서 억압되었던 무의식의 정서의 안전한 의식화

옛이야기의 과정 전개가 비현실적 · 비과학적 · 비논리적일지라도 읽어 주어야 한다. 때로는 어려운 상황에 놓인 주인공이 어디선가 나타난 말을 타고 달려가거나 집채만 한 바위를 한 손으로 들어 올리는 과정의 전개는 결코 논리적이지도 않고 비현실적이고 비과학적이라고 할 수 있다. 그래서 한때 전래동화를 읽는 것에 대해 부정적인 견해를 주장하는 사람들도 있었다.

하지만 옛이야기에서는 결코 도덕적인 부담을 주거나 현실에서 필요한 삶의 규칙을 제시하지 않는다. 전래동화 옛이야기는 항상 결말이 해피엔딩과 권선징악이 보장됨으로써, 현실에서 억압되었던 무의식의 정서를 의식으로 불러올 수 있는 안전장치라 할 수 있다. 뿐만 아니라 옛이야기는 원초적 충동 id와 출렁이는 감정에서 비롯되는 깊은 내면의 갈등의 파도를 다루고 있다. 이러한 전래동화의 기제는 어린이들이 발달 과정에서 겪는 고독감과 소외감 그리고 마음대로 할 수 없는 거대한 규칙의 성에서 벗어나 맘껏 환상의 보고 속에서 자유를 누리게 하는 놀이의 장을 열어준다고 할 수 있다.

(3) 내면 의식의 외부화

옛이야기는 어린이가 스스로 조절 가능한 방식으로 내면의 생각들을 투사하여 대입시킬 수 있는 인물을 제공하고 또 구체적인 방법도 가르쳐 준다. 한 인물에게서 어떻게 파괴적인 욕망을 느끼고, 다른 인물에게서는 소원 성취의 기쁨을 느끼며, 또 어떤 인물에게는 동일시하고, 어떤 인물에게는 이상형을 대입시켜야 하는지 등을 시기적절하게 알려 주는 것이다.

(4) 문학의 보편성을 통한 성취감과 자아존중감의 향상

옛이야기를 듣는 청자의 선과 악 사이의 선택은 그다지 중요하지 않으며, 보잘것없는 인물도 인생에서 성공할 수 있음을 경험한다. 『반쪽이』 작품에서 주인공인 반쪽이는 불구로 태어나 형제들에게마저도 외면당하고 외롭게 지내지만, 끝내는 어여쁜 처녀를 만나 행복하게 된다. 어린이는 주인공을 통해 삶 속에서 닥치는 삶의 이니시에이션을 경험하고, 인내의 과정을 자연스럽게 배우게 된다. 이처럼 전래동화의 주제는 도덕성이 아니며, 보편적인 진리를 통해 누구나 성공할 수 있으며 소중한 존재라는 확신을 준다.

(5) 문제 해결력과 내면의 심리 상태를 표출할 수 있는 비밀 장치

옛이야기의 사건은 비현실적이며 비과학적인 이야기 전개에 있어 실감 나게 전개되고 일상적인 내용들로 되어 있지만, 명백한 외부 세계를 가리키지는 않는다.

하지만 옛이야기를 많이 경험했던 아동은 현실의 어려운 상황에 닥쳤을 때, 그 옛날에 들었던 주인공이 어려움을 헤쳐 나가던 과정을 떠올리면서 절망과 희망, 어려움을 헤쳐 나가는 통찰력과 문제 해결력이 생긴다는 것이다. 어린이의 내면 갈등을 표출하고 동일시하는 과정을 통해 어린이의 소망 어린 생각은 착한 요정으로, 파괴적인 욕망은 나쁜 마녀의 모습으로, 공포는 게걸스런 늑대로, 양심의 요구는 모험 중에 마주친 현인으로, 질투의 노여움은 어떤 동물로 구체화되고, 이러한 과정을 통해 어린이는 자신의 모순된 성향을 분류할 수 있게 된다(Bruno Bettelheim, 1998).

(6) 옛이야기 속의 환상에 대한 공포는 선물이다.

> "엄마 양은 늑대의 배를 싹둑싹둑 자르기 시작했어요. '우리 애기를 잡아먹다니.' …… 엄마 양은 늑대의 뱃속에 있는 아기 양을 꺼내고, 늑대의 배에는 돌멩이를 가득 집어넣고 바늘로 꿰매어 버렸어요."

이 장면이 만일 아기 양을 구해 내고 늑대에게 반성하게 하여 사이좋게 함께 살아가는 결말이 된다면 어떠할까? 이에 대해 톨킨(J. R. R. Tolkin)[3]은, "용은 확실히 어린 나에게 옛이야기의 증표였다. 용이 어떤 세계에 살든, 그곳은 현실 세계가 아니다. …… 나는 용들을 간절히 원했지만 겁이 많은 어린이로서 용과 이웃에서 살기를 바라지는 않았다. 그렇게 되면 나의 현실 세계는 안전을 위협받을 것이기 때문이다."라고 말했다.

책을 읽어 주는 부모나 교사들은 어린이들이 환상의 마법에 도취되어 지나친 몰입할까 봐 두려워하기도 한다. 하지만 옛이야기는 어린이에게 마음껏 상상할 수 있는 상상력의 공간을 제공하며, 상상력이 좁고 편향된 사고를 맴돌면서 갈등이나 소원에 대한 갈망을 조밀하게 제한하여 집착하는 것을 막아 준다.

어린이들은 옛이야기 속에서 잔인하고 파괴적이며 불안한 상황을 경험하면서 현실의 괴물을 극복하는 지혜와 통찰력을 터득하게 된다. 베텔하임(1998)은 "불안으로 인한 최초의 불쾌감은 불안을 성공적으로 극복하는 커다란 즐거움으로 바뀐다."라고 말하고 있다.

(7) 잃어버린 무릎베개와 세대 간의 상호작용 촉진

옛이야기 속에는 민중의 정서와 애환 그리고 조상들의 삶의 지혜가 녹아 있다. 옛이야기를 들려주는 과정에서 세대 간의 교류와 사랑을 통해 가족의 유대감과 신뢰를 회복하도록 도울 수 있다. 무엇보다도 중요한 것은 부모가 어린이에게 옛이야

---

3) 톨킨의 『나무와 잎새(Tree and Leaf)』(Houghton Mifflin, Boston, 1965); 『옛이야기 매력』 (1998) 재인용.

기를 들려줄 때 언어적인 메시지뿐만 아니라, 조용히 흐르는 비언어적인 메시지를 통해 어린이가 부모에 대해 신뢰 · 안심을 한다는 사실이다. 그것은 어린이가 거인을 이기는 공상을 즐겨도 된다는 허가의 의미를 지니고 있기 때문이다.

이 점에서 어린이가 옛이야기를 직접 읽는 것과 어린이가 부모로부터 옛이야기를 듣는 것 사이에는 커다란 차이가 있다고 볼 수 있다. 어린이는 옛이야기를 직접 읽으면서 자기가 거인을 꾀로 이기고 또 쓰러뜨릴 수 있음을 어떤 낯선 사람, 즉 그 이야기를 쓰거나 기록한 사람만이 인정하고 있다고 생각할 수 있다. 그러나 환상성이 높은 옛이야기를 부모로부터 들으면 어린이는 어른들의 지배로 생기는 위협에 보복하는 공상을, 부모가 인정한다는 사실에 안도감을 느끼는 것이다.

이와 같은 기제와 함께 옛날이야기로 구전이 되어 온 전래문학은 어린이의 마음속에 변화하는 미움과 분노, 현실의 갈등에도 불구하고 도무지 혼자서는 상상할 수 없는 행복한 결과의 이야기로 항상 구체화할 수 있는 특별한 내용을 주기 때문에 환상의 보고이며 상상력의 공간이라 할 수 있을 것이다.

2. 전래동화의 기원과 목적

1) 전래동화의 기원설

19세기 초반, 전래동화에 대한 연구가 시작됐을 때 많은 학자가 중국, 남아프리카, 아프리카, 유럽 등 널리 떨어진 사회의 설화들에서 많은 유사점을 발견하고 매우 놀랐다. 문화적 독특성은 여전히 발견되었지만 기본적 주제와 플롯까지도 너무나 닮았기 때문이었다. 예를 들어, 신데렐라 이야기는 전 세계에 걸쳐서 발견되었는데 멀리 떨어진 세계 곳곳 나라의 전승문학들에서 공통점이 발견되었다. 그래서 이런 민화들의 유래에 대하여 두 개의 주요한 이론이 상정되었다.

– 백두산 이야기(류재수 글 · 그림)

• **일원발생설** 일원발생설은 말 그대로 한곳에서 시작되었다는 이론으로, 모든 전승문학이 궁극적으로 하나의 기원(메소포타미아 문화)에서부터 유래되어 점점 세계에 퍼져 나가게 되었다고 주장하는 이론이다.

• **다원발생설** 다원발생설은 말 그대로 발생이 여러 곳에서 이루어졌다는 것으로, 세계 여러 곳에서 각각 독립적으로 전승문학이 생겨났다는 이론이다. 그러므로 다원발생설에서는 민화 사이의 놀라운 유사점들이 인간 정신의 기본적 유사점들 때문에 나타난 것이라고 주장한다. 결국 세계의 모든 사람이 비슷한 희망, 공포, 꿈, 신체적 · 정서적 욕구를 가지고 있다는 것이다.

이 두 이론은 아직도 완벽하게 입증되지는 않았지만 진실이 그 두 이론 사이에 있다고 본다면, 어떤 민화들은 독립적으로 기원했고 어떤 민화들은 인접해 있는 문화의 영향을 받았을 것이다. 기원과는 상관없이 전래동화는 다음과 같은 다양한 인간의 욕구를 충족시키기 위해 나타난 것으로 보인다.

- 과학적 지식이 없는 상태에서 자연적인 세계의 불가사의한 현상들을 설명하려는 욕구
- 공포와 꿈 등을 정확하게 조명하여 다루고 도달할 수 있게 하려는 욕구
- 질서가 없고 임의의 자연적인 삶에 질서를 부여하고 우주 속에서 우리의 위치를 이해하려는 욕구
- 여가와 휴식, 즐거움을 얻고자 하는 오락의 욕구

2) 전래동화의 기원적 유형

이처럼 인간의 다양한 욕구는 다양한 형식의 이야기를 만들어 내었는데, 그것이 바로 다음과 같은 신화, 전설, 민담, 우화 등의 옛이야기들이다. 이 같은 기원적 유형들이 전래동화의 뿌리를 형성하고 있다.

• **신화** 신화는 종교와 신들의 이야기 또는 인간이면서 탁월한 능력을 지닌 주인공들의 이야기를 통해서 우주의 기원과 발생, 인간의 유래와 운명, 세상의 되어짐과 미래에 대한 의미와 암시를 상징적으로 보여 주는 문학이다.

그런 의미에서 신화는 우리 인간과 모든 삶의 보편적인 의미 체계라 할 만큼 심리학적 측면에서 중요한 의미를 지니고 있으며 모든 종류 문학의 뿌리가 되고 있는데, 특히 전래동화를 발생시킨 가장 직접적인 원천이다. 구약성서의 천지창조에 관한 내용, 그리스 로마의 신화, 우리나라의 단군신화 등 세계 모든 국가는 다양한 신화를 갖고 있으며, 이 같은 신화는 많은 동화를 만들어 내었다.

• **전설** 전설은 종교나 신, 사람 등 모든 대상이 다 등장인물이 될 수 있지만 등장인물들이 연대기적 근거를 갖고 사람들에게 사실이라고 믿게 하는 구체적인 유물, 유적(산, 강, 바위, 고목, 연못, 섬, 무덤, 고개)이 있다. 물론 이야기는 유물, 유적과 관련되어 있지만 사실 여부는 문학에서는 초점이 되지 않는다.

대부분의 많은 전설은 동화로 개작되어 교육의 현장에서 널리 활용되고 있다. 전

설의 일반적 특성은 다음과 같다.

- 소수집단, 소수민족 등 마이너리티들에게 자신의 지역에 관한 전설은 자신의 문화에 대한 이해와 정체성을 갖게 해 준다. 그리고 다른 사람들에게는 다양한 문화에 대한 이해를 통해서 반편견 다문화교육을 효과적으로 전개할 수 있다.
- 전설은 비록 그 내용이 허구적인 것일지라도 구체적인 시기와 장소, 유물, 유적이 있다는 점에서 보다 현실감 있게 받아들일 수 있다.
- 전설은 익숙한 유물, 유적과 관련되어 있어서 관련 지역과 관계된 지식 정보와 다양한 언어를 확장시킬 수 있다.

• 민담 민담은 신화, 전설과 같은 설화문학의 가장 많은 내용을 차지하고 있는 민간 설화, 즉 민중 사이에서 전해 오는 옛날이야기다.

민담은 전설과 같이 이야기의 근거가 되는 유물 유적이 있다거나, 독자나 청자에게 사실적 이야기인 것처럼 가장하지 않는다. 민담의 이야기는 순수하게 민중들 사이에서 인간이 갖고 있는 소망과 욕구를 상상력을 통해서 실현시키는 내용으로, 이야기가 반드시 해피엔딩으로 끝난다. 민담은 그 자체가 가장 동화에 가깝기 때문에 흔히 민담을 옛날이야기 또는 전래동화로 부르는 것도 그런 이유 때문이다. 그러나 민담은 본래 어린이를 위해서 만들어진 것이 아니기 때문에, 민담이 어린이들의 요구와 이해의 수준에 맞게 변형되어 전래동화가 탄생한 것이다.

• 우화 우화는 인간성을 풍자하거나 간결한 교훈을 주려는 의도로 주로 동물을 의인화하여 꾸민 짧고 재미있는 극적인 이야기다.

우화는 대부분 속담의 형태를 취하고 있는 이야기의 끝부분에서 교훈성이 선명하게 드러나는데, 짧고 간결하게 인간의 본성에 대한 통찰과 충고를 말해 주고 있다.

대표적인 작가와 작품은 이솝(Aesop, BC 620~5660), 라 퐁테(La Fontaine, Jean de, 1621~1695), 레오나르도 다빈치(Leonardo da Vinci, 1452~1519), 레씽(Golthold Ephraim Lessing, 1729~1781), 크로이 로프(Ivan Andreevitch Kruylov, 1768~1844) 등의

작품 그리고 현대의 우화를 모아 출판한 아놀드 로벨(Arnold lobel, 1933~1987)의 작품 『우화』(1980)가 있다.

3. 전래동화의 요소와 특성

옛날이야기로 흔히 불려 온 전래동화는 배경, 등장인물, 플롯, 주제, 갈등 스타일 등의 요소에서 전형적인 특성과 내용을 갖고 있다.

1) 배경

"옛날 옛적에 먼 왕국에서는"은 일반적으로 시간과 공간을 정한다. 대부분의 전래동화 배경(Setting)은 실제 세계의 여지를 제거하고, 동물들이 이야기하고, 마녀와 마법사가 돌아다니고, 마법의 주문이 일반적인 세계로 우리를 데려간다. 오직 가끔씩만 우리는 이야기 속 실제 장소의 이름을 찾을 수 있고, 찾았다 하더라도 지리적으로 특정적인 것은 찾을 수 없다. 자연스럽게 배경은 문화의 특정한 경관을 반영하여 그것이 중세 시대의 숲과 성, 아프리카의 정글, 인도의 아름다운 성이 될 수도 있다.

2) 등장인물

배경이 단순하고 명백한 만큼 등장인물(Character)도 그렇다. 민속문학의 등장인물은 단조롭고 단순하며 간단하다. 전래동화에서는 모든 것이 표면 위에 나타나서, 결과적으로 등장인물들은 그들의 감정을 내면화하지 않고 거의 정신적인 문제로 괴로워하지 않는다.

동기를 부여하는 사건은 하나(욕심, 사랑, 공포, 증오, 질투와 같은 하나의 욕망에 의해 동기 부여가 된다.)일 경우가 많은데, 반면에 소설은 보통 복잡하다. 전형적인 인물들(강력하고 사악한 새엄마, 의지가 약하고 영향력이 적은 아빠, 질투심이 많은 형제들,

충실한 친구)이 전래동화에서는 많이 등장한다.

등장인물은 대개 선하거나 악하고, 청중들이 선과 악을 구별하는 것은 어렵지 않다. 신체적인 외형이 쉽게 등장인물을 구별할 수 있게 해서 보통 사악한 마녀들은 못생겼고, 착한 공주들은 아름다우며, 귀족 왕자는 공정하나 겉모습이 변하는 이야기도 자주 나타난다. 『미녀와 야수』에서 야수는 질투심 많은 마녀 때문에 잘생긴 왕자에서 괴물과 같이 변한다.

또 다른 유명한 전래동화에서 마녀는 잘생긴 왕자를 개구리로 변화시킨다. 마법이 깨지면서 왕자는 멋있는 외모를 다시 되찾는다. 사악하면서도 아름다운 외모를 가진 인물은 드물다. 백설공주의 새엄마가 그 예인데, 백설공주의 외모가 결국 왕비의 외모를 능가하게 되자, 왕비는 가장 강력한 마법을 걸기 위해 흉측한 노파로 변장을 한다. 그리고 진실은 오래 감춰지지 않는다.

영웅은 종종 고립되어 있다가 넓은 세상으로 내던져지게 되고, 그러나 악은 반대로 상황을 압도한다. 그러나 결국 이런 불균형을 깨기 위해 영웅은 초자연적인 힘의 도움을 받게 된다. 요약하면, 민화의 영웅은 평범한 우리와 매우 닮아 있다. 그리고 악의 캐릭터는 우리의 모든 공포와 분노를 상징한다. 민화는 대부분 소망을 충족하는 성격을 갖기 때문에 언제나 악을 이기는 내용을 보여 준다.

3) 플롯

플롯(Plot), 사건의 연속은 민속문학을 구분 지을 가장 명백한 특징이기도 하다. 행위는 공식을 따르는 경향이 있다. 모험은 일반적이며(보통 주인공이 자아를 찾는 것을 상징한다.) 반복적인 패턴도 발견되는데(열두 번의 과제, 세 가지 소원, 네 번의 시험 등등), 아마도 많은 이야기의 본성이며 이야기꾼이 내용을 기억하는 데 도움을 주기 위함일 수도 있다. 서스펜스와 액션은 인물의 발전보다 훨씬 중요하게 여겨진다. 갈등이 쉽게 형성되고 사건은 빨리 결론지어진다.

비록 플롯이 부수적일 때도 있고 사건이 벗어나기도 하지만, 액션은 결코 속력을 늦추지 않는다. 그리고 결말은 언제나 행복하게 된다.

4) 주제와 갈등

대부분의 전승문학에서 주제는 단순하지만, 진지하고 강력하다. 흔한 민속문학의 주제는 다음을 포함한다.

- 자율성을 획득하거나 부모님에게서 떨어지기 위한 싸움(미녀와 야수)
- 허가에 대한 의식을 따르기 – 때로는 성적인 성숙(라푼젤)
- 성숙해 가는 과정에서 우리는 결국 혼자라는 것을 발견하는 것(헨젤과 그레텔)
- 부모님의 기대에 실패할까 봐 생기는 걱정(잭과 콩나무)
- 다른 것(새로운 것)의 출현으로 자신이 대체되는 두려움(신데렐라)

이런 것들이 전승문학의 모든 주제는 아니지만, 어린이는 이런 주제를 강조하는 이야기에 많이 끌리는 것을 볼 수 있다.

만약 우리가 전승문학의 주제에 관한 일반적 언급을 해야 한다면 "지혜는 고통의 끝에 온다."라는 그리스 비극의 주제를 빌려도 좋을 것이다. 모든 이익에는 조건이 있어서 우리 삶의 어떤 것도 조건, 책임감, 계약 없이 딸려 오지는 않는다.

민화의 주제는 (특히, 서구의 전통에서) 욕심, 이기심, 과도한 자만심 대신에 동정, 관용, 겸손의 덕목을 받아들인다.

5) 양식

(1) 형식과 반복

전래동화에서의 형식은 구전되어 온 사실을 반영한다. 언어는 보통 경제적이어서 최소한의 묘사를 하고 형식적인 패턴에 크게 의존하여 전통적인 시작과 결말("옛날 옛적에"에서 "행복하게 살았습니다.")을 갖는다. 반복되는 절도 일반적인 것이다. 리듬 있는 구성은 이야기로 전할 때 즐거움을 주고 이야기를 기억하는 데도 도움을 준다.

전래동화는 '양식화된 강화'라는 기술을 사용하는데, 이것은 반복되는 내용이 점점 더 과장되거나 증대되는 것을 말한다. 대화도 민화에서 종종 나오는데, 훌륭하게 민화를 전달하려면 대화가 등장인물의 특성을 잘 표현해야 한다. 그래서 신분이 낮은 농부는 스스럼없는 서민적인 말투로, 왕과 공주 등은 정제된 언어를 사용한다.

(2) 모티브와 형상

예술에서 동기는 큰 디자인 속에 반복되는 형체나 요소다. 문학에서도 비슷하게 모티브는 계속 나타나는 주제적인 요소다. 민화의 모티브는 많이 퍼져 있어서 입으로 전해지던 시절에는 기억적 장치의 역할을 하기도 했다.

수백 개의 민화 모티브를 분류한 민속문학학자 톰슨(Thompsons, 1951)은 모티브를 이야기에서 가장 작은 요소로서 전통 속에 존속하게 하는 것이라고 하였다. 일반적인 모티브의 예는 음침한 숲속을 지나는 모험, 마법을 통한 변신, 마법 치료, 사기꾼의 익살, 어리석은 장사, 불가능한 과제 등이 있다. 어떤 모티브들은 강력한 시각적 이미지(유리구두, 콩나무, 말하는 하프, 돌아가는 물레, 독이 든 사과, 피에 젖은 손수건, 빨간 모자 등)와 동반되는데, 이러한 이미지들은 많은 민화에서 쉽게 찾아볼 수 있다. 이런 강한 시각적 요소들은 이야기가 오래 남도록 하는 힘을 가지고 있다.

(3) 마법

많은 전래 이야기의 모티브들은 마법(Magic)의 좋은 예다(사람을 도와주는 동물, 사람에서 야수로 다시 야수에서 사람으로 변화, 소원을 들어 주는 것 등). 이야기의 중요한 양식적인 특징은, 마법은 필연적으로 나타날 때 평범한 등장인물에게 언제나 환영을 받는다는 것이다. 전래 이야기의 등장인물은 마법을 삶에서 일상적인 것으로 받아들인다. 말하는 동물이 길을 가르쳐 줄 때나 요정이 소원을 들어 줄 때 아무도 놀라지 않는다.

이렇게 마법에 대하여 전래동화의 등장인물이 갖는 수용적인 태도는 현실과 동화의 거리를 더욱 떨어뜨리고, 전래문학과 판타지문학의 중요한 차이점을 제공한다. 환상동화에서는(영웅 판타지는 예외) 마법의 출현은 꼭 당연시되지 않고, 놀랍고 비현실적인 것으로 생각된다.

환상동화의 유명한 주인공 앨리스나 도로시는 그들이 보게 되는 신비한 인물들과 배경들에 대하여 어리둥절하게 된다. 반면, 신데렐라나 빨간 모자는 눈을 깜박이지 않고 이상한 상황을 거부감 없이 받아들인다.

4. 전래동화 옛이야기 어떻게 들려줄까?

- 화자와 청자 간 끊임없이 주고받으며 들려주기(상호작용)
- 화자는 이야기를 내 것으로 만들어서 들려주기(수용력)
- 이야기 구연 시 살아 있는 입말로 들려주기(구어체)
- 이야기를 듣는 이가 편안하게 듣도록 하기(안정감)
- 비언어적인 드러내기: 몸짓. 눈짓, 눈길, 표정, 자세(촉진)
- 소리 내기 및 끊어 말하기[전래동화의 끊어 읽기(/표한 곳은 띄어 읽고, //표한 곳은 잠깐 쉬고, ///표한 곳에서는 2~3초 잠시 머물기: pause)]

「송편과 바보」

옛날 옛날 / 한 바보 아이가 살았는데, / 하루는 친척집에 갔다가 / 송편을 얻어먹게 되었대. / / 그 송편이 (과장해서) 어찌나 맛있던지 / 더 먹고 싶은데 / 이름을 몰라. //

그래서 / 친척 아주머니한테 물었어. //

(느릿느릿) "아주머니. / 이 떡 이름이 뭐에요?" //

"응, / 그거 / 송편이라는 거야." //

이 바보가 / 그 이름을 잊지 않겠다고 / '송편' / '송편' / 하고 외우면서 집으로 돌아갔단 말이야. / / 한 발짝 뗄 때마다 / '송편' / '송편' / 하고 가다가 / 개울물을 건너뛰게 되었거든. / / (용을 쓰며) '송편' 하고 건너뛰다가 / 그만 / 물에 (가락을 넣어) 첨벙 빠지고 말았지 뭐야. / / (느릿느릿) "아이 차가워!" / / 그때부터 송편이라는 말을 잊어버리

고, / '아이 차가워' / '아이 차가워' / 하면서 집에 다 왔지. //

(느릿느릿) "어머니, / 아이 차가워 해 주세요." //

"얘가 무슨 소릴 하는 거야? / 아이 차가워가 다 뭐야?" //

(더 느릿느릿) "아이 차가워가 아이 차가워지 뭐겠어요? / 빨리 해 주세요." //

"이 녀석이 / 엉뚱한 소리만 하고 다녀" / / 어머니가 화가 나서 / 이마를 쥐어박았더니, / 아 글쎄 // / 이마가 송편만 하게 부어올랐어. //

어머니가 놀라서, / "에구머니. / 이마가 송편만 하게 부어올랐네." / 하니까, //

바보가 그 말을 듣고 / 이제야 생각이 나네. //

"오호라, / 아이 차가워가 아니고 송편이다. / 어머니, / 이 송편 해 주세요." / 하더래.

제2절 전래동요

아침 먹고 땡 저녁 먹고 땡
창문을 열어보니 비가 오드래
아이고 무서워
지렁이가 두 마리
해골 바가지

–작자 미상 「아침 먹고 땡」

1. 전래동요의 개념

1) 전래동요의 정의

인간은 태초부터 생각이나 감정을 표현하려는 본능적 욕구를 갖고 태어났다. 그래서 원시 시대부터 인류는 종합 예술의 형태인 민요무용(Folk song dance)을 발생

시켰고, 그중에서 빼놓을 수 없는 것이 노래와 노랫말의 형태인 민요다.

이 민요는 오랜 세월 민족, 민중의 생활 속에서 그들이 겪는 희로애락의 감정과 생각을 닮아 입에서 입으로 불리고 전해 내려왔다. 전래동요란 이 같은 민요가 어른들뿐만 아니라 어린이들에게도 맞게 생성되거나 변형되어 오랫동안 전해 온 어린이를 위한 다음과 같은 특성을 지닌 민중의 노래다.

- 오랜 세월 입으로 전해 왔기 때문에 작자 미상의 대중작으로 어린이의 생각과 감정을 잘 표현하고 있다.
- 쉽게 부르고 즐길 수 있도록 노랫말과 리듬 등 음악성이 풍부하다.
- 단순히 노래로만 불리는 것이 아니라 다양한 활동과 놀이를 하면서 사회적으로 적극적인 상호작용을 촉진시켜 준다.
- 곡조나 가사에 구애받지 않고 상황에 따라 다양하게 응용하고 변화시킬 수 있다.
- 민족의 정신과 문화 언어를 자연스럽게 전수시킨다.

2) 전래동요의 개념

영유아는 태어나면서부터 부모나 보호자와 함께 언어적 상호작용을 시작하게 된다. 대부분 영유아는 이 과정에서 멜로디와 리듬 그리고 따뜻한 사랑이 담긴 언어와 음악을 통해 풍부한 정서적 교류를 경험하게 되는데, 이 과정에서 빼놓을 수 없는 것이 전래동요이다. 전래동요는 오래전부터 입에서 입으로 전해 내려오는 노래로서, 아동의 감정과 심리를 문학적이며 음악적으로 표현한 아동가요를 줄여 쓰는 말이다. 문학적 측면에서 본 동요는 노랫말, 즉 가사에 비중을 두는 것이고, 음악적 측면에서 동요는 노래의 곡에 비중을 두고 있다.

그런데 영유아 · 아동 문학에서 동요는 노랫말에 비중을 두고 있다고 할지라도 결코 노래의 곡과는 불가분의 관계에 있다. 다시 말해서, 영유아문학에서 동요는 노랫말과 곡이 함께 어울려 표현하는 독특한 문학예술의 한 형태다. 전원범(1995)은

역사적으로 볼 때 동요가 다음과 같은 네 가지의 각기 다른 개념으로 이해되어 왔다고 말하고 있다.

첫째, 고대 참요로서의 동요
둘째, 순수하게 구전되어 왔던 어린이 노래로서의 동요
셋째, 창작된 아동문학으로서의 정형시인 동요
넷째, 현대 음악 용어로서의 동요

여기에서 참요란 민요의 한 가지로, 예언이나 은어의 형식으로 나타낸 노래로서 흔히 정치적 변동을 암시한 노래이기 때문에 이 책에서 다루고자 하는 유아문학과는 거리가 있는 내용이다.

그리고 창작 아동문학으로서의 정형시인 동요는 요즘 일반화된 용어로는 창작동요를 지칭하는 말이다. 노랫말에 비중을 둔 창작동요는 동시에서 다루는 경우가 많다. 마지막으로, 음악 용어인 노래로서의 동요는 논의의 문제이기 때문에 여기서 다루는 동요는 어린이 노래로서 전래동요만을 다루기로 한다.

우리나라 전래동요의 형식은 옛부터 전해 온 3·3, 3·4, 4·3, 4·4, 5·5, 4·5조 등이 있다. 그러나 가장 일반적인 형식은 3·4조와 4·4조다.

전래동요는 영어 문화권에서는 〈널서리 라임(Nursery Rhymes)〉과 이야기 동요라고 할 수 있는 〈마더 구스(Mother Goose)〉가 있으며, 독일에는 〈폴크스리더(Volkslider)〉, 프랑스에서는 〈비에일 샹송(Vieilles Chonsons)〉, 일본에서는 〈와라베우타(わらべえた)〉가 있다.

인류의 역사와 함께 인간의 내면에는 노래를 부르려는 욕구가 내재되어 있었다. 그래서 누구나 자신의 내적 감정이나 사상을 표현하려는 본능적 욕구를 지니고 있다. 이재철(1983)은 동요의 발생을 이 같은 인간의 내면적 욕구에서 출발한다고 보고, 이 같은 욕구 표현의 한 형태가 노래로 나타나서 구전되어 오다가 정착, 기록되어 남게 된 것이 바로 전래동요라고 주장하고 있다.

그래서 영유아는 노래를 통해서 즐거움을 갖고 자신의 감정을 발산시키며 심화시켜 나간다. 그리고 자연과 인간과 사물의 아름다움을 깨닫고 노래하게 된다. 전래동요의 의의를 좀 더 구체적으로 열거하면 다음과 같다.

첫째, 전래동요는 전래동화와 마찬가지로 한 시대 어떤 특정한 작가에 의해서 창작된 것이 아니고 오랜 세월 수많은 사람에 의해서 전해져 왔기 때문에 노랫말에 담겨 있는 내용 속에서 인간의 보편적인 가치와 문화를 공유할 수 있다.

둘째, 전래동요는 반복적 리듬과 운율을 기초로 하고 있어서 쉽고 재미있으며 아름다운 다양한 정서를 순화하고 고취시킨다.

셋째, 전래동요는 문학적 측면에서 함축된 시어뿐만 아니라 언어적 · 음악적 측면에서 감각을 키워 준다.

넷째, 전래동요는 놀이, 가족, 친구, 옷, 음식, 동물, 식물, 우주 등 그 소재가 다양하기 때문에 동요를 통해서 자연스럽게 사물이나 자연 현상의 특성을 학습할 수 있게 한다.

다섯째, 전래동요는 간결하고 정선된 언어로 표현되어 있어서 모국어에 대한 아름다움을 발견하게 하고 모국어 습득이 용이하게 도와준다.

여섯째, 자신의 생각과 감정을 다양하게 표현하는 능력을 키워 준다.

3) 전래동요의 유형 분류

전래동요의 분류는 전래동요에 대한 체계적인 이해뿐만 아니라 전래동요의 교육적 활용을 위해 꼭 필요한 작업이다. 그러나 전래동요의 분류는 동요의 성립과 존재에 대한 올바른 이해가 전제되어야만 할 뿐만 아니라 그 입장에 따라 분류 기준이 다를 수밖에 없기 때문에 어려움이 많다.

그래서 이 책에서는 전래동요를 크게 한국 전래동요와 외국 전래동요로 나누어 제시하고, 한국 전래동요는 전원범(1995)이 채택한 분류 방법에서 영유아문학의 수준에 적합한 내용만을 선택하여 다음과 같이 기능 동요와 비기능 동요로 분류하였다.

(1) 우리나라의 전래동요

① 기능 동요

첫째, 기능 동요 중에는 놀이의 진행을 순조롭게 하며, 흥을 돋워 즐거움을 고조시키려는 오락적 기능으로서 놀이 동요와 말놀이 동요, 해학성이 있는 놀림 동요가 있다.

둘째, 일할 때 노래로서 일의 지루함을 없애고 행동을 통일하고, 질서를 유지하며 흥을 돋우는 노동적 기능을 지닌 동요들이 있다.

셋째, 초자연적인 힘을 빌려 영유아의 요구대로 변화될 것을 확신하는 종교적 기능이 있는 동요들이 있다. 이러한 기능 동요들을 기능별로 분류하여 보면 다음과 같다.

● 놀이

꼬마야, 꼬마야, 뒤로 돌아라

꼬마야, 꼬마야, 땅을 짚어라
꼬마야, 꼬마야, 만세를 불러라
꼬마야, 꼬마야, 잘 가거라.

술래잡기

한 고개 넘어갔다. 두 고개 넘어갔다.
여우야 여우야 뭐하니? 잠잔다. 잠꾸러기
여우야 여우야 뭐하니? 세수한다. 멋쟁이
여우야 여우야 뭐하니? 밥 먹는다.
무슨 반찬? 개구리 반찬
죽었니? 살았니?

말놀이

말놀이 동요

가갸 가다가
거겨 걸어서
고교 고기잡아
구규 국 끓여서
나냐 나 하고
너녀 너 하고
노뇨 노나먹자

참나무 뽕나무 대나무

참나무허구 뽕나무허구 대나무가 살았는데
뽕나무가 방구를 뻥뻥 뀡게
참나무가 참으시오 참으시오 헝게
대나무가 대째놈 대째놈 허드라네

가자 가자 갓나무

가자 가자 갓나무
오자 오자 옻나무
바람 솔솔 소나무
방구 뽕뽕 뽕나무

말놀이 게임

원숭이 엉덩이는 빨개 / 빨가면 사과 //
사과는 맛있어 / 맛있으면 바나나 //
바나나는 길어 / 길면 기차, 기차는 빨라 //

빠르면 비행기 / 비행기는 높아 //

높으면 백두산 //

말 만들기 노래

앉은 고리는 멱고리 뛰는 고리는 개고리

나는 고리는 꾀꼬리 달린 고리는 문고리

놀림 놀이

놀림 동요

꼬부랑 늙은이가 꼬부랑 지팡이를 짚고

꼬부랑 고갯길을 꼬부랑 넘는데

꼬부랑 강아지가 꼬부랑 똥을 누니

꼬부랑 늙은이가 꼬부랑 지팡이로

꼬부랑 강아지를 꼬부랑 때리니

꼬부랑 강아지가 꼬부랑 깽 꼬부랑 갱

꼬부랑 깽갱 꼬부랑 깽깽

일놀이

쾌지나 칭칭 노오네

하늘에는 별도 많다. 쾌지나 칭칭 노오네

강변에는 돌도 많다. 쾌지나 칭칭 노오네

솔밭에는 공이도 많다. 쾌지나 칭칭 노오네

대밭에는 마디도 많다. 쾌지나 칭칭 노오네

머슴들이 노는 자리 미신짝이 안 빠졌든가

쾌지나 칭칭 노오네 처자들이 노든 자리

머주댕기 안 빠졌든가 쾌지나 칭칭 노오네

물방아

방아방아 물방아야 쿵쿵찧는 물방아야
너의 힘이 장하고나 폭포갓치 쏟는 물에
떨어지는 공이소리 쉴새없이 울이면서
일석이석 깨어내니 백옥같은 흰쌀일세
이쌀찧여 무얼할까 연자매 갈아내여
맛이 있게 지겨내여 색씨상에 고여 놓자.

● 주술적 소망을 담은 놀이

까치야 까치야

까치야 까치야
헌 이 줄게
새 이 다오

② 비기능 동요

동요는 본래 즐거운 놀이를 통해서 불렀기 때문에 일반 민요처럼 기능이 뚜렷하지 않고 즐겁게 놀기 위한 유희적 기능이 대부분이었다. 그러나 전원범(1995)은 기능 동요와 상대적인 개념으로서의 비기능 동요를 분류하였다. 비기능 동요는 자연 현상과 사물, 인간 생활, 동물들을 소재로 한다는 점에서 비기능이라고 표현했으며, 이들을 주제나 소재별로 구분하면 다음과 같다.

맹꽁이 (주제: 동물)

가벼우냐 맹꽁 무거웁다 맹꽁
무거우냐 맹공 가벼웁다 맹꽁

기러기 노래 (주제: 동물, 인간 생활)

아침 바람 찬 바람에, 울고 가는 저 기러기
우리 선생 계실 적에, 엽서 한 장 써 주세요.
한 장 말고 두 장이요, 두 장 말고 세 장이요,
세 장 말고 네 장이요, 네 장 말고 다섯 장이요.
구리 구리 구리 구리 가위, 바위, 보!

두껍아 두껍아 (주제: 주술, 동물)

두껍아, 두껍아 헌 집 줄게 새집다오
두껍아, 두껍아 물 길어 오너라
두껍아, 두껍아 너희 집 지어 줄게
두껍아, 두껍아 너희 집에 불났다.
솥이랑 가지고 뚤래뚤래 오너라.

강강수월래 (전북 완주 지방)

하늘에는 별도 총총 강강수월래 동무 좋고 마당도 좋네 강강수월래
솔밭에는 솔잎도 총총 강강수월래 대밭에는 대도 총총 강강수월래
달 가운데 노송나무 강강수월래 해는 지고 달 떠 온다 강강수월래
꽃밭에는 꽃이 총총 강강수월래

2. 자장가

세계의 모든 민족 국가는 그들만의 고유한 전통문화를 이어 가고 있는 전승문학을 갖고 있는데, 어린이들이 태어나서 부모나 할머니, 할아버지로부터 물려받는 최초의 문학이 바로 우리나라에서는 '자장가'이고, 서구에서는 '널서리 라임(Nursery Rhyme)' 또는 '마더 구스(Mother Goose)'이다.

한국의 전승 자장가에 관한 연구에서 윤갑희(1987)가 밝히고 있는 자장가의 문학적 특성을 요약하면 다음과 같다.

첫째, 자장가는 어린아이를 잠재우기 위한 즉흥적이고 단순한 음영, 민요로 교훈성, 기원성, 일상성 등 교육적 문학적 측면이 중요시된다.

둘째, 전승 자장가는 남녀노소 공유이며 수용 대상에 직접 작용하는 기능요로, 동요나 부녀요 혹은 노동요로부터 독립된 부정형의 길이와 형태를 지닌 특수성을 지니고 있다.

셋째, 전승 자장가는 기능, 내용, 형식에 따라 다음 세 가지 유형으로 구분된다.

- 순 자장가: 자장가의 주류를 이루며 순수한 모습을 간직한 채 가장 많이 분포되어 있다. 순수한 잠재우기 내용이 우세하고 뚜렷한 명칭 없이 불려 왔으며 소재나 용어가 속되고 서민적이다.
- 전용 자장가: 자장가의 약 1/4에 해당하는 전용 자장가는 은자동요라고 부르며 점잖고 양반적이며 변이형이 적다.
- 합성 자장가: 순 자장가와 전용 자장가의 두 유형이 혼합된 유형으로, 최근 급격히 늘고 있는 자장가 사설의 장형화가 이루어지고 있는 유형이다.

넷째, 전승 자장가의 율격 구조는 동양의 4음 2보격이 많으며, 율격은 어휘의 반복에 의해 이루어진다.

다섯째, 전승 자장가에는 후렴 단락, 인물 묘사, 기쁨의 영탄 등에 관용적 표현이 많고, 수사에는 반복과 은유를 기본으로 하는 나열, 대구, 점층, 직유 등이 대표적으로 많이 쓰인다.

여섯째, 전승 자장가에 쓰인 대표적인 소재는 개, 옥돌, 미나리, 충성동, 동박삭, 나차떡, 악대 등 사설에 독특한 미학적 속성을 나타낸다.

일곱째, 전승 자장가의 주제는 아기 재우기인데, 부수적으로는 모성애와 자식 사랑, 자식의 올바른 성장 기원, 부모의 기쁨, 현실적인 삶의 투영이 주제로 형상화되고 있다.

한편, 우리나라의 자장가는 단순히 아기를 재우는 노래가 아니다. 한국인의 보편적인 정서와 의식, 가치관을 간직하고 있으며 때로는 지역적 특성을 반영한다. 자장가는 부모나 어린이와 관심과 사랑을 나누는 대화며 이야기가 있는 노래였다. 자장가는 자녀에 대한 부모의 존중과 사랑, 기대와 소망을 노래와 노랫말에 담아 나누는

문학예술과 전승문화교육의 뛰어난 매체다.

1) 순 자장가

순 자장가는 순수하게 아기 재우는 것이 주된 내용으로, 단순 소박하게 아기 잠자기를 바라는 사설의 노래이다. 매, 닭, 우리 아기 등 귀엽고 작은 대상물을 외형적으로 대립시켜 전체적 조화를 이루고 있다.

> 멍멍개야 짖지마라 / 꼬꼬닭아 울지 마라
> 우리 아기 잘도 잔다 / 자장자장 우리 아기
> 엄마 품에 푹 안겨서 / 칭얼칭얼 잠노래를
> 그쳤다가 또 하면서 / 쌔근쌔근 잘도잔다
>
> –「임동권 한국민요집 V.941 공주 1571 예산」

2) 전용 자장가

순 자장가의 성격을 띤 잠재우기와 직접 관련된 사설로는 도입부와 결말부 후렴 단락뿐이다. 그러고는 은자동, 금자동, 충신동 등 삼강오륜의 오륜의 주요한 덕목을 기원하는 한자어로 된 유교적 전통과 덕목이 첨가되고 있다.

이처럼 전체적으로 잠재우기의 소박한 기능에서 찬양조의 덕목이 사설에서 강조되어 전용되는 형태의 자장가를 전용 자장가라 한다.

> 자장 자장 자는구나 / 우리 애기 잘도 잔다
> 은자동아 금자동아 / 수명장수 부귀동아
> 은을 주면 너를 살까 / 금을 주면 너를 살까
> 국가에는 충신동이 / 부모에겐 효자동아
> 형제에겐 우애동이 / 일가친척 화목동이

동네 방네 유신동이 / 태산같이 굳세거라
하해같이 깊고 깊어 / 유명천화 하여 보자
둥둥둥 동동동 / 우리애기 잘도 잔다.

–조선 민요 보급회「동요 조선 자수가」

3) 합성 자장가

순 자장가와 전용 자장가의 사설이 합성된 형태의 자장가를 합성 자장가로 분류한다. 일반적으로 사설이 길고, 순 자장가와 전용 자장가의 성격이 혼합된 형태의 자장가이다.

자장자장 자는구나 / 우리아기 잘도잔다
우리아기 잠자는데 / 아무개도 짓지마라
멍멍개야 짓지마라 / 꼬꼬닭아 짓지마라
우리아기 잠을 잔다 / 우리아기 잠든 얼굴
곱게 곱게 비쳐주는 / 저기저기 반달이다
저녁노을 사라지고 / 돌아오는 밝은 달이
자장자장 자는구나 / 은자동이 금자동아
은을 주며 너를 사며 / 금을 준들 너를 사나
국가에는 충신동이 / 부모에겐 효자동아
형제에겐 우애동이 / 일가친척 화목동이
친구간에 유신동이 / 어서 어서 잘 커거라
우리 아기 잠 잘자네

3. 마더 구스(Mother Goose; Nersery Rhymes)[4]

17세기 프랑스의 샤를 페로(Charles Perrault)가 쓴 책 『마더 구스 이야기(Tales from Mother Goose)』에서 시작되었다. 페로가 마더 구스라는 말을 사용하게 된 것은 당시 마을에서 거위를 기르던 여성들이 전통적인 이야기꾼이었다는 데서 기인된 것으로 추측되고 있다.

마더 구스는 한국의 자장가와 마찬가지로 글로 써지기 전에 오랜 세월 구전으로 전해 오면서 매력적인 운율과 리듬이 있는 시적 요소가 갖추어지면서 전래동요의

4) 마더 구스는 널서리 라임(Nursery Rhymes; 아이들을 위한 시나 노래)의 일부로, 오늘날 영어권 아이들이 즐기는 전래동요, 시, 수수께끼 등을 가리키는 말이자 이를 수집했다는 여인의 이름을 뜻하기도 한다. 마더 구스가 실존 인물이라는 주장도 있지만 아직 확인되지는 않았다. 여러 연구 결과, 상당수의 마더 구스는 어린이를 위해 써졌다기보다는 사회의 상황이나 부조리를 부정적이며 잔인하게 묘사한 것이 많아서 어린이에게 이를 가르쳐야 하는가에 대한 논쟁도 벌어지고 있는 상황이다.

형태로 발전하게 되었다.

사실, 마더 구스는 출처가 다양하고 살인과 잔인성을 담은 폭력적인 내용도 많이 나오는데, 오늘날 전해 오는 것은 그중의 일부분인 어린이들을 위한 내용만 개작, 수록, 전수되었다고 할 수 있다. 이 같은 마더 구스는 발생 과정과 특성에서 한국의 전래동요, 자장가와 다음과 같은 보편적인 유사성을 갖고 있다.

첫째, 글로 쓰이기 전에 오랫동안 구전으로 전해 왔다.
둘째, 매력적인 리듬과 운율이 시의 형식을 갖고 있다.
셋째, 출처가 다양하고 민중에 의해 널리 들려 왔다.
넷째, 노랫말이 특별한 즐거움과 재미가 있다.
다섯째, 다양한 언어와 어휘 이야기가 있다.
여섯째, 영유아가 세상에서 가장 먼저 경험하게 되는 문학이다.

이상과 같은 특징을 종합할 때 자장가와 마더 구스는 단순한 노래가 아니라 영유아에게 가장 매력적으로 접근할 수 있는 이야기이며 더할 나위 없이 좋은 문학이다. 그런 점에서 자장가와 마더 구스는 아이가 세상에 태어나서 처음으로 경험하는 문학으로서 신체적 · 사회적 · 정서적 · 언어적 · 인지적 발달에 신선한 촉진제 역할을 하게 된다. 구체적으로 설명하면 다음과 같다.

- 자장가와 마더 구스는 노래와 활동을 통해서 대근육, 소근육 발달과 협응 능력을 키워 준다.
- 자장가와 마더 구스는 노래를 통해서 놀이를 유도하여 놀이를 통한 언어적 · 사회적 관계를 촉진시킨다.
- 자장가와 마더 구스는 자기존중감과 사랑에 대한 확신을 통해서 감사와 기쁨, 아름다움을 갖게 하여 정서 발달을 유발한다.
- 다양한 어휘와 언어를 촉진하고 사고와 상상력을 키워 주어서 인지적 발달을 이끌어 준다.

연구문제

1. 한 권의 전래동화를 선정하여 전래동화의 요소와 특성을 구분하시오(배경, 등장인물, 플롯, 주제, 갈등 스타일).
2. 한국에서 전래동요라 말하는 독특한 문학예술을 다른 나라에서는 무엇이라 말하는지 적어 보시오.
3. 어릴 적 들었던 동요와 자장가를 적어 보고 어떤 유형에 속하는지 알아보시오.

제8장 동시

개관

동시란 어린이에게 적합한 어린이를 위한 시다. 시는 고도의 함축되고 선택된 언어로 소리와 이미지의 감동을 노래하는 문학이다. 제8장에서는 동시의 정의와 개념 및 특성, 동시의 언어와 소리, 이미지, 시의 형태, 통찰력 그리고 시의 유형을 통해 다양한 시를 살펴보고 시를 감상할 수 있는 작품들을 소개하도록 한다.

학습목표

- 시와 동시를 이해한다.
- 동시의 여러 특성을 알고 이해한다.
- 시의 여러 유형을 이해한다.
- 여러 형태의 동시를 이해하고 시적 감동을 느낄 수 있다.

– 안녕 눈새야(정두리 글, 김복태 그림)

동시의 정의

엄만
내가 왜 좋아?
–그냥

넌 왜
엄마가 좋아?
–그냥

문삼석의 동시 「그냥」을 읽어 보면 작가가 우리에게 무엇을 전달하고자 하는지를 쉽게 알 수 있다. 이 글을 읽고 "엄마의 세뇌 교육으로 인한 오늘날 교육에 대해 논하며, 아빠가 아닌 엄마를 '그냥' 좋아하는 것으로 보니 한부모가정일 것이다. 한부모가정을 위한 교육은……."이라고 하며 머리로 분석을 하고 싶은가? 이렇듯 동시란 우리의 머리가 아닌 가슴을 울리면서 삭막한 우리 사회에서 아름다운 감수성을 선물한다.

동시가 성인들의 시와 다른 점은 바로 어린이다운 심성과 어린이다운 감정, 즉 동심을 바탕으로 아름다운 마음을 잘 표현해야 한다는 점이다. 이 아름다운 마음을 어린이들의 눈으로 보고 느낄 수 있도록 표현해 놓은 것이 동시라고 할 수 있다. 따라서 동시는 어린이다운 심리와 감정을 제재로 하여 성인이 어린이를 위해 쓴 시를 말한다.

용어 해설

- **시**: 인간의 사상과 정서를 내포적 · 운율적인 언어로 형상화하는 창작문학의 한 장르다. '시'는 사상과 정서를 통해 인생을 표현한 문학이기 때문에 독자는 그것을 읽음으로써 정서를 순화하고 인생을 배울 수 있다고 할 수 있다.
- **내포적**: 언어가 풍기는 다의성(多義性), 암시력, 분위기, 연상과 상징적인 의미까지를 포함하는 기능을 가리킨다.
- **다의성**: 한 단어가 두 개 이상의 어휘적 의미를 가지는 현상이나 특성이다.
- **동심**: 사람들이 본래부터 가지고 있는 착하고 순결한 마음이다.

– 흔들린다(함민복 글, 한성옥 그림)

– 김경중 시집: 11월의 끝자락에(김경중)

제8장 / 동시

 제1절 동시의 이해

나는 바로 너다
내가 네 안에
꿀을 담으면 꿀단지
꿈을 담으면 꿈단지

하지만
네가 내 안에
똥을 담으면 똥단지
엉뚱한 짓하면 뚱딴지

내가 네게 네가 내게
담는 대로 하는 대로
나는 너고
너는 바로 나다

–김경중「단지」

1. 동시의 정의

동시란 어린이에게 적합한 어린이를 위한 시다. 모든 시가 다 동시가 될 수는 없지만 동시는 모두 시가 될 수 있다. 그러므로 동시를 알기 위해서는 시를 바로 알고 이해해야 한다.

"시란 무엇인가?"

시를 한마디로 정의한다는 것은 인생을 한마디로 정의하는 것만큼이나 무모한 일이다. 하지만 그런 무모함도 시를 이해하는 데 도움이 된다. 그래서 이런 많은 시도가 이루어지고 있는 것이다.

다음은 시에 대한 정의들이다.

"음악적인 상상" (Carlyle)
"상상과 정열의 언어" (Hazlitt)
"미의 운율적 창조" (E. A. Poe)
"즐거움을 주려는 의도를 가진 말하는 그림" (P. Sidney)
"상상과 감정을 통한 인생의 해석" (W. H. Hudson)
"인간의 사상 감정을 율동적 운문으로 표현한 문학 장르" (김용로)

이 밖에도 시에 대한 정의는 많고도 다양하다. 그럼에도 불구하고 그러한 정의 속에 보편적으로 강조되고 있는 것은 시의 음악성, 표현성, 감성 등의 요소들이다. 이 같은 요소들을 포괄적으로 요약하여 시를 정의하면, "시란 고도의 함축되고 선택된 언어로, 소리와 이미지의 감동을 노래하는 경이로운 문학의 장르"라고 할 수 있다. 이 같은 맥락에서 다시 동시를 정의하면, 동시란 "고도의 함축되고 선택된 언어로, 소리와 이미지의 감동을 노래하는 어린이를 위한 문학의 독특한 장르"이다.

2. 동시의 개념 및 특성

문학의 정의를 이해했다고 해서 문학을 다 이해한 것이 아니듯, 시의 정의를 이해했다고 해서 시를 이해하는 것은 아니다. 시를 좀 더 구체적으로 이해하기 위해서는 시와 동시의 개념 및 특성을 살펴볼 필요가 있다. 그러기 위해서는 시와 동시에 관한 지금까지의 편견부터 먼저 제거해야 한다.

시와 동시에 관한 다음과 같은 오해와 편견들이 있다.

"어린이가 쓴 시도 동시다."
"시는 너무 어렵고, 동시는 너무 쉽고 유치하다."
"동시는 정서도, 사상성도 없으니까, 동시는 시가 아니다."
"시와 동시는 창작 과정부터 다르다."

말도 안 되는 소리지만 이런 말들이 작가나 교사, 일반인들 사이에서 공공연히 감지되고 있다. 그 책임은 필자와 같은 아동문학작가, 평론가, 교재 집필자의 책임이 가장 크다고 볼 수 있다. 이 같은 중요한 문제를 심도 있게 자주 다루어 본 적이 없기 때문이다. 즉, 문제를 문제로 인식해 본 적이 없었다는 것이 가장 큰 문제이기 때문이다. 이제 필자는 단호하게 거두절미하고 그것을 말하고자 한다.

우선, 어린이가 쓴 영유아시, 영유아 동시는 시가 아니다. 시가 아니니까 동시는 당연히 아니다. 시와 문학은 기본적으로 성인 작가가 쓴 작품을 말하기 때문이다. 동시가 어린이에게 적합한 어린이를 위한 시라고 해서 어린이가 쓴, 어린이의 시가 동시가 될 수 있는 것은 아니다.

또한 어렵고 난해한 시가 좋은 시라고 할 수 없듯이, 쉽고 유치한 글이 좋은 동시가 될 리 만무하다. 아무리 어린이에게 적합하고 어린이를 위한 시라고 해도, 꼭 쉽게 어린이가 이해할 수 있는 글이라고 해서 다 동시가 되는 것은 아니다. 그리고 동시가 비록 표현하는 소재나 제재, 배경, 언어 등이 단순하고 쉬운 용어를 사용했다

할지라도, 그런 시 속에 정서와 사상이 없다고 단정할 수는 없다.

마지막으로, 시와 동시는 창작 과정부터 다르다는 생각은 동시의 이해와 교육과정에서 가장 경계해야 할 편견의 하나다. 동시의 창작 과정은 어린이를 생각하며 어린 독자들의 눈높이에 맞춰 보고 듣고 느낄 수 있는 감각적인 언어와 상상력을 발휘하는 것이 기본적으로 중요한 일이다. 그러나 모든 동시가 그렇게 쓰여야 하고 그렇게 써진 시만이 동시라는 생각은 잘못이다.

페리 노들먼(2001)은 "동시와 어른 시의 차이는 어린이 소설과 어른 소설 사이의 차이보다 훨씬 적다. 그리고 어린이들이 시를 읽으며 즐거움의 의미를 발견하는 전략은 어른들이 시에서 즐거움의 의미를 발견하기 위해 사용하는 전략과 똑같다."라고 주장하고 있다.

그래서 동시에 관한 오해와 편견을 버리고 다시 동시의 개념과 특성을 살펴보기로 한다. 도로시 케네디는 그의 동시집에서, 시란 "우리에게 웃음을 주고, 이야기를 해 주고, 메시지를 전달하고, 감정을 공유하고, 경이로움을 주는 것"이라 말했다. 그의 주장은 다음과 같은 시의 정의에서 그 특성을 찾아볼 수 있다.

앞에서 필자는 동시의 정의에서 동시를 "고도의 선택된 언어로 소리와 이미지의 감동을 노래하는 어린이를 위한 문학의 특수한 장르"라고 규정했다. 이 같은 개념 정의에서 포함된 시의 언어, 소리, 이미지, 형태 그리고 통찰 등의 요소를 중심으로 보다 구체적으로 동시의 개념과 특성을 살펴본다.

1) 시의 언어

시는 고도의 절제되고 선택된 언어를 사용하여 이미지와 감동을 준다. 일차적인 시의 생명은 언어의 선택에 있다. 다음 시 「꽃」처럼 시의 언어는 고도의 함축되고 절제된 언어만을 사용한다. 이렇게 시는 결코 현상을 말로 설명하지 않는다. 오직 상징과 은유 등의 기법을 총동원하여 이미지를 창조할 뿐이다.

대지는

꽃을 통해

웃는다.

–라첼 카슨 「꽃」

내려갈때

보았네

올라갈때

못 본

그 꽃

–고은 「그 꽃」

왜가리야! / 왝!

어디가니! / 왝!

엄마찾니? / 왝!

아빠찾니? / 왝!

왜 말은 않고 대답만 하니 / 왝!

…… / 왝!

…… / 왝!

–박경종 「왜가리」

2) 시의 소리

시는 본래 음악적이다. 대부분의 시는 소리 내어 낭송할 수 있도록 써졌다. 그래서 시가 어떻게 소리나는가 하는 것은 시가 어떤 의미를 지니는가 하는 것만큼이나 중요하다.

대부분의 동시는 소리에 민감하게 반응하도록 만들어졌다. 그래서 이런 동시들

은 소리 내어 잘 읽히는 것이다. 소리는 동시의 음악적인 면에서 감정의 언어를 운율을 통해서 듣는 이의 감성을 아름답게 고조시킨다.

(1) 리듬

멜로디, 화성과 함께 리듬은 음악의 3요소며, 리듬 없는 음악은 존재하지 않기에 리듬은 음악의 가장 근원적 요소다. 리듬은 장단, 셈여림, 악센트, 템포, 음색 등에 의해 규정되는데, 리듬(Rhythm)은 언어에서의 강세가 있는 음절과 강세가 없는 음절의 패턴이다. 영아는 태어나자마자 앞뒤로 흔드는 것이나 가볍게 등을 두드리는 등의 리듬 있는 패턴에 보다 잘 반응한다. 누가 우리의 첫 감각적 경험이 출생 전 태아기의 그것이 아니라고 말하겠는가? 안정적이고 리듬 있는 엄마의 맥박 소리와 태아를 둘러싼 양수의 온화한 파동은 무엇이겠는가?

그리고 이 같은 리듬은 당연히 우리의 자연적 삶 속에 항상 존재한다. 궤도를 도는 행성, 탄생 · 성장 · 쇠퇴 · 죽음 · 다시 탄생의 리듬 등은 우리에게 리드미컬하게 변화하는 계절의 흐름을 통해서도 보여 주고 있다.

시의 리드미컬한 패턴, 즉 운율의 가장 작은 단위는 음보(Foot)다. 다양한 음보가 있는데 한 음보에 2~3개의 음절을 가지고 있다.

운율, 즉 리듬은 시의 박자를 말한다. 운율은 직접 정서와 연결된다. 느린 심장 박동의 운율은 편안하게 하는 효과를 주고, 빠른 심장 박동의 소리는 신생아들에게도 불안감을 준다. 졸업식 행진 때의 박자는 위엄과 자신감을 주고, 군대의 북소리는 군인들이 서로 같은 발걸음으로 나아가도록 해 주며, 행진하는 밴드의 리듬은 우리로 하여금 달려가서 구경하고 싶은 강한 충동을 준다. 대부분의 동요(Nursery Rhymes)는 매우 예상 가능한 리듬을 가지고 있다.

"까리까리 등까리 어깨넘어 등까리"(전래동요 〈개똥벌레 잡기〉). 대부분의 동요, 동시는 이렇게 비슷한 단조로운 리듬을 가지고 있다. 그러나 만약 영유아에게 시를 더 깊게 경험하게 하려면 더 많은 리듬과 리듬의 패턴이 있다는 것을 보여 주어야 한다. 많은 시는 하나 이상의 리듬 패턴을 섞어서 하나의 효과를 보여 준다.

우리가 어린이에게 동시를 읽어 줄 때 중요한 것은 동시가 가지고 있는 리듬의

미묘함을 우리가 먼저 잘 인식하여, 가능한 한 최대의 운율적 효과를 내어서 읽어 주어야 한다는 것이다.

(2) 운, 압운

한편, 운[韻, rhyme 또는 압운(押韻)]은 소리 패턴에서 두 번째로 중요한 요소로, 두 개 이상의 비슷한 소리를 반복하여 시의 음악적 요소를 이루며 운은 시에서 단어들을 연결하고 작동하여 즐거움을 불러일으킨다.

시는 리듬보다 더 미묘한 소리를 반복할 수 있는데, 동시, 동요에서 일정한 자리에 같은 음 또는 비슷한 음을 규칙적으로 배치하는 음위율을 운이라 한다. 운에는 흔히 다음과 같은 두운과 각운이 많이 쓰인다. 행의 첫 음에서 반복되는 것을 두운, 끝 음에서 반복되는 것을 각운이라 한다.

① 두운: 두 개 이상의 단어의 첫소리가 반복되는 운이다. 어두(語頭)에 동일한 자음을 가지는 단어를 적당한 간격으로 사용하여 일정한 음향에 의한 효과를 노린 기법이다.

싸락 싸락 싸락눈.
아이들 머리꼭지까지만 오는 싸락눈.
강아지 콧잔등까지만 오는 싸락눈.
까닥까닥 까치 꼬리까지만 오는 싸락눈.
넘을까? 말까?
얕은 울타리까지만 오는 싸락눈.
김장 준비하는 어머니의 손등까지만 오는 싸락눈.
싸락 싸락 싸락눈.
아직안 어리디어린 겨울 싸락눈.

–이준관「싸락눈」

② 각운: 시구의 맨 끝에 오는 소리를 반복하는 운이다.

다람 다람 다람쥐
알밤 줍는 다람쥐
보름 보름 달밤에
알밤 줍는 다람쥐

-박목월 「다람쥐」

귀찮허단 말이 웬말이오,
'귀차 근본을 들어 보오.
한 발 달린 돌쩌귀, 두 발 달린 까마귀,
세 발 달린 퉁 노귀, 네 발 달린 당나귀.'
'귀차머리는 놀보심사, 후생에는 뭣이 될랑가,
또리 당딱 똥다꿍 똥다꿍'.

-판소리 「흥보가」

이렇게 운은 소리의 반복을 통해서 시의 소리에 음악성을 높여 준다.

그러나 소리의 지나친 반복적인 사용은 시를 너무 알기 쉽고 진부하고, 창의성 없는 시로 전락시킬 염려가 있다. 그래서 좋은 시인은 어느 정도 음악적 요소를 삽입하고 언제 중지할지를 알아서 두운과 각운을 사용할 줄 안다.

3) 시의 이미지

시의 언어는 고도의 절제된 간결한 언어이면서도, 한편 이 같은 시의 언어는 마음속에 심상, 즉 그림을 만들어 낸다. 시의 언어가 만들어 내는 그림은 우리의 감각에 호소하여 직접적인 이미지와 간접적인 이미지를 창조한다.

(1) 직접적인 이미지

시인이 어떠한 사물을 우리의 하나 이상의 감각기관을 통해 이해하도록 묘사할 때 이러한 이미지를 직접적이라고 한다. 다음의 예를 보자.

① 시각적 이미지: 시에서 일반적으로 사용되며 우리가 볼 수 있는 것들로 구성된다.

「안녕, 눈새야」

-정두리

첫눈이 내린 아침은
반가운 인사를 나누는 날이다.

눈에 보이는 모두가
눈으로 가득하다.
눈으로 아늑하다.

아이들은 일부러
눈 속에 발을 빠뜨린다.
뽀드득 뽀득
눈의 인사를
크게 듣고 싶어서다.

지붕 끝에 살짝 앉은
한 마리 새
안녕, 눈새야!

머리에 눈을 얹고 섰는

측백나무
안녕, 눈나무야!

눈이 내린 아침은
눈으로 빛나는 인사말이
하얗게 쌓여 간다.

「머리 감은 새앙쥐」

–윤석중

새앙쥐, 새앙쥐
왜 안 자고 나왔나?
화롯불에 묻은 밤
줄까 하고 나왔지

새앙쥐, 새앙쥐
왜 저렇게 뿌연가?
밤 한 톨이 탁 튀어
재를 흠뻑 뒤썼지.

「구슬비」

–권오순

송알송알 싸리잎에 은구슬
조롱조롱 거미줄에 옥구슬
대롱대롱 풀잎마다 총총
방긋웃는 꽃잎마다 송송송
고이고이 오색실에 꿰어서
달빛새는 창문가에 두라고

포슬포슬 구슬비는 종일
예쁜구슬 맺히면서 솔솔솔

② 촉감적 이미지: 우리의 촉감을 자극한다.

회초리 내던지고 / 긁힌 자국 만져주며 / 오래도록 / …

③ 청각적 이미지: 사물의 소리를 암시한다. 이런 이미지는 의성어의 효과를 만들 수 있는데 이것은 사물의 소리를 만들 때 사물이 가지고 있는 의미를 포함해서 만드는 것이다.

「까치」

–정두리

입이 가려워서
못 참는다.

좋은 일을 알리고 싶은 때는

반즘은 귀엣말로 꾹꾹
못 알아들었나

애가 타서
절반은 목청껏 깍깍깍

멀리까지
더 멀리까지
좋은 소식 알리고픈
까치의 고자질

④ 후각적 이미지: 사물의 냄새를 암시한다.

「물새알 · 산새알」

–박목월

물새알은
간간하고 짭조름한
미역 냄새
바람 냄새

산새알은
달콤하고 향긋한
풀꽃 냄새
이슬 냄새

「라일락」

–정두리

가지마다 숨겨진
작은 향기 주머니

이름 석자 뒤에도
묻어나는 냄새

향기로만
나무가 되려는 나무

소올솔
작은 주머니가

올을 풀어서
봄 하늘을
향긋하니 덮어 버렸다.

⑤ 운동 감각적 이미지: 행위나 움직임을 말한다.

⑥ 미각적 이미지: 사물의 맛을 암시한다. 미각적 이미지는 다른 이미지처럼 자주 쓰이지는 않는다.

(2) 간접적인 이미지

이미지는 간접적일 수도 있는데 어떠한 사물을 우리가 친숙하게 여기는 다른 것에 빗대어 묘사하는 것을 말한다. 이때 세 가지 일반적인 비유의 방법은 직유, 은유, 의인법이 있다.

- 직유는 언급된 비유로서 「~처럼, ~같이」와 같은 접속사를 사용하여 비유하는 것이다.
- 은유는 암시된 비유로서 「~처럼, ~같이」와 같은 말을 직접적으로 사용하지 않고 나타내는 비유다.
- 의인법은 특성상 은유와 비슷하지만 모든 은유가 다 의인법은 아니다. 의인법은 시인이 생명이 없는 사물이나, 추상적인 개념, 자연의 힘 따위에 인간의 특징을 불어넣는 것이다.

「우리집 일기예보」

–윤이현

엄마가 웃는 날
아주 맑음
엄마 아빠 웃는 날
아주아주 맑음

4) 시의 형태

같은 내용의 시의 언어라도 종이 위에 단어를 어떻게 배열하느냐에 따라 느낌과 의미가 다르게 전해진다.

시의 형태는 특정한 단어의 강조점에 따라 다양하게 배열된다. 다음은 김현의 「양치질」과 쉘 실버스타인의 「발렌타인」(1974)이다.

앞 칫솔줘
니 과 요
엾 가 !
니 야
잘 되
닦 잖
아무리귀찮아도이닦 아

푸카푸카
치카치카
오골오골
암만해도내이빨은왜하얘지지않지?

–김현 「양치질」

나는 발렌타인 카드를 티미
지미
틸리
빌리
니키
미키

리키
디키
로라
노라
코라
플로라
도니
로니
로니
코니에게 받았고
에바는 두 개나 보냈다
그러나 나는 너희들한테 안 줄 거야

–쉘 실버스타인 「발렌타인」

5) 통찰력

모든 문학적 장치를 뛰어넘어, 시는 가장 간결하고 함축된 언어로 어떤 것을 알아차리는 능력으로 "맞아! 바로 그거야!"라는 말을 하게끔 만드는 통찰력으로 경이로운 감동을 준다.

다음 시는 "주는 것이 아름답고 소중하다." "사랑은 결국 주는 것이다." "사랑은 아낌없이 주기 때문에 소중한 열매가 있는 것이다."라는 생각을 갖게 한다.

나는 꽃이에요
잎은 나비에게 주고
꿀은 솔방 벌에게 주고
향기는 바람에게 보냈어요
그래도 난 잃은 것 하나도 없어요

더 많은 열매로 태어날 거예요

가을이 오면

–김용석 「가을이 오면」

3. 동시의 종류

시의 종류를 구분하는 것은 결코 쉽지 않다. 매우 복잡하고 난해해서 어린이에게 시의 종류를 자세하게 가르치려고 하는 것은 동시 활동에서 도움이 되지 않는다. 그러나 시를 올바로 이해하고 체계적으로 지도하는 교사는 연령이 많은 어린이를 대상으로 시 활동을 전개할 때 시인의 시를 쓰는 기법을 활용한다. 시를 좀 더 다양하게 이해하고 시를 논의할 때 시의 종류를 설명해 줄 필요가 있다.

시의 종류는 흔히 시의 형식에 따라 정형동시, 자유동시, 산문동시, 동화시, 시의 내용에 따라 서사동시, 서정동시로 분류한다.

1) 형식적 분류

동시의 외형적 운율에 따라 시를 구분하는 방법으로 정형동시, 자유동시, 산문동시로 구분한다.

(1) 정형동시

정형동시는 일정한 외형적인 운율, 즉 글자 수, 행 수 등의 운율이 3·4조, 4·4조, 4·3조, 4·2조, 5·5조, 7·5조, 8·5조 등 다음과 같은 특성을 지닌 동시다.

첫째, 정형동시는 일정한 외형률이 정해져 있다.

동요와 동시는 넓은 의미에서 모두 같은 시의 범주에 속한다. 그러나 운율이 엄격하게 정형률을 갖고 있는 정형동시는 동요로 구분하기도 한다.

「다람쥐」

–박목월

다람다람 다람쥐
보름 보름 달밤에
알밤인가 하고
알밤인가 하고

알밤 줍는 다람쥐
알밤 줍는 다람쥐
솔방울도 줍고
조약돌도 줍고

정형동시의 운율은 흔히 4 · 4조, 4 · 3조 형식이 가장 일반적이지만 경우에 따라서는 앞서 제시한 「다람쥐」에서와 같이 전반 1연에서는 4 · 4조, 후반에서는 4 · 2조로 변조를 보이면서 엄격한 정형률을 유지하고 있다.

둘째, 정형동시는 리듬에 의한 음악성과 함께 노랫말이 재미있다.

「먼 길」

–윤석중

아기가 잠드는걸 보고 가려고
아빠는 머리맡에 앉아 계시고
아빠가 가시는걸 보고 자려고
아기는 말똥말똥 잠을 안자고

셋째, 정형동시는 수사법이 은유, 비유, 상징적 표현보다는 표현이 직접적이고 강하다.

「얼룩 송아지」

–박목월

송아지 송아지
얼룩 송아지

엄마소도 얼룩소
엄마 닮았네

넷째, 모든 정형동시가 반드시 이 같은 고정된 외적 음수율에 묶여 있는 것은 아니고 시의 내용과 시적 이미지에 따라 좀 더 자유로운 외형률을 취할 수도 있다.

「다람쥐」

–김영일

산골짝에 다람쥐 아기 다람쥐
도토리 점심가지고 소풍을 간다.
다람쥐야 다람쥐야
재주나 한번 넘으렴
팔딱 팔딱 팔딱
날도 정말 좋구나

전반은 7 · 5, 8 · 5조에서 후반은 4 · 4조, 5 · 3조, 4 · 2조, 4 · 3조의 형식으로 다양한 변조를 보이면서도 나름대로 정형률을 유지하고 있다.

「바다의 웃음」

–박선희, 이송은

빵긋빵긋 조개들의 웃음
푸르르르 물풀의 웃음
꺼억꺼억 꽃게 웃음
뻐끔뻐끔 고기들의 웃음
부웅 붕 고깃배들 웃음
까악까악 등대불의 웃음
쏴아아아 철썩 파도의 웃음
하하 헤헤 호호 낄낄 우리들 웃음

(2) 자유동시

음수율의 형식에 구애받지 않고 자유롭게 쓰는 시의 형식으로 가장 널리 알려진 동시의 형태다.

「꿈」

-정두리

언덕에서
굴러떨어지고 꿈속의 나는
끝까지 다른 나
아슬아슬 이건 꿈이지
쫓기기만 한다. 잠깨고 나서
걱정하는 마음
그건 꿈이야
키 크려는 꿈.

「꽃다발」

-정두리

여럿이 보였습니다.
큰 키는 무릎 조금 숙이고
작은 키는 괜찮아
맨 앞줄에다 세울게.
활짝 핀 얼굴은 아랫쪽이다.
봉오리는 윗쪽이면 되겠다.
우리 마음을 단단히 묶어
리본으로 매어야지.
자! 여럿이 모여
하나로 다시 되었습니다.
우리 이름은 꽃다발입니다.

(3) 산문동시

산문동시란 시의 기본적인 특성인 리듬을 의식하되 리듬이나 의미와 이미지의 단락에 크게 구애받지 않고 행을 구분하지 않은 채 산문 형식으로 써진 동시다.

「아이와 우체통」

–유경환

제 키보다 큰 우체통 앞에 아이가 찾아와 섰습니다. 빨간 우체통 앞, 팔꿈치가 뚫린 계집아이.

아이 손에는 한 장의 편지가 들렸고, 아이는 눈을 깜빡이면서 우체통 큰 입을 쳐다 봅니다.

여기 넣으면 될까?

한 손으로 가만히 우체통을 만져 보고 아이는 두 눈을 감습니다.

정말 아빠에게 갈까?

아이는 발돋움하고 다가섭니다. 그 큰 우체통 입에 고사리 같은 손을 넣어봅니다. 그리고는 편지 겉봉이 못 미더워 다시 한번 읽어 봅니다.

(4) 동화시

동화시란 시이면서 형식면에서 양적으로 길고, 내용에서 동화처럼 사건의 전개나 이야기성이 있는 줄거리를 갖고 있다. 다시 말해서, 동화시는 동화적 줄거리를 지니고 있지만 표현이 산문적인 운문체로 되어 있는 것을 말한다. 외형률이나 내재율을 곁들인 시로 된 동화다. 영유아는 리듬을 좋아하므로 전래동화를 리듬에 맞게 동화시로 개작, 재화하게 되면 영유아가 무척 좋아한다.

「메투리와 나막신」

–윤석중

마나님이 신발장사
아들 형젤 뒀는데

비가 오면 큰 아들
메투리가 안 팔리고
날이 개면 작은 아들
나막신이 안 팔리고,
마나님은 혼자 앉아
자나 깨나 걱정이지.

동네 사는 영감님이
하도 딱해 하는 말이
"비가 오면 작은 아들
나막신이 잘 팔리고,
날이 개면 큰 아들
메투리가 잘 팔리지."

그제서야 마나님이
무릎치며 하는 말이
"당신 말이 옳습니다.
괜한 걱정 했습니다."

2) 내용에 의한 분류

앞에서 시의 외형률에 따른 시의 유형을 살펴보았는데, 일반적으로 내용 면에서 시를 분류할 때 서사동시와 서정동시로 분류한다.

(1) 서사동시

「일리아드」「오디세이」 등 호메로스의 서사동시, 브라우닝의「하메론의 피리 부는 사나이」 등 서사동시는 매우 오래된 역사를 갖고 있으며, 그중에는 희곡으로 각

색되어 매우 극화 활동에 적용되기도 한다.

이 같은 서사동시 중 아동문학에 적합한 형태는 발라드(Ballads)가 있는데, 발라드는 배경, 인물, 클라이맥스 사건 등이 분명하게 있는 것이 특징이다.

(2) 서정동시

서정동시는 어떤 현상에 대한 작가의 주관적인 반응을 표현한 시로, 서사동시보다 이야기가 적고 상황에서의 느낌을 표현하기 때문에 언어의 음악적 측면이 강조된다. 서정동시는 끝없는 다양한 형식이 만들어지고 있는데, 다음은 인기 있는 서정동시의 유형이다.

다음 동시 체험하기에 소개된 대부분의 시는 서정동시의 유형에 속한다.

제2절 동시 체험

하늘에는 별이 있고
땅에는 꽃이 있고
우리들 마음속에는 사랑이 있어요.

–김경중「어린이들이 쓴 시: 아름다운 것들」

1. 동시 맛보기

앞에서 이미 설명한 바와 같이, 동시는 어린이를 위한 특수한 문학 장르로서 다음 다섯 가지 특수한 기능을 갖고 있다.

첫째, 감동을 통한 기쁨이 있다.
둘째, 언어와 소리의 아름다움과 함께 놀라운 이야기가 있다.
셋째, 재미난 이야기 속에 함축된 메시지가 있다.
넷째, 다양한 정서를 불러일으키고 함께 나눈다.
다섯째, 독창적인 이미지와 메시지를 통해서 통찰력을 갖게 한다.

이렇게 중요한 시의 특수한 기능을 받아들이기 위해서는 시가 갖고 있는 멋을 맛보기해 보자.

– 동물들의 이야기(김현경)

1) 맛보기의 준비

동시를 특별한 종류의 문학 장르라 하는 것은 동시가 갖고 있는 문학적 특성뿐만 아니라 아동의 생활과 관련된 특별한 교육적 기능과도 관계가 있다. 그러나 무엇보다도 동시는 어린이들의 감성을 통해서 전달되기 때문이다.

영유아교육기관이나 초등학교 교육과정에서 동시에 대한 접근은 자연스럽고도 잘 계획된 상태에서 이루어져야 한다. 다양한 상황이나 주제에 따라 적절한 동시가 준비되고 상황에 적절하게 활동이 전개될 때 동시에 관한 좋은 반응을 불러올 수가 있다. 예를 들어, 날씨는 동시를 읽고 동시의 내용에 젖어 들게 하는 훌륭한 동기 유발을 해 준다. 비가 오는 날에도 영유아교육기관이나 초등학교 저학년 유아에게 이런 시로 출발할 수 있다.

「비」

-로버트 루이스 스티븐슨

온 세상에 비가 내려요
들판과 나무 위에
여기 우산 위에
그리고 바다의 배 위에도

「봄비가 와요」

-태미라

하하 웃던 하늘이 / 화가 났는지
두두두둑 두두두둑 / 봄비가 와요
통통통통 통통통- / 똑똑똑똑
똑똑똑- / 주룩주룩 주루루룩

이런 시는 노래와 함께 불러 보면 보다 효과적이다.

「4월의 노래」

-랭스턴 휴

비가 네게 입맞춤하게 해 봐.
비가 은색 물방울로 너의 머리 위를 때리게 해 봐.

비가 네게 자장가를 불러 주게 해 봐.
비는 길가에 잔잔한 웅덩이를 만든다.
비는 도랑에 흐르는 웅덩이를 만든다.
비는 밤에 작은 자장가를 지붕 위에 켜놓지

그리고 나는 비를 사랑해.

「은비가 내리는 때」

–랭스턴 휴

은비가 내리는 때
땅은
또다시 새로운 생명을 꺼내놓는다.
녹색 풀들은 자라고
꽃들은 고개를 들고
모든 평지에선
놀라움이 퍼진다
생명의
생명의
생명의!

은비가 내리는 때
나비들은
비단 날개를 높인다
무지개의 눈물을 잡으려고,
그리고 나무는 꺼내놓는다
하늘 아래 기뻐서
노래를 부르는 새로운 잎을.

길을 따라 내려가면
남자아이들과 여자아이들이
노래를 부르며 지나간다
은비가 내리는 때
봄과
생명이
새로운 때.

이렇게 준비 단계에서는 예상 가능한 상황에 알맞은 다양한 주제와 제목들의 동시들을 준비하는 일이 꼭 필요하다. 그래서 동시교육에서 '준비의 실패는 실패의 준비'와 같다. 그러기 위해서 교사는 다양한 시집에서 혹은 어린이 교육잡지 등에서 평소에 동시들을 수집 · 정리해 두어야 한다.

2) 동시 읽어 주기

동시 활동의 목적은 시에 대한 감동, 즉 즐거움을 맛보는 일이다. 그러므로 모든 시의 언어를 하나하나에 얽매이지 말고 시 전체를 통해서 소리의 아름다움과 이미지가 주는 감동을 맛보도록 도와주어야 한다.

그래서 시를 읽어 줄 때는 시의 리듬, 운, 분위기, 압운, 상징 등을 잘 이해한 뒤에 이 같은 시의 기법을 알맞게 읽어 주어야 한다.

3) 상징적 언어 이해하기

모든 시는 상징적인 언어를 통해서 소리와 이미지를 창조한다.

동시의 즐거움을 더하기 위해서는 시어가 표현하려는 상징적 의미를 이해해야 한다. 그것을 위해서는 상징을 사용하고 있는 시를 사용하여 그 의미를 자연스럽게 발견하는 기쁨을 맛보는 경험이 필요하다.

「여름비」

-라이언 무어

하늘은
문질러졌다
모든 더러운
구름조각들이

길가는
빠르게
마르는
석판

빛은
반사시킨다
마치
잘 닦은
창유리처럼
그리고
나는
들이마신다
비내린 후
갓 세탁한
공기를

4) 즐거운 동시 체험하기

어린이에게 즐거운 동시 체험을 하게 하기 위해서는 교사 자신이 시를 즐기고 사

랑할 수 있어야 한다. 그러기 위해서는 이를 이해하고 시집과 시인에 대한 정보도 있어야 한다. 교사의 이러한 시에 대한 사랑과 관심이 자연스럽게 어린이들에게 전해질 때 어린이도 함께 그러한 동시에 젖어 즐거움을 맛볼 수 있게 되는 것이다. 다음 시를 생활과 연관시켜 보자.

「참새네 말 참새네 글」

–신현득

참새네는 말이란 게 / "짹 짹" 뿐이야
참새네 글자는 / "짹" 한자뿐일 거야

참새네 아기는 / 말 배우기 쉽겠다
"짹" 소리만 할 줄 알면 되겠다.
사투리도 하나 없고
참 쉽겠다.

참새네 학교는 / 글 배우기 쉽겠다.
국어책도 "짹 짹 짹 …"
산수책도 "짹 짹 짹 …"
참 재미나겠다.

연구문제

1. 시각, 청각, 후각, 운동감각, 미각 등 촉감적 이미지를 사용하여 간결한 언어를 만들어 보시오.
2. 인상 깊었던 책이나 영화를 선정하여 동화시를 지어 보시오.

제9장 환상동화(Fantasy)

개관

환상동화는 전래동화와 함께 아동문학의 가장 핵심적인 위치를 차지하고 있다. 판타지란 현실로 나타나지 않는 것을 상상으로 형상화하는 활동 또는 그 결과를 말하는데, 제한된 현실로부터 벗어나서 비현실적인 환상의 세계를 방황하도록 허용하는 것이다. 이런 과정을 통해 아동은 환상 속에서 주인공과 동일시되어 행복한 꿈을 꾸게 된다. 제9장에서는 환상동화의 정의, 특성, 교육적 기능 등을 소개하였다.

학습목표

- 환상동화를 이해한다.
- 환상동화와 전래동화의 차이점을 알고 비교할 수 있다.
- 환상동화의 교육적 기능을 이해하고 말할 수 있다.
- 환상동화의 종류를 알고 설명할 수 있다.

– 손 큰 할머니의 만두 만들기(채인선 글, 이억배 그림)

환상동화의 정의

"하늘을 날고 싶어요. 기린처럼 키가 늘어났으면 좋겠어요. 도깨비방망이로 '뚝딱' 하면 숙제가 되어 있으면 좋겠어요. 아이스크림으로 집을 만들고 싶어요." 아이들의 바람이 모두 다 이루어지는 곳이 있다. 바로 in to the Fantasy~

동화는 현재 그 모습을 그대로 나타내고 생활 속에 나타나는 그 모습을 그대로 보여 주는 동화가 있는가 하면, 현실과 전혀 다른 이상 세계를 나타내는 허무맹랑한 모습을 그대로 보여 주는 동화도 있다.

환상동화는 아동을 위해 작가가 상상적인 요소로 창작해 낸 이야기로서 아동의 생활과 밀접하게 연관되어 있다. 그러나 현실과 다른 초자연적인 소재나 대상 또는 사건이 중심이 되는 이야기이다. 따라서 현실과 동떨어진 이상 세계, 초자연적인 세계를 언급한 동화로 이 동화를 통해 어린이에게 무한한 이상의 꿈을 꾸게 하고 상상의 나래를 펼치게 한다.

용어 해설

- **판타지(Fantasy)**: 공상 혹은 상상, 상상의 산물을 뜻하는 단어이다.
- **환상동화**: 문학에서의 판타지는 문학의 보편적 특성 중 하나를 일컫는 용어이다. 이때의 판타지는 모방과 함께 문학을 이루는 근본 본성의 하나라고 여겨지며, 현실을 모방한 것이 아닌 상상력이 작용하는 모든 것으로 파악된다. 현실에서 있을 수 없는 일이나, 사건, 현재에는 존재하지 않는 사람을 대상으로 꾸며진 이야기이다. 즉, 현실과는 다른 초자연적인 소재나 대상, 혹은 사건이 중심이 되는 이야기이다.
- **동화**: 어린이를 위하여 동심을 바탕으로 지은 이야기이다.
- Fairy tales: 반드시 요정에 대한 이야기일 필요는 없지만 경이로운 요소와 사건이 들어 있는 이야기이다.

–거울 속으로(앤서니 브라운)

제9장 / 환상동화(Fantasy)

제1절 환상동화

전에 나는 꽃의 언어로 이야기했었고
애벌레들이 말하는 걸 이해할 수 있었다.
찌르레기의 중얼거림을 알아들을 수 있었고
파리에게 잠자리에 대해 물어보기도 했었다.
전에 나는 귀뚜라미에게 대답을 해 주었고
떨어지는 눈송이의 소리를 들었었다.
전에 나는 꽃의 언어로 이야기했었다.
그런데 그 모든 것이 어떻게 된 걸까.
나는 통 그것들을 말할 수 없으니.

–쉘 실버스타인 「사라져 버린 언어」

1. 환상동화의 정의

동화란 일반적으로 "어린이를 위한 이야기"로 인지되고 있다. 그러나 어린이를 위한 이야기는 동화 외에도 소설, 우화, 전기, 지식 정보, 르포 등 다양하고, 동화도 전래동화와 환상동화로 구별되고 있다.

이 장에서 다루고자 하는 환상동화(Fantasy)는 서양의 판타지(Fantasy)를 말하는 것으로, 우리나라에서 아동문학의 장르상으로 볼 때 흔히 환상성이 높은 창작동화를 의미한다고 할 수 있다. 그러나 판타지란 용어는 원래 "현실이 아닌 것을 상상력을 통해서 실제로 일어나는 것처럼 상상해 낸 형상과 이미지 또는 그러한 문학 작품"을 의미한다.

한편, 린(Lynn, 1989)은 이 같은 환상동화인 판타지를 다음과 같이 정의했다. 판타지는 "창의적이고, 환상적이며, 비현실적이고, 이상하고, 공상적이고, 초자연적이고, 신비하고, 놀랍고, 마법 같고, 불가사의하고, 신기하고, 꿈같고, 역설적이며 현실적이다."라고 다양하게 묘사되고 있다. 그것은 설명할 수 없는 일상의 생활에서 존재하는 마법이 이상하고 놀랍고 색다르고, 때로는 현실보다 더 솔직한 무언가가 갑자기 나타나 주기를 동경하는 독자의 마음을 반영한다.

장 그린로우(1995)는 판타지문학은 우리가 알고 있는 세계를 넘어서 창의적으로 새롭고 다른 세계를 창조한다고 하였다. '비이성적인 현상'은 현실에서 존재하지 않는 사건, 인물, 배경과 같이 판타지에서 중요한 역할을 한다. 상상력이 만들어 낸 창조물이 잘 구성되어야만 독자들은 판타지를 '믿기 힘든 서스펜스를 받아들이는 것'을 통해 받아들이게 된다. 하지만 이런 일은 이야기의 세부 사항들이 판타지적 요소들과 함께 이야기 전반에 걸쳐 일관성 있게 유지되어야만 가능하다.

이처럼 판타지는 현실을 우리가 알지 못하는 곳으로 확장한다. 판타지는 더 멀고 상상적인 몽상으로 끌고 감으로써 현재 우리가 살고 있는 세계를 이해하도록 한다. 때때로 사람들은 판타지가 단순히 복잡한 현실 세계에서 단순한 세계로 회피하는 것이라고 착각하지만, 오히려 판타지에 의해 만들어진 세계는 예술적으로 심도 있는 등장인물과 복잡한 플롯 등 판타지 요소들이 서로 얽혀서 신선하고 즐겁고 새로운 비전을 줄 수 있다. 어떤 독자들에게는 판타지 속의 인물과 함께 승리와 좌절을 맛보면서 느끼는 감정의 강도와 깊이가 단순한 세상에서 맛보는 것 이상일 수도 있다. 환상동화는 환상성의 정도에 따라 로우(Low) 판타지와 하이(High) 판타지로 구별된다.

가. 로우 판타지

이야기의 배경이 가공되지 않은 현재의 장소, 즉 독자가 쉽게 알 수 있고 공감할 수 있다. 그러나 판타지의 마법적 요소는 현실에서 불가능한 내용이다.

나. 하이 판타지

이야기의 배경과 마법적 요소, 모두 상상의 세계에서 창조된, 매우 높은 수준의 상상력이 동원된 작품이다.

2. 환상동화의 개념

– 괴물들이 사는 나라(모리스 샌닥)

1) 판타지의 개념과 작용

환상이란 용어의 사전적 의미는 "지각의 대상을 심적으로 이해하는 일 또는 현실로 나타나지 않는 것을 상상력으로 어떤 형상을 만들어 내는 활동, 힘 또는 그 결과"(옥스퍼드 중사전)이다. 프로이트(S. Freud) 이후 환상은 반사실적이고 비합리적인 인간 잠재의식의 본질을 나타내는 것으로 새롭게 인식되고 있다(유아교육사전: 627).

대부분 문학 작품에서 보여 주고 있는 환상이 수많은 독자를 작품의 세계로 끌어들이고 그 속에 열광하도록 하는 것은 '환상을 추구하는 것이 바로 잠재의식 속에 있는 인간의 본성'이기 때문이다.

왜 사람들이 판타지를 읽고 쓰냐는 질문에, 작가 수잔 쿠퍼(Susan Cooper, 1981)는 판타지는 완전한 지적 인도를 필요로 하는 현실주의(Realism)의 한 단계 저편에 존재하기 때문이라고 설명했다. 판타지는 좀 더 많은 독자에게 질문하고, 더 좋은 작품일수록 독자들에게 더 많은 것을 제공한다. 그녀는 자주 판타지의 탓이라고 고려되는 도피가 실제로 제공되기는 하지만, 이것은 독자들이 자신에 대해 발견하는 것을 배우게 되는 바깥으로의 도피가 아니라 내적인 도피라고 말하고 있다. 이렇게 우리가 알고 있는 세상의 시간과 장소를 초월함으로써 판타지에서 독자들은 스스로 인류의 감정과 상상들을 축적시킨 꿈같은 세계로 들어가게 된다.

그 밖의 다른 작가들도 무엇이 판타지를 작용하게 하는지에 대한 다양한 생각을 갖고 있음에도 불구하고, 판타지에 대한 이해에 다음과 같은 면에서 많은 합의된 일치가 이루어졌다.

첫째, 판타지는 좋은 문학의 문학적 요소 특징을 포함한다. 그러나 하나 이상의 이러한 요소들은 작가에 의해 어떤 마법적 혹은 현실 세상에서 가능하지 않은 어떤 것으로 바뀐다.

둘째, 판타지는 창조된 세계의 논리나 규칙과 묘사적인 디테일들의 일관성 있는 사용으로 인해 신뢰성을 갖게 된다. 판타지의 요소들은 어떤 문제를 해결하기 위해 갑자기 마법처럼 나타나는 것이 아니다. 어떤 요소들이 이야기를 만들고 있든 간에 판타지는 이야기의 일관된 부분의 하나여야 하고, 모든 디테일은 그 요소에 일관된 것이어야 한다.

셋째, 판타지는 현실에 대한 도피가 아니라 현실이 반영되고 확장된 상상을 반영하는 거울이다.
넷째, 판타지는 작가에 의해 창조된 두 번째 세계 혹은 논리의 법칙이 바뀐 실세계(첫 번째 세계)에서 혹은 양쪽 세계 둘 다에서 일어나게 된다.

그래서 환상동화(Fantasy)를 읽을 때 우리는 의혹을 없앰으로써 불가능한 것들을 받아들이게 된다. 우리는 당나귀가 바위로 변할 수 없고, 마루 밑에 작은 사람들이 살지 않고, 호기심 강한 소녀가 토끼굴로 내려갈 수 없다는 것을 알고 있다. 이러한 것들은 단순히 일어나지 않는 일들이다. 그러나 만약 작가가 좋은 작품을 썼다면, 이야기의 힘에 의해서 우리는 다음에 어떤 일어날지 알기 위해서 이러한 의혹을 없애 버린다. 만약 어느 때라도 작가가 디테일을 잃고 독자들이 모순에 대해 궁금해할 만한 일을 남겨 둔다면, 독자들이 이야기에 대해 신빙성을 잃게 되어 독자는 책을 놓기 쉽고, 무엇이 일어날지에 대해 흥미를 잃게 된다. 작가들은 그럴듯하게 이야기를 고정시킴(Anchoring)으로써 독자들을 판타지에 개입시킨다.

한편, 사피로(Shapiro, 1996)는 작가들이 이야기의 판타지적 요소들을 믿을 만하게 만들기 위해 다음과 같은 책략을 복합적으로 사용한다고 설명하였다.

- 많은 작가는 판타지의 세계로 이동하기 전에 현실에서의 기초를 점점 더 견고히 하고 있다. 다시 말하면, 현실 세계에서의 이야기를 먼저 시작하고, 그다음에는 두 번째 세계로 이동하여 간다.
- 작가들은 리더임을 의심케 하는 한 명의 캐릭터를 만들어 낸다. 내레이터 혹은 주인공은 독자들에게 판타지에서 일어나는 사건들이 실제거나 정상적인 것임을 믿게 하고 안심시켜 준다. 판타지의 캐릭터가 신뢰감을 갖게 되면, 독자들은 판타지를 믿고 그 속에 몰입하게 된다.
- 세팅의 디테일들은 이야기의 통합적인 부분이 된다. 좋은 작가들은 디테일을 아주 선명하게 그려서 독자들이 묘사를 읽는 동안 같이 볼 수 있고, 들을 수 있고, 세팅을 느낄 수 있도록 한다.
- 작가들은 캐릭터와 등장인물들 간의 명확한 언어를 일관성 있게 사용한다.

제2절 환상동화의 특성

누군가를 미워하고 있다면, 그 사람의 모습 속에 보이는 자신의 일부분인 것을 미워하는 것이다. 나의 일부가 아닌 것은 거슬리지 않는다.

-헤르만 헤세

1. 환상동화와 전래동화의 비교

대부분 환상동화는 자연계의 법칙과 거리가 먼 불가사의한 사건과 이야기로, 모든 환상동화도 전래동화와 마찬가지로 신화, 전설, 민담, 우화와 같은 전승문학에 뿌리를 두고 있다.

그러나 오랜 세월 수많은 사람의 입에서 입으로 구전되어 오다가 기록문학으로 수록, 재화된 전래동화와는 달리 어떤 개성 있는 작가에 의해서 창작된 환상동화는 작품의 구조와 패턴, 인물의 성격, 배경 등에서 전래동화와 다음과 같은 차이가 있다.

첫째, 환상동화는 작가의 개인적 정서가 큰 비중을 차지한다.
둘째, 등장인물의 성격이 구체적이고 개성이 뚜렷하다.
셋째, 내용 면에서 전래동화가 환상 위주인 반면, 창작동화는 환상을 바탕으로 한 사실성도 중요시한다.
넷째, 내용과 표현 방법이 전형적인 패턴에서 벗어나 자유롭고 다양하다.

이 같은 환상동화의 특성을 실제 작품을 통해서 전래동화와 비교하면 다음과 같다(김경중, 1998).

첫째, 환상동화는 등장인물의 성격이 매우 구체적이고 개성이 뚜렷하다. 전래동화에서 『백설공주』 『콩쥐팥쥐』 『홍부와 놀부』 『신데렐라』의 주인공은 착하고 아름다운 인물의 전형적인 모델이고, '왕비' '계모' '놀부' '팥쥐'는 사악하고 나쁜 인물의 전형이다. 반면에 환상동화에서의 주인공과 등장인물은 이 같은 전형을 깨뜨리고 구체적이고 뚜렷한 개성의 소유자들로 묘사된다. 콜로디의 '피노키오' '피터팬과 후크선장'은 매우 개성적인 인물들이다.

둘째, 환상동화에서는 공간적 배경이 다양하고 사건의 전개와 배경 묘사가 매우 섬세하게 이루어진다.

셋째, 내용을 구성하는 소재와 제재가 다양하고 표현 방식과 방법이 전형적인 패턴을 벗어나 독특하고 다양한데, 각 이야기의 골격 안에는 논리와 일관성이 있고 질서가 유지된다.

넷째, 전래동화의 결말이 대부분 해피엔드가 많은데, 환상동화는 반드시 해피엔드로 끝나는 것이 아니라 비극적일 수도 있고 좋은 주인공의 슬픈 결말인 경우도 얼마든지 볼 수 있다. 안데르센의 『성냥팔이 소녀』 『인어공주』의 경우가 그 대표적인 사례다.

한편, 루셀(1996)은 환상동화의 특성을 작품의 독창성과 신뢰성 면에서 보다 상세하게 설명해 주고 있다.

(1) 독창성(Originality)

우리가 모든 픽션에서 기대하는 일반적인 특성들 외에 또 우리는 어떤 특별한 조건을 대면할 수 있는 좋은 판타지를 기대한다.

대부분 우리는 판타지가 독창적이고 신선하고 도전적이길 원한다. 특히 좋은 판타지의 캐릭터들은 우리의 마음속에 지워지지 않고 남아 있다. 그리고 우리는 판타지를 읽을 때 새로운 캐릭터들을 이와 같은 아주 독창적인 인물들과 피할 수 없이 비교하게 된다.

– 구름빵(백희나 글 · 사진)

(2) 신뢰성

두 번째로, 우리는 판타지가 믿을 만하기를 기대한다. 이는 모순적으로 들릴 수도 있지만 사실상 판타지는 현실적인 작품보다 더 믿을 수 있을 것처럼 보여야 한다. 독자들은 판타지에서 믿기를 원하고, 우리는 종종 작가들이 우리가 어리석다고 즉시 인지할 수 있을 만한 것들을 작품에 포함시키는 것에 대해 분개한다("어리석은"은 물론 상대적인 용어다).

좋은 작가는 다음과 같은 방법에 의해 독자의 믿음을 이끌어 낸다.

첫째, 대량의 디테일들은 우리에게 선명한 캐릭터, 세팅, 액션에 대한 묘사를 제공한다. 이는 전래동화와 환상동화의 서로 다른 특성이다. 환상동화들은 종종 묘사가

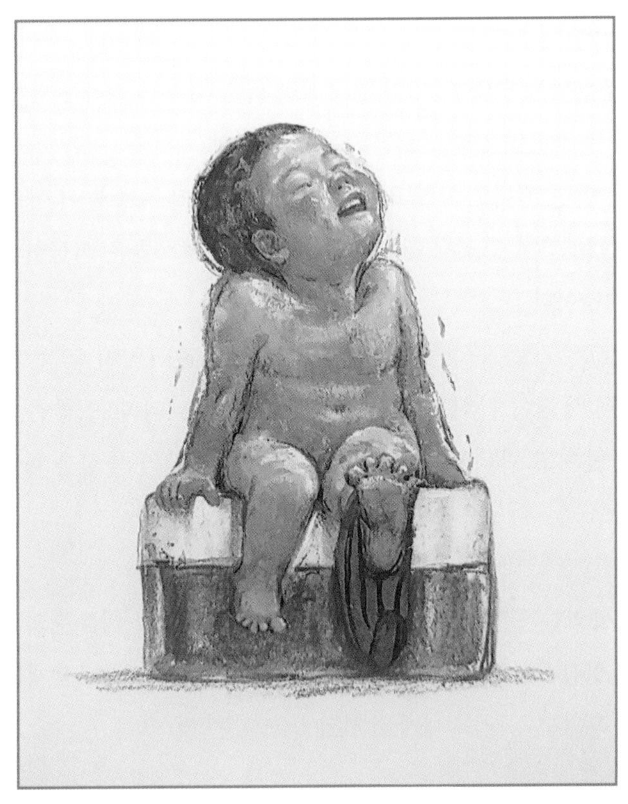

– 응가하자 끙끙(최민오)

풍부한 데 비해 전래동화들은 묘사적인 디테일이 거의 없다. 판타지 작가들은 그들의 판타지 세계에 대한 색, 소리, 텍스처(질감), 맛, 냄새 등을 주어 이야기를 더욱 믿을 만하게 만들기 때문에 이 세계는 더욱 현실적으로 느껴지게 된다.

둘째, 일관성을 유지하는 것은 좋은 환상동화의 필수적 요소다. 판타지 세계에서는 오직 하나의 방법만이 존재한다(예를 들어, 영원한 생명을 줄 수 있는 어떤 분수의 물을 마신다거나, 어떤 특별한 검으로만 사라질 수 있는 악한, 특정한 사람들만이 볼 수 있는 유령 등과 같은 것들이다). 작가는 어떤 룰을 만들어 냈든지 간에 그 법칙을 지켜야 하고 불공평하거나 독자들의 판타지 경험을 망칠 수 있는 위반(룰을 어기는 것)을 해서는 안 된다.

셋째, 환상동화라도 환상적인 공상의 세계도 그 한계를 가지고 있어야 하며, 그렇

지 않으면 난센스에 의존하게 된다. 뭐든지 다 될 수 있다면 별로 재미가 없다(어린이들이 놀면서 게임을 만들어 낼 때, 가장 먼저 하는 일은 '법칙'을 정하는 일이다). 마법사들은 마법의 힘들을 소유하지만, 이 힘은 그들이 한계(제한)를 가지고 있기 때문에 신뢰성을 가진다. 이상한 나라의 앨리스에서는 환상적인 요소들이 아무런 제한도 받고 있지 않은 듯 보인다. 그러나 다행히도 이러한 난센스들은 이상한 나라 안에서만 일어날 수 있는 것이다.

넷째, 마지막으로 좋은 환상동화는 인간의 본성과 현실성에 그 뿌리를 두고 있다. 설사 캐릭터들이 사람이 아니거나 이 세계의 것이 아니더라도, 좋은 판타지 작가들은 독자들이 사람이고 판타지 캐릭터들은 반드시 사람의 특징을 나타내야 한다는 것을 알고 있다.

이처럼 불가사의한 일들이 일어나고 있음에도 불구하고 대부분의 판타지에서 독자들은 강한 현실감각과 깊은 진지함을 발견한다. 판타지들의 잠재되어 있는 현실성이 우리를 움직여서 상상의 세계로 사로잡고 있는 것이다.

2. 환상동화의 교육적 기능

인간의 상상력은 동화를 따르지 못한다는 말이 있다. 그만큼 동화는 풍부한 상상력의 보고이다. 동화는 이 같은 상상력으로 하늘과 땅, 지하의 모든 세계, 시간과 공간을 초월하여 변화무쌍한 행동을 유발해 내는 것이다. 그래서 동화를 판타지의 산문이라고 부른다. 판타지란 현실로 나타나지 않는 것을 상상으로 형상화하는 활동, 힘 또는 그 결과라고 한다. 동화문학의 진수는 바로 이 상상의 힘으로 현실에 있지 않은 것을 가시적으로 형상화하는 환상성에 있는 것이다.

영유아의 심성은 어른과 달라서 제한된 한계에서 벗어나 비현실적인 환상의 세계를 아무런 거리낌 없이 방황하기를 특히 좋아한다. 그것을 심리학자 오토 랑크(Otto Rank)는 "유아기의 환상"이라고 정의한 바 있다.

김요섭(1986)은 환상성이 풍부한 세계와 판타지의 효용성을 다음과 같이 설명하고 있다. 어린이를 위한 문학 가운데 환상동화가 왕좌의 지위를 차지하는 것은 어린이들이야말로 현실을 일단 정지시키거나 서슴없이 말살하는 데 놀라운 용기를 지니고 있기 때문이다. 성인의 현실은 온갖 벽에 갇혀 있게 마련이다. 그러나 어린 날 모래밭에서 쉼 없이 터널을 파던 환상동화는 현실의 벽을 뚫고 나가려는 환상성과 함께 현실에서는 신념으로 살아 있는 것이다.

이 같은 내용을 바탕으로 한 환상동화의 교육적 기능을 요약하면 다음과 같다.

첫째, 영유아에게 풍부한 상상력과 창의성 등 인지적 활동을 격려한다.
둘째, 영유아가 현실에서 충족할 수 없는 다양한 욕구를 성취함으로써 심리적 만족을 얻게 한다.
셋째, 좋은 주인공과의 동일시를 통해서 선악에 대한 분별력을 갖게 한다.
넷째, 환상의 세계와 현실의 세계에 대한 분별력을 갖게 된다.
다섯째, 세상에 대한 적극적이고 긍정적인 태도를 갖게 한다.
여섯째, 다양한 경험을 통해서 삶에 대한 지혜와 의미를 발견하게 한다.

3. 환상동화의 종류

환상동화의 종류에 대한 분류는 보는 관점과 기준에 따라 매우 다양하다. 에고프(Egoff, 1988)가 좋은 문학 작품은 결코 어떤 특정한 장르로 고정될 수 없다고 한 말은 매우 의미 있는 말이다. 그러나 환상동화에 관한 이해를 돕기 위해서 환상동화의 종류를 살펴보면 다음과 같다.

첫째, 의인화된 동물, 장난감을 다룬 환상동화가 있다. 의인화된 동물이나 장난감을 다룬 동화는 영유아문학 작품에서는 매우 널리 활용되는 환상동화들이다. 여기에 속하는 세계 명작으로서 고전적 작품이라고 할 수 있는 환상동화는 포터의 『피터 토끼 이야기』, 콜로디의 『피노키오』, 안데르센의 『미운오리새끼』 『인어공주』

등이 있으며, 우리나라에서 널리 알려진 작품으로 여기 속하는 것으로는 강우현의 『팬더곰 시리즈』와 『그림 그리기를 좋아하는 팬더 싱싱이』 등이 있다.

둘째, 낯선 세계에 대한 여행과 놀라운 식물이나 동물에 대한 탐색을 다룬 동화가 있다. 대부분 환상동화에 속하는 작품들은 동물을 의인화한 주인공이 사건을 이끌어 가게 하기도 하지만, 때로는 어린 주인공이 놀라운 사물이나 동물들과 함께 신기한 체험을 하는 작품이 많이 있다. 여기에 속하는 작품들로서 초기 환상동화의 대표 작품은 루이스 캐럴의 『이상한 나라의 앨리스』를 꼽는다. 이 작품은 어느 날 강가에서 책을 읽다가 흰 토끼 한 마리를 따라 구멍 속으로 들어가 겪게 되는 갖가지 환상적 체험을 다룬 이야기이다. 이 작품은 현실의 벽을 넘어 자유로운 환상에 쉽게 빠져드는 영유아에게 놀라운 자유분방한 환상적 체험을 제공해 주고 있다. 그 밖에도 모리스 센닥의 『괴물들이 사는 나라』 등은 일러스트가 돋보이는 그림 환상동화

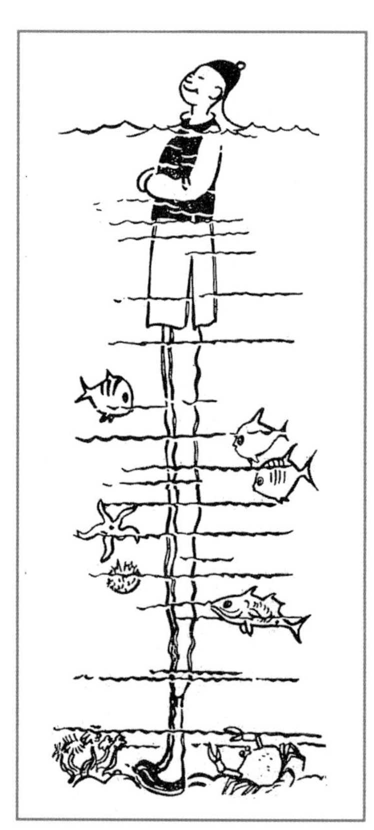

의 전형적인 작품이라고 할 수 있다.

셋째, 초자연적인 세계에 대한 마술적인 힘을 다룬 동화가 있다. 환상동화의 특성 자체가 현실 세계에서 도저히 믿을 수 없는 불가능한 일들이 자유롭게 일어나는 초자연적인 마술이 쉽게 등장한다.

연구문제

1. 환상성의 정도에 따라 로우 판타지와 하이 판타지에 속하는 환상동화를 구분하시오.
2. 전래동화와 환상동화의 다른 점을 동화책을 예를 들어 설명하시오.
3. 기억에 남는 환상동화를 현실에 맞게 각색하여 보시오.

제10장 이야기와 아동소설(Fiction)

개관

지금까지 이야기와 소설은 동화에 편입시켜서 아동문학에서는 거의 다루지 않았던 장르다. 그러나 세계적으로 이야기와 아동소설은 아동문학의 장르로 분화되어 다루고 있다. 제10장에서는 이야기와 아동소설 장르의 정의, 특징, 종류, 내용을 소개하였다.

학습목표

- 이야기와 아동소설을 알고 이해한다.
- 이야기와 아동소설을 동화와 구별할 수 있다.
- 이야기와 아동소설의 종류와 특성을 이해하고 설명할 수 있다.
- 이야기와 아동소설의 교육적 기능을 안다.

–금자동아 은자동아(김숙년, 김익선)

–열두 띠 이야기(정하섭, 이춘길)

이야기와 아동소설의 정의

우리 주변에는 배꼽 빠지게 웃긴 이야기, 귀에 쏙쏙 들어오는 재미난 이야기, 밤에 화장실도 못 갈 정도로 무서운 이야기, 눈이 빨개질 정도로 울게 되는 감동적인 이야기가 있다. 어릴 적 할머니에게 듣던 이야기는 매일 밤 듣고 싶을 정도로 재미있었고, "누가 뭐 했대."라는 소문 이야기는 어쩜 그리 빠른 속도로 번지는지, 입에서 전해진 이야기는 과장과 적절한 재미를 추가하여 황당무계한 이야기로 만들어지기도 한다. 이러한 이야기는 우리 생활에 막대한 영향력을 행사하며 우리 삶에 들어와 있다. 결국 우리 삶에 밀접히 연결되어 있는 이야기는 불가능을 가능하게 하며, 우리의 모습을 만들어 간다.

아동소설은 兒(아이, 아) 童(아이, 동) 小(작을, 소) 說(말씀, 설)로, 아동을 주된 대상으로 쓴 소설이다. 또한 현실을 사실적으로 묘사한 것으로, 비교적 연령이 높은 아동에게 필요한 아동문학의 한 형식이다. 소년들과 소녀들이 보는 소설로 순정소설, 명랑소설, 역사소설, 탐정소설, 모험소설, 과학소설, 환경소설 등 다양한 내용으로 보여 줄 수 있다. 이러한 소설은 유아보다 더 복잡한 사고를 하는 소년 · 소녀들이 현실에서 충분히 가능한 이야기를 토대로 다양하고 복잡하게 일어나는 상황들을 예측해 보며 사고할 수 있도록 하기 때문에, 사고 수준에 적합한 이야기를 선정하여 보여 줄 필요가 있다.

용어 해설

- **소녀(少女)**: 여성, 어린이 또는 청소년을 말한다. 남성의 경우 소년이라는 말을 사용한다. 근대 이전에는 기대 수명이 짧고 결혼이 빨라서 소년 소녀의 기간이 정립되어 있지 않았고 아이에서 바로 어른으로 넘어가는 것에 가까웠다. 이미 10대에 결혼하여 출산을 하였고 경제 활동에 뛰어들었기 때문에 현대의 청소년기와 상이한 점이 많았다.
- **소설(Novel, 小說)**: 시 · 희곡과 함께 문학의 대표적인 장르 가운데 하나이다.
- **구어체(口語體)**: 구어란 입으로 말하고 귀에 들리는 말로, 문어(文語)에 대응되는 개념이다. 일상 대화에서 들을 수 있는 말투를 글로 옮긴 경우를 가리키며, 소설이나 희곡의 문장에 이런 문체가 많다. 구어는 문어에 비해 몸짓 · 손짓 등이 동반되고 비분절적 음운 요소인 고저(高低) · 장단(長短) · 강약(强弱) 등이 있는 것이 특징이다.

–어떤 날(성영란)

–싫은 날(성영란)

–셋째 날(성영란)

제10장 / 이야기와 아동소설(Fiction)

 제1절 이야기

이야기는 가르침을 주고,

실수를 바로잡고,

어둔 마음에 빛을 준다.

또한 그 영혼이 쉴 거처를 마련해 주며,

그 존재를 변화시켜

상처를 치료해 준다.

–클라리사 핀클라 에스테서

1. 이야기의 정의

이야기는 아동교육의 현장에서 실제로 가장 많이 다루어지고 있음에도 불구하고 지금까지 우리나라의 아동문학에서는 문학의 장르로 다루어지지 못하고 있었다. 그리고 동화라는 이름으로 수용되어, 우리나라에서는 아동문학에서 장르가 아직까지 미분화된 과도기에 있다고 할 수 있다.

넓은 의미에서 볼 때, 이야기는 어린이들에게 들려주는 장르를 망라한 모든 분야가 전달되는 과정에서 모두 이야기가 될 수 있다. 그러나 문학의 장르로서 동화나

소설 등과 구별되는 이야기는 좁은 의미에서 사용되고 있는 문학의 종류이다. 이렇게 문학의 종류로서 이야기는 등장인물들의 상호 관계 속에서 전개되는 사건을 통해 주제와 인물의 형상을 표현하는 비교적 현실적인 짧은 글이다.

그러나 이야기의 소재나 제재, 주제는 현실 사회생활과 자연 세계에 대한 모든 것이 다 망라될 수 있다. 지금까지 영유아교육기관에서 동화라는 이름으로 사용되고 있는 대부분의 작품은, 사실 앞에서 말한 대로 좁은 의미에서 '이야기'에 해당하는 작품들이라 할 수 있다.

김만석(2003)은 이야기는 주제가 단순하고 줄거리가 재미있고 서술을 위주로 하면서 대화체 언어로 쓰이는 것이 특징이라고 설명하고 있다. 그의 주장을 근거로 살펴본 이야기의 특징은 다음과 같다.

2. 이야기의 특징

가. 이야기의 주제는 단순해야 한다.

이야기의 제재는 미세한 세균에서 우주 공간에 이르기까지 대자연 속의 산과 강, 동물, 식물, 사회생활, 역사 등 다양하고 광범위하다. 그러나 어린이들의 발달수준과 수용 능력의 한계를 생각할 때 주제는 단순하고 명쾌해야 한다.

나. 이야기의 줄거리는 재미있어야 한다.

모든 문학이 재미가 있어서 즐거움을 줄 수 있어야 한다는 점에서 이야기에서도 가장 우선적으로 적용된다. 이야기의 줄거리는 인물의 구체 행동과 모순 충돌에 의해 이루어진다.

다. 이야기는 서술적인 구어체로 많이 쓰인다.

이야기는 본질적으로 서술적인 표현 수법으로 사건을 위주로 인물의 행동에 대한 서술에 치중하여 발생, 발전, 결과를 위한 계기를 잘 조성해야 한다.

이처럼 이야기는 아동문학에서 널리 사용되고 있는 매우 유용한 문학 장르이다.

3. 이야기의 종류

앞에서 이야기한 바와 같이 이야기의 제재나 주제가 다양하기에 이야기의 종류 역시 분류가 다양하다. 김만석(2003)은 이야기를 생활 이야기, 동물 이야기, 역사 이야기, 그림 이야기로 분류하였다.

1) 생활 이야기

생활 이야기는 가정과 영유아교육기관 혹은 학교 어린이의 생활 주변에서 벌어진 에피소드와 사건들을 재미있게 엮은 이야기를 말한다.

생활 이야기는 대부분 어린이에게 교훈이나 교양, 훈계 등 계도성을 띤 내용이 많았다. 그래서 영유아 · 아동 문학자들 사이에서 교훈성이나 교육성은 높은데 문학성 · 예술성이 부족하다는 많은 논쟁을 불러오기도 했다. 그러나 문학의 본질이 삶에 대한 즐거움과 감동을 통한 체험과 통찰을 가져다준다는 점에서 좋은 생활 이야기는 이 같은 문학의 본질을 충실하게 지향해 가야 할 것이다.

• **『바람 부는 날』**(정순희 글 · 그림 / 비룡소, 1997)

한 소녀가 놀이터에서 놀고 있을 때 바람이 불어 나뭇잎이 떨어지고 모래가 날려 엄마랑 만든 연이 날아가 웅덩이에 빠진다. 물에 빠진 연을 다시 빨랫줄에 널어 말린다. 바람 부는 날의 정경을 수채화로 묘사하여 마을의 거리 풍경, 바람 등 일상의 체험을 실감 있게 표현하였다.

• **『추석』**(이민자 글, 심미아 그림 / 한국어린이육영회, 1995)

추석의 정겨운 풍경과 송편, 하례상, 성묘, 풍물놀이, 보름달, 강강술래 등 추석의

세시풍습을 통해 우리의 생활과 문화 속의 즐거움을 발견하게 한다.

2) 동물 이야기

동물 이야기는 전래동화나 환상동화, 소설뿐만 아니라 논픽션 장르인 지식 정보의 책 등에서도 광범위하게 다루어지고 있다. 이들 문학에서 여러 가지 동물의 습성, 모양, 특징 등을 다루고 있는 것은 모든 문학 장르에서 모두 보편적이지만, 동물 이야기에서 다루는 이런 이야기는 다른 문학 장르에서보다 동물들과 어린이의 현실과의 관계가 보다 더 현실감 있게 밀착되어 있다는 점에서 구별될 수 있다.

그렇기는 하지만 화학의 분류 기호처럼 명확하게 구별할 수 있는 것은 아니다.

3) 역사 이야기

역사 이야기는 역사적 사실을 근거로 하여 꾸며진 이야기로, 이 같은 역사적 사실을 통해서 문학적 통찰을 위해 써진 것이다. 역사가 역사적 사실에 초점을 두고 있다면, 역사 이야기는 역사적 사실 그 자체가 초점이 아니라 그 사실에 근거하여 사건과 사건, 사람과 사람 간에 작용하고 있는 관계를 통해서 감동을 주고 인간에 대한 통찰을 갖게 하는 데 목적이 있다.

4) 그림 이야기

그림책은 아동을 대상으로 하는 문학의 중요한 장르이지만, 글과 그림에 의한 문학이라는 점에서 중복 장르로 다루고 있다. 그림 이야기는 제6장에서 자세히 다루었다.

4. 이야기의 내용

영유아교육기관에서 주로 많이 활용되고 있는 이야기는 신변 처리나 일상생활 친구들과 가족과의 사회적 관계, 자연과 사회 현실에 대한 관찰과 탐색, 다양한 삶에 대한 가치와 태도를 다룬 내용으로 동화라는 이름으로 출판되었다. 대표적인 이들 이야기 작품들의 내용은 다음과 같다(박선희, 김경중, 1998).

첫째, 신변 처리에 관한 내용. 영유아의 신변에 관해 일상생활에서 일어날 수 있는 문제적 상황을 제시하여 해결해 나가는 것을 동화로 엮어 낸 작품이다. 예를 들면, 한국어린이육영회(1995)에서 출간한 『따라가면 안 돼요: 데려가지 마세요』 『도와주세요: 엘리베이터에 갇혔어요』 『어떻게 할까요: 만지지 마세요』 『누가 왔어요: 낯선 사람의 방문』 등이 있는데, 각각 문제 상황에서 어떻게 대처해야 하는가를 이야기를 통해 제시하고 있다.

둘째, 일상생활 훈련에 관한 내용. 영유아로 하여금 좋은 생활 습관이 형성될 수 있도록 모범적인 생활 습관을 이야기를 통해 자연스럽게 제시한 동화들이다. 예를 들면, 한림(1997)에서 출간한 『예방주사 무섭지 않아!』 『목욕은 즐거워』 『이슬이의 첫 심부름』 등이 있는데, 예방주사를 맞지 않았을 경우에 겪을 수 있는 힘든 일을 보여 줌으로써 예방주사를 맞을 필요성을 알게 하고, 목욕은 즐거운 것이라는 것을 느끼게 하며, 심부름을 하는 과정을 보여 줌으로써 현실적으로 적용할 수 있게 한다.

셋째, 친구들과 가족과의 사회적 관계에 관한 내용. 친구와의 우정, 협동심, 가족 구성원들의 사랑 등을 다룬 동화들이다. 예를 들면, 『세 마리의 개구리』(보림)는 욕심 많은 개구리들이 각자의 욕심을 버리고 사이좋게 지내는 과정을 흥미롭게 그렸고, 『너구리와 도둑쥐』(한림)는 도둑질을 한 쥐들에게 너구리가 오히려 자선을 베풀어 쥐들이 보답하여 협동하며 살아가는 모습을 그렸으며, 『병원에 입원한 내 동생』(한림)은 동생이 입원한 동안 동생을 생각하며 선물을 만들고 아끼는 인형을 주는 언니의 마음을 잘 표현하였다.

넷째, 자연(동 · 식물, 자연 현상 등)과 사회 현실에 대한 관찰과 탐색의 내용. 자연, 계절, 환경 보전에 관한 내용을 동화 형식으로 엮은 작품들이다. 예를 들면, 『코를 "킁킁"』(비룡소)은 겨울잠을 자는 동물들을 눈을 배경으로 흥미롭게 보여 주고, 『새벽』(시공사)은 밤에서 아침으로 밝아 오는 새벽의 모습을 아름답게 그리고 있다. 『거인 사냥꾼을 조심하세요』(시공사)는 호기심 많은 꼬마 사냥꾼과 산처럼 우람한 초록 거인 아저씨의 흥미로운 대화와 푸른 숲의 그림을 통해 환경 보전의 의미를 느낄 수 있게 한다.

다섯째, 다양한 삶에 대한 가치와 태도를 다룬 내용. 장애를 비롯하여 타 문화의 다양한 생활을 긍정적으로 수용할 수 있도록 다양한 삶의 가치와 태도를 다룬 작품들이 여기에 해당한다. 예를 들면, 『깃털 없는 거위 보르카』(비룡소)는 정상의 거위와 다르게 생긴 보르카를 통해 장애에 대한 긍정적인 태도를 형성하도록 돕는다.

제2절 소설

> 소년과 소녀는 들길을 달리며 허수아비를 흔들기도 하고, 비탈의 칡꽃을 따다 다친 소녀의 무릎에 소년은 송진을 발라 주기도 한다. 소년은 코뚜레를 꿰지 않은 송아지를 타고 자랑스러워하기도 했다.
>
> -황순원 『소나기』

아동소설이란 장르의 특성과 필요성은 김만석 교수의 『아동문학』에 잘 설명되어 있다. 그리고 그가 필자에게 보내온 한 통의 이메일에서 그는 아동소설의 특징을 다음과 같이 역설하고 있다.

안녕합니까?

한국 리재철『아동문학개론』개고판에는 아동소설이란 장르가 똑똑히 밝혀져 있습니다.

그런데 1960년대 후 한국 아동문학 문단에서 점차 '생활동화'요, '창작동화'요 하면서 아동소설이 숨어 버렸습니다.

생활동화란 1930년대 일본에서 생긴 것으로서 비과학적인 제법이라고 봅니다.

동화란 자기의 특징을 가진 장르인데 거기에 생활이란 규정어를 덧붙여 생활동화라고 해서 되겠습니까?

생활동화란 우리가 말하는 '생활 이야기'에 맞먹는 장르라고 봅니다. 일제 시대의 장르 분류법으로 오늘까지 내려오는 것을 보면 한국에서의 일제 영향이 얼마나 깊고 깊은가를 알 수가 있습니다.

그리고 창작동화란 말 자체도 비과학적인 말입니다. 그래 그저 동화는 창작하지 않고 어떻게 쓴답니까? 한국에서 보면 우리가 말하는 아동소설을 창작동화라고 하는데 창작동화는 절대 아동소설의 대명사로 될 수가 없습니다. 아동소설이란 장르가 따로 있는데 어찌 또 다른 창작동화로 대치한단 말입니까?

때문에 김경중 교수께서 한국 아동소설을 살려 주기를 바랍니다. 저의 졸저『아동문학』을 참고해 주기 바랍니다.

한 가지 더 말하고 싶은 것은 한국 아동소설에 대하여 중국에서는 그렇게 잘 평가해 주지 않고 있습니다. 그것은 한국에서 아동소설 연구가 따라가지 못했고 또 동화와 아동소설 구별이 잘 나타나지 않기 때문입니다

성공을 빕니다.

중국에서 김만석

1월 14일 점심

– 부전자전(박순철, 1999)

1. 아동소설의 개념

1) 아동소설의 정의

아동소설은 지금까지 우리나라에서는 이야기 또는 생활동화라는 이름으로 보편화되어 왔다. 우리나라에서는 동화를 "아동설화" "아동에게 들려주는 일체의 이야기"라는 포괄적인 개념으로 많이 사용하다 보니 소설(Fiction)까지도 생활동화 또는 현실동화라는 이름으로 넓은 의미의 동화로 수용돼 버렸다.

그러나 미국이나 유럽, 일본, 중국 등 세계의 여러 나라에서는 환상동화(Fantasy)와 이야기 소설(Fiction)이 분명하게 구분되고 있다. 우리나라에서는 소설을 소년소녀소설이라고 불렀는데, 이는 작품의 길이가 중편 또는 장편에 해당하는 작품들을 지칭하는 것이었다.

중국의 아동문학자 김만석(2003)은 소설을 3~7세를 대상으로 하는 유년소설, 7~12세를 대상으로 하는 동년소설, 12~15세를 대상으로 하는 소년소설로 연령별로 세분화하였고, 중국의 경우 편지문의 내용과 같이 소설의 장르에서 작품이 매우 다양하고 많은 독자층을 이루고 있다.

동화	아동소설
• 전통적인 문학 형식이다. • 산문시적인 문학 형식이다. • 공상적 · 시적 · 상징적 문학 형식이다. • 시공을 초월하여 자유롭게 다룬다. • 소박하게 요약된 미적 표현으로 일반의 보편적 진실을 그린다. • 로맨티시즘 문학이다.	• 근대적인 문학 형식이다. • 산문문학이다. • 현실적 · 구체적 문학 형식이다. • 현실적이며 필연적인 것을 다룬다. • 인물의 성격이나 디테일한 것까지 진실을 그려야 한다. • 사실주의 문학이다.

김만석 교수의 편지에서 말해 주는 것과 같이, 우리는 아동문학에서 소설의 장르를 잃어버렸다. 그러나 사실 한국의 권위 있는 아동문학자 이재철(1987)은 일찍이 동화와 소설의 차이를 가장 분명하게 구별해 두었다.

한편, 강정규와 박상재, 선안나, 신편득, 이동열, 이준관, 조대현(1999)은 아동소설을 좀 더 구체적으로 다음과 같이 정의하고 있다.

> 아동소설은 아동을 주된 독자 대상으로 성인(작가)이 쓴 소설로 소년소녀소설 또는 소년소설이라고도 부른다. 아동문학의 독자 대상을 어린이(아동)와 크는 이(소년, 소녀)로 나눌 수 있다면, 동화가 어린이를 주된 대상으로 쓰이는 데 비하여 아동소설은 크는 이를 대상으로 쓰이기 때문이다.
>
> 동화를 편의상 환상동화와 생활동화로 구분할 때, 아동소설은 생활동화 쪽에 가깝고 일반(성인) 소설과 생활동화의 중간쯤 위치한다고 볼 수 있다.
>
> 동화나 아동소설이 모두 산문으로 서술되나 동화가 비교적 산문시 쪽에 가깝다면, 아동소설은 철저한 산문 정신으로 쓰인다. 동화의 내용이 환상적이고 상징적인 데 비하여 아동소설은 보다 현실적이고 구상(具象)적인 요소가 진하기 때문이다.

결국 아동소설은 현실을 리얼하게 묘사한 것으로, 비교적 연령이 높은 아동에게 필요한 아동문학의 한 형식이다.

2) 아동소설의 특성

아동소설은 교육 기능적, 가치 면에서 또는 인물, 배경, 구성, 주제 면에서 다음과 같은 특성을 지닌다.

(1) 교육적 기능

첫째, 주인공에 대한 동일시가 쉽고 작품에 대한 이해가 쉽다.

둘째, 아동으로 하여금 현실 생활에 보다 적극적이고 구체적으로 적응하는 데 도움을 준다.

셋째, 아동이 현실에서 당면하는 많은 문제를 해결하는 데 도움을 줄 뿐만 아니라 현실 세계를 보다 적극적이고 능동적으로 바라보고 대처할 수 있는 가치와 태도를 갖게 한다.

넷째, 현실에서 경험할 수 없는 다양한 사건들을 간접적으로 체험함으로써 풍부한 경험을 갖게 한다.

다섯째, 현실적으로 경험하는 개성 있는 다양한 주인공을 통해서 개성과 독창성을 길러 줄 수 있다.

(2) 인물, 배경, 구성, 주제별 특성

첫째, 등장인물의 행동은 우리가 살고 있는 실재한 현실 속에서 그 현실에 맞게 이루어진다.

둘째, 현실동화의 배경은 우리가 처한 현실 속에서 있을 수 있는 가능한 현실이다.

셋째, 구성 면에서 사건의 전개 과정은 우리가 처한 현실 속에서 발생되는 사건, 문제, 갈등 상황을 다룬다.

넷째, 일상생활 현실에서 발견할 수 있는 모든 문제가 다 주제가 된다.

2. 아동소설의 종류

1) 생활소설

생활소설(Realistic Fiction)은 글자 그대로 우리들의 실생활들에서 개입되는 실제 사람들로 채워진 문학이다. 오랜 역사를 통해서 오늘날의 독자들은 마법이나 환상으로 가득 찬 이야기만 좋아하는 것으로 생각해 왔다. 그러나 오늘날의 독자들은 반드시 그런 환상적인 작품만 좋아하는 것이 아니라 자신들과 닮은 사람들의 이야기, 자신의 생활 주변 이야기와 다를 바 없는 일상의 이야기에 깊이 빠져든다는 사실을 잘 알게 되었다. 이러한 생활 주변의 소재와 주제, 등장인물의 이야기를 생활소설이라고 한다. 우리나라에서는 생활소설을 생활동화(현실동화)로 분류해 왔다.

어린이를 위해 쓰인 생활소설은 현실의 가능성이 높은 이야기들이다. 작가는 사실적인 이야기를 쓰고 있기 때문에 반드시 특정한 문학의 법칙에 따라 작업을 해야 한다. 별난 사건들이 일어날지라도 이들은 자연의 법칙을 반드시 따라야 한다. 그래서 생활소설에서는 나는 카펫, 동물들과의 대화, 이상한 나라에서 온 상상적인 피조물들은 존재하지 않는다. 현실의 세계에서 동물들은 동물처럼 행동하고, 사람들의 활동은 제한되어 있으며, 이야기는 역사적인 사건이나 실제 살았던 사람에 대해서 이야기한다.

(1) 생활소설의 종류

생활소설은 그 종류를 구분하는 특정한 패턴이 없다. 생활의 어떤 주제나 영역에다 초점을 두느냐에 따라 다양하게 구분할 수 있기 때문이다.

루셀(1996)은 생활소설의 구분을 교육소설, 성장소설, 사회적 계층에 따른 가족소설, 사회소설, 생존 이야기, 미스터리, 동물 이야기, 스포츠 이야기 등으로 구분하였다.

(2) 생활소설의 테마

생활소설은 문화적 · 사회적 다양성을 포함해서 어린이를 위한 많은 주제를 다룬다. 일반적으로 우리는 섹슈얼리티, 폭력, 가족 문제, 개인의 문제들과 같은 주제들에 대한 더욱 솔직하게 취급하고 있는 것을 볼 수 있다.

작가들은 더 이상 논쟁에 대해 피해야 한다고 느끼지 않고 있고 5, 6학년의 큰 아이들을 위한 당면한 문제들을 대부분 다루고 있다. 모든 아이는 언젠가는 삶에서 마주치는 이러한 문제들을 다룰 수 있어야 한다. 생활소설은 언어를 통해 이러한 이슈들을 책임감 있게 설명해 줄 수 있는 한 방법이 될 수 있다. 문학 작품을 통해 어린 독자들은 그것을 이해할 수 있게 된다.

아이들이 항상 그들의 문제를 잘 해결할 수 있도록 문학에 대한 지식이 약속해 주는 것은 아니지만, 확실한 것은 삶의 어두운 부분으로부터 어린이가 그들의 순수성을 훼손받지 않도록 도와주고, 어린이가 살아가는 삶의 현실적 해악으로부터 어린이를 보호하는 역할을 한다는 점이다.

생활소설은 순정소설, 명랑소설로 분류되는 경향이 많다. 버넷의 『소공녀』『소공자』, 린드그렌의 『말괄량이 삐삐』, 웹스터의 『키다리 아저씨』, 조흔파의 『얄개전』 등이 여기에 속한다.

(3) 좋은 생활소설을 만드는 준거

① 등장인물들이 독자를 작품의 세계로 끌어들이는 매력과 작품에 대한 신뢰성이 있어야 한다. 그러기 위해서 주인공들은 분명하게 묘사된 성격을 가지고 있어야 하고, 이야기가 진행되는 동안 심리적 · 사회적 · 신체적 성장을 보여주어야 한다.

② 대화에 신뢰성이 있어야 한다. 작품에서 전개되고 있는 대화가 현실적으로 납득할 수 있는 합리성을 지니고 있어야 하고, 그러한 내용을 공감하고 감동할 수 있는 신뢰감을 줄 수 있어야 한다.

③ 플롯이 새롭고 독창적이어야 한다. 문학의 생명은 독창성에 있다. 평범한 이야기라도 다르게 보다 예측하지 못한 사안에 초점을 맞추어, "아하 그래!" 하고

공감할 수 있어야 한다.

④ 세팅이 실제 생활에 맞아야 한다. 작품의 배경은 우리에게 단순히 액션이 일어나는 분명한 장소를 설명해 주기 위한 것이 아닌 이야기의 성격을 설정하는 효과를 줄 수 있어야 한다.

⑤ 등장인물과 이야기의 배경에 의해 전개되는 사건은 이치에 맞아야 한다. 작품에서 등장인물이 주고받는 이야기에서 신뢰성이 있어야 하는 것과 마찬가지로, 작품의 등장인물과 배경, 사건의 전개에서도 그 내용이 쉽게 공감할 수 있는 합리성이 있어야 한다.

⑥ 작가는 작품이 지나치게 감상주의에 빠지지 않도록 해야 한다. 편협하고 유치한 감상주의에 호소하기보다는 작품을 통해서 우러나는 내면의 깊은 감동을 줄 수 있어야 한다.

⑦ 작가는 흥미 본위로 쓰거나 끔찍한 디테일들은 피해야 한다. 같은 웃음이라도 코미디와 명작이 다른 점은 단순한 웃음과 진정한 즐거움을 주는 차이이다.

⑧ 작가는 주인공들이 닥친 문제의 묘사에 정직해야 한다. 일부러 보기 좋게 꾸민다거나 교훈이나 도덕적인 덕목에 맞추어 훈계하려는 의도는 독자의 공감을 얻지도 못하고 작품의 질을 떨어뜨리는 함정이 된다.

⑨ 주제는 사건이나 주인공들로부터 자연스럽게 어울려서 전개되어야 한다. 작가의 의도나 중심 사상이 노골적으로 묘사되는 것은 저급한 작품에서 가장 일반적으로 보여 주는 현상이다.

2) 역사소설

(1) 정의

역사소설(Historical Fiction)은 단지 옛날에 있었던 사실만을 이야기하는 작품이 아니다. 만약 그렇다면 지나간 모든 역사적 사실은 시간이 지나감에 따라 점차 역사소설이 될 것이다. 역사소설은 작품을 쓸 당시보다 현저히 이전의 기간(최소한 한 세대 전)에 대해서 쓴 작품이다. 역사소설은 과거의 역사적 사실과 함께 그 시대의 사

회적 · 도덕적 · 정치적 태도에 관한 안목을 키워 준다. 그렇기 때문에 역사소설은 충실한 역사적 사실을 근거로 하여 당 시대의 문화적 · 사회적 · 지적 환경을 반영하며, 문학으로서 감동과 인간의 탐구라는 본질을 조망할 수 있도록 재창조되어야 한다.

(2) 좋은 역사소설의 요건

① 역사적 배경이 믿을 만하게 묘사되어야 한다. 그 시대에 살았으면 어떠했겠는가 하는 분명한 감각을 전해 줄 수 있어야 한다.

② 역사적 소설에서 디테일은 이야기 그 자체를 잘못 이해하도록 가리면 안 되고, 조심스럽게 상징적 · 비유적 · 암시적 의미로 묘사에 포함되어야 한다.

③ 주인공들은 과거에 사는 현대인이 아닌 그 시대에 살고 있는 그 시대 사람으로 보여야 한다. 그들의 가치관, 믿음, 사고방식 등이 역사적 기간에 잘 맞아야 한다.

④ 작품에서 주고받는 대화는 그 시대에 무리 없이 잘 맞도록 적절해야 한다. 독자가 그 내용을 충분히 이해하고 납득할 수 있어야 한다.

⑤ 주인공이 사람을 끌어들이는 매력이 있어야 하고, 신뢰감을 주고 구성이 독창적이어야 한다. 주인공들은 분명하게 묘사된 성격을 지니고 있으며, 그 시대적 특성에 맞게 독특해야 한다.

3) 과학소설

(1) 과학소설의 정의

과학소설은 실제적인 과학의 발전에 의해, 우리가 살고 있는 것과는 다른 현실을 상상해 낸 작가에 의해 써진 다양한 판타지다. 과학소설의 작가는 이야기를 그럴듯한 과학적 개념들을 적용하여 만드는데, 이런 과학적 개념들은 현재의 과학적 이해를 추론한 것이다. 짧게 말하면, 그들은 독자들을 설득시켜서 믿을 수 없는 것을 믿도록 만든다.

과학소설의 작품들은 독자들을 일상생활을 넘어선 가능성들로 즐겁게 하기 때문에 교육과 상상력 측면에서 유용한 역할을 한다. 상상력은 모든 인간의 창조적 발명의 원천이다. 인간이 하늘을 나는 상상을 하지 않았다면 라이트 형제가 비행기를 만들어 내는 일도 없었을 것이다.

한편, 환상동화, 즉 판타지와 과학소설의 차이에 대해서 그린로우(Greenlow, 1982)는 다음과 같이 설명하고 있다.

> 판타지는 결코 일어날 수 없지만 과학소설은 일어날 수 있는 가능성이 있다.
>
> 우리가 사는 시대, 우리가 사는 별에서는 일어나지 않을 수도 있지만, 언제 어디선가 일어날 가능성은 가지고 있다. 다시 말해서, 완벽하게 불가능한 이야기를 판타지라고 하고, 일어날 것 같지 않지만 가능성이 있는 이야기를 과학소설이라고 한다. 언젠가 발명품 또는 새로운 지식이 나타나서 일어날 것 같지 않은 것을 일어나게 만드는 '가능성'이 바로 판타지와 과학소설을 구분한다.

쥘 베른(Jules Verne)은 19세기에 『해저 이만리』를 썼다. 잠수함이라는 아이디어는 그의 상상력에서만 존재하고 그 당시에는 잠수함이 만들어지지 않았다. 잠수함은 그 당시 일어날 것 같지 않아 보였지만 오늘날 너무나도 일반적으로 보편화된 가능한 일이 되었다.

그러나 어떤 책들은 두 장르의 특징을 다 가지고 있어서, 어떤 때는 판타지와 과학소설 사이에 분명한 구분이 안 되는 경우도 있다. 이런 책들은 과학적인 기초를 의도한 세부 사항들을 가지고 있지만 이야기를 불가능하게 만드는 요소도 역시 포함하고 있다.

그 결과, '과학 판타지'라는 과학소설이 나타나게 된다. 과학 판타지는 판타지에서 전통적으로 생각하는 요소(용, 마법사, 요정)들이 포함되어 있는 동시에 전통적으로 과학소설에 있는 요소(공간 여행, 행성 탐험)도 포함한다. 과학 판타지는 과학적 이해를 기초로 한 추론으로 시작하지만, 이야기는 전체적으로 판타지다. 파브르의 『곤충기』, 웰스의 『타임머신』『투명인간』 등이 여기에 속한다.

연구문제

1. 오늘 있었던 일을 회상해 보고, 우리 주변에서 벌어졌던 에피소드를 생활 이야기로 완성하시오.
   1) 생활 이야기 주제:

   2) 생활 이야기 내용:

2. 동화와 아동소설의 다른 점을 설명하시오.

제11장 극과 극 활동

개관

문학 작품을 활동적인 극으로 연출하는 극놀이는 아동의 활동성과 표현력 및 타인 조망 능력을 형성하는 데 도움을 주고, 극놀이 과정에서 자기이해와 친사회성을 배우도록 돕는다. 제11장에서는 극놀이의 정의, 종류, 다양한 활동 등을 소개하였다.

학습목표

- 극의 정의와 특성, 종류를 안다.
- 극본의 실례를 보고 작품을 이해할 수 있다.
- 극 활동의 다양한 형태를 안다.
- 극 활동을 통한 문학적, 예술적 특성을 느끼고 말할 수 있다.

- 곰 사냥을 떠나자(마이클 로젠 글, 헬린 옥슨버리 그림)

극 활동의 정의

영유아교육기관에서 『라푼젤』을 각색하여 동시동화 발표를 한 적이 있었다. 극 활동을 할 수 있도록 동기 유발을 하였고, 친구들은 각자의 역할을 가위바위보를 통해 선정하였다. 그리고 각자의 역할에 맞게 대본을 상의하여 수정하였다. 결국 아이들 뜻대로 성에 갇힌 라푼젤에게 달려간 왕자를 배신하고 라푼젤이 말을 타고 도망갔지만, 아이들이 진심으로 즐거워하던 표정을 아직도 잊을 수 없다.

극 활동의 묘미는 이렇듯 영유아 · 아동에게 재미와 감동을 동시에 줄 수 있다는 것이다. 영유아 · 아동은 극놀이를 할 때 내가 맡은 역할의 성격을 닮고 그대로 흉내 내려고 감정 이입을 한다. 라푼젤에서 마녀 역할을 맡은 아이가 라푼젤처럼 말하거나 행동하지는 않을 것이다. 각자의 역할을 본인이 스스로 생각하기도 하고 아이들과 상의하기도 하여 각자가 맡은 인물에 최대한 가깝게 되려고 노력할 것이고, 그렇게 되려고 책과 인터넷을 통해 조사하게 될 것이다. 이로 인해 영유아 · 아동은 이해력과 표현력 및 창의력을 기르게 된다.

용어 해설

- **동기**: 어떤 일이나 행동을 일으키게 하거나 마음을 먹게 하는 원인이나 계기이다.
- **비판적 사고(批判的 思考)**: 정보를 분석하고 평가하는 정신적 과정이다. 특히 참이라고 주장되는 진술이나 명제가 주 대상이다. 진술의 의미를 파악하고, 제공된 증거와 추론을 검사하고, 사실들에 대해 판정을 내리는 과정을 가진다.
- **극본**: 각본(脚本), 극본(劇本) 또는 시나리오(Scenario)는 연극, 영화, 방송 프로그램을 만들고자 사전에 작성하는 글로서 건축에서의 설계도, 음악에서의 악보와 마찬가지로 작품 제작에 필요한 계획서의 성격을 지닌다. 각본이 주로 대사(臺詞, 臺辭)로 이뤄져 있는 경우, 대본(臺本, Script, 스크립트)이라 부르기도 한다. 각본을 대장(臺帳) 또는 정본(正本)이라 하기도 한다.

–콩으로 만든 거야(심조원 글, 유진희 그림)

–누에콩의 기분 좋은 날(니카야 미와 글 · 그림)

제11장 / 극과 극 활동

제1절 극

독자라는 연출가는 마음의 극장에서
훌륭한 연극을 보기 위해 굉장한 상상을 필요로 한다.
그는 극장에 앉아 있는 관객보다 더한 모험을 하게 된다.

–맥코믹

1. 극의 성격

1) 극의 정의

극(Drama)은 문자로 기록되면 문학이고, 무대에서 상연되면 연극이 되는 무대에서 상연될 것을 전제로 한 문학의 장르이다.

지금까지 성인문학 작가나 아동문학 작가들은 문학으로서의 극을 일반적으로 희곡이라고 부르고 있다. 어린이에게 있어서 극은 다른 어떤 문학의 장르보다 흥미 있고 효과적인 문학의 유일한 접근 방법이다. 그러나 영유아 · 아동 문학으로서의 극은 우리나라에서는 지금까지 활동에 초점을 두고 소개되어 왔고, 문학으로서의 극은 매우 소홀히 다루어 온 것이 주지의 사실이다.

구인환과 구창환(1988)은 문학으로서의 극의 성격을 다음과 같이 규정하였다.

가. 극은 직접적인 묘사를 할 수 없다. 시나 소설이 주로 의존하는 묘사, 즉 인물, 장소, 소리, 경치, 냄새 등의 묘사를 직접적으로 할 수 없다는 제약이 불가피하다. 오직 인물의 행동과 대사를 통해서 이루어지고 작가나 내레이터가 개입할 여지가 전혀 없다.
나. 작가의 직접적인 해설을 붙일 수 없다. 오직 등장인물들의 대화를 통한 간접적인 해설이 가능할 뿐이다.
다. 정신적 심리적 행동을 표현하기가 어렵다. 다만, 연기자의 제스처나 대화 등을 통해서 간접적인 심리 표현이 가능할 뿐이다.

2) 극의 특성

김만석(2003)은 희곡의 특징을 직관성, 동작성, 이야기성, 집중성, 취미성으로 설명하였다. 필자는 그의 주장을 근거로 극의 특성을 다음과 같이 설정하였다.

(1) 상황 적응성

문학에서의 극은 무대에서 상연될 것을 전제로 하기 때문에 무대 출연에 맞게 상황 적응성이 강조된다. 인물, 사건, 시간, 장면은 모두 무대 조건에 의해 제약을 받기 때문에 상황에 따라 순발력 있게 적응할 수 있는 능력이 요구된다.

(2) 동작성

극은 반드시 인물의 등장으로 표현되지 서술로 표현될 수 없다. 그래서 극은 동작에 대한 요구가 강하다.

(3) 이야기성

이야기성이란 극본에서 다루고 있는 핵심적인 사건의 발생, 발전, 결말의 과정에

서 보여 주는 탄탄한 구성과 그러한 구성을 통해서 보여 주는 작품의 문학성을 의미한다.

(4) 집중성

모든 극은 무대 출연을 위해 써지기 때문에 무대에서 공간적인 모든 제약을 극복하고 극본이 전하고자 하는 메시지를 집중적으로 보여 줄 것이냐 하는 문제가 가장 중요한 과제다. 그러므로 극은 인물, 사건, 장면, 무대 배경이 집중된다.

(5) 재미성

모든 문학이 재미가 있어야 하듯이 극 또한 재미가 없으면 관심을 끌 수 없고 모든 노력이 다 허사가 된다. 마음을 움직이는 감동과 의미를 주기 위해서는 재미가 있어야 한다.

2. 극의 종류

문학에서의 극은 글로 써진 극, 즉 극본을 의미한다. 그러나 극의 궁극적 목적은 무대에서 실제로 출연을 통해 행동으로 보여 주는 데 있기 때문에, 극본은 다양한 형태의 연극으로 표현된다. 이렇게 표현하는 방법에 따라서 다양한 종류가 있다. 강정규(1999) 등은 초등학생 정도의 어린이를 대상으로 하는 극을 아동극, 동극, 어린이극이라 하고, 취학 전 유아를 대상으로 하는 극을 "유년동극"이라고 규정하고 유년극의 종류를 다음과 같이 분류하였다. 필자는 다음의 극의 종류를 영유아 · 아동에게 공히 보여 줄 수 있는 영유아 · 아동 극의 종류라고 보고 여기에 소개하였다.

(1) 생활극

어린이의 현실적인 일상생활을 내용으로 한 연극을 말한다. 생활 속의 경험 등을 소재로 하기 때문에 연령의 수준에 따라 극놀이 활동에서 시작해서 생활의 경험이나 생활 이야기를 극으로 표현할 수 있는 것들을 광범위하게 포함한 극 활동이다.

(2) 동화극

주로 공상, 환상동화의 세계를 내용으로 한 낭만적인 연극으로 생활극과 반대되는 내용이다. 동화극의 주 대상인 관객은 아동이지만, 아동에서 성인까지 폭이 넓다. 세계적으로 널리 공연되는 동화극으로는 마테를링크의 〈파랑새〉, 베리의 〈피터 팬〉, 티크의 〈푸른 수염 기사〉 등이 유명하다.

(3) 가면극

연기자의 일부 또는 전원이 얼굴에 가면을 쓰고 등장하여 연출하는 극으로 〈가산 오광대〉 〈강령탈춤〉 등의 전통 가면극과 '눈끔적이' '맏양반' '노장' '남강노인' 등의 인물이 있다.

(4) 인형극

넓은 의미의 인형극은 배우를 기용하지 않는 그림자극, 장난감극, 조작 인형 등을 모두 포함하지만, 좁은 의미로는 인형의 형태에 따라 실 인형극, 손가락 인형극, 그림자 인형극 등으로 구분한다. 한국의 대표적인 인형극은 〈꼭두각시놀음〉이 있다.

(5) 촌극

우스꽝스러운 이야기를 20분 이내에 공연하는 짧은 토막극으로, 짧으나 단막물의 조건을 완비한 극, 즉 소풍 장소나 교실에서 조별로 간단히 할 수 있다. 촌극의 종류는 무언극, 대사극, 무용극, 가면극, 풍자극, 동물극, 오페라극, 민속극, 동화극 등 다양하다.

3. 극본의 실례

앞에서 소개한 강정규(1999) 등은 생활극, 동화극, 인형극을 실례로 소개하였는데, 이 작품들은 극과 극본의 특성을 이해하는 데 매우 적절한 작품들이다. 다음에서 그 실례를 살펴보기로 한다.

(1) 생활극

아버지와 아들

-인천 교사극회

♤ 나오는 사람들: 아들, 아버지, 아버지 친구, 아들 친구

♤ 때: 옛날

♤ 무대: 칠판에 창문을 그리거나 종이로 만들어 붙인다. 방 안엔 아버지와 아들이 서로 마주 보고 앉아 있다.

– 제1장 –

아버지: 얘야, 넌 어떻게 된 아이가 돈을 그리 많이 쓰냐?

아들: 아버지, 그래야 친구들에게 인기가 있단 말이에요. 떡도 사 주고 엿도 사 주고, 히히 그러면 친구들이 얼마나 절 좋아하는데요.

아버지: 도대체, 넌 친구가 몇 명이나 되니?

아들: 그걸 어떻게 셀 수 있어요? 생각할 수도 없을 만큼 많은데요.

아버지: 그래도 잘 생각해 보거라. 아마 지금은 네가 돈을 잘 쓰고 다니니까, 그 맛에 친구들이 널 졸졸 따라다니는지도 모른단다.

아들: (화를 벌컥 내며) 아니, 아버지! 절 어떻게 보시고 그런 소릴 하세요? 제 친구들은 절 얼마나 좋아하는데요.

아버지: 그래, 그래. 내가 미안하다. 하지만 진정한 친구란 그렇게 많은 것이 아니란다.

아들: 그래도 제 친구들은 다 저에게 목숨까지도 줄 수 있는 사람들이에요.

아버지: 흠, 좋다. 그럼 어떤 친구들인지 나와 함께 알아보자.

- 제2장 -

그날 밤 아들과 아버지는 아들의 친구 집을 방문한다.

아들: 갑돌아 !

갑돌이: 아이 졸려! 이렇게 늦은 밤에 누구야?

…… (생략) ……

(2) 동화극

도깨비와 개암

-이명분

♤ 나오는 사람들: 형, 동생, 도깨비 1, 2, 3, 4, 5

♤ 때: 옛날

♤ 무대: (1) 숲속 (2) 숲속의 빈집 (3) 아우의 집

무대의 배경은 세 가지로 변화되어 가나 교실 전면과 측면을 임의로 설정하여 무대 배경 그림이나 장치 없이 그대로 할 수 있다.

- 제1장 -

동생: (지게를 지고 두리번거리며 나무들을 살핀다.) 여기서 나무를 해야겠구나. (도끼로 나무를 찍는다.) 조금 쉬었다 할까? (땀을 씻으며 나무 밑에 앉는다.) 어! 개암이 있네! 부

모님께 갖다 드려야지. (개암을 주워 주머니에 넣는다.)

(천둥 번개 소리, 비 오는 소리)

동생: 갑자기 비가 오네. 어떻게 하지? 우선 비를 피해야지. (지게를 지고 달린다. 교실을 한 바퀴 도는 것으로 표현할 수 있다.) 저기 집이 한 채 있구나. 여보세요, 여보세요, 잠깐 쉬었다 가도 될까요? 빈집인가? (안으로 들어간다.)

도깨비들의 요란스런 소리가 들려온다.

도깨비 1: 도깨비가 나가신다. 으헤헤헤헤헤.

도깨비 5: 꼬마도깨비가 나갑니다. 히히히히히.

도깨비 2: 털보도깨비 나가요. 하하하하하.

도깨비 3: 외눈이도깨비 나가십니다. 흐흐흐흐흐.

도깨비 4: 덜렁이도깨비 나가용. 킥킥킥킥킥.

동생: 도깨비가 나타났네. 아이고 무서워. (벌벌 떨며 다락방에 숨는다.)

도깨비 1: (도깨비방망이를 들고) 얘들아, 배고프지?

도깨비 2, 3, 4, 5: (큰소리로) 예.

도깨비 1: 오늘은 무엇을 먹을까?

도깨비 2: 엿이오.

도깨비 3: 이빨 썩어서 안 돼.

도깨비 4: 돼지고기.

도깨비 5: 닭갈비.

도깨비 2: 생선구이.

도깨비 3: 고기보다는 채소를 먹어야 해요.

도깨비 1: 알았다. 자, 도깨비방망이야, 잘 들었지? 음식아, 나오너라.

도깨비 일동: 뚝 딱.

도깨비들 음식을 맛있게 먹으면서 노래하고 춤을 춘다.

…… (생략) ……

(3) 인형극

극본은 생활극이나 동화극과 대동소이하고 주인공만 인형이 나온다.

• **「옛날 옛날 아주 먼 옛날」**(조대인 / 보림, 2002)

마음씨 좋은 할머니와 숲속 동물들이 호랑이를 물리치는 이야기.

동물 배역과 역할이 단순하며 재미있어 유아가 직접 참여할 수 있다.

제2절 극 활동

하마가 기린보고 걱정해요
저렇게 키만 크다가
하늘이 뚫리면 어떡하지
하늘이 뚫리면 어떡해요
기린도 하마보고 걱정해요
저렇게 살만 찌다가
땅이 꺼지면 어떡하지
땅이 꺼지면 어떡해요

–문삼석, 이정임 「기린과 하마」

앞 절에서는 극을 문학으로서의 극, 즉 극본을 중심으로 살펴보았다. 그러나 극본은 궁극적으로 무대에서 상연될 것을 목표로 하는 문학이기 때문에 극본이 활동으로 표현되는 과정은 문학으로서의 극과 연극으로서의 극을 통합하는 활동이다.

극 활동(Dramatic activities)이란 극본의 내용을 기반으로 등장인물의 행동을 연극으로 연출하는 일체의 모든 활동을 의미한다. 이 절에서 소개하고자 하는 극 활동은 역할놀이, 이야기극, 창의적 극놀이, 인형극 등으로 구분하여 살펴보고자 한다(박선희, 김경중, 1998).

–행복한 하하호호 가족!(레인 스미스 글 · 그림)

1. 역할놀이

역할놀이(Role playing)란 주변 생활의 경험이나 이야기에서의 역할을 선택하여 자발적으로 참여하는 놀이를 말한다. 가령, 가족 중의 아버지나 어머니 역할이나 이야기의 등장인물의 역할을 회상하거나 상상하면서 놀이를 하게 된다.

영유아교육기관에서는 영유아가 역할놀이를 잘 할 수 있도록 시간, 공간, 소품 등을 제공해 주어야 한다. 예를 들면, 소꿉놀이 영역에는 가정에서 사용하는 다양한 물건들, 구두, 손가방, 지갑, 스카프, 옷, 시장, 바구니, 인형, 전화 등을 준비한다.

이 외에 가게놀이, 경찰놀이, 병원놀이, 우체국놀이 등에서 각 역할놀이를 한다. 이와 같이 영유아의 역할놀이는 경험에 의해 자연스럽게 유발되기도 하지만, 교사가 이야기를 들려주고 그 이야기의 맥락에서 문제 상황을 제시하여 문제를 해결하는 과정을 통해 역할놀이를 유도할 수 있다. 이야기를 들려주고 “네가 주인공이라

– 돼지책(앤서니 브라운 글 · 그림)

면 어떻게 했겠니?", 이야기의 마지막 부분을 읽은 후 "이 이야기는 앞으로 어떻게 될까?"에 대해 이야기를 나누고 유아가 표현하고 싶은 등장인물을 정한 후 역할놀이를 유도할 수 있다.

2. 이야기극

이야기극(Story theater)은 해설자가 이야기를 읽거나 말하고 배우가 행동을 무언으로 표현하는 극화 활동 중의 하나다. 이야기극에서는 동물이나 사람뿐만 아니라 무생물 등을 말은 하지 않고 동작과 표현으로 연기한다. 교사가 이야기극을 지도할 때 유의할 점은 다음과 같다.

첫째, 극화할 이야기를 선정한다. 이야기극에 적합한 이야기는 전래동화나 그림동화 중 구성이 단순하고 등장인물의 성격이 분명한 것이 적합하다. 가령, 『세 마리 아기 돼지』나 『로지의 산책』과 같은 작품이다.

둘째, 선정된 이야기를 큰 소리로 읽거나 이야기해 준다.

셋째, 영유아가 배역을 결정할 수 있도록 돕는다. 영유아가 이야기를 듣고 등장인물 중 연기하고 싶은 역할에 대해 말해 보도록 한다. 교사는 영유아가 모두 볼 수 있도록 큰 종이나 화이트보드에 등장인물을 쓰고 그 아래에 해당되는 역할을 연기하고자 하는 영유아의 이름을 쓴다.

넷째, 각 배역에 대해 집단으로 무언극을 지도하여 어린이들이 극화할 때 배역을 맡아 잘 할 수 있도록 돕는다.

다섯째, 영유아가 극에 참여할 수 있도록 대집단으로 이야기 줄거리에 대해 다시 이야기해 본다. 이때 이야기가 진행되는 도중에 각 역할이 언제 시작되고 끝나는가를 알아보고 영유아 각자가 들어가고 나가는 시점을 이야기해 본다.

여섯째, 무언극을 위해 각 동작을 연습할 수 있는 시간을 어린이들 각자에게 제공한다.

일곱째, 극화할 영역을 결정한다. 이야기극을 위해 별도로 무대 장치는 필요하지 않고, 다만 영유아가 스스로 이야기에 적합하게 만든 가면이나 의상 등은 극을 더욱 재미있고 실감 나게 하므로 영유아의 참여를 격려한다.

여덟째, 극화할 동안 해설자가 이야기를 읽거나 말하고 각 장면이나 상황에 따라 영유아가 등장하여 극화 활동을 한다.

아홉째, 극화 활동을 한 후 영유아가 처음 한 것을 다시 하고 싶어 하는 경우가 많은데, 영유아와 토의하여 수정할 부분은 수정한 후 다시 해 본다.

– 일곱 마리 눈먼 생쥐(에드 영 글 · 그림)

3. 창의적 극놀이

창의적 극놀이(Creative dramatics)란 이야기를 들은 후 영유아가 등장인물과 줄거리를 해석하여 창의적으로 언어와 동작을 사용하여 극으로 표현하는 극화 활동이다. 창의적 극놀이는, 특히 등장인물의 성격과 주제로부터 끌어낼 줄거리에 초점을 둔다.

창의적 극놀이를 하기 위해서는 줄거리에서 에피소드의 연속을 회상할 수 있고 등장인물을 잘 해석할 수 있고 실감 나게 극화할 수 있도록 목소리와 동작을 사용할 수 있는 능력이 필요한데, 이것은 적합한 지도를 통해 발달된다.

창의적 극놀이의 가치는 영유아가 함께 극화 활동을 함으로써 협동심이 길러지고, 극화 활동이 긴장을 없애 주고 이야기에 대한 즐거움을 주기 때문에 스스로를 유창하게 표현할 수 있는 기회를 제공하는 것이다. 이러한 가치가 있는 창의적 극놀

– 고릴라(앤터니 브라운 글 · 그림)

이를 영유아에게 적합하게 지도하기 위해서 유의할 사항은 다음과 같다.

첫째, 영유아가 창의적 극놀이를 하기에 적합한 이야기를 선정한다. 이야기에 적절한 갈등과 행동이 있어서 재미있고 등장인물의 성격이 뚜렷하게 구분되고 반복되는 구성일 때 이야기가 쉽게 이해되고 창의적 극놀이를 잘 할 수 있다.

둘째, 영유아에게 이야기를 읽어 주거나 구연해 준다.

셋째, 창의적 극놀이를 위해 등장인물과 장면을 선택한다.

넷째, 등장인물의 특성을 깊이 토의하고 그 인물에 대해 무언으로 표현할 수 있는 시간을 제공한다.

다섯째, 영유아가 어떤 인물을 맡을 것인가 배역을 정하는 것을 돕는다.

여섯째, 등장하는 영유아가 첫 장면을 분석하고 대사를 창조하도록 하고, 자신들의 극놀이를 계획하고 연습할 시간을 제공한다.

일곱째, 배역을 맡지 않고 관람자가 된 영유아가 공연을 평가하도록 공간을 준비한다.

여덟째, 배역을 맡은 영유아는 관람하는 영유아 앞에서 그 장면을 공연한다.

아홉째, 관람한 영유아가 그 장면에 대해 토의하도록 지도한다.

열째, 같은 배역이나 새롭게 구성한 배역들이 그 장면을 다시 한번 해 보는 기회를 가진다.

열한째, 각 장면을 처음부터 열 번째까지와 같은 방법으로 진행하여 전체 이야기를 창의적으로 극화 활동을 할 수 있게 한다.
열두째, 완성한 극에 대해 관람한 영유아가 토의할 수 있도록 지도한다.
열셋째, 시간이 있으면 다시 한번 재연한다.

4. 사회극화놀이

사회극화놀이(Socio-dramatic play)란 2명 이상의 영유아가 언어나 행동으로 상호작용이 이루어져 여러 역할이 놀이 주제와 함께 전개되는 극화 활동이다(Smilansky, 1968). 스밀란스키(Smilansky)는 사회극화놀이를 경험이 부족한 영유아를 위한 특별한 유형의 역할놀이로 보고 그 기준을 다음과 같이 설정하였다.

첫째, 영유아 간의 가상역할놀이가 일어난다. 가상역할놀이란 영유아가 실생활에서 보고 듣거나 경험한 것들을 회상하며 역할(예: 엄마, 아빠, 가게 주인 등)을 가상하여 놀이하는 것과 현실 생활에서 만날 수 없는 역할(예: 유령, 우주인 등)을 가상하여 놀이하는 경우가 있는데, 사회극화놀이에서는 이러한 유형의 놀이가 일어난다.
둘째, 역할놀이는 모방적 행동과 모방적 언어로 표현된다.
셋째, 행동과 언어는 실제 대상과 구체적 상황에서 이루어진다. 영유아는 자신을 가작화하거나, 사람과 유사한 대체나 다른 대체(예: 인형, 모형 바나나 또는 과일, 블록 등)를 사용하여 행동을 가작화하여 표현한다.
넷째, 놀이 주제와 관련된 극 대사를 10분 이상 지속하여 놀이한다.
다섯째, 적어도 다른 한 영유아와 이야기 줄거리 내에서 상호작용이 일어난다.
여섯째, 극대사와 관련된 언어적 상호작용이 일어난다.

사회극화놀이가 구성되려면 이상 제시된 여섯 가지를 모두 갖추어야 하는데, 여기에서 앞의 네 가지 조건은 일반적인 극화 활동에서도 포함되는 것들이다. 사회극화놀이는 영유아에게 다양한 경험(이야기 읽어 주기, 견학, 토의 등)과 놀이 훈련

– 아기 고슴도치와 친구들(김경중 글, 오정현 그림)

(교사의 적절한 중재: 제안, 참여, 모델링 등)이 있을 때 놀이의 질과 빈도가 증가된다(Dansky, 1980; Smilansky, 1968).

따라서 교사는 영유아에게 주제와 관련된 경험을 다양하게 제공할 수 있도록 환경 구성이나 실제 교재 · 교구 및 내용 구성에 힘쓰고, 교사가 영유아의 놀이를 방해하지 않도록 적절하게 개입하여 놀이를 흥미 있게 지속할 수 있도록 돕는다. 사회극화놀이는 영유아에게 많은 영향을 미치는데, 그 가치를 살펴보면 다음과 같다(Smilansky, 1968).

첫째, 영유아는 사회극화놀이를 통해 자신들의 분산된 경험을 결합하여 새로운 것을 창조하는 것을 배운다.

둘째, 영유아 자신이 맡은 역할에 따라 전후 관계에 알맞은 행동을 하는 연습을 할 수 있다.

셋째, 다양한 상황에 융통성 있게 접근하는 방법을 터득할 수 있다.

넷째, 영유아로 하여금 자기중심적인 존재에서 사회적 존재로 성장하는 데 도움을 준다.

다섯째, 행동을 다른 상황에 일반화시키는 능력을 배운다.

여섯째, 다른 영유아의 경험과 지식으로부터 간접적인 학습이 가능하다.

이 외에도 영유아가 사회극화놀이에 많이 참여함으로써 협동하기, 역할 수용 능력, 집단에 참여도가 높아지고(Doyle & Connolly, 1989), 사회극화놀이를 하는 과정에서 영유아의 정서적 · 사회적 · 지적 발달이 증진된다(Griffing, 1983).

5. 인형극

– 다음엔 너야(에른스트얀들 글, 노르만 융에 그림)

인형극이란 인형을 손, 줄, 막대기 등에 연결하여 만들어서 이야기의 내용에 미술, 음악, 율동 등을 통합하여 표현하는 극의 한 형태다. 인형은 영유아를 매혹시키고 사로잡는 힘을 가지고 있는데, 이 절에서는 인형을 통한 인형극의 교육적 의의를 살펴보고 여러 가지 인형의 종류 중 막대 인형, 테이블 인형, 손가락 인형 등을 활용해서 동화를 전달할 수 있는 활동을 통해 제작 방법과 활동 방법에 대해 살펴보고자 한다.

1) 인형극의 교육적 의의

인형은 영유아를 환상의 세계로 이끌 수 있어 그들을 매혹시키는 힘을 가지고 있다. 그러한 인형을 통한 다양한 형태의 인형극은 영유아의 발달에 많은 영향을 미치며 교육적인 면에서도 바람직한데, 인형극의 교육적 의의를 구체적으로 살펴보면 다음과 같다.

첫째, 다양한 형태의 인형극을 감상함으로써 문학적 경험을 폭넓게 하고 바람직한 문학감상 태도를 길러 준다.
둘째, 인형극의 감상을 통해 영유아의 상상력과 창의적 표현력을 길러 준다. 인형과 말을 주고받는 인형극을 보면서 영유아는 인형을 대화의 상대로 생각하고 자신의 감정을 여러 가지 방법으로 표현하게 된다.
셋째, 인형극은 영유아가 집중하여 몰입하게 됨으로써 불안이나 긴장을 해소시킬 수 있다.
넷째, 인형극을 통해 또래 간의 상호작용이 증대되고, 협동심이 길러진다.
다섯째, 극 중의 여러 상황을 통하여 문제 해결력을 길러 준다.

2) 인형의 종류 및 활동

(1) 막대 인형

막대 인형은 여러 가지 그림이나 실물을 막대기에 끼워 사용할 수 있는 인형으로서 만들기가 가장 쉽다. 예를 들면, 그림을 그대로 막대기에 붙이거나 서류 봉투에

막대기를 끼워 붙이고 양면에 그림을 그려서 만들 수 있고, 과일을 그대로 막대기에 끼우거나 막대기 한쪽 끝을 중심으로 찰흙으로 인형을 만들 수 있다. 그럼 여기에서 막대 인형의 제작 방법 및 활동 방법을 구체적으로 살펴본다.

옛날, 옛날에 아빠 염소, 엄마 염소, 아기 염소가 살고 있었어요. 어느 날,

아기 염소: 엄마, 아빠! 저 다리 건너편에 있는 풀은 참 맛있어 보여요. 다리를 건너가 저쪽에 있는 풀을 먹어요.

아빠 염소: 그런데 그 다리 밑에는 무서운 도깨비가 살고 있는데, 어떻게 건너가니?

엄마 염소: 아! 내게 좋은 생각이 났어요. 무서운 도깨비가 들으면 안 되니까, 모두 귀를 갖다 대세요.

엄마 염소는 아빠와 아기 염소에게 소근소근, 속닥속닥 말했어요.

콩 콩 콩 콩 콩 콩 콩 아기 염소가 다리를 건너가요.

도깨비: 감히 내 다리를 허락 없이 건너가는 녀석은 누구야?

아기 염소: 저예요. 작고 마른 아기 염소예요.

도깨비: 아기 염소라고? 그것 참 잘됐다. 마침 배가 고프던 참인데, 너를 잡아먹어야겠다.

아기 염소: 저를 잡아먹으시겠다구요? 잠깐 참으세요. 조금 있으면 저보다 훨씬 크고 통통한 엄마 염소가 올 거예요.

도깨비: 크고 통통한 염소가 온다고? 좋아 그러면 너는 그냥 지나가거라.

아기 염소는 재빨리 다리를 지나갔어요. 콩 콩 콩

쿵 쿵 쿵 쿵 쿵 쿵 쿵 엄마 염소가 다리를 건너가요.

도깨비: 감히 내 다리를 허락 없이 건너가는 녀석은 누구야?

엄마 염소: 저예요. 엄마 염소예요.

도깨비: 엄마 염소라고? 배가 고프니 너를 잡아먹어야겠다.

엄마 염소: 저를 잡아 먹으시겠다구요? 잠깐 기다리세요. 조금 있으면 저보다 훨씬 더

큰 염소가 올 텐데요.

도깨비: 그래? 좋아 그렇다면 너도 지나가도 좋다.

엄마 염소가 재빨리 다리를 지나갔어요. 쿵 쿵 쿵

쾅 쾅 쾅 쾅 쾅 쾅 쾅 아빠 염소가 다리를 건너가요.

도깨비: 감히 내 다리를 허락 없이 건너가는 녀석은 누구야?

아빠 염소: 나다. 아빠 염소다.

도깨비: 아빠 염소라고? 그래 너를 잡아먹어야겠다.

아빠 염소: 나를 잡아먹겠다고? 흥 덤벼라! 나는 커다란 뿔이 달린 아빠 염소다!

우당탕 퉁탕 에잇! 쾅 쾅. 아빠 염소와 도깨비가 싸웠어요.

도깨비: 으악!

도깨비는 그만 다리 밑으로 떨어지고 말았어요.

아빠 염소는 재빨리 다리를 지나갔어요. 쾅 쾅 쾅

"아빠 만세!" "엄마 만세!"

엄마 염소와 아기 염소는 너무 기뻤어요. 아빠 염소, 엄마 염소와 아기 염소는 맛있는 풀을 뜯어 먹으면서 사이좋게 살았어요.

–세 마리의 염소

▨ 준비물

마분지, 가위, 소독저(나무젓가락), 스카치테이프, 색칠 도구, 선팅 테이프, 코팅기

▨ 제작 방법

첫째, 각 등장인물의 그림을 그린 다음, 색칠을 한 뒤에 오린다. 이때 그림을 앞뒤의 모습으로 두 장을 그리면 동작을 다양하게 연출할 수 있어 유아가 더 재미있어한다.

둘째, 오린 종이를 코팅지 사이에 넣어 안전하게 코팅을 한다. 그리고 나서 코팅

된 자료를 오린다.

셋째, 오린 자료를 영유아의 손이 다치지 않게 소독저(나무젓가락) 사이에 넣어 선팅 테이프를 두른다.

▨ 지도 방법

첫째, 교사는 영유아의 관심을 모을 수 있게 동화에 관련된 이야기나 수수께끼를 낸다.

둘째, 영유아의 관심이 집중되면 교사는 막대 인형을 가지고 동화를 시작한다.

셋째, 교사는 될 수 있으면 막대 인형의 동작을 크게 하여 영유아의 흥미를 북돋아 준다.

넷째, 동화를 마친 다음, 교사는 영유아에게 등장했던 인형들을 보여 주면서 영유아의 기억을 상기시켜 준다.

–유아를 위한 문학 활동(박선희, 이송은, 1997)

연구문제

1. 하나의 이야기를 선정하여 유아에게 적합하게 지도하기 위한 유의 사항을 고려하고, 창의적 극놀이를 구성하시오.
   1) 등장인물의 성격
   2) 줄거리
   3) 대본

2. 각자의 역할을 정하여 15분 내외의 극 활동을 시연하시오.

제12장 정보 책과 전기문학

개관

지식 정보 책과 전기문학은 주변 환경과 실재적인 사물과 사람에 대한 궁금증을 해소하며, 실재적인 접근을 통해 사실을 확인해 봄으로써 지적 탐구력을 향상시키고, 지식의 욕구를 충족하도록 돕는다. 제12장에서는 정보 책과 전기문학의 정의 및 특성, 적절한 판단 기준 등으로 구성하였다.

학습목표

- 정보 책을 알고 설명할 수 있다.
- 정보 책이 문학이 될 수 있는 것을 이해하고 설명할 수 있다.
- 전기문학을 알고 설명할 수 있다.
- 전기문학의 종류를 알고 설명할 수 있다.

– 갯벌이 좋아요(유애로)

정보 책과 전기문학의 정의

우리 주변에는 볼거리, 먹거리, 읽을거리 등이 넘쳐 난다. 그런데 과연 우리가 흔히 주변에서 보게 되는 광고지나 대중 매체물은 아이들의 사고에 적합할까? 이러한 의문에서 대중 매체에서는 등급을 정하여 7세, 15세 19세 관람이라고 구분하게 되었고, 영유아 · 아동이 받게 될 직접적인 영향력을 최대한 줄여 아이들의 눈높이에서 사실적인 정보 책들이 나오게 되었다.

2013년 1월 15일 통계청이 발간한 동화책 『얘들아, 마법풍선 불어 볼까』에서 한국직업능력개발원이 초중고생 학부모 909명을 조사한 결과, 초등학생들이 바라는 직업 1위는 운동선수였다. 이는 운동선수로 유명한 김연아와 박지성을 닮고 싶다고 한 초등학생들의 답변과 일치한다. 이렇듯 한국인으로서 세계적인 사람이 된 김연아와 박지성의 이야기는 그들이 어릴적 어떻게 생활했는지까지 궁금하게 여기는 동기가 되었다. 물론 아동들이 닮고 싶은 유명한 사람들의 이야기는 때론 선입견을 갖게 하기도 하지만, 아동의 호기심을 어느 정도는 풀어 준 것이라고 생각이 든다.

이렇듯 영유아 · 아동의 눈높이에 맞는 사실적인 정보 책과 전기문학 이야기들은 감각적인 사고와 인간의 삶에 대한 각성을 하도록 도와준다.

용어 해설

- **전기문학(傳記文學, 傳奇文學)**: 공상적이고 기이한 것을 소재로 해서 쓴 흥미 위주의 문학, 어떤 인물의 생애와 활동을 주제로 한 문학이다.
- **문학(文學, 聞學)**: 사상이나 감정을 상상의 힘을 빌려 언어로 표현한 예술이다.
- **정보 책(情報册)**: 특정 독자를 대상으로, 세분화된 정보를 엮은 책이다.
- **픽션(Fiction)**: 사실이 아닌 상상에 의해 쓰인 이야기나 소설이다.
- **논픽션(Nonfiction)**: 꾸며 낸 허구가 아닌 사실을 바탕으로 쓰인 산문이다.
- **사실(事實, 史實, 寫實)**: 실제로 발생했던 일이나 현재에 있는 일, 역사적 의미에서 실제로 있었던 일이다.

–옷을 갈아입는 나무(소피 크니프케 글 · 그림)

–황금빛 숲으로 초대합니다
(파쯔 로데로 글, 아르카디오 로바토 그림)

제12장 / 정보 책과 전기문학

 제1절 정보 책

크리스마스트리에 색색의 방울을 달듯이
아이들의 생각에 여러 가지 물음표를 달아 주세요.
아이들이 무엇을 물을 때 얼굴을 찌푸리지 마세요.
달이 뜰 때 바람이 불 때 하늘에는 나비가 날고 땅바닥에서는
벌레들이 기어갈 때, 은빛 물음표의 창문을 열고
아이들은 경이로운 눈으로 세상을 바라보지요.
로댕의 조각 같은 물음표 안에서 생각의 키가
한 치씩 자라고 있는 거예요.

–이어령「천년을 만드는 엄마」

1. 개념 및 특성

1) 정보 책의 정의

본래 정보 책은 독자들에게 특정 주제, 생각, 문제 등에 대하여 알려 줄 목적으로 쓰인 논픽션 또는 사실의 문학이다. 그러나 좋은 정보 책은 정보만을 제공하지 않고

정보와 함께 즐거움을 전달한다. 논픽션의 목적은 확실히 정보를 알리고 지도하고 가능하면 교화하는 것이다. 그러나 효과적인 논픽션은 주제에 생명을 불어넣어 삶을 주입시킨다.

17세기 코메니우스의 『세계의 그림책(Orbis Pictus)』에서부터 정보 책은 어린이 독자의 꾸준한 위치를 지켜 왔다. 이들 책들은 처음에는 교육을 위한 것이었지만 최근의 작가들은 이 같은 사실적인 정보들도 재미있을 수 있다는 것을 발견하였다. 어린이는 늘 새로운 정보를 쉽게 받아들이고 배우기 때문에, 정보 책은 빼놓을 수 없는 문학의 장르가 되었다. 그래서 오늘날 정보 책은 정보와 상상력 그리고 글쓰기가 결합하여 '창작 논픽션'이라는 새로운 문학의 장르를 만들었다.

2) 개념 및 특성

어린이는 주변의 사물을 끝없이 탐색하여 묻고 생각하고 느끼고 깨달음을 얻는다. 어린이가 바라보는 세상은 온통 경이로움으로 가득 차 있다. 그러나 이러한 경이로움은 어린이가 처한 현실 생활 속에서만 올바로 체험하며 배울 수 있는 것이 아니다. 그것을 모든 어린이가 다 체험하면서 깨달음을 얻기에는 어린이가 처한 생활의 환경이 서로 다르고 너무나 많은 제약이 따른다. 그래서 온통 물음표와 느낌표로 가득 찬 어린이들을 위해 특정 주제, 생각, 문제에 대해서 객관적이고 사실적인 지식을 전해 주는 것이 바로 정보 책이다.

그러나 정보 책은 정보만을 전하는 것이 아니라 정보와 함께 기쁨과 감동을 통해, 때로는 현실보다 더 현실적인 것을 판타지보다 더 실감 나는 픽션의 세계를 보여 줄 수가 있다.

우리의 삶은 언제나 현실 속에서 실제로 일어나는 일들이 픽션과 논픽션으로 구분할 수 있지만, 문학의 세계는 그렇지 못하다. 문학 작품을 구분할 때 픽션과 논픽션으로 구분하는 것은 편의상 개략적인 구분은 가능할지 모르나 엄밀하게 문학의 세계는 넓은 의미에서 보면 논픽션도 사실은 창조된 논픽션이며 픽션도 창조된 픽션이다. 예를 들어, 한 어린이가 다음과 같은 일기를 썼다.

○월 ○일. 날씨: 우울함

나는 학교에 갔다. 교실에는 아무도 없다.

수업시간이 되었다. 내 옆에는 짝꿍이 나만 없다.

운동장에 나갔다. 나와 놀아 주는 아이가 아무도 없다.

집에 돌아와 초인종을 눌렀다.

아무도 없다. 아무도 없다.

일기는 사실의 기록이지만 그렇다고 해서 모든 일기를 다 논픽션이라 부르지는 않는다. 이 글에는 한 외톨이 아이가 겪은 하루 동안의 일들이 잘 기록되어 있지만, 이 아이가 하루 동안 겪은 것이 글 속의 사건만 있었던 건 아닐 것이다. 다만, 아무도 없다는 반복을 통해서 이 어린이는 자신의 외로움과 절절한 소외감을 어떤 판타지나 픽션보다 더 생생하게 전해 주고 있다.

『초원의 시간』은 나무와 숲, 초원의 사계절의 변화된 모습에 관한 지식 정보를 주는 데 충실한 작품이다. 실제 사실보다 더 사실적으로 표현한 논픽션 작품이다. 그럼에도 이 책은 어떤 판타지나 픽션보다도 더 독자의 마음속에 상상력을 통한 감동을 제공해 주고 있다.

이것이 바로 정보 책이 문학의 장르에 포함될 수 있는 이유다.

정보 책이 어린이들에게 왜 꼭 필요하며 문학에 포함될 수 있는가 하는 이유는 다음과 같다.

- 어린이는 자연스럽게 주변의 세상에 대해 호기심을 느끼게 되는데, 정보 책들은 그런 어린이들의 알고자 하는 욕구를 충족시켜 준다. 어린이는 정보 책을 통해 가 보지 못한 먼 나라를 여행할 수 있고, 자연 세계를 이해하고, 과학의 주제를 탐구하고, 사물의 원리를 배우고, 놀이와 활동을 즐길 수 있다.
- 어린이가 자신이 알고 싶은 질문에 대한 대답을 찾고자 할 때, 정보 책은 이 같은 질문에 대답을 주면서 또 다른 세계에 대한 지적 호기심과 상상력을 키워 준다.

- 정보 책은 지적 호기심과 지식을 키워 줌으로써 성장 발달이 활발하게 일어나는 어린 시기에 인지 발달을 촉진하는 훌륭한 매체가 된다. 기본적인 인지의 발달은 또 다른 지적 능력의 발달을 위한 기초가 된다.
- 정보 책을 통해서 얻는 지식 정보와 함께 사물을 이해하고 받아들이는 인지 능력의 발달은 또다시 언어, 사회, 정서, 신체 등의 발달을 촉진함으로써 세상에 대한 이해와 감성을 키워 주는 요인이 된다.

정보 책은 픽션, 시, 전기와 마찬가지로 어린이문학의 범위 안에 포함된다. 형식의 예술적인 기준과 변하지 않거나 보편적인 흥미의 기준에 의해 판단되는 정보 책은 다른 종류의 책들과 함께 문학의 넓은 범위 안에 들어간다.

어린이를 위해 쓰인 정보 책들을 연구하는 일은 방대한 작업이다. 너무 많은 종류의 책이 출간되었기 때문이다.

정보 책은 특정 주제에 대해 충실한 책이다. 일반적으로 학교 도서관에서 찾아볼 수 있는 이러한 책들은 어린이들의 흥미와 욕구를 불러일으킨다. 이러한 책들은 교육적인 목적에 아주 유용하지만 꼭 가르치기 위한 목적만으로 사용되는 것은 아니다. 이 책들의 목적은 정의된 영역을 탐구하고 그 영역에 대한 정보를 주기 위한 것이다. 정보 책은 대부분 사회탐구와 과학탐구의 영역이지만, 수학, 미술, 음악, 건강교육 부분에서도 거의 모든 것을 상상할 수 있을 만한 주제들에 대해서 많은 내용을 포함하고 있다.

2. 정보 책을 판단하는 기준

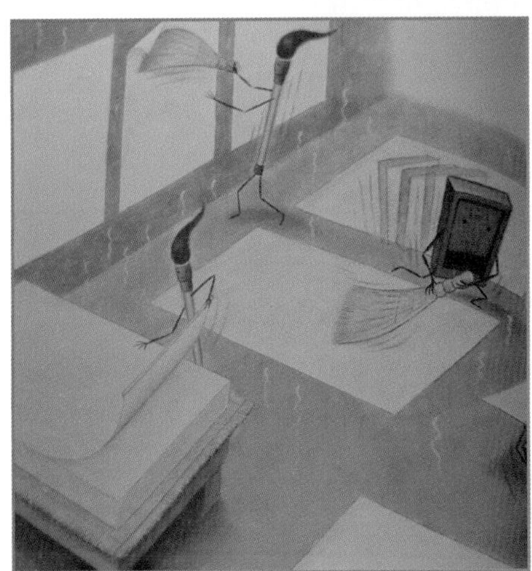

– 한지돌이(이종철 글, 이춘길 그림)

(1) 정확성

정보 책을 평가하기 위해서는 특정한 일련의 기준이 필요하다. 가장 중요하고 명백한 기준은 정확성(Accuracy)이다. 책에서 찾는 정보에 대해 독자들은 정확하다는 기대를 갖게 된다.

그래서 사실적인 증거 자료는 정보 책에서 가장 중요한 요인이다. 그래서 어린이를 위한 정보 책에서는 증거 자료들을 어떻게 모았는지에 대해 서문이나 서론에서 잘 설명하고 있는 것을 많이 볼 수 있다. 때로 이 같은 증거 자료는 각주나 책의 끝에 나오는 참고문헌 등에서도 찾아볼 수 있다.

(2) 일러스트

그림책에서 이미 소개한 바와 같이 일러스트레이션(Illustrations) 또는 일러스트는 그림책의 글(텍스트)이 표현하려는 메시지를 인쇄 매체인 책을 통해서 표현하는 그림이다. 일러스트는 텍스트의 메시지를 구체화시키고, 확신시키고, 새로운 이미지를 재창조시켜 주면서 호기심과 즐거움을 준다.

그래서 정보 책에서 중요한 부분은 독자의 개념에 대한 이해를 효과적으로 도와주고 책을 좀 더 매력적으로 만들어 주는 일러스트이다. 효과적인 일러스트들은 반드시 텍스트와 대등해야 하고, 어떤 것에 대해 설명하고 있는 텍스트가 있는 페이지의 반대편에 나타나야 한다. 일러스트의 정확성은 물론 텍스트의 정확성만큼이나 중요하다.

(3) 편리한 구성(Convenient Organization)

책의 배열은 읽기 쉽게 만들어져야 한다. 적절한 장의 제목, 부제들은 정보를 빨리 기억하게 해 준다. 정보 책을 목차, 인덱스, 목록, 차트, 지도, 그래프 등을 통해 정보를 보다 간결하고 편리하게 구성한다면 독자에게 보다 유용하게 사용될 수 있을 것이다.

(4) 글쓰기 양식

글의 양식은 모든 책에서 중요하지만, 특히 정보의 책에서 중요하다. 글쓰는 양식(Writing Style)의 가장 주요한 지침은 직접성과 명쾌성이다. 독자들이 손쉽게 필요한 정보를 얻어낼 수 있어야 하기 때문이다. 그래서 분명하고 직접적인 분명한 소개가 필요하다.

책의 적용 범위는 목표한 내용이 학년 수준에 적절해야 한다. 초등학교 어린이들은 어느 정도 디테일들을 원하지만, 중요하지 않은 무의미한 정보를 얻는 것을 싫어한다. 모든 정보는 필요한지, 적절한지 시험해 보아야 하고, 처음에 주어진 기초 배경과 함께 소개된 다음에 점점 확장되어야 한다.

(5) 형식

책의 형식(Format)은 매력적이게 더해질 수 있다. 크기와 모양은 책이 선반에서 주목을 끄는지 안 끄는지를 결정하는 데 중요한 요소가 된다. 어린이는 너무 두꺼워 보이거나 귀찮을 것처럼 보이는 책들을 꺼려 한다. 그러나 충분하게 두꺼운 책을 가지는 것도 중요하다. 중간 수준에 맞춘 많은 정보 책은 좀 더 발전된 정보들을 포함하지만, 이러한 책들은 그림책의 형식을 가진 것처럼 보이기 때문에 학생들에게 가끔 외면을 받기도 한다.

신중한 교사와 도서관 사서 그리고 부모들은 학생들이 페이지의 수량이 적은 모든 지식의 책을 "아기들의" 책이라고 단정하지 않도록 지도할 필요가 있다.

제2절 전기문학

"백성이 똑똑해야 튼튼한 나라를 이룩할 수 있다. 그리 되려면 무엇보다 훌륭한 책을 만들어 백성들을 가르쳐야 한다."

–김경희, 유승옥「세종대왕」

1. 개념 및 특성

(1) 전기의 정의

전기(Biography)는 어떤 개인의 삶을 묘사한 문학적인 작품이다. 어린이를 위한

가장 오랜 역사를 지닌 문학으로, 과거에 전기는 어떤 국가, 특정 문화권의 영웅의 삶에 초점을 두어 왔다. 이런 경향은 지금도 남아 있지만, 오늘날은 영웅이나 유명한 인물이나 사건 중심에서 평범한 인물들의 개성 있는 삶으로 초점이 옮겨 가고 있다.

(2) 개념과 특성

오랫동안 전기는 논픽션으로 분류되는 문학의 유형으로, 어린이에게 즐거움이나 영감을 주기 위한 책이라기보다는 기능적이고 교훈적인 것을 주기 위한 책이라는 인식을 받아 왔다. 대부분의 우리나라 전기가 타고날 때부터 태몽을 꾸고, 자랄 때 남다르고, 영특함을 지닌 것으로 묘사되고 있다. 그래서 실제로 어린이는 전기를 통해서 문학적 감동과 영감을 받기보다는 주인공에 대한 거리감 때문에 동일시와 정체감 형성이라는 면에서 어려움과 상당한 혼란을 겪어 왔다. 그리고 그 같은 작품에 대해서 따분하고 재미없는, 매력 없는 문학이라는 선입견을 갖게 하는 요인이 되기도 했다.

폴 머레이 켄들(1996)은 전기는 역사와 문학 사이에 있으며, 이 두 가지가 완전히 충족되지 않는다고 지적한다. 그러나 이 같은 특성 때문에 전기는 더 많은 어린이 독자를 갖게 되고 다양하게 발전하는 계기가 되었다.

대부분의 전기는 우리 인류가 보편적으로 갖고 있는 공통적인 특성을 지니고 있다. 전기는 우리에게 매력적인 이야기를 들려주며 자화상을 통해 만족과 영감을 주고, 인간의 선악과 무감각에 대한 많은 각성을 준다.

전기와 역사소설은 과거 역사적 유명한 인물에 초점을 맞추어 역사 시대에 대한 통찰력을 제공한다는 점에서 공통된 특성을 갖는다. 그러나 전기에서 제공하는 정보들은 어떤 인물이나 인물이 살았던 시대에 대한 알려진 사실에 기초를 두고 있다. 전기에서의 사건, 대화, 주변 인물들은 역사소설처럼 허구적인 인물로 만들어지지 않는다. 루셀(1996)은 전기의 문학적 특성을 다음과 같이 설명한다.

- 전기는 어린이에게 타인의 삶을 배우도록 한다. 어렸을 때 겪게 되는 어려움,

인내, 결심이 훗날 어떤 결과를 가져왔는가를 통찰하게 도와준다.

- 전기는 어린이가 개인적 주인공의 삶과 인물의 사회적 · 역사적 사건과 시대상과 연관성을 맺어 준다. 그래서 그 시대의 가치와 문화를 알게 하고 문화의 폭을 키워 준다.
- 전기는 어린이들에게 역사를 만들고, 발명품을 개발하고, 과학적 원칙을 발견하고 음악을 작곡하고, 예술품을 만들고, 지역사회에 공헌했던 사람들에 대해 이해하게 한다. 그래서 유아는 전기를 통해 자신도 역시 세상을 바꿀 수 있다는 사실을 깨닫게 된다.

2. 전기의 종류

–세종대왕(김경희 글, 유승옥 그림)

어린이들을 위한 전기는 다음 세 가지 형식 중 하나를 취한다.

첫째, 충실하게 사실의 고수에 가치를 두는 온전한 전기이다.
둘째는, 극적인 이야기에 가치를 둔다.
셋째는, 허구적인 전기, 좋은 이야기에 가치를 두는 전기적 소설이다.

각 유형들은 각각 다음과 같은 독특한 장점과 매력을 가지고 있다.

(1) 진정한 전기

만약 전기가 한 사람의 생애와 시간들의 신뢰할 수 있을 만한 사실적 정보의 전달을 위해 시도되었다면, 이것을 '진정한 전기'라고 부른다. 진정한 전기(Authentic Biography)는 분명하고 믿을 만한 증거로부터 뒷받침되는 사실만을 사용한다. 그러나 진정한 전기가 사실의 소개에 정확을 기하려고 노력한다 할지라도, 아무리 정직하고 철저한 전기 작가도 내용이 완벽하게 객관적이거나 선입견으로부터 자유로울 수는 없다. 어떤 사실들은 무시해 버리고 어떤 것들은 강조함으로써, 어차피 작가는 그들의 주제에 관한 자신의 시점과 관점을 강요하게 된다.

(2) 픽션화된 전기

어린이들을 위한 글에서 어떤 전기 작가들은 이야기를 좀 더 재미있게 만들어 줄 수 있는 특정 사건들을 극적으로 표현하는 것(생생한 대화나 극적인 장면을 만들어 냄으로써)이 매혹적인 일이라는 것을 알게 되었다.

이러한 픽션화된 전기(Fictionalized biography)는 작품에 나오는 대화에서 알 수 있다. 만약 우리가 세종대왕의 전기를 읽으면서 세종대왕이 집현전 뜰에서 한 시종과 나누는 이야기를 발견한다면, 우리는 그 작가가 이러한 대화를 만들어 냈다는 것을 거의 확신할 수 있다.

(3) 전기적 소설

전기적 소설(Biographical Fiction)이 한 인물에 관한 일대기를 바탕으로 쓰였다면 그것은 전기가 될 수 있다. 소설 『허준』과 같은 작품은 물론 성인소설이지만, 작품에 등장하는 시대적 배경이나 사건은 역사적 사실과 문헌에 근거한 사실을 다룬다. 그러나 문헌에 기록된 몇 가지 사실만으로 소설을 쓸 때 그 많은 내용은 작가의 상상력을 통해서 그려진 것이다. 그래서 분류 체계에서는 전기적 소설이 전기 또는 소설로 분류될 수도 있다.

어린이문학에서 전기나 전기적 소설은 주인공의 어린 시절에 중점을 둔다. 어른이 되어서의 활동들은 어린이에게 어린 시절만큼 큰 관심의 대상이 되기가 어렵고, 그때 어른이 하는 일과 관계 사건에 대한 이해도 한계가 있기 때문이다.

연구문제

1. 정보 책이 갖추어야 할 조건들을 제시하시오.
2. 정보 책이 아동에게 필요한 이유를 설명하시오.
3. 전기가 영유아보다 학령기 아동에게 더 이상적인 이유를 설명하시오.

제3부
문학 활동

가족 이야기

내가 아빠를 얼마나 사랑하는지 아세요?
(샘 맥브래트니 글, 아니타 제람 그림)

행복한 우리가족(한성옥)

할아버지 안녕
(엘레케 라이끈 글, 매크 반 하호동 그림)

할머니네 방앗간
(리틀림 글 · 그림)

제13장 소리 내어 읽기

개관

소리 내어 읽어 주는 것은 단순히 책의 단어와 읽어 주는 행위뿐만 아니라 발음과 억양, 적절한 톤, 신중한 페이스에 의해 어린이와 상호작용을 하는 경이로운 경험의 시간이다. 이 같은 상호작용은 어린이에게 더없이 기쁘고 즐거운 마음을 주고 내적인 생각에 힘을 키워 준다. 그래서 제13장에서는 소리 내어 읽기의 중요성, 소리 내어 읽기 준비, 소리 내어 읽기 위한 책의 선택을 통해 소리 내어 읽기의 중요성을 다루고자 한다.

학습목표

- 소리 내어 읽기의 의의를 이해하고 말할 수 있다.
- 소리 내어 읽기의 지침을 알고 실천할 수 있다.
- 소리 내어 읽기를 위한 책을 선택하는 방법을 알고 설명할 수 있다.

– 안 돼 데이빗(데이빗 섀논 글 · 그림)

– 나는 아빠가(안단테 글, 조원희 그림)

제13장 / 소리 내어 읽기

 제1절 소리 내어 읽기

교실을 책으로!
어린이를 문학의 궁전에,
이야기하고 어울리며 비교하고, 나누고
살피고, 기뻐하며 다 함께 생각을 짜내자
어린이가 경험할 수 있는 교육과정에서

–캐서린 A. 스미스

1. 소리 내어 읽기의 중요성

소리 내어 책을 읽어 주는 것은 영아기부터 시작해서 비교적 큰 초등학생 아동에 이르기까지 일반적으로 가장 흔히 손쉽게 접근할 수 있는 문학 활동이면서 기대 효과가 뛰어난 방법이다. 그럼에도 불구하고 우리나라의 문학 교재에서는 그 중요성만큼 관심 있게 다루지 못했다. 소리 내어 책을 읽어 주는 것은 단순히 책의 단어와 글들을 읽어 주는 행위만이 아니라 발음과 억양, 적절한 톤, 신중한 페이스에 의해 어린이와 상호작용을 하는 경이로운 경험의 시간이다. 이 같은 상호작용은 어린이에게 더없이 기쁘고 즐거운 마음을 주고, 다음과 같은 내적인 생각의 힘을 키워 준

다(Susan Trostle Brand & Jeanne M. Donato, 2002).

- 인지 구조와 개념을 확대시켜 준다.
- 부모와 아동, 아동과 아동, 아동과 교사 등의 관계를 증진시켜 준다.
- 어휘와 언어 능력, 이해력, 독서력을 향상시켜 준다.
- 인간과 삶과 사건에 대한 이해와 통찰력을 키워 준다.
- 상상력과 감성을 풍부하게 하고 인성을 개발시켜 준다.
- 심리적 안정과 학업 성취도를 높여 준다.

앤더슨과 헐버트 등(Anderson, Herbert, Scott & Wilkerson, 1985; 이현섭 외 재인용)은, 소리 내어 읽기는 문해(Literacy)에 필요한 지식을 형성하는 데 유일하고 중요한 활동임을 강조하였다. 그리고 한 종단적인 연구에서 웰(Well, 1986; 이현섭 외 재인용)은 취학 전 유아에게 이야기책을 읽어 주는 것이 성공적인 학교생활에 가장 중요한 요소가 된다는 것을 밝혀 주고 있다.

이처럼 소리 내어 읽어 주기는 어린이에게 매우 유용한 문학 활동이라는 사실을 밝혀 주고 있음에도 불구하고, 교육현장에서의 이런 활동은 매우 부적절하게 이루어지고 있음을 호프만과 배틀(Hoffman, Roser, & Battle, 1993)의 연구에서 밝혀 주고 있다. 그들은 유치원에서 초등학교 6학년까지의 교사를 대상으로 한 연구에서, 교사가 수업 내용과 관계없는 책을 읽어 주고 있었으며 읽기 전후 이야기 나누기 등의 토의 시간이 거의 없었던 것을 문제점으로 지적하였다.

이 같은 연구 결과, 바람직한 소리 내어 읽어 주기 활동을 위해서는 다음과 같은 준비가 필요하다.

2. 소리 내어 읽기 준비

이야기 읽기를 시작하기 전에 교사는 〈표 13-1〉과 같은 기초적인 준비를 해야 한다. 정보 책의 경우에는 이것이 특히 중요하다. 만약 책을 이해하는 데 중요한 개념들이 책 속에서 설명되어 있지 않다면, 소개하는 시간에 이런 개념들에 주의를 집중시켜야 한다. 책에 대한 기대치를 정하기 위해서 교사는 영유아에게 책의 제목이나 표지의 그림을 보고 예상하도록 할 수 있다. 마지막으로, 만약에 하나의 문학 단원으로 책을 읽어 주는 것이라면 전에 읽었던 책들을 다시 한번 언급해 주어야 한다.

표 13-1 소리 내어 읽어 주기 준비하기

- 이야기에서 어려운 부분을 예상하고, 그런 부분들을 도와줄 방법을 찾는다.
- 읽다가 멈추고 영유아가 추측을 하거나 토의할 부분을 정한다.
- 이야기에 대한 교사 자신의 반응도 새겨 두었다가 읽고 난 후 토론에 활용하라.
- 읽는 속도를 다양하게 연습하여 이야기의 특정 부분을 강조하라.
- 등장인물과 변하는 분위기에 익숙해져서 이야기를 알맞게 표현하라.
- 등장인물마다 서로 다른 목소리를 구사하라.

한편, 소리 내어 읽기 활동을 통해 영유아 · 아동의 문학에 대한 감상과 학습 효과를 높이기 위해서는 다음과 같은 지침을 수행해야 한다.

 제2절 읽기 활동의 지침

(해설) 산밭에 아지랑이 아롱아롱 피어오르는 어느 봄날이었어.

팥죽 할멈이 밭에서 김을 매는데, 아 글쎄 집채만 한 호랑이가 어슬렁어슬렁 나타난 거야.

호랑이: "어흐엉, 할멈을 꿀꺽 잡아먹어야겠다."

할멈이 얼른 말했어.

할멈: "호랑아, 호랑아, 나 죽는 건 괜찮지만 나 죽으면 이 맛난 팥은 누가 거두겠니? 눈 내린 겨울날 너도 먹을 거 없을 때, 맛난 팥죽이나 실컷 먹고 나서 꿀꺽 나를 잡아먹으렴."

호랑이: "아하, 그게 좋겠구나. 어흐엉."

……

팥죽 할멈은 커다란 가마솥에 팥죽을 팔팔팔 끓이면서 꺼이꺼이 울었어.
그때 알밤 하나가 폴짝폴짝 통통 찾아왔어.

알밤: "할멈, 할멈, 팥죽 할멈, 뭣 땜에 우는 거유?"

할머니: "이 팥죽 먹고 나면 호랑이가 꿀걱 잡아먹는다니, 에구에구 어찌할꼬."

알밤: "맛난 팥죽 나 한 그릇 주면 못 잡아먹게 해 주지."

–백희나 「팥죽 할멈과 호랑이」

1. 읽기 활동을 위한 일곱 가지 지침

(1) 좋아하는 문학 작품을 선정한다.

부모나 교사가 좋아하고 즐기지 않으면 문학 작품을 재미있게 전달할 수 없다. 그래서 무엇보다 부모, 교사가 스스로 좋아하는 작품을 선정해야 한다.

(2) 작품을 먼저 읽어야 한다.

잘 알고 익숙한 작품이라 할지라도 먼저 읽어서 책에 들어 있는 단어와 개념을 이해하고 알아 두어야 한다.

(3) 연습해야 한다.

부적절한 구문을 사용하거나 단어를 더듬거리는 것은 흥미를 감소시킬 수 있다. 유창하게 눈, 목소리, 표정까지 거울 앞에서 연습해 두어야 한다.

(4) 어린이가 읽어 주는 것을 보고 들을 수 있게 해야 한다.

어린이가 얼굴을 보고 편안하게 들을 수 있도록 자리의 위치와 높이까지 고려해 두어야 한다.

(5) 이야기에 대한 그림을 사용한다.

그림책을 읽어 줄 때 그림도 함께 볼 수 있도록 위치와 방법, 자세 등을 고려해 두어야 한다.

(6) 어린이의 반응을 주의 깊게 살펴야 한다.

어린이의 반응에 관심을 갖고 보다 통찰력 있는 관찰을 통해서 읽기를 보다 효과적으로 진행해 갈 수 있다.

(7) 이야기를 다시 읽어야 한다.

소리 내어 읽어 준 다음, 어린이는 다시 한번 읽어 주는 것을 즐긴다. 이렇게 되풀이하면서 어린이는 작품에 대해서 좀 더 다른 이해와 통찰을 발견하게 되기 때문이다.

2. 읽기 활동을 돕는 다양한 준비

어린이를 위한 소리 내어 읽기 경험을 계획하는 것 외에도, 재미있고 흥미진진한 경험에 대해 읽어 주는 것도 고려할 만한 방법이다. 목소리, 페이스, 유연한 접근 등을 사용하는 것이 가장 쉽다. 소리 내어 읽기를 좀 더 효과적으로 하기 위해 꼭 전문적인 스토리텔러가 필요하지는 않다. 이 기술은 노력과 연습에 의해 연마될 수 있다.

시작하기 위해서는 다른 목소리 억양, 음의 고저, 음량 수준 등을 사용하는 연습을 할 수 있다. 이야기를 아는 것도 이러한 요소를 언제 변화시켜야 하는지를 정하는 데 도움이 된다. 예를 들어, 액션의 흥분되는 부분에서 속삭이기 위해 낮은 목소

리를 낼 수도 있다. 어떤 일이 일어났는지 어린이가 생각할 시간을 주기 위해 잠시 동안 읽기를 완전히 멈출 수도 있다. 천천히 읽는 것은 어린이가 이야기를 따라가면서 그들의 상상을 사용할 수 있도록 도와준다. 액션이 정점에 다다르는 특정 부분에서 속도를 빠르게 함으로써 어린이가 의자의 모서리에 겨우 걸터앉아 안절부절못하고 앉아 있게 만들기도 한다.

읽는 이가 이야기에 대해서 열중하고 흥미를 느낄 때, 그 감정은 보통 전염성을 가지게 된다. 이것은 문학의 즐거움을 경험하는 데 좋은 롤 모델이 된다. 이러한 열정은 소리 내어 읽기를 위한 책을 신중하게 고르는 데서부터 성취될 수 있다. 어린이와 읽는 이가 동시에 좋아하는 책을 고르기 위한 대안은 없지만, 유머러스한 책들은 고유한 동기를 제공해 주기 때문에 선택의 좋은 시작이다.

소리 내어 읽기가 연습이 됨에 따라 다양한 이야기 테마와 플롯에 어린이에게 모든 종류의 문학에 대한 경험을 할 기회를 제공하는 좋은 기회가 될 수 있다.

소리 내어 책 읽기에서의 언어 사용은 좋은 언어, 언어 성장을 촉진한다. 작가가 사용하는 몇몇 구나 문장에 대한 이야기를 해 보라. 이는 어린이가 언어를 사용하는 데 있어서 좋은 모델을 제공해 준다. 좋은 책들이 온전하게 읽히는 동안 이야기의 몇몇 부분을 의역하거나, 요약하는 것을 겁내면 안 된다. 이는 좀 더 어려운 책들을 청중들에게 맞게 적응시키거나, 아이들의 흥미를 붙들거나 혹은 어린이가 이야기를 이해하는 데 더 도움을 주기 위해 사용될 수 있다.

3. 소리 내어 읽기를 위한 책의 선택

대부분의 어린이 그림책은 소리 내어 읽기를 위한 것이다. 이것은 물론 모든 그림책이 소리 내어 읽기를 성공적으로 수행할 수 있다는 의미는 아니다. 어린이를 위해 책을 선택하는 데 도움을 줄 수 있는 기준들 중 몇몇 추가적인 요소들이 포함될 것이다.

소리 내어 읽기에 좋은 책은 어린이들의 나이에 관계된다. 영유아는 깨끗하고 알

록달록한 색의 일러스트와 함께 아주 적은 텍스트가 담긴 책이 유익하다. 그들은 또한 짧고 단순한 라임과 시를 좋아한다. 큰 그림과 익숙한 장면들에 대한 그림들은 읽기가 다 끝난 후에 즐기게 된다. 물건들의 이름, 문자, 숫자들을 배우게 하는 책들 또한 좋은 선택이다. 그 이유는 이들은 종종 익숙한 광경이나 소리를 포함하고 있기 때문이다.

영유아는 좀 더 복잡한 라임과 이야기들을 위한 준비가 되어 있다. 그들은 특히 예측이 가능하거나, 반복되는 대사들이 있는 책들을 좋아한다. 그들은 그 안에 반복되는 문구 후에 대사를 말하면서 그것에 익숙해지는 것을 좋아한다.

소리 내어 읽기에 좋은 책들을 찾아내는 것은 어려운 일이 아니다. 어린이들에 대해 아는 것이 중요한 첫 단계다. 두 번째로, 좋은 문학의 기준을 이용해서 수업에 적절한 책을 찾을 수 있을 것이다. 세 번째 요소는 흥미진진하고 즐거운 소리 내어 읽기 경험을 하기에 적합한 가장 좋은 책들인지 정의 내리는 것이다. 이러한 것들이 다 되었을 때, 읽는 이는 반드시 책을 재검토해야 하고 이야기를 어떻게 읽을 것인

– 프레드릭(레오 리오니 글 · 그림)

지를 알아야 한다. 이게 다 되지 않으면 독서는 충분한 효과를 낼 수 없고, 좋은 잠재 능력이 낭비되고 말 것이다.

많은 책과 친숙하게 되는 것은 소리 내어 읽기 경험을 계획하는 것을 도와주는데 효율적인 방법이다. 책에 대한 이러한 지식은 읽는 이가 소리 내어 읽기 활동을 할 때 좀 더 자발적이게 해 준다. 읽는 이는 필요할 때면 언제든 사용할 수 있도록 항상 잘 짜인 소리 내어 읽기 책들을 가지고 있어야 한다. 특별한 공감이 일어나게 된다면, 이는 독서를 위해 좀 더 효과적으로 홍보가 될 것이다. 흥미진진한 분위기를 띠지 못한 소리 내어 읽기 활동은 더 재미있어 보이는 다른 활동들로 어린이의 관심이 옮겨질 위험이 있다. 한번 흥미를 잃게 되면, 다시 되돌리기가 어렵다.

연구문제

1. 소리 내어 읽기의 중요성을 설명하시오.
2. 소리 내어 읽기의 지침에 대해 설명하시오.

제14장 이야기(동화) 구연

개관

이야기 구연은 이야기를 듣는 사람과 들려주는 사람 간의 적극적인 상호작용으로 영유아 · 아동에게 상상력의 나래를 펴고, 판타지의 세계를 여행할 수 있게 하는 통로다. 제14장에서는 이야기 구연의 정의, 교육적 의의, 이야기 구연을 위한 개작, 화술 방법 등을 다루었다.

학습목표

- 이야기 구연의 의의를 안다.
- 이야기 구연의 방법을 알고 적절한 작품을 개작할 수 있다.
- 이야기 구연의 방법을 알고 실제로 구연할 수 있다.

– 눈사람 아저씨와 눈강아지(레이먼드 브릭스)

– 작은 눈덩이의 꿈(이재경)

제14장 / 이야기(동화) 구연

제1절 이야기(동화) 구연의 의의

'이야기(Story)'라는 말은 '보물 창고(Storage)'라는
말에서 나왔다.
하나의 이야기는 보물이 저장된 창고라는 것이다.
실제로 이야기 안에는 많은 의미가 저장되어 있다.

-미셸 메디

1. 이야기(동화) 구연의 정의

이야기 구연은 이야기를 음성언어와 제스처(몸동작)를 통하여 전달하는 가장 오래된 역사를 지닌 문학 활동이다. 우리나라에서는 어린이에게 들려주는 모든 이야기를 총칭하여 동화라고 부르는 경향이 있어서 '동화 구연'이라는 말이 널리 익숙하게 사용되어 왔다. 그러나 어린이에게 들려주는 모든 이야기가 다 동화는 아니기 때문에 '이야기 구연(Storytelling)'이 보다 적절한 표현이다.

이야기 구연은 TV, 컴퓨터, 라디오, 책이 없던 시절에 교육, 오락, 예술적인 면에서 문화 전승의 총체적인 수단으로 견고한 위치를 지켜 왔다. 그러나 오늘날과 같이 첨단의 다양한 전달 매체가 발달한 시대에도, 이야기 구연은 옛날처럼 절대적인 수

단은 아닐지라도 여전히 문학 활동의 중요한 위치를 차지하고 있다. 그것은 이야기 구연이 다음과 같은 기능과 교육적 의의를 갖고 있기 때문이다.

2. 구연의 교육적 의의

(1) 감정의 정화와 해방

이야기 구연에 등장하는 인물들은 대부분 착하고 매력적인 주인공과 악하고 미운 주인공이 갈등 관계를 겪다가 착하고 멋진 주인공이 최종적인 승리를 거두는 해피엔드를 맞이한다. 이 과정에서 어린이는 착하고 매력적인 주인공에 대한 동일시를 통해서 함께 슬퍼하고 함께 즐거워하면서 감정을 정화시키고, 내면의 억압된 감정으로부터 벗어날 수 있게 된다.

(2) 인간과 세상에 대한 이해

이야기 구연의 효과는 영유아의 이해력 발달에 도움이 된다(Issabel, 1978). 다양한 이야기 구연을 통해서 어린이는 세상과 삶에 대한 많은 것을 알게 되고 이해하게 된다.

(3) 언어의 표현과 반응 능력의 발달

구연자의 흥분, 극적인 부분, 억양, 제스처 등을 통해서 등장인물들이 어떻게 소리를 내고 또 반응하는가를 배우면서 어린이는 언어의 표현과 반응 능력을 발달시켜 나가게 된다(Clay, 1991). 뿐만 아니라 어린이의 알고 싶어 하는 본능과 호기심을 유발시키며, 예민한 감수성을 발현하도록 돕는다.

(4) 심미적 즐거움의 체험

구연자의 음성언어와 거기에 어울리는 제스처를 통해서 작품의 이야기에 빠져들고, 감정의 정화와 해방, 세상에 대한 이해, 언어적 표현과 반응 능력을 개발하면서 동시에 마음속 깊이 진정한 즐거움을 맛보게 된다(Nelson, 1989: 388).

(5) 상상, 감정, 기억, 학습 능력의 발달

아인슈타인은 이렇게 말했다. "상상력이 지식보다 더 중요하다. 지식은 거기에 있는 것을 가리키지만 상상력은 거기에 없는 것까지 가리킨다." 상상의 발전과 활동 과정은 "독창성과 높은 수준의 추론"의 본질이 된다(H. Pord, 1995). 그리고 감정은 지식을 계속 유지시켜 기억을 좀 더 오래 남게 하며(Jensen, 1998) 상상력으로 이야기를 다시 말하거나 그들만의 이야기로 창조하는 것을 배운다(Glasser, 1986).

Pogarty(1997)는 학습이 다음과 같이 이루어진다고 말했다.

> 학습은 우리가 읽은 것에서 10%
> 들은 것에서 20%
> 본 것에서 30%
> 듣고 본 것에서 50%
> 토론을 통해서 70%
> 개인적 직접경험을 통해서 80%
> 직접 가르치는 것에서 95%

그러므로 이야기를 직접 눈으로 보고 들으며 개인적으로 직접 체험하는 것과 같은 생생한 체험은 어린이의 상상력과 감정을 고조시키고 기억과 학습 능력을 향상시킨다.

3. 구연에 적합한 이야기(동화)

대개 구연하기에 적합한 문학의 종류로서 전래동화를 드는데, 이것은 단순하면서 형식도 압축되어 있고 구전되어 온 것으로 구연자나 듣는 영유아에게 적합하기

때문이다. 좀 더 구체적으로 내용 면과 구성 면에서 구연에 적합한 동화를 살펴보면 다음과 같다.

(1) 구연에 적합한 이야기 내용

첫째, 구연에 적합한 이야기는 내용이 발달에 적합하고 흥미 있어야 한다. 아동에게 흥미로운 내용은 이야기의 줄거리가 단순하고 등장인물이 소수이며 적당한 반복, 스릴, 유머, 구체적인 행동 등이 있는데 (연령과 대상에 따라 약간 차이가 있으나) 전래동화가 가장 일반적으로 활용되고 있다. 이들 전래동화 중에는 『도깨비방망이』 『토끼와 호랑이』 『돼지 삼 형제』 등이 영아에게 적합한 구연의 요소를 갖고 있다. 아동을 위해서는 이야기 구성이 다양한 창작 이야기가 적합하다.

둘째, 영유아 · 아동의 공상, 환상, 상상력에 대한 요구를 충족시켜 줄 수 있는 내용으로서 미지의 세계, 경이적인 사건 또는 난쟁이나 거인들의 세계를 그린 『아라비안나이트』 『피터팬』 같은 이야기가 적합하다.

셋째, 이야기의 내용이 직접적이며 활동성이 있어야 한다. 이야기 전체가 동적인 성격을 가진 것으로서 『커다란 무』와 같은 이야기가 적합하다.

넷째, 이야기의 내용이 영유아 · 아동의 생활 경험과 관련된 것이 좋다. 즉, 영유아 · 아동이 경험할 수 있는 감정을 소재로 한 내용으로서 어린이가 쉽게 접근할 수 있는 이야기가 적합하다.

다섯째, 이야기의 내용이 긍정적이며 발달에 적합한 것이 좋다. 아동의 창의력과 현실에 대한 수용, 즐거움을 만족시킬 수 있는 이야기를 선택하는 것이 좋다.

(2) 구연에 적합한 이야기의 구성

첫째, 구성이 단순해야 한다. 주인공을 중심으로 이야기가 진행되고, 등장인물의 수는 가능한 적은 것으로서 『혹부리 할아버지』와 같은 이야기가 적합하다.

둘째, 기승전결의 형식이 갖춰진 구성이 구연에 적합하다. 기승전결이 분명한 이야기의 구성, 사용된 언어, 전체적 감각, 비유된 말의 쉽고 어려움, 인물 묘사, 극적 요소 등에 주의해서 선택해야 한다. 『은혜 갚은 거북이』의 구성을 살펴보면 다음과 같다.

① 깊은 산골에 농부 한 사람이 살았는데 그에게는 얌전하고 마음씨 고운 딸, 복실이가 있었다. ② 복실이가 저녁밥을 짓고 있을 때 몹시 배고파 보이는 거북이 한 마리가 부엌으로 들어왔다. 복실이는 그 거북이에게 밥덩이를 주면서 몇 년간을 같이 살았다.	기 (발달)
③ 복실이 아버지가 몹쓸 병을 앓아서 눕게 되었는데 돈이 없어 약을 구하지 못했다. 결국 괴물의 제물이 될 것을 약속하고 돈을 받아 약을 구하여 아버지의 병을 고치게 되었다.	승 (전개)
④ 제삿날 복실이는 아버지와 거북이에게 인사를 하고 제사 장소로 갔는데 거북이가 따라왔다. 거북이가 제물로 바쳐진 처녀들을 구하고 이제까지 잡아먹어 온 괴물에 대적하여 이기게 되었다.	전 (절정)
⑤ 복실이를 구한 거북이는 힘겨워 죽고 말았다.	결 (결말)

셋째, 점진적인 이야기 구성이 적합하다. 갈수록 흥미를 더해 가면서 명쾌하게 대단원으로 끌어가는 것으로서, 대표적인 이야기는 『돼지 삼 형제』 『커다란 무』 『팬케이크』 등이다. 『커다란 무』에서는 엄청나게 큰 무를 뽑는 과정에서 할아버지, 할머니, 손녀, 멍멍이, 야옹이, 찍찍이가 차례로 등장하여 찍찍이는 야옹이를 잡아당기고, 야옹이는 멍멍이를 잡아당기는 등 누적법을 사용하여 흥미를 더해 가며 결국 문제를 해결하게 되는 것을 잘 표현하였다.

4. 이야기의 개작

구연을 하기 위해서는 구연에 적합한 작품을 이야기의 내용과 구성 면을 고려하여 선정한 후 그 작품을 구연에 적합하게 개작하는 것이 필요하다. 동화를 구연에 적합하게 개작할 때는 작품이 지니고 있는 내용의 본질이나 품위를 보존하면서 아동의 발달에 적합하도록 실시하는 점에 유의해야 한다. 실제 개작의 방법을 살펴보면 다음과 같다.

1) 구연을 위한 개작 방법

구연을 위해 동화를 개작하는 방법은 다음과 같다.

(1) 읽는 동화를 듣는 동화로 고친다.

첫째, 설명 부분을 대화체로 고친다.
둘째, 접속사를 줄인다.
셋째, 긴 문장을 짧고 리듬감이 있으면서 말하기 쉽게 고친다.
넷째, 의성어, 의태어를 적절히 넣어 생동감을 불어넣는다.
다섯째, 어미 처리를 변화 있게 한다.
여섯째, 과장법이나 점층법을 사용하여 흥미를 살린다.
일곱째, 어휘의 반복, 사건의 반복 등으로 리듬이 있도록 한다.

(2) 영유아가 경험하기 쉬운 상황으로 이해에 용이하게 개작한다.

(3) 이야기의 길이를 조정한다.

걸음마기 영아와 5세 유아의 이야기 이해 능력이나 집중력에는 차이가 있다. 따라서 영유아의 수준에 적합하게 이야기의 길이를 조정한다.

(4) 비교육적인 부분을 교육적으로 개작한다.

첫째, 교훈의 수단이나 도구로 급조된 이야기는 개작되어야 한다. 기계적인 방법으로 교훈을 주는 것은 도덕 교과서이지 동화로서의 가치가 없다. 훌륭한 동화는 동화 전체에 교훈이 스며들어 있다.

둘째, 선인과 악인의 문제에서는 영유아도 선과 악을 구별할 수 있도록 동화를 통해 교육될 필요가 있기 때문에 무리하게 악인을 제외할 필요는 없다. 그러나 잔인한 악인을 영유아가 모방하기 쉬운 악한 내용은 최소화해야 한다. 가능한 한 단순한 악인으로 취급하고 악한 행위는 상세하게 묘사하지 않아야 한다.

셋째, 공포심을 유발하는 이야기를 개작한다. 유아의 상상 세계는 주로 그들의 경험 범위 내에 있기 때문에 지나치게 기괴하고 이상한 세계로 인도해서는 안 된다. 우리나라 전래동화에는 도깨비나 귀신이 많이 등장하는데, 이것을 제외시키면 이야기 자체가 성립되지 않는 경우가 있다. 따라서 도깨비나 귀신, 마귀할멈 등을 공포의 대상이 아니라 나쁜 인물로 인식하도록 유도한다.

넷째, 잔인한 이야기는 제외한다. 오리에게 돌을 던지고 매미의 날개를 찢는 것은 바람직하지 않은 일이기 때문에 고치도록 한다. 또한 '잡아먹는다' '잡아먹혔다'라는 표현이 많은데, 이를 삭제하면 이야기가 성립되지 않을 때에는 표현을 간결하게 하고 세밀하게 묘사하지 않는다.

다섯째, 특정 인물에 대한 고정 관념을 피한다. 불구자에 대한 이해심이나 이타심을 불러일으키는 동화 이외에는 취급하지 않는 것이 좋고, 특히 영유아 중에 이야기에 등장하는 인물과 같은 불구아가 있을 때는 금하는 것이 좋다. 또한 계모와 그의 자녀들을 악인으로 그리는 전형적인 인물 묘사는 개작되어야 한다.

(5) 등장인물의 심리 묘사를 보다 극적으로 대비되게 한다(예: 동물들이 살이 포동포동 쪘지만 이상하게 잡아먹고 싶은 마음이 점점 없어져 갔습니다).

2) 구연을 위한 동화 개작의 실제

(1) 동화 원본

여우의 손님

옛날 깊은 숲속에 동물들이 사는 동산이 있었습니다. 동물들은 한 식구같이 사이좋게 지냈지만 몇몇 동물은 심술을 부리기도 했는데 여우도 그중 하나였습니다. 그날도 배고픈 여우는 숲속에 숨어 먹이를 기다리고 있었습니다. 그때 저쪽에서 병아리 한 마리가 걸어오는 게 보였습니다.

"옳지, 저걸 잡아먹으면 되겠군."

여우는 아무렇지도 않은 듯 다가갔습니다.

"어? 여우 아저씨! 길을 잃어버렸어요."

여우는 마침 잘됐다고 병아리에게 집으로 가서 함께 살자고 했습니다. 병아리는 여우 아저씨가 마음씨가 상냥하다고 좋아했습니다. 상냥하다는 말을 처음 들어 본 여우는 기분이 이상했지만 싫지는 않았습니다.

'통통해지면 그때 잡아먹는 거야.'

그러던 어느 날, 병아리가 불쑥 밖으로 나가려 했습니다.

"여우 아저씨, 오늘은 저 언덕 너머로 가 보고 싶어요."

여우는 병아리가 도망갈까 봐 덜컥 걱정이 되어 몰래 뒤를 따라갔습니다.

잠시 후, 저 쪽에서 무척 지쳐 보이는 오리 한 마리가 걸어왔습니다.

"병아리야, 배도 고프고 다리도 아프고 어디 쉴 만한 곳이 없을까?"

"그럼 여우 아저씨네 집으로 가자."

오리는 여우가 잡아먹을지도 모른다고 싫다고 했습니다.

"아니야, 여우 아저씨는 친절하신 분이야."

뒤쫓아 가던 여우는 '친절하다'는 말을 듣고 가슴이 뜨끔할 수밖에 없었습니다. 살찌워 잡아먹으려는 속셈을 모르고 친절하다고 그랬으니까요. 하지만 싫지는 않았습니다. 어쨌든 여우는 두 마리를 먹을 수 있게 됐다고 좋아했습니다.

며칠 후엔 길 잃은 양까지 만나게 됐습니다.

"여우 아저씨는 천사 같은 분이야."

병아리의 말에 여우는 너무 놀랐습니다. '천사'라니, 생각하지도 않았기 때문이었습니다. 이제 여우는 동물 세 마리를 키우게 되었습니다. 날이 갈수록 동물들은 살이 포동포동 쪘지만 이상하게 잡아먹고 싶은 마음이 점점 없어져 갔습니다.

그러던 어느 날, 배고픈 늑대가 집 앞을 지나가다 동물들을 보았습니다.

"오랜만에 맛있는 식사를 하겠군."

"안 돼."

여우는 용감하게 늑대와 싸웠습니다. 여우는 원래 늑대보다 몸집도 작고 힘도 모자랐지만 처절하게 맞서 싸웠습니다.

마침내 늑대는 지쳐 도망가 버리고 피를 많이 흘린 여우도 그 자리에 쓰러졌습니다. 그날 밤 여우는 조용히 미소 지으며 숨을 거두었습니다. 동물들은 슬프게 울면서 여우의 무덤을 만들어 주었습니다. 무덤의 묘비명에는 '참 마음씨 좋은 여우 아저씨 잠들다.'라고 쓰여 있었습니다.

(2) 개작된 동화

여우 이모

어느 날 숲속에서 배고픈 여우가 어슬렁거리고 있었어요.

"어휴, 배고파. 뭐 먹을 만한 게 없을까?"

그때 저 멀리서 작은 병아리 한 마리가 걸어오는 게 보였어요.

여우는 살금살금 다가갔지요.

"어! 여우 이모."

"깜짝이야. 이모?"

"네. 엄마가요. 숲속 동물들은 모두 한 식구랬어요."

여우는 이모라는 말에 몹시 쑥스러웠어요.

"근데, 이모. 길을 잃어버렸어요. 우리 엄마 좀 찾아 주실래요?"

그 말을 들은 여우는 속으로 콧노래를 불렀어요.

'그래, 데려다가 살찌운 뒤 잡아먹는 거야.'

"그럼 엄마가 오실 때까지 이모랑 같이 있자. 응?"

"고맙습니다. 이모. 이모는 마음씨가 정말 좋아요."

'마음씨가 좋아?'

여우는 생전 처음 마음씨 좋다는 말을 들어봤기 때문에 기분이 너무 이상했어요.

여우와 병아리는 이제 한집에 살게 되었지요.

그러던 어느 날이었어요.

"이모, 오늘은 엄마가 오시나 안 오시나 저 언덕 너머로 한번 가 볼래요."

'으응? 도망가면 어쩌지?'

여우는 병아리를 몰래 뒤쫓아 갔어요.

잠시 후 몹시 지쳐 보이는 오리 한 마리가 비틀비틀 걸어왔어요.

"배도 고프고 다리도 아프고, 병아리야! 어디 쉴 만한 곳이 없을까?"

"있어. 여우 이모네 집! 나랑 같이 갈래?"

"뭐? 여우! 말도 안 돼. 당장 날 잡아먹고 말걸."

"아니야. 여우 이모는 천사 같은 분이셔."

뒤쫓아 가던 여우는 천사라는 말을 듣고 가슴이 뜨끔했어요.

'날 보고 천사? 음음 어쨌든 잘됐지 뭐. 두 마릴 먹으면 더 좋지.'

그런데 참 이상한 일이죠? 날이 갈수록 잡아먹고 싶은 마음이 없어지는 거예요.

'안 돼. 먹을 날을 잡아야 해. 난 못된 여우야. 암, 여우라고!'

그렇게 하루 이틀 미루기만 하던 어느 날 배고픈 늑대가 여우네 집 앞을 지나가게 되었어요.

"음 고것들 참 맛있겠는걸. 에잇."

늑대는 입을 크게 벌리고 동물들에게 달려들었어요.

"안 돼!"

여우는 죽을힘을 다해 맞섰지요. 한나절이 지났지만 싸움이 끝나지 않았어요.

싸우다 싸우다 지친 늑대는 달아나고 말았어요.

"이모, 이모!"

"난, 너희들이 있어서 정말 행복했어."

그날 밤 여우는 조용히 미소 지으며 숨을 거두었어요. 동물들은 뜨거운 눈물을 흘리며 여우의 무덤을 만들어 주었지요. 거기엔 '이 세상에서 가장 사랑이 많은 여우 이모의 무덤'이라고 쓰여 있었답니다.

제2절 이야기(동화) 구연 방법과 실제

"태어난 곳이 다른 동물들은 오지 마라."

"물개들은 오지 마라!"

"다른 동물들을 밀어내라!"

"왜 밀어내요?"

아기펭귄이 물어요.

–이상욱, 조원희 「밀어내라」

1. 이야기 구연 방법(화술)

이야기 구연 방법, 즉 화술은 구연의 생명이므로 이야기를 전달하는 직접적인 기술이다. 이야기 구연을 위해서는 말하는 이(구연자), 듣는 이(청자), 텍스트(문학 작품)가 필요하다. 생동감 있는 구연을 위해서 구연자는 어린이에게 적합한 고도의 예술성이 있는 작품을 선택하는 능력이 필요하며, 동화에 담긴 정서와 감정을 적절하

–지각대장 존(존 버닝햄) –깃털 없는 기러기 보르카(존 버닝햄)

게 전달하는 감각이 필요하다.

이야기 구연에는 순수 구연과 매체를 사용한 구연이 있는데, 어떤 방법이든 구연을 하기 전에 교사는 이야기 내용에 대해 충분히 알아야 하고 구연에 활용되는 모든 자료가 준비되어야 한다. 구연 시 사용되는 목소리, 매체나 제스처에 대한 충분한 연구가 필요하고, 선정된 매체와 제스처가 동화의 내용 전달에 효과적일 수 있도록 많은 연습이 필요하다. 이러한 사전 연습을 통해 구연가는 자신감을 가지게 되는 것이다. 아동에게 이야기를 효과적으로 들려주기 위한 심리적 · 물리적 준비는 이야기 전달의 중요한 자세이다. 이를 위한 읽기 방법의 실제를 제시한다.

첫째, 읽기 전 읽기 지도. 이야기 구연을 하기 전에 읽기의 효율성을 높이기 위해 읽기의 목적을 결정하고 정보를 예측하도록 돕는 것은 중요한 교수법이라 할 수 있다. 책을 읽기 전에 배경지식을 활성화하고 의미를 찾는 준비 작업 단계가 필요하다. 미리 보기, 예측하기, 연상하기, 건너뛰며 읽기, 빈칸 메우기 등이 있다.

– "자, 여러분! 오늘 선생님이 '지각대장 존'이라는 재미있는 책을 읽어 줄 거예요.

그런데 앞표지를 함께 볼까요? 여기에 한 아이가 있네요. 그런데 옆에 있는 이 분은 누구일까요, 이 아이의 표정이 어때요? 무슨 일이 있었는지 생각해 볼까요?"

둘째, 읽는 중 읽기 지도. 선생님이 책을 읽어 주는 중에 아동이 책 내용에 관심을 갖도록 유도하고 예측을 확인하도록 글의 중심 생각과 유형 찾기, 자기 질문하기, 함께 의견 모으기, 제목과 내용 생각 찾기, 뒷이야기 미루어 짐작해 보기 등이 있다.

셋째, 읽은 후 읽기 지도. 책을 다 읽어 준 후에는 인상적인 부분이나 재미있었던 장면 떠올려 보기, 내용 정리해 보기, 자신의 경험과 비추어 보기, 만일 나라면~주인공 되어 보기, 뒷이야기 지어 말해 보기 등이 있다.

- "우리 친구들! 재미있게 들었나요? 지각대장 존 이야기 재미있었나요. 쭛쭛이는 어디 장면이 가장 재미있었나요? 만일 쭛쭛쭛 친구라면 어떻게 했을까요?"

하지만 반드시 독후에 활동을 해야 하는 것은 아니다. 때로는 아동의 침묵이나 비언어적인 메시지 또한 표현의 수단이므로 강제적인 질문이나 대답 유도는 피하는 것이 좋다.

이 절에서는 동화를 효과적으로 구연하기 위해 알아야 할 사항들을 박선희와 이송은(1997)의 『동화 구연 방법』을 발췌하여 싣는다.

(1) 등장 배역의 성격 설정을 적절히 한다.

구연에서 가장 먼저 결정해야 하는 것은 등장 배역의 성격에 따른 목소리 설정이다. 성격 설정에 고정된 틀이 있는 것은 아니지만 듣는 사람이 상식적으로 받아들이기 쉽게 정하는 것이 구연에 생명력을 불어넣는 비결이다. 가령, 물방울을 거친 남성의 목소리로 한다거나 천둥을 가냘픈 어린이 소리로 한다면 내용이 아무리 재미있고 다른 부분의 연기가 뛰어나더라도 그 구연이 우스꽝스러워질 것이다. 구연 시 성격 설정을 쉽게 하는 방법은 다음과 같다.

① 대사가 있는 등장 역할의 수를 결정한다. 기본적으로 해설자의 대사가 있기 때문에 등장인물에 1을 더한 숫자가 구연자가 소화해야 할 역할의 수가 된다.

② 내용에 맞추어서 성격을 설정하는데, 서로 대조적으로 하면 구연 시 표현하기가 쉽다. 예를 들면, '여우 이모'에서 여우는 날렵한 느낌의 젊은 여성, 늑대는 거친 남성 소리로 설정한다.

③ 목소리는 이야기 중 배역의 크기, 나이, 성별, 내용 중 성격 묘사 등을 염두에 두고 소리의 굵기, 높낮이, 맑고 탁함, 여성 또는 남성, 소리의 연령, 가성, 비음 등을 참고해서 설정한다.

④ 사람의 경우는 동화 속에 그려진 연령과 성별에 맞추면 무난하다. 이때 등장인물끼리 서로 구별이 되도록 하는 것인데, 같은 남자라도 어린이, 청소년, 아저씨, 할아버지가 서로 달라야 하고, 같은 또래라면 굵기나 맑기의 정도로 구별해 준다.

⑤ 동식물의 경우는 그것이 평소에 주는 이미지와 내용 속의 성격을 고려해서 결정한다. 이때 대체로 크기가 작은 것은 높고 가늘게, 몸집이 큰 것은 낮고 굵게 하는 것이 무리가 없다. 간혹 평소의 이미지와 내용 속의 성격이 상반되는 경우도 있는데, 이럴 때에는 구연자가 이야기의 전체 맥락에서 그 역할을 잘 나타낼 수 있도록 신중히 선택한다.

⑥ 무생물의 경우에도 의인화되어 묘사되기 때문에 성격 설정에서 사람처럼 나이와 성별을 적용하는 것이 편리하다. 해님, 바람, 구름 등 자연 현상과 귀신, 괴물, 도깨비 등은 비정형화된 성격이므로 상황에 맞게, 구연자가 편리하게 설정하도록 한다. 다시 말해서, 전반적으로 여성적인 성격들이 많이 나오는 동화라면 이러한 성격을 남성 쪽으로 잡고, 노년기의 성격이 많이 나온다면 젊은 층으로 방향을 잡는 것이 좋다.

⑦ 중요한 것은 전체적인 이야기의 흐름이므로 등장인물이 지나치게 많을 때에는 과감하게 대사를 줄이고, 각 인물의 연기에 너무 집착하지 않도록 한다.

(2) 영유아에게 시선을 골고루 주면서 구연한다.

구연이 책을 읽는 것과 다른 점은 구연자와 청중 간에 서로 시선을 교환하는 가운데 공감대가 형성되고 청중을 이야기 속으로 몰입하게 하는 특성이 있는 것이다. 따라서 구연 도중에는 영유아에게 시선을 골고루 주면서 진행한다. 구연자의 자세는 힘을 빼고 손을 자연스럽게 양쪽으로 내리거나 두 손을 앞으로 가볍게 모아 쥔 상태를 기본으로 한다.

(3) 제목을 소개하고 약간의 여유를 둔 후 구연을 시작한다.

동화 구연을 할 때 곧바로 시작하지 말고, 먼저 동화 제목을 소개하고 약간 여유를 둔 뒤에 동화의 첫머리를 시작한다.

(4) 도입부는 여유 있으면서도 탄력 있게 유도한다.

동화의 도입부는 전체 이야기 전개를 이끌어 나갈 분위기를 잡는 부분이므로 지나치게 빠르거나 늘어지지 않도록 유의한다. 이때 전래동화라면 구수한 느낌으로 시작하고, 동식물이 등장하거나 생활동화라면 산뜻한 기분을 주는 것이 좋다.

(5) 호흡할 곳을 적절히 조절한다.

동화 구연은 구연자의 호흡 조절에 따라 대사 전달의 힘이 좌우된다는 점에 유의하여야 한다. 호흡 조절을 위해서는 동화 원고에 끊어 읽기 표시를 해 가면서 연습하는 것이 도움이 된다. 자연스런 구연을 위해서는 들숨과 날숨을 쉬는 방법을 습득하여 안정적인 발성이 되도록 해야 한다. 먼저, 호흡을 가다듬고 편안한 마음으로 복식호흡을 연습해야 한다. 들숨을 통해 아랫배에 힘을 깊이 넣은 다음 소리를 낼 때 호흡을 적절히 나누어 쓴다. 성악이나 연극에서와 마찬가지로 복식호흡에 기초한 소리의 절제, 곧 리듬감 있는 표현이 구연에 생동감을 불어넣어 준다.

(6) 모든 대사는 또박또박 힘주어 전달한다.

동화 구연 시 모든 대사는 힘이 있고 긴장감이 있어야 한다. 예를 들면, "쉬, 여기

야, 여기."의 경우 소리 크기가 작다고 소리 자체의 긴장감까지 잃어서는 안 된다. 반대로, 큰 소리라고 막 질러 대기만 한다면 이 역시 소리의 힘이 없어져서 전달이 약해진다. 호흡에서 언급한 바와 마찬가지로, 아랫배에 힘을 주는 복식호흡 상태에서 발성을 한다면 소리에 힘이 있고 멀리 떨어져 있는 청중에게까지 잘 전달된다.

(7) 대사의 전후에 있는 해설 부분은 대사와 구별되도록 한다.

대사 전후의 해설은 분위기를 고조시키거나 동화를 정돈, 마무리하는 기능이 있다.

> 사또는 그만 강물에 풍덩 빠지고 말았어요. – ㉠
> "사람 살려요, 사람 살려!" – ㉡
> 하지만 강가엔 아무도 보이지 않았어요. – ㉢

여기에서 ㉠은 ㉡의 다급한 외침이 실감을 더하도록 위기감을 끌어올려 분위기를 고조시키는 반면, ㉢은 자칫 감정이 넘치지 않도록 정돈시켜 주면서 다음 상황과 연결해 주는 역할을 한다. 등장인물이 위급하다고 해서 해설까지 덤벙거리면 이야기의 입체감이 떨어지는 것은 물론이고 구연 현장의 분위기가 흐트러지게 될 것이다.

(8) 표정 연기와 제스처를 곁들인다.

이야기 전개에 맞게 얼굴의 각도를 바꾸거나 몸짓을 곁들임으로써 청중이 구연에 집중할 수 있도록 한다. 그러나 연극과 혼동해서 지나치게 많이 움직이는 것은 삼가야 한다. 특히 아무런 도구를 사용하지 않는 순수 구연에서는 행동반경이 큰 것은 삼가고 제자리를 벗어나지 않는 상태에서 주로 손, 발 등을 가볍게 움직이면서 입체적인 느낌으로 내용의 전달 효과를 높이도록 하는 것이 좋다.

(9) 각 단어의 의미나 문맥의 상황 등을 충분히 살린다.

구연자는 구연을 하기 전에 크게는 상황의 변화, 작게는 단어의 느낌을 어떻게 표현할 것인지를 결정해야 한다. 구체적으로 살펴보면 다음과 같다.

① 어휘의 뜻을 담아 표현한다. 예를 들면, '깊은'이라는 단어는 음높이를 낮춰 '깊~은'이라고 해야 제맛이 나고, '마음씨 좋은' '냄새가 고약한' 등 가치 판단이 들어 있는 형용사의 경우에는 '좋은' '고약한' 등의 느낌이 들도록 소리에 색과 표정을 넣어야 한다. 또한 '감이 뚝 떨어졌어요'의 경우에서는 '뚝'은 짧고 강하게, 그리고 약간 여유를 둔 뒤 '떨어졌어요'를 낮추어 소리 낸다면 상황은 보다 실감 나게 될 것이다.

② 이야기 중간의 시간 변화('다음날 아침' '가을이 되자' '밤이 깊었어요' 등)는 분위기를 바꾸어 주는 느낌이 들도록 말의 속도와 크기를 조절한다.

③ 같은 말이 반복되는 경우에는 고저, 장단, 강약 등을 달리해서 구연이 자칫 따분해지지 않도록 해야 한다. 예컨대, '저 놈을 당장 잡아라(㉠), 잡아라(㉡)'에서 ㉠은 작게 ㉡은 크게 또는 ㉠은 짧게 ㉡은 길게 등으로 하면 두 개를 똑같이 했을 때보다 훨씬 더 의미가 잘 전달될 수 있다.

④ 의성어, 의태어('쌔근쌔근' '아롱다롱' '살랑살랑' '사뿐사뿐')의 경우에는 앞부분은 높고 길게, 뒷부분은 낮고 짧게 하는 것이 일반적인 방법이다.

⑤ 여러 개를 나열할 경우에는 중간에 맥이 풀리지 않고 이야기의 탄력을 잃지 않도록 한다. 첫째, 둘째 등 순서를 나타내는 말에는 소리와 표정에 힘을 더 주고, 단순한 나열의 경우에는 매번 어미를 살짝 올려 주되 끝에서 두 번째는 더 강하게 올리고, 마지막 것은 어미를 단정히 내려 준다. 예컨대, '호랑이, 토끼, 돼지, 황소, 원숭이 그리고 말'의 경우 '원숭이'를 더 힘 있게 올리고 '말' 뒤를 산뜻하게 내리는 느낌이 있어야 한다.

⑥ 어미의 강약이나 고저는 상황의 흐름에 맞춰 변화시킨다.

> 영희가 눈을 떠 보니 집에는 아무도 없었어요. – ㉠
> 안방, 건넌방, 부엌까지 뒤져 봐도 들리는 건 뚝딱거리는 시계소리뿐이지 뭐예요? – ㉡
> 큰 집에 혼자라고 생각하니 영희는 갑자기 소름이 오싹 끼쳤어요. – ㉢

이 경우, ㉠, ㉡, ㉢은 어미의 음높이나 분위기가 서로 달라야 한다. 즉, ㉠은 단순

하게 내리고, ㉡에서는 올리고, ㉢은 ㉠보다 높게 하되, 그러나 ㉡처럼 올리지는 않아야 주인공의 심리 상태가 보다 긴박감 있게 전달될 것이다. 시간의 흐름에 따라 불안감이 더해지는 모습을 어미의 높이와 강도에 차이를 둠으로써 보다 효과적으로 나타낼 수 있다.

(10) 불필요한 습관은 버리고 구연을 자연스럽게 한다.

'에 –' '저 –' '응 –' 등의 불필요한 언어 습관을 고치려면 우선 책을 크게 읽는 연습을 하고, 자신의 목소리를 녹음해서 들어 보는 것이 도움이 된다. 또한 한 이야기를 잘 전달하기 위해 구연자는 자신이 각 등장인물의 입장이 되어 연기하도록 해야 한다. 예쁜 목소리를 가지고 있어야만 구연을 할 수 있다는 것은 잘못된 선입견이며, 지나치게 과장하거나 꾸미게 된다면 동화를 듣는 사람이 오히려 부자연스럽게 느끼게 된다. 자연스러운 전달을 위해서 구연자는 본인이 그 상황에 처하였다면 어떻게 소리를 냈을까를 생각해 보고 바로 그 느낌을 표현할 수 있다면 가장 바람직하다.

2. 이야기 구연의 실제

제시된 활동을 통해 구연 시 성격 설정, 활동 방법 및 구연 방법을 보다 구체적으로 살펴본다.

여우 이모

1) 구연 시 성격 설정의 예

–여우 이모: 날렵한 느낌의 젊은 여성 소리
–병아리: 5세 정도의 여아 소리

–오리: 약간 둔한 느낌의 소년 소리
–늑대: 거친 남성 소리

2) 개작된 구연동화

어느 날 숲속에서 배고픈 여우가 어슬렁거리고 있었어요.
"어휴, 배고파. 뭐 먹을 만한 게 없을까?" ①
그때 저 멀리서 작은 병아리 한 마리가 걸어오는 게 보였어요.
여우는 살금살금 다가갔지요.
"어! 여우 이모."
"깜짝이야. 이모?" ②
"네. 엄마가요. 숲속 동물들은 모두 한 식구랬어요."
여우는 이모라는 말에 몹시 쑥스러웠어요.
"근데, 이모. 길을 잃어버렸어요. 우리 엄마 좀 찾아 주실래요?"
그 말을 들은 여우는 속으로 콧노래를 불렀어요.
'그래, 데려다가 살찌운 뒤 잡아먹는 거야.' ③
"그럼 엄마가 오실 때까지 이모랑 같이 있자. 응?"
"고맙습니다. 이모. 이모는 마음씨가 정말 좋아요."
'마음씨가 좋아?'
여우는 생전 처음 마음씨 좋다는 말을 들어 봤기 때문에 기분이 너무 이상했어요.
여우와 병아리는 이제 한집에 살게 되었지요.

그러던 어느 날이었어요.
"이모, 오늘은 엄마가 오시나 안 오시나 저 언덕 너머로 한번 가 볼래요."
'으응? 도망가면 어쩌지?'
여우는 병아리를 몰래 뒤쫓아 갔어요.
잠시 후 몹시 지쳐 보이는 오리 한 마리가 비틀비틀 걸어왔어요.

"배도 고프고 다리도 아프고, 병아리야! 어디 쉴 만한 곳이 없을까?"

"있어. 여우 이모네 집! 나랑 같이 갈래?"

"뭐? 여우! 말도 안 돼. ④ 당장 날 잡아먹고 말걸."

"아니야. 여우 이모는 천사 같은 분이셔."

뒤쫓아가던 여우는 천사라는 말을 듣고 가슴이 뜨끔했어요.

'날보고 천사? 음음 어쨌든 잘됐지 뭐. 두 마릴 먹으면 더 좋지.'

그런데 참 이상한 일이죠? 날이 갈수록 잡아먹고 싶은 마음이 없어지는 거예요.

'안 돼. 먹을 날을 잡아야 해. 난 못된 여우야. 암, 여우라고!'

그렇게 하루 이틀 미루기만 하던 어느 날 배고픈 늑대가 여우네 집 앞을 지나가게 되었어요.

"음 고것들 참 맛있겠는걸. 에잇!" ⑤

늑대는 입을 크게 벌리고 동물들에게 달려들었어요.

"안 돼!"

여우는 죽을 힘을 다해 맞섰지요. 한나절이 지났지만 싸움이 끝나지 않았어요. 싸우다 싸우다 지친 늑대는 달아나고 말았어요.

"이모, 이모!" ⑥

"난, 너희들이 있어서 정말 행복했어."

⑦ 그날 밤 여우는 조용히 미소 지으며 숨을 거두었어요. 동물들은 뜨거운 눈물을 흘리며 여우의 무덤을 만들어 주었지요. ⑧ 거기엔 '이 세상에서 가장 사랑이 많은 여우 이모의 무덤'이라고 쓰여 있었답니다.

–동화 구연 방법(박선희, 이송은, 1997)

3) 구연 방법

앞의 개작된 구연동화의 내용을 전개하면서 구연 방법을 살펴보면 다음과 같다.

① 양손을 배에 대고 등을 약간 구부린 채 좌우를 천천히 조금 살핀다.

② '깜짝이야'에서는 몸을 뒤로 약간 젖혔다가 '이모' 할 때 앞으로 약간 숙이며 눈을 껌벅거리며 말한다.

③ 시선을 내리깔고 손가락 하나를 머리에 대고 '잡아먹는 거야'에서 주먹을 불끈 쥔다.

④ '말도 안 돼'에서 황급히 손을 내젓다가 '당장 날'에서 양 손바닥으로 자기 가슴을 가리킨다.

⑤ 천천히 노려보며 중얼거리다가 '에잇'에서 양손의 손가락을 펴서 어깨 높이 정도로 치켜든다.

⑥ 시선을 내리깔고 침통해하며 양손으로 한 차례 흔드는 시늉을 한다.

⑦ 해설 부분에서 극적인 대사 뒤에는 약간 여운을 둔 후 담담하게 진행한다. 해설은 이야기의 일관성과 이야기의 무게 중심을 유지하는 부분이므로 표정이나 분위기 설정은 약간만 한다.

⑧ 끝부분은 여유 있게 서두르지 않고 여운이 남게 한다.

(1) 눈먼 새앙쥐와 신기한 동물

① 구연 시 성격 설정의 예

- 새앙쥐: 서로 구별되는 어린이의 목소리
- 분위기: 시각과 청각을 통한 상상력과 사고력을 자극하는 목소리

② 개작된 구연동화 내용

아롱다롱 아름다운 연못가에 아주 작은 일곱 마리의 눈먼 새앙쥐가 살았어요. 어느 꽃 피는 봄날이었어요. 일곱 마리 눈먼 새앙쥐들이 산책을 하고 있었어요. "꽃밭에는 꽃들이 모여 살아요……." 그때였어요.

"쿵" "쿵" "쿵" 큰 소리가 들리더니 무언가 큰 물체가 앞을 떡 가로막았어요. "이게 뭐지." "정말 뭘까?" 새앙쥐들은 몹시 궁금했지만 무서워서 재빨리 집으로 돌아왔어요. 하지만 너무나 궁금해서 견딜 수가 없었어요.

그래서 월요일에 빨간 새앙쥐가 알아보러 나갔어요. "그건 커다란 기둥이었어. 아주 크고 튼튼했거든." 빨간 새앙쥐는 자신 있게 말했어요.

화요일에는 주황색 새앙쥐가 알아보러 갔어요. "그건 커다란 뱀이었어. 아주 길고 물컹물컹했거든!"

수요일에는 노랑 새앙쥐가 알아보러 갔어요. "아니야 그건 커다란 창이었어. 길고 아주 뾰족하게 생겼던 걸." 노랑 새앙쥐도 자신 있게 말했어요.

목요일에는 초록 새앙쥐가 알아보러 갔어요.

"그건 굉장히 높은 절벽 낭떠러지였어." 초록 새앙쥐도 큰소리로 말했어요.

금요일에는 파랑 새앙쥐가 알아보러 갔어요.

"무슨 소리들이야! 그건 큰 부채였어! 살랑살랑 부채질을 하고 있던걸."

토요일에는 남색 새앙쥐가 달려갔어요. "그건 그냥 밧줄일 뿐이야."

하지만 다른 새앙쥐들은 고개를 살래살래 흔들며 아무 말도 믿지 않았어요. 서로 자기 말만 옳다고 다투기 시작했어요.

"기둥이야!" "뱀이야!" "창이야!" "절벽이야!" "부채야!" "밧줄이야!"

마지막으로 일요일에는 보라색 새앙쥐가 알아보러 갔어요.

보라색 새앙쥐는 그 이상한 물체에 다가가서 위, 아래, 앞, 뒤를 골고루 만져 보았어요.

"기둥처럼 크고 튼튼한 다리, 커다란 뱀처럼 부드럽게 움직이는 코, 절벽처럼 크고 넓은 몸통, 부채처럼 움직이는 커다란 귀, 창처럼 날카롭고 긴 뿔, 밧줄처럼 긴 꼬리"

"그러면 이게 뭘까?" "아하 알았다!" "그건 커다란 동물이었어."

그 말을 들은 일곱 마리의 새앙쥐들은 다 함께 커다란 동물의 코로 올라갔어요. 코에서 머리로, 머리에서 몸으로 위에서 아래로 구석구석을 다니며 살펴보았어요. 그리고 쪼르르 신나게 미끄럼을 타고 내려오면서 모두 다 함께 소리쳤어요. 뭐라고 소리쳤을까요?

"네, 코~ 끼~ 리, 코끼리다~ 이렇게 소리쳤어요."

-이솝우화를 소재로 개작한 김경중의 구연동화(김경중, 2005).

(2) 이솝우화 "허영심 많은 까마귀"

① 개작 전의 이솝우화

"허영심 많은 까마귀"

새들이 가장 아름다운 새를 뽑는 대회를 열기로 했습니다.

까마귀는 이 대회에 나가고 싶었습니다. 하지만 새까만 몸으로는 나갈 수가 없었습니다.

까마귀는 대회에 나가고 싶었지만 아무리 해도 나갈 수가 없었습니다.

어느 날 까마귀는 고민을 하다가 묘안을 생각해 냈습니다.

"여러 새들이 떨어뜨린 깃털로 변장을 한다면 아무도 내가 까마귀인 걸 모르고 홀딱 속아 넘어갈 거야."

까마귀는 새들의 깃털을 주워서 자기(자신)의 털 위에 하나씩 꽂았습니다. 까마귀의 모습은 참으로 아름다웠습니다.

"야! 처음 보는 아름다운 새다."

그때 공작새가 외쳤습니다.

"앗 저건 내 깃털이다."

"아니 저건 내 깃털이잖아!"

새들은 까마귀에게 달려들어 자기의 깃털을 하나씩 뽑았습니다. 아름답던 까마귀는 순식간에 원래의 새까만 모습으로 돌아가 버리고 말았습니다.

② 개작 후의 이솝우화

"멋쟁이가 되고 싶은 까마귀"

〈구연 시 성격 설정의 예〉

- 해설: 50도 음도로 잔잔하게 시작을 알리는 음성
- 까마귀: 슬프고 한숨짓는 여아 목소리
- 공작새: 날카롭고 뽐내는 여아 목소리
- 다른 새: 비웃는 듯한 남아 목소리

옛날 숲속에서 새들의 잔치가 열렸어요. (잔잔하게, 편안하게)

이번 잔치에는 가장 아름다운 새를 왕으로 뽑기로 했어요.

"내가 왕이 되어야지."

새들은 냇가에서 깃털 손질을 하며 몸치장을 했지요.

까마귀는 물에 비친 제 모습을 보고 한숨을 쉬며 말했어요.

"나는 목욕을 해도 까맣고 …… 어떻게 하지 …… 옳지!" (한숨을 쉬며, 초라한 모습을 연상하며)

까마귀는 다른 새들의 깃털을 주워 제 몸에 하나둘 꽂았지 뭐예요.

"우와! 정말 아름다운걸." (자랑스럽게, 뽐내며)

까마귀는 뽐을 내며 새들이 모여 있는 곳으로 걸어갔어요.

"우와! 얘들아, 저기 좀 봐. 정말 멋진 새다." (부러워하는 음성으로, 두 손을 모으고)

까마귀는 너무 기뻐서 춤을 추기 시작했어요.

그때 점점 하늘이 어두워지기 시작하더니 갑자기 비가 내리기 시작했어요. (전환을 의미하는 목소리로 구연)

그런데 이게 어떻게 된 일이에요. 까마귀의 깃털이 빠져 여기저기 떨어지기 시작하지 뭐예요.

"이건 내 깃털이잖아. 아름다운 공작인 내 깃털을 가져다가 감히 흉내를 내~" (도도하고 화가 난 목소리로)

"이건 내 깃털인걸."

숲속 새들의 잔치는 야단이 났어요.

"어떡하지. 난 몰라~" (당황하고 슬픈 목소리로)

얼굴이 빨개진 까마귀는 너무도 부끄러워 숲속으로 날아가 버렸답니다.

3. 바른 구연을 위한 한글 맞춤법의 필요성

이야기 구연은 개인의 음색과 감정, 표정에 따른 비언어적인 메시지와 음성언어인 음운을 통해 이야기를 실감 나고 재미나게 전달하는 기능을 말한다. 이야기 구연을 잘하기 위해서는 표준말 사용과 정확한 발음, 띄어 읽기 등의 어문 규정을 정확히 알고 있어야 한다.

현행 어문 규정은 '한글 맞춤법'과 '표준어 규정' '외래어' 등으로 구성되어 있다. '한글 맞춤법'은 낱말의 기본 형태를 밝히고 일정한 어법에 맞는 글을 쓰도록 기준을 정한 철자법, 국민을 언어적으로 통일시키고 공적인 상황에 적합한 언어를 사용하도록 그 시대 말과 글을 실제 현실에 맞춰 정한 것이다.[1]

1) 한글 맞춤법 내용 일람

제1장 총칙(1~3항)

1항 한글 맞춤법은 표준어를 소리대로 적되, 어법에 맞도록 함을 원칙으로 한다.

2항 문장의 각 단어는 띄어 씀을 원칙으로 한다.

3항 외래어는 외래어 표기법에 따라 적는다.

제2장 자모(4항)

제3장 소리에 관한 것(5~13항)

된소리(제5항)

구개음화(6항)

'ㄷ'소리 받침(7항)

모음(8~9항)

두음법칙(10~12항)

1) 이수열(1999). 우리말 바로 쓰기. 현암사.

겹쳐 나는 소리(13항)

제4장 형태에 관한 것(14~40항)

체언과 조사(14항)

어간과 어미(15~18항)

접미사가 붙어서 된 말(19~26항)

합성어 및 접두사가 붙어서 된 말(27~31항)

준말(32~40항)

제5장 띄어쓰기(41~50항)

제6장 그 밖의 것(51~57항)

부록 문장부호

2) 유념해서 보아야 할 맞춤법

(1) 된소리

한 단어 안에서 뚜렷한 까닭 없이 나는 된소리는 다음 음절의 첫소리를 된소리로 적는다. 다만, 'ㄱ, ㅂ' 받침 뒤에서 나는 된소리는 같은 음절이나 비슷한 음절이 겹쳐 나는 경우가 아니면 된소리로 적지 아니한다.

예) 메뚜기, 우뚝, 털썩 / 깍두기, 싹둑, 법석

– 가을 들녘에는 잠자리가 날고, 메뚜기는 논둑을 뛰어다녔어요.

– 아주머니! 깍두기 좀 더 주세요.

(2) 두음법칙

① 어두에 오는 자음을 제약하는 것으로, 한자어에서 첫음절의 닿소리가 'ㄹ, ㄴ' 일 때 겹홀소리나 'ㅣ'가 붙는 경우 이 소리를 쓰지 않으려고 한다.

녀, 뇨, 뉴, 니→'여, 요, 유, 이'

② 접두사처럼 쓰이는 한자가 붙어서 된 말이나 합성어, 둘 이상의 단어로 이루어

진 고유명사를 붙여 쓰는 경우 뒷말의 첫소리에 두음법칙을 적용하여 적는다.

예) 신여성, 남존여비, 한국여자대학/신년도, 고랭지

③ 모음이나 'ㄴ' 받침 뒤에 이어지는 '렬, 률'은 '열, 율'로 적는다.

(3) 접미사가 붙어서 된 말

어간에 '-이'나 '음'이 붙어서 명사로 된 것 중 어간의 원형을 밝히는 것과 어간의 원형을 밝히어 적지 아니하는 것(그 어간의 뜻과 멀어진 것은 원형을 밝히어 적지 아니한다.)이다.

(4) 사이시옷의 쓰임

순 우리말로 된 합성어, 순 우리말과 한자어로 된 합성어로서 앞말이 모음으로 끝난 경우

예) 나룻배. 잿더미. 귓병. 전셋집. 햇수. 자릿세. 선짓국. 모깃불

- 그대여, 나에게 나룻배를 저어 오오!
- 신데렐라는 잿더미 위에 앉아 슬피 울었다.
- 그 사람이 떠난 지 햇수로 3년이 다 되어 가네!

(5) 띄어쓰기

① 주부와 술부는 사이 띄어쓰기

- 코끼리는 / 기분이 좋아서 들판을 뛰어다녔어요.
- 기분이 좋은 코끼리는 / 엉덩이를 흔들며 걸어 다녔어요.

② 조사는 앞말에 붙여 쓴다.

예) 꽃같이. 집에서부터. 죽이나마

- 그 소녀는 꽃같이 아름다운 모습으로 웃었습니다.
- 그 꽃같이 아름다운 소녀를 만난다고 생각하니 가슴이 뛰었습니다.

③ 의존명사, 단위를 나타내는 명사 및 열거하는 말

- 나는 네가 웃는 바람에 까마득히 속았어.
- 지네는 신 두 켤레를 신고는 허리를 폈어요. 아휴, 허리야!

④ 부사 다음에 띄어쓰기: 막, 방금, 거기, 아마도, 결국, 어쩌면, 곧, 및

- 드디어 / 내가 나갈 차례가 되었구나!
- 문이 스르르 열리더니 / 결국 올 것이 오고 말았어요.

⑤ 강조하고자 하는 말 앞에 떼기

- "선생님, 교실에 불이 켜질 때까지 / 절대 나오시면 안 됩니다."
- 쥐돌아, 선생님이 부를 때까지 / 길에 나오면 안 된다.

⑥ 보조 용언은 띄어 씀을 원칙으로 하되, 경우에 따라 붙여 씀도 허용한다.

예) 불이 꺼져 간다. / 불이 꺼져간다.

비가 올 듯 하다. / 비가 올듯하다.

잘 아는 척한다. / 잘 아는척한다.

- 네가 나를 도와 줄 법하다. / 네가 나를 도와줄 법하다.
- 하늘엔 먹구름이 끼고 비가 올 듯 하다. / 하늘엔 먹구름이 끼고 비가 올듯 하다.

⑦ 고유명사 및 전문 용어: 성과 이름, 성과 호 등은 붙여 쓰고, 호칭, 관직명 등은 띄어 쓴다.

- 김종민 박사는 장군을 보고 인사를 했습니다.
- 서화담 씨, 저 좀 보세요.

연구문제

1. 이야기 구연의 필요성을 설명하시오.
2. 자연스런 구연을 위한 개작 시 유의점에 대해 설명하시오.
3. 아동문학 작품 중 한 편을 골라 대상에 맞게 개작하고 구연을 해 보시오.

제15장 문학을 통한 교육 활동

개관

제15장에서는 아동의 호기심을 충족할 수 있도록 다양한 문학 텍스트와 일러스트를 통해 교육현장의 활용에 도움을 주고자 한다. 아동이 문학 작품에 관심을 갖고, 다양한 통합적 문학놀이를 통해 발달할 수 있도록 적합한 활동을 전개하고자 한다. 문학을 통해 관심을 갖고, 테마별 문학을 선정해 보고, 영역별 활동으로 구성하였다.

학습목표

- 교육과정에서 적절하게 활용할 수 있는 다양한 문학 정보를 알 수 있다.
- 문학에 관한 올바른 정보를 교육과정에서 활용하는 방법을 이해한다.
- 이 내용을 참조하여 실제 교육과정에서 보다 적절하고 유용한 문학교육 활동을 개발한다.

– 비 오는 날(유리 슐레비츠)

– 바람 부는 날(에드워드 주르들로 글, 김성은 그림)

제15장 / 문학을 통한 교육 활동

제1절 텍스트(작품)의 목표와 활용 방법

관심이 있어야 알게 되고
알아야 보이고 보아야 사랑할 수 있다
사랑이 소중한 건 사랑할 때 세상이 아름다워지기 때문이다.
그래서 관심은 아름다운 세상을 여는 창문입니다.

–김경중「동화와 사물」

1. 문학 텍스트(작품)에 갖는 관심의 중요성

영유아기 · 아동기는 인생의 어느 때보다도 세상의 다양한 사물과 현상에 강렬한 지적 호기심을 갖는 시기다. 이 같은 호기심은 관심을 통해서 세상에 대한 이해와 통찰을 준다.

영유아 · 아동에게 문학이 꼭 필요한 것은 어린이의 이 같은 호기심과 관심의 불꽃에 기름을 부어 주는 것과 같은 역할을 하기 때문이다. 교육과정에서의 문학 활동은 항상 그 무엇보다도 텍스트에 대한 관심과 경험의 즐거움을 주는 것이 중요하다. 이것이 실패하면 모든 수고도 다 실패다. 이것이 문학 활동에서 꼭 지켜야 할 문학 텍스트를 대하는 가장 기본적인 황금률이다.

다음에 소개하는 작품들은 그 황금률을 전제로 하면서 부수적인 교육과정에서 적절한 문학 텍스트의 정보와 함께 작은 학습목표와 관련시켜 본 소개다. 그러므로 어떤 교육목표와 획일적으로 적용시키는 것을 지향하여 교육과정과 문학교육의 목표에 합당하게 활용되어야 한다.

2. 문학을 통해서 관심 넓히기

괴테의 "문학은 가르치는 것이 아니라 감동을 통해서 변화시킨다."라는 말을 다시 한번 생각해 보자. 문학 텍스트에 관심을 갖고 만나고 그 만남이 감동으로 이어질 수 있게 돕는 것, 그것이 교육과정에서 교사의 중요한 역할이다.

1) 『지구를 굴리는 곰 이야기』

(1) 목표

- 문학적 상상의 모험 세계를 즐긴다.
- 재미난 이야기로 지구의 낮과 밤, 계절의 변화를 안다.

(2) 활용

- 지구가 돌고 있는 진짜 이유는 무엇인가?
- 곰이 지구를 굴린다는 상상력을 왜 하게 되었을까?
- 지구가 둥글지 않고 네모난 상자 모양이었다면 곰이 잘 굴릴 수 있었을까?
- 여러 가지 모양을 상상해서 만들어 본다.
- 신문지로 공을 만들어 공놀이를 해 본다.
- 여러 가지 사물을 굴려 본다.
- 지구와 같은 모양을 하고 있는 사물을 찾아본다.

2) 『심심해서 그랬어』

(1) 목표

- 주인공의 마음이 되어 보고 그 느낌을 이야기해 본다.
- 사건의 연관성과 흐름을 생각하면서 이야기해 본다.
- 자연을 사랑하는 마음을 표현해 본다.

(2) 활용

- 만약 친구들이 돌이였다면 어떻게 동물들을 우리에 넣을 수 있었을까?
- 돌이와 복실이가 함께할 수 있는 재미있는 일엔 무엇이 있었을까?
- 혼자서 집을 볼 때 재미있게 지낼 수 있는 방법을 알아본다.
- 혼자 집에 있을 때 어떤 것들을 조심해야 할까?
- 돌이는 어떤 꿈을 꾸었을까?
- 동물들의 울음소리 흉내를 내 본다.
- 동물들의 우리를 만들어 본다.

3) 『레첸카의 알』

(1) 목표

- 문학적 상상력으로 텍스트에서 알의 의미를 생각해 본다.
- 일러스트의 아름다운 문양과 색채를 감상해 본다.
- 알 껍질을 이용할 수 있는 방법을 다양하게 생각해 본다.

(2) 활용

- 텍스트의 내용과 관련된 다양한 이야기를 나누어 본다.
- 텍스트의 내용과 관련해서 알에 대한 생각을 넓혀 본다.
- 알을 이용한 다양한 활동을 해 본다.

- 식초를 이용하여 달걀을 물들여 본다.
- 알 오목 게임을 해 본다.

4)『구름 나라』

(1) 목표

- 텍스트 문학의 세계에 들어가 상상의 모험 세계를 즐긴다.
- 재미있는 주문을 만들어 본다.
- 구름을 관찰해 보며 닮은 모양을 상상해 본다.

(2) 활용

- 구름에 대한 동시를 들려준다.

다음의 여러 가지 질문을 통해 생각을 넓힌다.

- 구름 위에 타고 있다면 어떤 느낌이 들까?
- 하늘에 두둥실 떠 있다면 어떤 기분이 들까?
- 친구들이 구름 나라의 친구들을 만났다면 무엇을 해 보고 싶을까?
- 구름을 보면 어떤 생각이 떠오르나?
- "구름 나라" 게임을 해 본다.

5)『앵무새 열 마리』

(1) 목표

- 텍스트의 앵무새를 찾아 생각해 보면서 관찰해 본다.
- 텍스트를 생각하면서 분류에 대한 기초 개념을 갖고 공통점을 찾아본다.
- "비슷하다"와 "똑같다"의 차이점을 안다.

(2) 활용

- 앵무새가 모두 사라져 버린 뒤 교수님은 왜 잠을 못 잤을까?
- 만약 여러분이 사랑하는 것이 없어진다면 어떤 기분이 들까?
- 여러분이 앵무새라면 어디에 숨을까?
- 매일 똑같은 인사를 받는 앵무새의 기분은 어떨까?
- 새로운 인사 방법으로 인사를 한다면 친구들은 어떻게 할 수 있을까?
- "앵무새" 종이접기를 해 본다.
- 새의 종류나 특징을 알아본다.
- 나를 "새"로 표현해 본다면 어떻게 표현할까?

6) 『청개구리의 슬픔』

(1) 목표

- 청개구리의 입장이 되어 보고 비가 오면 시끄럽게 우는 이유를 상상해 본다.
- 부모님께 우리가 할 수 있는 일들을 생각해 본다.

(2) 활용

- 왜 엄마 청개구리는 죽으면서 냇가에 묻어 달라고 하셨을까?
- 엄마가 살아 계셨을 때 청개구리가 어떻게 했으면 좋았을까?
- 엄마가 돌아가신 후에 아기 청개구리의 마음은 어땠을까?
- 엄마를 기쁘게 해 드리기 위한 방법에는 무엇이 있을까?
- 청개구리 가면을 만들어 본다.
- 청개구리 가면을 쓰고 서로 엄마와 아기가 되어 역할을 해 본다.
- 청개구리 뜀뛰기 게임을 해 본다.
- 청개구리의 울음소리와 특징에 대해 알아본다.

7) 『크릭터』

(1) 목표

- 크릭터를 통해서 문학적 상상력의 기쁨을 통해 뱀에 대한 편견을 바꾼다.
- 크릭터를 통해 열린 생각으로 동물을 바라본다.

(2) 활용

- 크릭터랑 놀 수 있다면 무얼 하고 싶은가?
- 만약에 크릭터가 아주 커다란 뱀이었다면 어떤 일이 생겼을까?
- 크릭터의 몸은 숫자나 글자 말고 또 무엇으로 변신할 수 있을까?
- 만약 나에게도 할머니처럼 뱀 친구가 있다면 어떨까?
- 뱀 친구에게 어떤 선물을 해 줄 수 있을까?
- 끈을 이용해서 뱀을 만들어 본다.
- 뱀에게 여러 가지 색깔이나 무늬를 장식해 본다.
- 뱀처럼 재미있는 모양을 만들어 본다(신체표현).
  ⇒ 몸으로 글자나 모양 표현하기
- 양말이나 스타킹으로 뱀 인형을 만들어 본다.
- 뱀의 이름을 지어 본다.

8) 『도깨비를 빨아 버린 우리 엄마』

(1) 목표

- 일상에서 일어나는 상상의 즐거움을 맛보며 이야기를 생각해 본다.
- 사물을 다양하게 이용할 수 있다는 유연한 생각을 갖는다.

(2) 활용

- '엄마는 많은 도깨비를 어떻게 빨았을까?'를 생각해 본다.

- 도깨비를 빨 때 세제 대신 또 어떤 것을 넣고 빨 수 있을까?
- 빨래 통 속에 있는 도깨비의 기분은 어땠을까?
- 엄마는 그 많은 빨래를 어떤 방법으로 말리셨을까? 어떤 방법으로 빨래를 개셨을까?
- 또 어떤 것들을 빨 수 있을까?
- 눈에 보이지 않는 마음도 깨끗하게 빨 수 있다면 어떤 마음을 빨아 보고 싶은가?
- 세탁 도구를 이용해서 난타를 해 본다.
- 도깨비를 그려 본다.
- 도깨비를 멋있게 꾸며 본다.
- 생각해 보기: '내가 도깨비라면?'

9)『외톨이 사자는 친구가 없대요』

(1) 목표

- 외톨이 사자가 되어 보는 상상을 통해서 사자의 마음을 이해해 본다.
- 친구가 되는 방법을 생각해 본다.
- 겉모양이 달라도 친구가 될 수 있다는 생각을 갖는다.

(2) 활용

- 여러 가지 동물 모양의 막대 인형을 만들어 본다.
- 사자가 외톨이가 되었을 때 마음이 어땠을지 생각해 본다.
- 겉모습이 변한다고 해서 사자가 변하는 것일까?
- 친구는 왜 필요할까?
- 어떻게 하면 친구들과 자연스럽게 친해질 수 있을까?
- 혼자 외롭게 있는 친구를 어떻게 도와주면 좋을까?
- "비밀친구" 게임을 해 본다.
- 사자를 예쁘게 꾸며 본다.

• 친구들과 할 수 있는 놀이를 알아본다.

10) 『방귀 시합』

(1) 목표

• 비현실적인 이야기를 통해서 상상의 즐거움을 느껴 본다.
• 여러 가지 소리에 관심을 갖고 상상력을 키운다.

(2) 활용

• 방귀에 대한 수수께끼를 낸다.
⇒ 악기 소리, 방귀 소리, 손으로 낼 수 있는 소리, 발을 이용한 소리
• 친구들은 방귀를 뀔 때 어떤 소리가 날까?
• 방귀를 뀌어서 달나라까지 물건을 날아가게 할 수 있다면 무엇을 날려 보내고 싶은가?
• 사람들이 많은 곳에서 방귀가 나오려고 한다면?
• 김 방귀쟁이와 이 방귀쟁이처럼 마음대로 방귀를 뀔 수 있다면 무엇을 하고 싶은가?
• 재활용품으로 절구통을 만들어 본다.
• '방귀가 왜 나오는가?'에 대해 알아본다.
⇒ 책, 인터넷

11) 『빨간 모자』

(1) 목표

• 빨간 모자가 되어 보는 상상을 통해서 유혹과 위험을 생각해 본다.
• 빨간 모자의 행동과 행동의 결과를 마음으로 새겨 본다.

(2) 활용

- 늑대의 뱃속에서 빨간 모자와 할머니는 어떤 생각을 했을까?
- 만약에 사냥꾼이 발견하지 않았다면, 빨간 모자와 할머니는 어떻게 되었을까?
- 신문지를 이용하여 모자 접기를 해 본다.
- 좋아하는 색깔로 모자를 예쁘게 꾸며 본다.
- 빨간색으로 된 물건들을 찾아보고, 빨간색이 주는 느낌에 대해 이야기 나눈다.

12) 『누구야 누구』

(1) 목표

- 무심코 지나쳤던 동물의 특징들에 대해서 관심을 갖는다.
- 동물들의 특징들을 상상력을 통해서 더 많이 생각해 본다.

(2) 활용

- "작은 동물원"의 노래를 불러 보고, 동물과 동물 울음소리를 바꿔 본다.
- 동물들의 엄마는 어떤 소리를 낼까?
- 동물들이 화날 때, 기쁠 때, 슬플 때, 아플 때의 기분이나 표정들을 표현해 본다.
- 동물들이 처음 만났을 때 어떤 기분이 들었을까?
- 동물들은 모여서 어떤 놀이를 하였을까?
- 동물들이 놀다가 엄마를 잃어버렸다면 어떻게 찾아갈 수 있을까?
- 동물 가면을 만들어 본다.
- 동물 가면을 쓰고 동물들의 특징들을 몸으로 표현해 본다.

13) 『무지개 물고기』

(1) 목표

- 친구의 소중함을 알고 친구를 이해하고 존중하는 마음을 갖는다.

- 친구와 사이좋게 지내려면 어떻게 해야 하는지 생각해 본다.
- "나누어 주는 기쁨"에 대해 생각해 본다.

(2) 활용

- 무지개 물고기가 친구들에게 반짝 비늘을 나누어 주지 않았다면 어떻게 되었을까?
- 여러분이 무지개 물고기였다면 어떻게 하였을까?
- 친구가 있어서 좋은 점과 나쁜 점은 어떤 것이 있을까?
- 여러분이 친구들에게 나누어 줄 수 있는 것은 무엇일까?
- 친구들과 사이좋게 지내기 위한 방법에는 어떤 것들이 있을까?
- "무지개 물고기"를 예쁘게 꾸며 본다.
  ⇒ 여러 가지 도형, 일곱 색깔 무지개, 모자이크

14) 『금도끼 은도끼』

(1) 목표

- 정직한 마음과 분수에 맞는 욕심을 갖는 것이 축복인가를 생각해 본다.
- 정직의 문제와 함께 나무꾼에게 진짜 필요한 도끼는 어떤 도끼인가를 생각한다.

(2) 활용

- 나무꾼이 나무하는 데 진짜 필요한 도끼는 무슨 도끼일까?
- 여러 가지 도끼의 모양에 대해 알아본다.
- 도끼 찾아오기 게임을 해 본다.
- 〈도깨비 나라〉 노래에 맞추어 노래를 듣고 가사를 바꿔 본다.

15)『내가 아빠를 얼마나 사랑하는지 아세요?』

(1) 목표

- 아빠의 사랑을 생각해 보며 감사하는 마음을 갖는다.
- 사랑과 감사를 표현하는 여러 가지 방법으로 생각해 본다.
- 가족을 부르는 명칭을 알아본다.

(2) 활용

- 〈사랑〉 노래를 불러 본다.
- "아빠 프로젝트"를 해 본다.
  ⇒ 아빠가 좋을 때, 아빠가 싫을 때, 아빠와 하고 싶은 놀이
- 아빠를 사랑하는 마음을 어떤 방법으로 표현할 수 있을까요?
- 아기 토끼는 어떤 꿈을 꾸었을까요?
- 사랑하는 아빠를 위해 무엇을 해 드릴 수 있을까요?
- 아빠와 함께할 수 있는 놀이에는 뭐가 있을까요?

제2절 텍스트(작품)의 선정과 활동 내용

그늘을 다스리는 일도 숨을 쉬는 일도
결혼하고 자식을 낳고 직장을 옮기는 일도
다
흔들리지 않으려 흔들리고
흔들려 흔들리지 않으려고
가지 뻗고 이파리 틔우는 일이었구나

–함복민 글, 한성옥 그림 「흔들린다」

1. 테마별 문학 텍스트의 선정

영유아교육기관에서는 교육과정의 주제에 적합한 문학 텍스트를 선정하는 일이 중요하다. 다음에 선정된 주제들은 교육과정에서 널리 사용하는 주제와 그에 적합한 문학 텍스트 그리고 활용 방법을 위한 내용들이다.

도서명	1. 우리아빠(한국프뢰벨주식회사, 1998)
주제와 내용	주제: "아빠에 대한 사랑 느껴 보기" ➔ 아빠랑 함께 놀기를 원하는 아이와 신체접촉을 하는 내용이다.
활동 내용	• 아빠 다리 사이를 기어 다니기 • 아빠 팔에 매달려 보기 • 아빠 머리 위에서 비행기 태워 주기 • 무동 타기 • 아빠 등에 올라 말타기 • 아빠 배 위에서 콩콩 뛰기 • 이불이나 천을 이용하여 숨바꼭질하기 • 아빠의 발바닥 간질이기 • 아빠랑 손가락 세어 보기 • 아빠랑 포옹하기 및 뽀뽀하기

도서명	2. 그래도 엄마는 너를 사랑한단다(중앙출판사, 2001)
주제와 내용	주제: "엄마에 대한 사랑 느껴 보기" ➔ 올리비아는 할 줄 아는 게 너무도 많은 아이다. 흉내쟁이, 개구쟁이, 애교쟁이 행동으로 엄마의 사랑을 아주 많이 받는다.
활동 내용	• 혼자놀이 (공차기, 목공놀이, 주스 마시기, 줄넘기, 달리기) • 남동생 흉내 내 보기(거울 앞에서 따라 해 보기) • 이 닦고 귀 빗질하기 • 맘에 드는 옷 갈아입기(멋쟁이 되어 보기) • 수영복 입고 비치볼 놀이와 수영하기 • 엄마와 모래성 쌓기 • 햇볕에 몸을 태우기 • 목욕하고 저녁 먹기, 잠자기 • 엄마 목소리로 동화 듣기 • 잠자기 전에 뽀뽀하기

도서명	3. 곧 태어날 우리 아가에게(중앙출판사, 2002)
주제와 내용	주제: "아기 탄생에 관한 생명의 신비 느껴 보기" ➔ 엄마 뱃속에서의 아이는 소리 듣는 것을 좋아한다. 처음 아이가 소리를 들을 수 있을 때부터의 엄마의 태교를 담은 감정과 소중함을 느낀다.
활동 내용	• 뱃속에서의 소리 듣기 (부모님 걱정하는 소리, 기분 좋아지는 소리) • 발가락을 꼬부려 보기 • 세상의 소리 들어 보기 (바다 파도 소리, 천둥 소리, 새 소리, 동물 소리) • 춤과 음악을 통한 느낌(감정) 표현하기 • 눈으로 상상해 보기

도서명	4. 알도(시공사, 1996)
주제와 내용	주제: "혼자 있는 아동의 외로움 극복" ➔ 나만의 비밀친구 알도가 있는데 힘든 일이 생기면 언제나 찾아와서 도와주고 함께 정답게 놀아 준다.
활동 내용	• 텔레비전 시청하기 • 장난감이나 책을 가지고 놀이하기 • 놀이터에서 놀기 • 근사한 곳으로 여행하기 (줄타기, 스케이트 타기, 그네 밀어 주기, 책 읽어 주기, 배 타고 여행하기)

도서명	5. 곰 사냥을 떠나자(시공주니어, 1994)
주제와 내용	주제: "모험의 즐거움" ➔ 곰 사냥을 하러 풀밭, 강물, 진흙, 숲, 눈보라, 동굴에 이르렀는데 진짜 곰을 만나 다시 갔던 길을 되돌아오는 내용을 의성어, 의태어를 통해 재미있게 표현하는 활동 속에서 즐거움을 느낀다.
활동 내용	• 풀밭 위로 뛰어넘기 • 풀밭 아래로 기어가기 • 강물 헤엄쳐 가기 • 질퍽질퍽 진흙탕 길 걸어가기 • 숲 뚫고 나아가기 • 눈보라 피하기 • 동굴 속 피하기 • 재빠르게 집으로 돌아오기 • 신나게 달려 보기

도서명	6. 난 토마토 절대 안 먹어(국민서관, 2001)
주제와 내용	주제: "편식에 관한 식습관 바꾸기" ➔ 여동생 롤라의 편식을 아주 자연스럽게 다른 것에 비유해서 고쳐 주는 내용이다.
활동 내용	• 음식 이름을 바꿔 보기 • 여러 가지 음식 이름 말해 보기 • 비슷한 것끼리 짝지어 보기 • 음식 만들어 보기

도서명	7. 눈 오는 날(비룡소, 1995)
주제와 내용	주제: "겨울의 아름다움에 관한 감동" ➔ 온 세상이 하얗게 눈으로 덮여 버린 아침에 피터는 겉옷을 입고 밖에 나와 발자국도 만들고 선도 그리고, 형들과 눈싸움도 하고, 눈사람도 만들고 눈천사들도 만들며 미끄럼도 탄다. 주머니에 눈을 가지고 집에 와서 내일 놀려고 했는데 눈이 녹아 버려서 슬펐지만 다음날도 눈이 많이 와서 재밌게 지냈다는 이야기이다.
활동 내용	• 눈 위에 발자국, 선 그려 보기 • 눈싸움, 눈썰매 타기, 눈사람 만들기

도서명	8. 아기 고슴도치와 친구들(글모인, 1996)
주제와 내용	주제: "친구에 대한 배려와 사랑" ➔ 멋진 뒷동산에 아기 고슴도치들이 신나게 뒹굴며 얼싸안고 노는데 울보 고슴도치가 나뭇가지에 찔려서 엉엉 울자, 엄마 고슴도치가 "누가 그랬니?" 하고 물으니까 친구가 찔렀다고 거짓말을 해서 뾰족한 가시를 달아 친구들도 찔러 주라고 했다. 그러자 모든 고슴도치가 가시를 달아서 서로 부둥켜 가시에 찔리게 되었다. 호숫가에서 자기의 가시투성이 모습을 본 고슴도치는 친구가 아파했을 것을 생각하며 친구가 그리워졌다. 친구와 만나서 서로 미안하다며 용서를 하게 되었다.
활동 내용	• 친구와 역할 바꾸어 보기 • 숨바꼭질하기 • 서로 안아 주기 • 친구와 사이좋게 지내는 방법에 대해 알아보기

도서명	9. 피터의 의자(시공사, 1996)
주제와 내용	주제: "가족에 대한 사랑" ➔ 엄마와 아빠가 갓난 여동생에게만 신경을 쓴다고 느낀 피터는 잠시 가출하여 집 밖에서 자기 물건들을 놓고 시위를 하다 엄마가 신경을 써 주자 약간 마음이 풀어진다. 그리고 이미 자라서 아기였을 때의 의자에 앉지 못하게 된 것을 알고 그 의자를 동생에게 주기 위해 분홍색으로 칠하는 아빠를 돕는다. 동생 때문에 사랑을 덜 받는다고 느끼는 유아의 심리, 엄마의 조그만 배려로 마음이 풀어지고 또 스스로가 많이 컸다고 느끼는 아이의 모습이 재미있다.
활동 내용	• 동생과 놀아 주기 • 엄마 아빠 심부름하기(작은 일 돕기) • 엄마 아빠 되어 보기

도서명	10. 프레드릭(시공주니어, 1999)
주제와 내용	주제: "개인별 특성의 소중함" ➔ 돌담에 수다쟁이 들쥐 가족들이 사는데, 겨울이 다가오자 들쥐들은 옥수수와 나무 열매와 밀과 짚을 모으느라 밤낮없이 열심히 일만 하는데 프레드릭은 일은 안 하고 오직 햇살을 모으고 색깔을 모으고, 이야기를 모으고 있었다. 첫눈이 내리자 들쥐들은 모두 돌담 구멍으로 들어가서 먹이를 먹고 잘 지내다가 먹이가 떨어지자 기운이 없어졌다. 이에 프레드릭을 찾아가 햇살도 느끼고, 색깔도 보고, 아름다운 이야기도 듣게 된다.
활동 내용	• 다른 사람과 협동하기 • 주변 사물을 탐색하기 • 친구 돕기 • 눈을 감고 상상해 보기 • 여러 가지 이야기를 만들어 보기 • 서로 생각을 표현하기 • 이야기의 느낌 말하기

도서명	11. 전쟁(비룡소, 2001)
주제와 내용	주제: "전쟁과 평화" ➔ 빨강 나라와 파랑 나라가 자주 전쟁을 하게 되어 사망자들과 부상자들이 많았다. 그래서 두 나라의 왕자끼리 결투를 해서 이긴 쪽이 승리하는 것으로 결정을 하고 두 왕자가 약속 장소에서 만났다. 그런데 빨강 나라의 왕자가 사고로 죽자 파랑 나라 왕은 자신의 아들을 추방했다. 자주 전쟁을 하는 것을 막아 보기 위해 왕자는 두 나라에 편지를 보내고 결투를 신청했다. 결투 길에 두 나라 왕들이 모두 노랑 나라의 사정을 몰라서 서로 협력하게 되어 결투하는 장소가 평화로운 마을처럼 바뀌게 되었다.
활동 내용	• 말타고 게임하기 • 동물 사랑하기 • 마음을 바꿔 보기(입장 바꿔 보기) • 두 나라의 임금이 되어 보기 • 생각을 모으기

도서명	12. 엄마를 기다리는 아기 올빼미(한국프리벨주식회사, 1992)
주제와 내용	주제: "엄마의 사랑" ➔ 올빼미 남매들이 엄마를 기다리며 많은 생각으로 이야기를 나눈다. 기다림이 길어지자 무서운 생각도 들고 엄마의 안전을 염원한다. 엄마 올빼미가 돌아오자 춤을 추고 날개를 퍼덕이며 "사랑한다."라는 말을 한다.
활동 내용	• 기다림에 대해 생각해 본다. • 생각들을 모으기 • 길을 잃지 않기 위해 해야 할 일들은? • 서로 아껴 주며 긍정적인 사고하기 • 격려해 주기 • 팔짝팔짝 뛰어 보기 • 날개를 퍼덕이며 날아 보기 • 즐겁게 춤을 추기

도서명	13. 네모 상자 속의 아이들(문학동네어린이, 2000)
주제와 내용	주제: "자유에 관한 의미 알기" ➔ 다른 아이들에 비해 좀 제멋대로인 패티와 미키와 리자. 세 꼬마 주인공은 어찌나 소란스레 구는지 부모님과 학교 선생님들이 회의를 했다. 그러고는 세 꼬마의 자유를 빼앗기로 결정했다. 여럿이 사는 사회에서 어떻게 지내야 하는지, 진짜 자유가 뭔지 깨닫게 해 주기 위해서이다. 어른들은 세 꼬마를 고분고분한 어린이로 만들기 위해 네모 상자에 가두었다. 그리고 그 상자 안에 하늘을 그린 그림, 맛있는 젤리과자, 최신 유행의 청바지까지 아이들이 가지고 싶어 하는 걸 모두 날라다 주지만, 패티와 미키와 리자가 원하는 것은 그것이 아니었고 자기 마음대로 뛰어노는 자유였다.
활동 내용	• 자유의 의미 알기 • 다른 사람이 싫어하는 행동과 좋아하는 행동 말하기 • 등을 토닥거리기 • 뺨을 쓰다듬어 주기 • 다정하게 웃어 주기 • 긍정적인 자아감 심어 주기 • 다정하게 껴안아 주기 • 눈 맞추고 이야기하기

도서명	14. 고릴라(비룡소, 1998)
주제와 내용	주제: "아버지 역할에 대한 무의식적 욕구의 대리 충족" ➔ 너무도 바쁜 아빠를 둔 한나는 고릴라를 무척 좋아한다. 내일이 한나 생일인데 아빠는 별 반응도 없다. 한나는 생일에 고릴라 한 마리를 가지고 싶다고 했다. 밤이 되자 고릴라가 한나에게 다가와 동물원 구경도 시켜 주고, 영화도 보고, 음식도 먹고 즐겁게 춤을 추어 한나는 행복했다. 아침이 되자 고릴라 인형은 옆에 있고 어젯밤 이야기를 아빠에게 해 주려고 갔는데 아빠가 생일 축하를 해 주셔서 한나는 기뻤다.
활동 내용	• 아이와 마주 보고 이야기 나누는 시간 가지기 • 아이의 이야기를 들어 주기 • 같이 TV 보기 • 함께 놀아 주기 • 목마 태워 주기, 춤추기

도서명	15. 누가 내 머리에 똥 쌌어?(사계절, 1993)
주제와 내용	주제: "관찰의 즐거움" ➔ 두더지 한 마리가 해가 떴나 안 떴나 보려고 땅 위로 고개를 내밀다가 머리 위에 똥이 떨어지게 되었다. 그곳을 지나가는 비둘기, 말, 토끼, 염소, 소, 돼지에게 물어봤지만 그 누구의 똥도 아니었다. 지나가는 파리에게 물어보니 정육점 개(한느)의 똥이라고 해서 그 똥을 개집 위로 올라가 한느에게 떨어뜨리고 기분 좋게 땅속으로 들어갔다.
활동 내용	• 동물의 똥 모양 알아보기 • 여러 가지 똥 모양 만들기 • 똥에 대한 느낌 말하기 • 똥에 대한 추억 말하기

도서명	16. 까마귀 소년(비룡소, 1996)
주제와 내용	주제: "집단 따돌림의 극복" ➔ 산골 마을 작은 초등학교에 새로 부임해 온 열정적인 선생님과 아이들의 이야기이다. 공부할 때나 놀 때도 뒤처지고 꼴찌인 남자아이가 있었는데, 언제나 따돌림받고 놀림받는 외톨이였다. 그런데 새로 오신 선생님의 애정 어린 관심으로 그 아이는 마을 사람 모두에게 인정받는 "까마귀 소년"이 되었다.
활동 내용	• 참교육의 의미를 살펴보기 • 잘하는 것을 찾아서 격려해 주기 • 유아의 특기 찾아 길러 주기 • 까마귀 소리 내 보기(메아리 소리쳐 보기) • 풀 이름, 꽃 이름 대 보기 • 즐거움을 주는 활동 이야기하기 • 정성과 관심 가져 주기 • 상을 받았을 때의 기분(개근상)

도서명	17. 강아지똥(길벗어린이, 1996)
주제와 내용	주제: "하찮아 보이는 것들의 소중한 가치 알기" ➔ 아무것에도 필요 없는 존재가 되었다고 생각하는 강아지똥은 모두가 외면하지만, 결국 민들레에게 영양을 주어 예쁜 꽃을 피워 주는 자신의 존재를 알고 너무도 자랑스러워한다.
활동 내용	• 기분 전환해 보기 • 여러 가지 표정 만들어 보기 • 내가 만약 "강아지똥"이라면? • 계절 감각 느껴 보기 • 내가 자랑스러울 때는?

도서명	18. 내 귀는 짝짝이(웅진닷컴, 1999)
주제와 내용	주제: "신체 결함으로 인한 집단 따돌림 극복" ➔ 세상에는 여러 형태의 토끼가 있겠지만, 리키는 길쭉한 귀가 두 개 있는데 단지 한 개의 귀가 다른 토끼들과 달라서 놀림을 당했다. 그래서 늘 두 귀가 쫑긋 서 있기만을 기대한 나머지 나무에 거꾸로 매달려 보기와 주전자 덮개로 귀를 덮어 씌우기, 귀에다 당근 끼우기, 나뭇가지에 대고 끈으로 묶기, 붕대로 감기, 빨래집게로 귀를 잡아서 낚싯대로 들어 올리기, 풍선에 달아 보기를 해 봤지만 모두가 비웃었다. 속상한 리키는 숲속에 가서 소리를 질러 댔다. 의사 선생님을 찾아가서 진찰을 했는데 의사 선생님께서는 "원래 귀들은 모두 다르단다."라고 하셨다. 그 말에 기분이 좋아진 리키는 친구들과 당근을 귀에 매달고 신나게 놀았다.
활동 내용	• 서로 틀린 점을 찾아보기(생김새, 형태) • 남들이 부러울 때는 언제인가? • 약점을 키워서 장점을 만들기 • 당근을 귀에 달아 보기(당근 귀걸이) • 친구 따라 해 보기 • 풀밭 위를 뒹굴기 • 나무에 매달려 보기

도서명	19. 학교에 간 데이빗(지경사, 1999)
주제와 내용	주제: "말썽꾸러기 아들에 대한 엄마의 사랑" ➔ 데이빗의 선생님은 오늘도 눈코 뜰 새가 없다. 복도를 정신없이 뛰어다니고 공부 시간엔 껌을 씹거나 한눈을 팔며 온종일 말썽을 부리는 장난꾸러기 데이빗 때문이다. 그런 개구쟁이 데이빗의 온갖 익살스런 장난들은 얌전한 어린이들도 웃음을 터트릴 수 있게 한다.
활동 내용	• 교실 내에서 규칙 정하기 • "하지 말라"를 "하자"로 바꿔 보기 • 친구와 장난쳐 보기 • 수업 시간에 떠들기 • 내가 선생님이라면? • 교실에서 신나게 뛰어 보기 • 친구 머리 잡아 보기

도서명	20. 백만 마리 고양이(시공사, 1994)
주제와 내용	주제: "시기 질투의 포악성" ➔ 산골 마을에 꼬부랑 할아버지와 꼬부랑 할머니가 살고 있었는데, 깨끗하고 좋은 집인 반면 너무 적적했다. 할머니가 고양이라도 한 마리 있었으면 좋겠다고 하니까 그 길로 할아버지는 언덕을 넘고 골짜기를 지나 고양이들이 많은 곳에서 여러 모양, 형태의 고양이들을 모두 데리고 집에 오게 되었다. 할머니가 가장 예쁜 고양이를 찾기 위해 질문을 하니까 모든 고양이가 서로 소리를 지르고 싸움이 벌어지게 되었다. 이에 조용해져 문을 열어 보니 겁에 질린 고양이 한 마리만 남아 있었다. 살아남게 된 이유를 물어보니 누가 가장 예쁘냐고 했을 때 자기는 아무 말도 하지 않아서 아무도 건드리지 않았다고 했다. 할아버지와 할머니는 새끼 고양이를 따뜻한 물로 목욕시키고 우유도 먹여 주어 포동포동한 고양이가 되었다. 정말 예쁜 고양이가 되었다.
활동 내용	• 고양이 고르기 • 털실로 공놀이하기 • 빗질해 주기 • 생각 나누기 • 풀밭 구르기 • 수영하기 • 칭찬해 주기 • 따뜻하게 포옹하기 • 이야기 들어 주기

2. 극화 및 놀이 활동을 위한 문학 텍스트

영유아교육과정에서는 다양한 극화 활동과 다양한 놀이 활동이 필요한데, 이때 문학 텍스트의 선택과 활용이 가장 중요한 과제다. 그럴 때 다음과 같은 문학 텍스트를 만들어 활용하는 것이 매우 유용하다.

1) 그래도 엄마는 너를 사랑한단다

(이언 포크너 글 · 그림, 서애경 옮김 / 중앙출판사, 2001)

 책의 내용	➔ 올리비아는 할 줄 아는 게 무지무지 많은 돼지랍니다. 특히 사람들을 지쳐 떨어지게 하는 것과 자기 혼자 지쳐 떨어지기도 잘 해요. 올리비아에는 이언이라는 남동생이 있는데 흉내쟁이랍니다. 올리비아를 귀찮게 하는 바람에 자주 다투기도 하지요. 올리비아는 아침에 일어나서 이 닦기와 고양이 밖에 내다 놓기, 여러 가지 옷 입기를 해봐요. 여름이 되면 바닷가에 가서 수영도 하고 모래성 쌓는 법도 배워요. 비가 오는 날이면 미술관에 가는 것을 좋아해요. 그래서 집에 오면 벽에 그림을 그려요. 기분 좋게 목욕하고 저녁을 먹고, 동화책을 읽고, 사랑스럽게 잠자리에 든답니다.
재미있는 활동	• 목공놀이하기 • 달리기와 뛰기 • 줄넘기하기 • 공놀이하기 • 체조하기 • 동물 돌보기 • 이 닦기와 빗질하기 • 음악에 맞춰 춤춰 보기 • 모델 되어 보기 • 헤엄치기 • 모래성 쌓기 • 뽀뽀하기 • 옛날이야기 들려주기 • 그림 그려 보기

2) 난 크고 싶어

(안드레아 샤빅, 러셀 이토 / 그린북, 2000)

 책의 내용	➔ 알렉스는 아주 자그마한 아이로 친구들에게 "땅꼬마"라고 놀림을 받아요. 그래서 키가 작은 게 늘 불행하다고 생각해요. 알렉스는 키가 크고 싶은 마음에 단백질 음식을 많이 먹고, 특히 우유는 매일 8잔씩 먹었어요. 이번에는 운동을 해서 키를 늘이려고 하고, 잠을 많이 자고, 책을 많이 읽고, 숫자도 많이 세어 봤지만 키는 크지 않았어요. 왕키다리 삼촌에게 달려가서 소원이 키 크는 거라고 말하니까 삼촌은 키가 커서 안 좋은 점을 말해요(자동차에서 쭈그려 앉기, 문 열고 머리 숙이고 들어가기, 몸에 맞는 옷 사기 등). 그렇지만 삼촌은 사람은 마음이 커야 한다고 귀에 속삭여 주어요. 그래서 알렉스는 키가 작은 것보다 마음이 커야 한다는 말에 이 세상에서 가장 행복한 아이가 되었어요.
재미있는 활동	• 길이 재어 보기 • 자전거 타 보기 • 음식 골고루 먹어 보기 • 행복한 얼굴 그려 보기 • 숫자 세어 보기 • 수영해 보기 • 사랑하는 마음 가지기

3) 타잔

(김병준 / 지경사, 1999)

 책의 내용	➔ 조용한 정글에 이상한 울음소리가 울려 퍼집니다. 칼라가 고개를 갸우뚱거리며 나무 위의 집으로 가니 아이가 칼라를 보고 울음을 그치고 빙그레 웃습니다. 그때 사나운 표범 세이버가 달려들자, 칼라는 목숨을 걸고 아기를 구해 집으로 오게 됩니다. 고릴라의 우두머리는 아기를 키울 수 없다고 하는데도 칼라는 계속 부탁하여 아이를 기르게 되고 이름도 타잔이라 지었습니다. 타잔은 어린 고릴라들과 함께 나무도 타고 수영도 하면서 친해지고 싶었지만 끼워 주지 않아 속상했습니다. 먼저 고릴라들에게 다가가 친하게 지내고 싶은데 어떻게 하면 되는지 묻자 코끼리 꼬리에서 털을 빼 오라고 해서 털을 빼 오다 정신을 잃고 말았습니다. 정글에서 물의를 일으킨 타잔에게 고릴라 우두머리는 몹시 화를 냈습니다. 물에 비친 자신의 얼굴을 보고 우울한 타잔에게 칼라는 다가가서 "생김새는 달라도 마음이 같으면 된다."라고 말하면서 웃었습니다. 청년이 된 타잔은 세이버와의 싸움에서도 이기고 숲속 어느 동물보다도 강하게 되었습니다. 한편, 사람들이 정글에 와서 탐색을 하고 총을 쏘기도 했습니다. 거기서 자신과 생김새가 같은 제인을 만나 이내 마음이 움직였습니다. 또한 고릴라를 잡을 나쁜 마음을 먹은 사람들이 총을 쏘면서 우리로 잡자 타잔이 가로막아서 일을 해결했습니다. 이때 커책이 죽게 되어 커책의 가족을 돌보기로 하고, 정글에 남는 타잔에게 제인도 배에서 내려서 오게 되었습니다.
재미있는 활동	• 노 저어 보기 • 터널 통과하기 • 자전거 타 보기 • 수영해 보기 • 음식 골고루 먹어 보기 • 사랑하는 마음 가지기 • 행복한 얼굴 그려 보기

4) 노란 우산

(류재수, 신동일 / 재미마주, 2001)

책의 내용	➔ 비가 오는 날 노란 우산이 학교를 갑니다. 가다가 파란 우산을 만나고 골목에서 빨간 우산과 합류하여 놀이터를 지나면서 초록, 핑크, 자주를 만나고 육교를 건너, 기찻길을 건너가면서 여러 가지 색깔의 우산과 만나면서 학교 앞 횡단보도를 지나서 학교에 들어갑니다.	
재미있는 활동	• 비 오는 소리 감상하기 • 우산에 여러 가지 무늬 그려 보기	• 우산 돌려 보기 • 비 오는 날 땅과 화초 탐색하기

5) 콩으로 만든 거야

(심조원 글, 유진희 그림 / 보리, 1994)

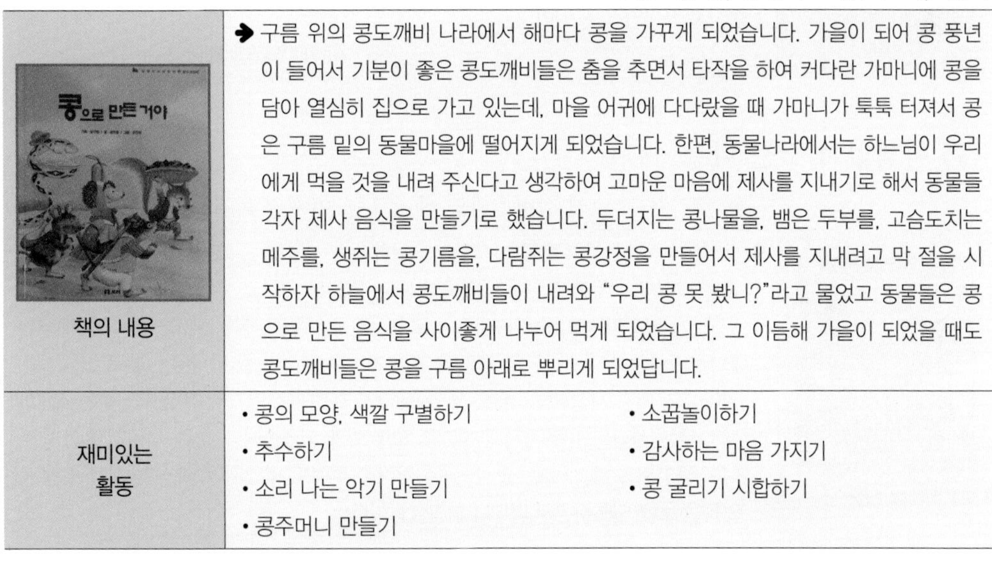

책의 내용	➔ 구름 위의 콩도깨비 나라에서 해마다 콩을 가꾸게 되었습니다. 가을이 되어 콩 풍년이 들어서 기분이 좋은 콩도깨비들은 춤을 추면서 타작을 하여 커다란 가마니에 콩을 담아 열심히 집으로 가고 있는데, 마을 어귀에 다다랐을 때 가마니가 툭툭 터져서 콩은 구름 밑의 동물마을에 떨어지게 되었습니다. 한편, 동물나라에서는 하느님이 우리에게 먹을 것을 내려 주신다고 생각하여 고마운 마음에 제사를 지내기로 해서 동물들 각자 제사 음식을 만들기로 했습니다. 두더지는 콩나물을, 뱀은 두부를, 고슴도치는 메주를, 생쥐는 콩기름을, 다람쥐는 콩강정을 만들어서 제사를 지내려고 막 절을 시작하자 하늘에서 콩도깨비들이 내려와 "우리 콩 못 봤니?"라고 물었고 동물들은 콩으로 만든 음식을 사이좋게 나누어 먹게 되었습니다. 그 이듬해 가을이 되었을 때도 콩도깨비들은 콩을 구름 아래로 뿌리게 되었답니다.	
재미있는 활동	• 콩의 모양, 색깔 구별하기 • 추수하기 • 소리 나는 악기 만들기 • 콩주머니 만들기	• 소꿉놀이하기 • 감사하는 마음 가지기 • 콩 굴리기 시합하기

6) 누에콩의 기분 좋은 날

(나카야 미와 / 웅진닷컴, 2004)

책의 내용	➔ 계속해서 비가 내리는데 누에콩과 친구들은 비를 피하느라 밖에서 못 노는 것이 싫었어요. 다음날 아침 눈을 떠 보니 하늘이 파랗고 맑게 개어 있었어요. '와! 놀 수 있구나.' 생각하고 놀이터에 오니 웅덩이로 변해 있었어요. 놀 수 없게 된 것에 실망하는데 완두콩 형제들이 나뭇가지와 잎사귀로 노를 만들어 뱃놀이를 하게 되었어요. 초록 풋콩, 껍질콩, 땅콩이 모두 재밌게 배를 타고 놀자 누에콩은 태워 달라고 애원을 하였어요. 땅콩이 조심스럽게 같이 타다가 그만 배가 뒤집어졌어요. 물 위에 떠오르지 않자 주위에 여러 친구가 걱정하게 되는데, 그 순간 "까꿍" 하면서 밖으로 나와 물속에 재미있는 것을 발견했다고 하였어요. 그 말을 듣고 친구들이 모두 물속으로 들어가서 신기함에 빠졌어요. 그런데 아기 송사리가 비 때문에 길을 잃었다고 하면서 시냇물로 가게 해 달라고 하자 모두 자신의 침대를 보고 작거나 얇거나 휘청거리거나 좁다고 생각해서 결국 누에콩의 침대로 옮기게 되었어요. 아기 송사리는 시냇가에 내려서 기쁜 듯 폴짝거리며 인사를 하였어요. 모두가 힘들었는지 침대를 말리며 오늘밤은 나뭇잎을 함께 덮고 잠자리에 들었어요.
재미있는 활동	• 콩깍지 크기와 모양 알아보기 • 노 저어 보기 • 수영하기 • 나뭇가지와 잎사귀로 도구 만들기

7) 아낌없이 주는 나무

(쉘 실버스타인 글 · 그림, 이재명 옮김 / 시공주니어, 2000)

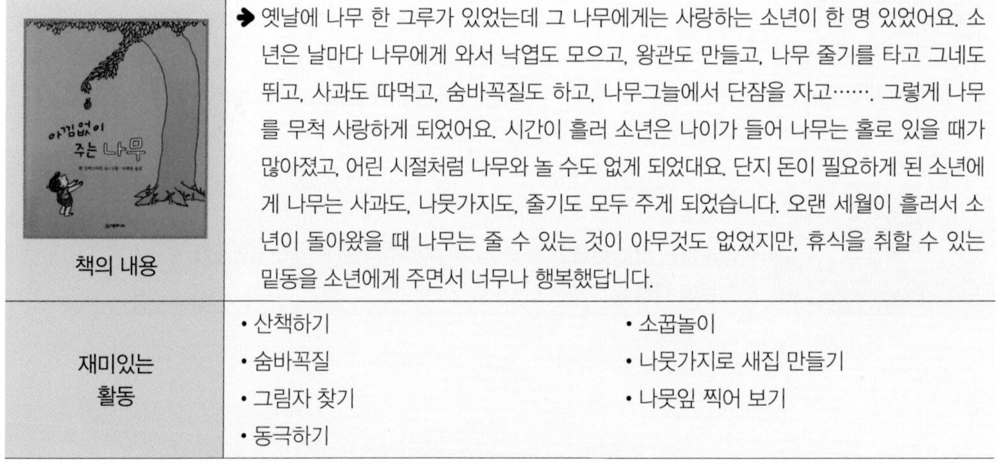 책의 내용	➔ 옛날에 나무 한 그루가 있었는데 그 나무에게는 사랑하는 소년이 한 명 있었어요. 소년은 날마다 나무에게 와서 낙엽도 모으고, 왕관도 만들고, 나무 줄기를 타고 그네도 뛰고, 사과도 따먹고, 숨바꼭질도 하고, 나무그늘에서 단잠을 자고……. 그렇게 나무를 무척 사랑하게 되었어요. 시간이 흘러 소년은 나이가 들어 나무는 홀로 있을 때가 많아졌고, 어린 시절처럼 나무와 놀 수도 없게 되었대요. 단지 돈이 필요하게 된 소년에게 나무는 사과도, 나뭇가지도, 줄기도 모두 주게 되었습니다. 오랜 세월이 흘러서 소년이 돌아왔을 때 나무는 줄 수 있는 것이 아무것도 없었지만, 휴식을 취할 수 있는 밑동을 소년에게 주면서 너무나 행복했답니다.
재미있는 활동	• 산책하기 • 숨바꼭질 • 그림자 찾기 • 동극하기 • 소꿉놀이 • 나뭇가지로 새집 만들기 • 나뭇잎 찍어 보기

1. 영유아문학의 환상적 요소가 영유아교육에 어떤 영향을 미치는가에 대해 논하시오.
2. 문학중심적인 교육 활동을 실시할 때 유의할 점에 대해 설명하시오.
3. 문학 작품 한 편을 선정하고 대상에 맞는 반응 활동 계획안을 작성하시오.

제16장 아동문학 평론

개관

아동문학에 관한 더 많은 이해와 새로운 정보를 얻기 위해서는 월간 또는 계간으로 발행되는 문학 평론지에 기고된 평론들을 살펴보는 것도 큰 도움이 될 수 있다. 그래서 다음은 「아동문학 평론」과 「여성문학 연구」에 발표된 김경중의 평론과 관련 문학 평론지들을 소개함으로써 아동문학의 이해와 안목 넓히기를 시도해 보았다.

학습목표

- 문학의 아동문학 텍스트에 관한 이해와 넓은 안목을 갖는다.
- 문학의 아동문학에 관한 다양한 관점들을 분석하고 평가할 수 있다.
- 문학의 아동문학에 관한 연구와 비평들을 수용하는 분별력을 갖는다.
- 문학의 아동문학의 평론에 관한 지속적인 정보를 얻을 수 있다.

–두 사람(이보나 흐미엘레프스카)

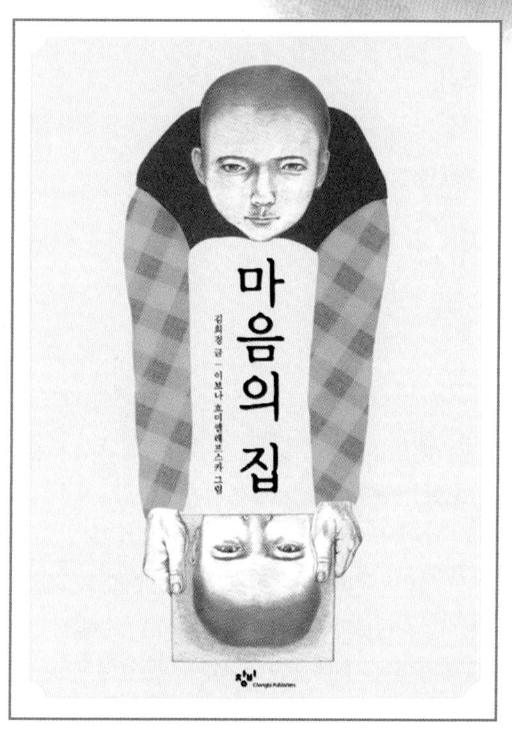

–마음의 집(이보나 흐미엘레프스카)

제16장 / 아동문학 평론

 제1절 문학이란 「까치의 고자질」

입이 가려워서 못 참는다
좋은 일을 알리고 싶을 때는
반쯤 귀엣말로 꾹꾹
못 알아들었나?
애가 타서
절반은 목청껏 깍 깍 깍

–정두리 「까치」

작가가 작품을 쓰는 작업은 사실상 사물이나 현상에 대한 강한 충동으로부터 시작된다. 좋은 작품을 만나는 독자나 평론가들도 결국은 그러한 충동을 받는다. 마치 좋은 소식을 알리고 싶은 까치의 고자질처럼 말이다.

다음은 문학에 대한 이해를 넓히기 위해서 문학과 사물의 관계를 살펴보고 김경중의 『누가 꽃이 되고 별이 되었을까?』를 사례로 소개한다. 그리고 영유아, 초등교육현장에서 어린이에게 많은 감동을 주는 작품들에 관한 주제별 짧은 논평(Annotation)을 소개한다. 이 작품들은 필자가 교육 상담 치료의 현장 교사들에게 추천해 온 작품들이다.

1. 문학과 사물

어떤 아동문학가는 "동화는 하나님이다."라고 했는데 이 말은 "문학은 하나님이다."라는 말로도 통한다. 그러면 하나님은 누구인가? 하나님은 세상을 누구보다도 더 사랑하시고 하늘과 땅과 해와 달과 별을 만들고, 그 속에 있는 식물과 동물 그리고 그분을 닮은 사람을 창조하셨다. 그리고 이 세상 모든 사물을 만들어 그 속에 생명을 불어넣어 주신 분이다.

그래서 "문학은 하나님이다."라는 말은 하나님이 이 세상 모든 사물을 창조하신 것처럼 작가에 의해서 사물에 새로운 생명을 불어넣는 작업이 바로 문학이라는 것을 강조한 말이다. "피노키오"는 나무를 깎아 만든 목각 인형이지만 콜로디라는 작가에 의해서 새로운 생명과 개성을 지닌 동화의 주인공으로 우리 어린이들의 사랑을 받고 있다.

다음 윤석중의 동시를 통해서 문학과 사물의 관계를 살펴보기로 한다.

> 모자야 모자야 오 모자는 / 저기 저 못에 잘 걸려 있다.
> 공아 공아 오공은 / 누나 반짇고리 속에 잘 있다.
> 딱지야 딱지야 오 딱지는 / 내 주머니 속에 잘 있다.
> 나 잠 잘 동안 / 다 잘 있다 다 잘 있다.
>
> –윤석중 「잠 깰 때」

여기에서 모자, 공, 딱지는 모두 사물이다. 어른들 눈으로 볼 때는 하찮은 사물에 불과하다. 그러나 동심의 세계에서 작가의 눈으로 볼 때는 그것이 어린이에게 얼마나 소중한 의미를 지니고 있는지를 알 수 있다. 그래서 하찮은 모자와 공과 딱지에도 이렇게 소중한 가치와 의미를 새롭게 만들어 주고 있다.

이처럼 문학에서 사물은 바로 이 세상에 있는 모든 이름을 지닌 물건을 말하지만, 단순한 물건이 아니라 작가에 의해서 새로운 의미와 생명을 불어넣어 주는 문학의 중요한 재료가 되는 것이다. 동시, 동요와 같은 운문 형태의 문학뿐만 아니라, 동화, 영유아 · 아동 소설, 이야기 등의 산문문학에서도 똑같이 다음과 같은 사물들이 다양한 문학의 재료를 이루고 있다. 네모난 천장, 벽, 책상, 피아노, 시계, 식탁, 거울, 엘리베이터, 교문, 교실, 칠판, 책, 노트 그리고 일기장, 몽당연필, 쓰레기통, 컴퓨터, 편지, 냉장고와 같은 우리 생활 주변에 있는 사물은 모두가 포함될 수 있다.

이러한 사물은 물론 생각할 수 없고 말도 할 수 없는 무생물들이다. 그러나 이런 사물들은 작가의 마음의 눈을 통해서 사람들처럼 생각하고, 말하고, 나름대로 삶의 의미를 지닌 새로운 생명을 갖고 다시 태어나는 것이다. 마치 태초에 하나님의 손길을 통해 만물이 창조되듯이 작가의 손길을 거치면서 사물은 새로운 문학 작품으로 탄생된다.

2. 김경중의 동화 『누가 꽃이 되고 별이 되었을까?』

이 동화는 주인공 "보미" "가을이" "철이"를 통해서 봄에 피는 꽃들에 대해서 관심을 갖고 꽃들을 알고 꽃의 아름다움을 느끼고 사랑하는 마음을 갖게 해 주고 싶은 동기에서 쓰게 되었다. 그래서 "꽃"이란 사물에 대한 관심을 갖고 살펴보면 마음의 문이 열리고, 예전에 미처 보고 듣고 느끼지 못했던 아름다움을 발견할 수 있음을 보여 주고 있다. 즉, 우리가 사물에 대해서 "마음의 눈으로 관심을 가지면 볼 수 있고, 보면 알게 되고, 알면 사랑할 수 있으며, 사랑하면 모든 것이 아름다워진다."라는 것을 "주제" 삼고 있다. 짧은 내용이라 이해를 돕기 위해 줄거리를 소개한다.

관심이 있어야 볼 수 있고
보아야 알고 사랑할 수 있단다
사랑이 소중한 건
사랑할 때 세상이 아름답기 때문이란다

으응 이게 무슨 말일까?

어젯밤 아빠가 생일 선물로 사준 바비 인형에서 나온 예쁜 카드 한 장, 보미는 그 속에 쓰인 아빠의 마음을 알 수가 없었어요.

"바비 인형은 정말 좋았는데……."

보미는 혼자 중얼거리다 고개를 도리도리 흔들었어요. 그때였어요.

"보미야, 너 무슨 생각을 그렇게 하고 있는 거니? 어서 와 신나게 놀자!"

보미와 가을이는 너무 반가워 두 손을 꼭 잡았어요.

"가을아 오랜만이다. 우리 저 봄 들판에 가 보자. 그곳에 가면 신기한 봄꽃을 볼 수 있을 거야."

그러자 가을이의 얼굴이 갑자기 흐려졌어요. 보미는 봄을 좋아하고 가을이는 가을을 좋아했어요. 그래서 보미와 가을이는 서로 생각이 맞지 않았어요.

들길을 들어서자 보미는 더욱 신이 나서 말했어요.

"가을아, 너 눈 속에서 제일 먼저 피는 노랑꽃이 뭔지 아니?"

"몰라."

"그럼 이른 봄에 피는 예쁜 꽃을 말해 봐!"

가을이는 슬그머니 화가 치밀기 시작했어요.

"뭐 봄에 피는 꽃이라고 개나리, 진달래, 철쭉, 할미꽃, 고작 그런 꽃이지 예쁜 게 뭐가 있다고 그러니?"

"그건 네가 몰라서 그래. 눈 속에서 제일 먼저 피어나는 복수초, 양지꽃이 얼마나 아름다운지 아니? 그리고 이른 봄에 피는 제비꽃, 각시풀꽃, 모네미, 너도바람꽃 이렇게 봄에는 셀 수 없이 예쁜 꽃들이 피어나는 거야!"

그러자 가을이는 더욱 기분이 상했어요.

"나는 가을을 좋아하니까 봄에 피는 꽃 따위는 관심도 없어."

"뭐 관심도 없다고? 그러니까 아무것도 모르지. 가을아, 그러지 말고 봄에 피는 꽃에 대해서 한번 관심을 가져 봐. 우리 아빠가 그러셨는데 관심을 가지면 알게 되고 알면 사랑하게 되는 거래."

보미는 봄 들판 어귀에 들어서자 기분이 더욱 좋아졌어요.

벌판 저쪽에서 봄이 보미에게 손짓함을 느낄 수 있었어요.

"얘 가을아, 너 저기서 봄이 손짓하는 것 보이니?"

그러자 가을이는 마침내 참았던 마음이 풍선처럼 펑 터지고 말았어요.

"뭐 봄이 손짓한다고? 너 정신이 돌았구나. 그런 건 너나 많이 봐."

그러고는 홱 돌아서 오던 길로 달아나 버렸어요.

"보자 보자 하니까 보미는 정말 한심한 아이네! 뭐? 봄이 손짓을 한다고 그런 엉터리 같은 생각을 하다니, 아이고 저런 바보 멍청이……." 가을이는 그렇게 생각했어요.

"가을이는 어쩜 저렇게도 모를까? 정말 답답한 바보 멍텅구리……." 보미도 이렇게 생각했어요.

보미도 이제 기분이 상했어요. 더 이상 들로 나가고 싶은 생각이 사라져 버렸어요. 보미는 되돌아서 아파트 입구에 있는 꽃집 앞으로 지나갔어요. 그때였어요. 한 남자아이가 꽃집 주인과 이야기하는 소리가 들렸어요.

"아저씨, 버들강아지와 민들레꽃도 있나요?"

"뭐 그런 건 없다. 그런 걸 찾고 싶거든 저 들판에나 나가 봐라!"

보미는 깜짝 놀랐어요. 하지만 너무나 반가워서 얼른 말을 걸었어요.

"얘, 난 보민데 넌 누구니? 어디 사니?"

"응, 난 김 철. 저기 9동 109호에 살아."

"그래? 난 바로 그 앞 8동 108호에 사는데. 그런데 왜 널 못 봤지? 너 이사 왔니?"

"아니야, 난 처음부터 그곳에 살았어."

"이상하다. 우리가 왜 한 번도 보지 못했을까?"

다음날 보미와 철이는 우연히 문구점 앞에서 다시 만났어요.

"너 어제 저녁 때 엄마랑 차 타고 나갔지?"

"나도 너 봤다. 아빠랑 손잡고 나갔지?"

"그래? 어떻게 잘 봤지?"

"그건 우리가 친구니까 그렇지?"

"그래?" "그래!"

보미와 철이는 너무 기뻐서 두 손을 꼭 잡았어요.

"보미야!" "철아! "너 버들강아지." "민들레 보러 갈래?" 보미와 철이는 약속이나 한 것처럼 말했어요. 둘은 고개를 끄덕이며 환한 미소를 지었어요.

보미와 철이는 손에 손을 잡고 들길로 들어갔어요.

"나비야, 나비야, 이리 날아오너라……."

보미와 철이는 저절로 노래가 나오면서 발걸음도 나비처럼 가벼웠어요. 그때 보미가 먼저 말했어요. "철아, 길가에서 방긋 웃는 봄의 미소 아니?"

철이는 말없이 활짝 웃었어요. 그러고 나서 길가에 활짝 피어 있는 노란 민들레를 따서 보미의 손에 살그머니 건네주었어요.

"자 보미야, 이게 바로 봄의 미소야!"

그 순간 보미는 철이가 하늘의 별처럼 아름다운 마음을 가진 아이라는 생각이 들었어요.

"철아! 넌 내가 좋아하는 별 짱이야!"

철이도 가만있지 않고 소리쳤어요.

"보미야, 넌 내가 좋아하는 진짜 봄의 미소야."

"그럼 난 봄의 미소 민들레꽃이네!"

"그래."

그 순간 보미와 철이는 마치 꽃 멀미처럼, 봄의 향기에 취하고 말았어요.

넓은 봄 벌판에는 자운영 꽃이 하늘까지 가득 차고, 이름 모를 꽃들이 송이송이 피어나고 있었어요.

3. 아동을 위한 약이 되는 좋은 책

다음 책들은 영유아 · 초등 교육현장에서 어린이들에게 많은 감동을 주는 훌륭한 문학 작품들이다. 좋은 약이 몸에 이롭듯이 좋은 문학 책은 마음과 몸에 더욱 이롭다. 필자가 교육 상담 치료의 현장 교사들에게 추천해 온 작품들을 아동에게 일반적으로 많이 적용되는 다섯 가지 주제별 짧은 논평(Annotation)으로 소개한다.

1) 학교에서 교사로부터 받는 아동의 심리적인 억압과 해소

• **『지각대장 존』**(존 버닝햄 글 · 그림, 박상희 옮김 / 비룡소, 1999)

존 패트릭 노먼 맥허너시는 학교에 가려고 집을 나설 때마다 뜻밖의 사건으로 지각을 한다. 첫째 날은 하수구에서 나타난 악어 때문에, 둘째 날은 서둘러 학교에 가지만 사자 때문에 바지를 뜯기고 또 지각을 한다. 이유를 말하지만 선생님은 믿어 주지 않고 반성문을 400번 외치게 한다. 셋째 날, 존은 역시 서둘러 학교에 가지만 커다란 파도에 휩쓸려 다시 지각을 한다. 역시 선생님은 믿어 주지 않고 반성문 500번을 쓰게 한다. 그다음 날, 존은 아무 일 없이 무사히 학교에 도착한다. 그러나 이번에는 선생님이 커다란 털북숭이 고릴라에게 붙들려 천장에 매달려서 존에게 도와 달라고 호소한다. 그러나 존은 선생님의 요청에 "선생님, 고릴라 따위는 없어요."라고 말하고 돌아서 나가 버린다.

이 작품은 일러스트와 텍스트가 조화를 잘 이루고 있다. 학교 가는 길과 존의 심리 상태가 일러스트로 잘 표현되어 있으며, 선생님의 권위적이고 고지식한 특성을 존의 이름을 끝까지 부르는 텍스트를 통해서 절묘하게 묘사하고 있다. 이 작품은 교사로부터 억압된 무의식적인 감정을 현실적인 부담 없이 자연스럽게 해소할 수 있도록 도와준다.

『학교에 간 데이빗』(데이빗 섀논 글 · 그림 / 지경사, 2000)

말썽꾸러기 데이빗이 학교에 가서 벌이는 사건들이 너무나 재미있게 묘사되고 있다. 데이빗은 학교에 오자마자 지각하고, 교실에서 돌아다니고, 껌 씹고, 떠들고, 한눈팔고, 새치기하고, 음식으로 장난치고, 낙서하는 등 말썽을 일으킨다. 그래서 결국 선생님은 데이빗에게 교실 책상을 깨끗이 닦게 한다. 선생님의 말씀에 깨끗하게 책상을 닦은 데이빗은 선생님께 칭찬을 받고 즐겁게 집으로 돌아간다. 말썽쟁이, 개구쟁이로 늘 말썽만 피우지만, 항상 야단맞는 대상이 아니라 사랑과 인정을 받고 있는 대상임을 깨닫게 해 준다.

한편, 『안 돼 데이빗』은 유아에게 더 적합한 내용이다. 집에서 말썽꾸러기지만 엄마 품에 안겨 있는 데이빗의 모습이 너무나 사랑스럽다. "엄만 너를 사랑한단다." 이 장면을 펼치는 순간 독자들은 금방 행복에 빠지게 된다.

2) 아동이 겪는 집단 따돌림

『내 귀는 짝짝이』(히도 반 헤네흐텐 글 · 그림, 장미란 옮김 / 웅진출판사, 1999)

리키는 왼쪽 귀는 서 있지만 오른쪽 귀는 축 늘어져 친구에게 놀림을 받는 짝짝이 귀를 가진 토끼이다. 양쪽 귀가 똑같은 다른 토끼들이 너무 부러워 나무에 매달려 보기도 하고, 주전자 덮개를 써 보기도 하고, 나뭇가지를 귀에 대고 동여매는 등 여러 방법을 써 보지만 아무 소용이 없어 리키의 친구들은 여전히 리키를 놀려 댄다. 마침내 의사 선생님을 찾아간 리키는 진찰을 받고 귀가 처져 있을 뿐 소리를 듣는 데 아무 이상이 없다는 이야기를 듣고 자신감을 갖고 친구들에게 돌아간다. 리키는 당근을 한 개씩 나누어 주고 친구의 귀에 매달아 한쪽을 늘어지게 만들어 자신의 귀와 똑같은 모양으로 만들고 친구들과 함께 즐거워한다.

소위 따돌림당한 주인공이 그것을 극복해 가는 과정을 통해서 자신감과 자기존중감을 갖도록 도와주는 훌륭한 작품이다.

• **『까마귀 소년』**(야시마 타로 글 · 그림, 윤구병 옮김 / 비룡소, 1996)

집단 따돌림을 주제로 독특한 화풍과 편안한 문체가 돋보이는 그림동화책이다. 땅꼬마라고 불리는 소년은 독특한 행동으로 학급의 친구들로부터 완전히 따돌림을 받는다. 공부할 때도 놀 때도 따돌림을 받았고 아무도 그에게 관심을 주지 않았다. 소년은 보기 싫은 것들을 보지 않으려고 일부러 사팔뜨기 흉내를 내면서, 아무도 신경 쓰지 않는 자신을 둘러싼 환경들을 주의 깊이 관찰했다. 그럴수록 친구들은 더욱더 소년을 무시하고 놀려 댔다. 하지만 소년은 아랑곳하지 않고 한결같은 태도로 학교를 다녔다. 졸업반이 되자 새로 오신 이소베 선생님 반이 되었다. 선생님은 반 아이들을 데리고 자주 산에 올라갔다. 그곳에서 소년은 자신이 평소 다녔던 숲속에서 관찰한 것들을 이야기하며, 선생님의 칭찬과 격려를 받는다. 그러나 졸업 학예회 때 무대에 소년이 나타나 다양한 까마귀 소리를 흉내 낸다. 그리고 선생님은 땅꼬마가 어떻게 그 소리를 배우게 됐는지 설명해 준다. 소년은 길고 긴 6년 동안 친구들이 놀리고 못살게 굴었을 때도 묵묵히 까마귀를 벗 삼아 학교를 다녔던 것이다. 졸업식 날, 6년 개근상을 탄 유일한 학생도 땅꼬마 소년이었다. 그래서 소년은 까마귀 소년이라는 별명을 얻는다.

이 동화의 내용은 초등학교 아동뿐만 아니라 유아에게도 적합하다. 주제는 집단 따돌림을 받은 소년이 놀라운 능력을 인정받기까지 과정을 통해 자신감을 갖도록 도와주는 사회적 적응과, 주위 환경의 관찰과 탐색에 관한 바람직한 태도를 다루고 있다.

3) 부모의 갈등과 이혼 문제

• **『따로따로 행복하게』**(배빗 콜 글 · 그림, 고정아 옮김 / 지크, 1999)

드미트리어스와 폴라의 부모님은 사사건건 마음이 안 맞아 다투기만 한다. 그래서 폴라와 드미트리어스는 매우 속상하고 슬프다. 그래서 두 아이는 부모님 때문에 골치 아픈 친구들을 모아 해결책을 모색한다. 그 결과, 해결 방안으로 목사님을 찾아가 엄마 아빠의 "끝혼식"을 해 달라고 부탁한다. 그래서 드미트리어스와 폴라의 부모님은 사람들을 초대해서 "끝혼식"을 올리고, "끝혼"여행을 떠나고, "끝혼" 선물로 함께 살던 집을 밀어 버리고 그 자리에 따로따로 집을 지어 엄마, 아빠가 각각 따로따로 살면서 둘은 행복해진다. 드미트리어스와 폴라 역시 엄마, 아빠 집을 오가며 행복해한다.

부모의 갈등과 불화 상황에 결코 낙심하거나 좌절하지 않고 적극적으로 대처하는 과정을 통해서, 이혼을 비극의 시작이 아닌 갈등 해결의 선택과 대안으로 받아들일 수 있도록 돕는 매우 충격적인 주제를 아주 재미있게 전개하고 있다. 주 대상은 아동이며 유아에게도 적합하다.

4) 배변에 관한 문제

• **『응가하자 끙끙』**(최민오 글 · 그림 / 보림, 2001)

유아의 배변 훈련 시기에 매우 적합한 그림책이다. 등장하는 동물들의 응가하는 과정의 모습과 변의 형태가 너무나 재밌게 묘사된 그림책이다.

첫 장에는 변기에 앉아 끙끙거리는 염소가 나와 까맣고 동그란 똥을 눈다. 다음에는 강아지, 커다란 하마, 귀여운 병아리, 말, 악어 등이 등장하여 응가를 한다. 마지막으로, 아기가 등장하여 처음에는 실패하지만 여러 번 힘을 준 후에 성공한다. 다른 동물들의 격려를 받으며 끝을 맺는다.

주제는 배변이 부끄러운 것이 아니라 즐겁고 유쾌한 것이라는 생각을 갖게 하는 내용이다. 간결한 텍스트와 독창적인 일러스트가 돋보인다.

5) 친구나 보호자가 없어 외로운 아이

• **『알도』**(존 버닝햄 글 · 그림, 이주령 옮김 / 시공사, 2000)

주인공은 늘 혼자 있어 친구들과 잘 어울리지 못하고, 텔레비전도 혼자서 보고, 책을 읽고, 장난감을 혼자서 갖고 논다. 가끔은 엄마랑 함께 외출하는 즐거움도 있지만, 혼자라서 외로운 아이이다. 하지만 특별한 친구가 있어서 행복하다. '알도'라는 상상 속의 친구인데, 얄궂은 친구들에게 괴롭힘을 당하거나 어려운 일이 생기면 그때마다 도움을 주곤 한다. 그뿐 아니라 근사한 곳으로 데려가 함께 놀아 주기도 하고 잠자기 전에 책을 읽어 주기도 한다. 가끔 알도가 안 보이는 경우도 있지만, 언제나 정말 힘든 일이 생기면 알도가 나타나 도와줄 것이라고 믿는다.

어쩔 수 없이 홀로 많은 시간을 보내야 하는 어린이들에게 심리적으로 큰 힘과 위안이 될 수 있는 내용이다. 작가는 『지각대장 존』으로 국내에서 널리 알려진 영국 출신의 세계적인 일러스트레이터다.

• **『곰』**(레이먼드 브릭스 글 · 그림, 박상희 옮김 / 비룡소, 2000)

틸리는 곰돌이를 좋아하는 여자아이다. 어느 날 밤, 틸리에게 커다란 곰 한 마리가 찾아오고 틸리는 매우 기뻐한다. 엄마 아빠께 말하지만 부모님은 틸리의 상상으로 여기면서도 틸리의 이야기를 들어 준다. 틸리는 곰에게 먹을 것도 챙겨다 주고 목욕도 해 주는 등 여러 가지로 곰을 도와준다. 하지만 틸리의 마음과는 달리 곰은 말썽만 일으키고 틸리는 곰의 시중들기에 여념이 없다. 하지만 많은 뒤치다꺼리에도 틸리의 곰에 대한 사랑은 변함이 없고 곰과 함께 잠이 든다. 다음날 아침, 곰은 자기가 사는 얼음나라로 돌아가고 틸리는 아빠에게 안겨 곰과 사람은 함께 집에서 살 수는 없다는 이야기를 들으며 위로를 받는다.

비록 상상의 세계에서 가상의 체험일지라도 그러한 체험이 영유아 · 아동에게 큰 기쁨과 만족을 주는 문학의 심리적 기능과 역할을 잘 보여 주는 작품이다.

그림동화는 영유아와 초등학교 저학년(K-3) 아동의 정서적 · 사회적인 많은 문제에 대해서 도움을 줄 수 있다. 그래서 교육적인 상황에서뿐만 아니라 아동의 상담과 심리치료에도 매우 효과적인 접근 방법이 될 수 있다. 그 이론적인 배경은 정신분석 이론, 게슈탈트 이론, 현상학적인 이론, 사회학습 이론들이 토대를 이루고 있다.

그러나 문학 작품을 교육 상담 치료에 적용할 때 무엇보다 중요한 것은 문학 작품에 관한 올바른 이해와 선택이다. 그러므로 다양한 문학 작품에 관한 많은 평론과 분석적인 연구가 이루어져야 할 것이다.

제2절 문학의 특성에 대한 오해와 편견들

끝은 언제나 시작보다 위대하다.
꽃은 다 열매보다 아름답지만
열매는 언제나 꽃보다 위대하다.
꽃향기 현란해도 지고야 마는 것
가을은 언제나 말없이 고개를 숙인다.

끝이 시작보다 위대한 것은

성숙한 열매 때문이다.

또 다른 생명을 품은 희망 때문이다.

−김경중 「11월의 끝자락에 빈들에 서 있는 나목을 보라」

1. 환상성과 현실성의 문제

영유아 · 아동 문학에서 환상성과 현실성(판타지와 리얼리티)은 수레의 두 바퀴와 같은 문학의 특성을 이루는 가장 중요한 요소다. 문학이 어린이에게 그토록 깊은 의미를 줄 수 있는 것은 그 작품이 지닌 독창적인 문학적 환상성에서부터 시작된다. 문학의 내용은 실제로 존재 유무를 떠나서 상상력을 통해 창조한 형상으로서 영유아 · 아동에게 무한한 즐거움을 주기 때문이다.

그런데 여기서 창조적 형상이 독자 영유아 · 아동의 인식의 범위에서 납득할 수 없다면, 아무리 놀라운 독창적인 것이라도 그러한 상상은 결국 공허한 공상에 불과할 것이다. 그래서 어린 독자가 이해하고 받아들일 수 있는 상상에 날개를 달아 주는 일, 그것이 바로 리얼리티, 즉 현실성이다. 문학 작품 속의 인물은 현실의 인물을 그대로 복사한 것이 결코 아니다. 현실의 사자나 여우는 인간의 언어를 사용할 수 없을 뿐만 아니라 하늘을 날 수도 없다. 그런데도 동화 속의 주인공은 변화무쌍한 변신을 거듭한다. 그래서 그런 동화의 세계는 바로 판타지, 즉 환상의 세계다. 그래서 동화를 판타지의 산문이라고 한다.

영유아 · 아동은 제한된 한계로부터 벗어나서 비현실적인 환상의 세계에 방황하기를 특히 좋아한다. 물활론적인 아동의 심리적 특성이 픽션의 세계에 더욱 쉽게 빠져들게 한다. 판타지의 세계는 이 같은 어린이의 심리적 특성에 부응해서, 그렇게 한다면 재미있지 않을까 하는 마음속에서 상상해 보는 세계이다. 이 같은 세계는 생활 주변의 이야기, 즉 흔히 생활동화라 부르는 작품 속에서도 똑같이 적용된다. 문학에서의 리얼리티는 작중 사건의 인과성이나 자연법칙에 있는 것이 아니라 작중 인물의 운명에 대해서 독자가 무엇을 구하는가에 정직하게 대답하는 것으로, 독자의 마음의 진실을 반영하는 데 있다. 연극이 열리는 무대에서 상대역과의 관계를 지배하는 윤리가 바로 리얼리티인 것이다. 그러므로 리얼리티는 과학에서의 법칙성 · 필연성과 달라서, 어떻게 현실을 다룰까 하는 것이 아니라 현실을 근거로 하면서 인간(독자)의 이상, 소원, 요구에 부응하는 것이다. 다시 말해서, 독자가 바라고 이해하는 납득성을 말한다.

이러한 환상성과 현실성은 환상성이 강한 환상동화나 현실성이 강한 현실동화(생활동화), 동요 · 동시 같은 시문학이나, 동화, 이야기, 소설 같은 산문문학에서도 다 같이 적용된다.

그런데 우리나라에서 리얼리즘(현실주의)문학의 대표적인 작가인 이오덕의 문학론에는 문학의 환상성과 현실성에 관한 편견과 오해가 나타나 있다. 영유아교육기관에서 아동문학에 올바로 접근하기 위해서는 영유아 교사들의 문학에 대한 올바른 이해가 가장 중요한 요소이다. 그런데 영유아교육기관의 교사들은 문학에 대한 충분한 교육을 받을 수 있는 기회가 교사 양성 과정에서 제한되어 있을 뿐만 아니라 문학교육을 받은 대부분의 교사마저 극히 초보적인 수준에서 혹은 잘못된 문학교육을 받고 있는 것으로 나타나고 있다.

김경중(1989)이 분석한 그 원인의 하나는 다음과 같은 문학의 편견에서 비롯되고 있다. 이오덕은 『시정신과 유희정신』(1988)에서 작가의 상상력(환상성)을 다음과 같이 비판하고 있다.

> 나무에 올라 책을 읽는다. / 나무에 올라 바다를 본다.
> 나무에 올라 하모니카를 분다 / 나무에 올라 무지개 꿈을 꾼다.
> 바다가 뵈는 언덕에 선 나무 한 그루 / 구부러진 노송 가지
> 생각하고 싶을 땐 여기 오른다 / 아름다운 동화 속 나라
> 용궁 같은 나라 / 아름다운 음악 같은 나라 / 무지개 꿈나라
> 생각하는 것 좋다야 / 꿈이 있어 좋다야
> 구부러진 노송 가지 / 내 꿈은 항상 여기서 피어난다.
>
> – 석용원 「나무에 올라」

노송이라면 가지가 드물고 굵은 둥치가 미끌미끌하고 꾸불꾸불 높이 뻗어 오른 소나무라는 것이 누구나 머리에 떠오를 것이다. 더구나 바다가 보이는 언덕 위에 선 단 한 그루 노송이라면 그렇다. 그런 나무에는 여간해서 올라갈 수 없다. 올라간다 해도 어디 앉아서 책을 읽고 하모니카를 불고 무지개 꿈을 꾸고 좋아할 것인가? 두 다리와 팔에 힘을 바짝 주어 온 신경을 모아 긴장해 있지 않으면 나무에서 미끄러져 굴러 떨어질 것이다. 그런데 책을 읽고 하모니카를 불 뿐 아니라 "아름다운 동화 속 나라 / 용궁 같은 나라 / 아름다운 음악 같은 나라 / 무지개 꿈나라"에 올라간 기분이 되어 꿈을 꾸고 좋아한다 했으니 이 무슨 황당한 얘기인가? (더구나 구부러진 노송 가지에 올라앉아 그런다니 어처구니가 없다.) 이것은 소를 타고 피리를 부는 것보다 한층 더 아슬아슬한 곡예다. 한마디로, 이오덕은 있을 수 없는 일을 만들어 내는 허상이라고 단정해 버리고 있다. 그는 또 강소천의 유명한 동시 "닭"에 관해서도 다음과 같은 비평을 하고 있다. 닭이 물을 마실 때 하늘을 쳐다보는 것은 하늘을 알기 때문이 아니다. 물을 마시려면 그렇게 위를 쳐다봐야 물이 목구멍으로 넘어가는 것이다. 그것은 아이들이라도 짐작한다. 닭장에 들어 있는 닭들도 물을 먹을 때 천장을 쳐다보듯 목을 위로 올려 세우지 않는가? "하늘 한 번 쳐다보고" "구름 한 번 쳐다보고" 하여 닭의 물 먹는 모습을 재미있는 노래로 쓴 것뿐인 것을 이렇게 닭이 혹은 병아리들이 하늘을 안다느니 하여 별나게 해설하는 것은 우스운 일이다. 이 동요를 읽은 어느 어린이가 그런 생각을 할 것인가? 별것 아닌 것 가지고 무슨 신묘한 작품처럼 보이자니 이런 무리한 해설이 나오게 되는 것이다. 다시 말하면, 이것은 썩 좋은 동요가 못 된다. 시로서는 더욱 그렇다.

이오덕은 한국 아동문학사에서 어린이를 사랑하는 마음과 투철한 작가 정신, 포악한 독재정치 체제에 저항한 존경받는 인물이다. 그럼에도 불구하고 아동문학에서의 그의 잘못된 리얼리즘 문학관은 당연히 엄격하게 평가되어야 한다. 우리나라의 영유아 · 아동 문학 작품들이 환상성과 재미성이 결여된 작품을 양산해 온 것도 아동문학 작가들의 환상성과 현실성에 대한 작가들의 편견과 오해에서 비롯되었음을 부인할 수 없다.

2. 작품의 주제와 사상의 문제

영유아 · 아동 문학 작품에 나타난 또 다른 심각한 문제는 작품의 주제와 사상의 부재, 왜곡과 혼란의 문제이다. 주제와 사상이 상식적으로 이해할 수 없는 잘못된 작품들이 버젓이 어린이에게 어느 누구의 제제도 받지 않고 여전히 읽히고 또 들려주고 있다.

고계영의 『한국 전래동화 1권』(1992)에는 나무꾼과 선녀의 대화 장면이 나온다. 선녀의 날개옷을 몰래 감춘 나무꾼이 선녀 앞에 나타나 선녀에게 옷을 보이며 대화하는 모습이 나온다.

> 선녀: 제 옷이어요. 어서 돌려주세요. 그 옷이 없으면 저는 하늘나라에 갈 수 없어요.
>
> 나무꾼: 그냥 돌려 드릴 수 없습니다. 제 아내가 되어 주십시오.
>
> 그래서 선녀는 나무꾼의 아내가 되었습니다.

남의 옷을 감추고 뻔뻔하게 결혼을 요구하는 나무꾼의 태도는 전래동화라 하더라도 납득하기 어려운 너무나 무례한 행동이다. 그럼에도 자기 옷을 탈취하여 결혼을 요구하는 나무꾼에게 아무런 항변도 이유도 없이 오로지 옷을 빼앗겼다는 사실만으로 그의 아내가 되었다는 것은 너무나 어색하고 황당한 이야기다. 이러한 이야기에서 말하고자 하는 주제와 사상은 무엇이란 말인가? 나무꾼의 무례한 행동에 대해서 또 그에게 당당하게 말 한마디 못 하고 그의 요구대로 아내가 되는 선녀의 태도와 행동이 어린이에게 어떻게 받아들여지겠는가?

주인공의 인물 특성이 선명해야 주제와 사상도 분명해진다. 유아 · 아동 문학의 중요한 요건의 하나가 바로 주제와 사상의 단순 명쾌성이다. 유아 · 아동 문학의 주제와 사상은 단순하다. 누구처럼 하는 것이 좋은가의 물음에, 좋은 주인공처럼 하는 것이 좋고 나쁜 주인공처럼 하면 나쁘다는 것이 그 작품의 주제와 사상이다. 그러므로 이 전래동화는 그 구성(플롯)이 적절하지 못할 뿐 아니라 주인공의 성격 묘사가

잘못된 것이다.

이러한 사례는 전래동화의 경우 자주 볼 수 있다. 국내의 어떤 학자는 외국의 전래동화보다 한국의 전래동화가 교육적 측면에서나 문학적 측면에서 별 도움이 되지 않는다고 지적한 바 있는데, 그것은 사실 한국의 전래동화 자체의 문제라 하기보다는 앞에서 지적한 바와 같이 전래동화의 개작 재화 과정에서 나타난 작가와 제작자의 문제이다.

주제 사상의 문제는 창작동화에서도 허다하게 발견되는데, 다음에서 그 한 사례를 살펴보기로 한다.

이혜원(1993)의 『준비가 기회를 만나면』은 작가의 글쓰기 능력이 돋보이는 작품이다. 단순 명쾌한 묘사와 리드미컬한 언어에서 재미성으로 연결되는 문장력이 두드러진다. 그러나 안타깝게도 이 작품은 "주제와 사상"에서 몇 가지 심각한 문제점을 안고 있어 어린 독자에게 백해무익한 글이 되어 버렸다.

> "닭이면 다 닭인 줄 아는 모양인데, 난 너희들하고 달라. 난 특별한 닭이야. 내가 뭐랬니? 준비가 기회를 만나면 행운이 일어난댔지?"
>
> 준비가 기회를 만나면 행운이 일어난다. 그건 바로 토종닭의 좌우명이었습니다. 토종닭 종닭이는 보통 토종닭들과는 다른 토종닭이고 싶었습니다. 특별한 토종닭이 되기 위해서는 특별한 준비가 필요했습니다. 그래서 종닭이는 늘 준비를 했습니다. 특별한 그 준비를 말입니다. 물론 오늘도 그랬습니다. 종닭이는 걸을 때 그냥 걷지 않았습니다. 항상 왈츠의 선율을 생각하며 3/4박자로 우아하게 걸었습니다.
>
> "쿵 작작 쿵작…… 오늘은 요한 스트라우스의 황제의 왈츠!"

여기에서 주인공 종닭이의 특성이 잘 묘사되고 있다. 반면에 그런 종닭이의 성격과 대조를 이루는 갈순이와 친구들은 종닭이를 수없이 비웃으며 충고한다.

> "종닭아, 오르지 못할 나무는 쳐다보지도 말랬다. 주제를 알아야지! …… 닭 주제에 모델이 뭐니? …… 닭의 가치는 달걀에 있는 거야. 모델이 되는 것보다 달걀을 잘 낳는

방법을 연구하는 것이 훨씬 낫겠다. 안 그래? …… 불쌍한 종닭아, 정신 좀 차려라! …… 황제 좋아하네, 분수를 알아야지, 닭 주제에 발레리나를 꿈꿔? 네가 홍학이니?"

"…… 쟤는 저 볏을 황금 왕관으로 착각하고 있나 봐. 네가 공작새니? 왕관 비둘기니? …… 뱁새가 황새를 따라가면 다리가 찢어진다는데, 닭이 타조를 따라가면 어떻게 될까 몰라?" 하고 수군거렸습니다.

무엇인가 좋은 일이 있을 것이라는 희망과 꿈을 믿는 종닭이, 그는 좀 더 나은 닭으로서 특별한 개성을 지닌 우아한 삶을 살기 위해, 그 기회를 얻기 위해 부단히 노력한다. 그는 동료들의 끝없는 놀림과 멸시에도 끄떡도 않고 눈물겹게 자기의 주장을 관철해 나간다. 마지막에는 자기 자신과의 갈등에서도 이겨 내고, 결국 모델로 선발된다.

그러나 그의 최후는 너무나 충격적이다. 사진과 함께 실린 종닭이의 기사는 다음과 같다.

"오늘의 요리"

여름철 보신 요리로 가장 많이 찾는 삼계탕!

삼계탕은 500g 정도의 영계를 인삼, 대추 등과 함께 푹 고아 뜨겁게 먹는 연하고 맛있는 닭고기의 정수다.

그런데 더욱 놀라운 것은 종닭이의 비참한 최후를 알게 된 동료들의 태도가 더욱 충격적이다.

경거망동하지 마라. 크게 후회하리라.

"쯧쯧쯧! 준비가 기회를 만나면 행운이 일어나?"

신문에 난 종닭이의 사진을 보며 걀순이가 중얼거렸습니다.

걀순이는 그렇게 중얼거리며 이렇게 생각했습니다.

'무모한 준비가 기회를 만나면 불행이 일어난다.'라고 말입니다.

이 작품에서 작가가 의도한 작품의 주제와 사상은 무엇일까?

작품에 나타난 사상은 다음과 같이 분석해 볼 수 있다. "어떻게 하면 좋을까?"라고 하는 물음에 대답을 찾아보자. 작품의 사상이란 바로 이 물음에 대한 대답 속에 있기 때문이다. 그렇다면 종닭이와 같이 행동하면 안 되고 갸순이와 친구들처럼 처신해야 한다는 것이 주제고, 아무 생각 없이 알이나 낳으며 죽지 않고 살아남는다는 것이 이상이 되는 셈이다.

그런데 여기서 종닭이와 갸순이의 이야기는 결국 토종닭들의 이야기가 아니다. 아동문학에서 등장하는 인물들이 비록 동물이든 식물이든 그것은 그 자체가 아니고 결국 인간의 문제요, 아동의 문제이기 때문이다. 우리는 지금 국제화, 세계화가 보편적인 가치가 되어 버린 오늘의 지구촌에서 살아가고 있다. 그러므로 그 어느 때보다도 다양한 가치와 개성, 사고의 혁신이 요구된다. 이러한 시대에 토종닭이 오직 알을 낳고 하루하루 주인이 잡아가는 날까지 생명을 연장하는 것이 과연 바람직한 주제와 사상이라 할 수 있을 것인가? 이 작품에 등장하는 종닭이는 과연 경거망동하는 형편없는 존재인가? 빈정거리고, 멸시하고, 동료의 죽음에 슬퍼하기보다는 경멸하는 동료 닭들을 어떻게 받아들여야 할 것인가? 작가는 등장인물들의 모습을 통해서 독자에게 어떠한 메시지를 주려고 한 것인가? 독자는 이 글을 통해서 의미 있는 무엇을 발견하게 될 것인가? 올바른 주제와 사상이 없으면 그런 글은 문학으로서의 생명을 잃는다. 그래서 문학 작품 속에는 그 시대의 정신에 맞는 작품의 주제, 사상, 이상이 선명하게 살아 있어야 한다.

이런 의미에서 현대판 『개미와 베짱이』는 과거 우리가 알고 있던 이야기가 아니다.

여름내 개미가 땀 흘려 일할 때 베짱이는 바이올린을 켜며 노래를 불렀다. 추운 겨울이 왔다. 베짱이는 바이올린을 켜며 노래를 불렀다. 베짱이는 개미의 집을 찾아가 문을 두드렸다. "개미님. 먹을 것 좀 주세요." 여기까지는 똑같다. 그러나 옛날판에는 개미가 문을 열어 주지 않고 "우리가 일할 때 당신은 놀기만 했지요. 다른 데가 보세요." 하고 문전박대하는데 현대판은 그렇지 않다. "어서 오세요, 베짱이님. 우리가 힘든 일할 때 베짱이님이 그렇게 열심히 아름다운 음악을 연주해 줘서 고마웠어요." 하며 감사하며 환영한다. 여기서 개미는 노동자를, 베짱이는 예술가를 상징한다. 노동의 가치가 최우선적으로 강조되던 시절에는 개미처럼 사는 것이 바람직했다. 그러나 다양한 직업과 개성이 요구되는 현대에는 개미는 개미대로, 베짱이는 베짱이대로 타고난 독창성을 지닌 존재로 살아가는 것이 바람직하다. 그런데 아직도 옛날 옛적 개미와 베짱이가 그대로 인터넷까지 점령하고 있다.

3. 아동문학 프로그램의 문제들

영유아교육에서 통합적인 접근·방법은 현장에서 거의 보편적인 현상이다. 그렇다 보니 영유아의 수학(조작), 과학(탐색), 예술, 음악 등의 교육 활동에서 문학 작품을 통한 접근 방법들이 다양한 활동 영역에서 소개되고 있다. 필자는 문학을 통한 교육이라는 이름으로 남용되고 있는 이들 문학교육 프로그램들의 문제점을 지적하고자 한다.

영유아에게 적합한 교수학습 방법은 신체, 언어, 인지, 사회, 정서 등의 전반적인 발달 영역이 전인적으로 이루어질 수 있는 방법을 지향하고 있다. 많은 연구자는 영유아를 총체적인 방법으로 학습하는 전체적인 존재로 보고, 영유아에게는 분리된 내용보다는 통합적인 접근 방법이 보다 효과적인 수단임을 지지하고 있다. 통합적 접근이란 어린이의 전인적인 발달을 위해 여러 학문 간 혹은 발달 영역 간 그리고 활동 간의 내용을 통합하여 교육적 경험을 갖게 하는 것으로, 이 방법은 교과과제의 경계에 얽매이지 않고 학습한 내용들을 내부에서 의미 있게 관련시키고 통합하는 데 적절한 것으로 보고되고 있다.

그러나 문학은 그 본질적 특성상 현실적 지식을 주기 위해 창작된 것이 아니다. 문학은 비현실적 환상과 공상의 세계를 중심으로 환상성을 중시하여 우리의 무의식적 내면세계를 움직이며 깊고 넓은 삶의 의미를 발견할 수 있게 해 주는 진실과 아름다운 세계를 눈뜨게 하는 신비한 세계인 것이다. 그러므로 문학과 교육의 관계는 "가장 문학적인 것이 가장 교육적이다."라는 말로 설명된다. 어떤 작품의 문학예술성이 뛰어나면 그 작품은 독자에게 깊은 감동을 통해 내면에 변화를 던져 주게 된다. 이때 교육성은 좋은 문학 작품이 안겨 주는 전리품과 같다.

그런데 이들 문학 프로그램의 보편적인 특징은 어떤 프로그램도 문학의 본질적 특성을 명쾌하게 정의하고 그러한 본질적인 범주에서 문학을 다루지 않고 있다는 것이다. 한 예를 들어 보면, 문학을 통한 수 교육 프로그램은 『배고픈 애벌레』 그림동화를 활용하고 있다. 그 내용은 애벌레가 일요일부터 월요일까지 무얼 몇 개 먹었나 세어 보고 확인하는 활동이 핵심 내용이다. 그러나 여기에 문학은 없다. 아주 작은 알에서 작은 애벌레로, 그리고 커다란 고추에서 한 마리의 아름다운 나비가 되는 생명의 놀라운 신비와 아름다움이 이 작품이 표현하려는 문학예술성이다. 그런데 이런 놀라운 감동에 관심을 두고 "문학을 통한 수 활동"을 전개하는 문학 프로그램도 교사도 없다. 수를 세고 무얼 먹었나를 알아보는 활동이 잘못된 것이 아니라, 그보다 더 중요한 문학에 문학적 감동과 체험이 빠져 버린 것이 문제다. 마치 "붕어빵에는 붕어가 없다."라는 말처럼 말이다.

앞에서 밝힌 바와 같이 문학을 통한 다양한 교육 활동은 문학이 갖고 있는 본질적 특성과 교육적 기능을 효과적으로 적용하는 것이 기본적인 전제가 되어야 한다. 그럼에도 불구하고 문학 작품에 대한 본질적인 특성에 대한 기본적인 이해와 연구의 노력 없이 단순히 작품의 형식적인 겉 내용만을 영유아교육의 매체, 방법의 수단으로 활용하려는 시도는 사실상 문학 프로그램이라 말할 수 없다.

로트먼(Routmann, 1988)은 문학이란 미명 아래 상품화된 자료나 개작 등에 의한 원작의 의미를 훼손, 왜곡, 변질 가능성이 있는 활동에서 문학성의 상실과 폐단을 경고한 바가 있다. 세기적인 문호 괴테가 "문학은 우리를 가르치지 않는다. 다만 감동을 통해서 변화시킬 뿐이다."(Eckeman, 1971)라고 한 말을 다시 한번 되새겨 봐야 한다.

제3절 페미니즘 관점에서 본 아동문학

어디로 튈지 모르는 토씨하나 / 나밖에 모르는 나르시시스트들이
너와 나 사이에서 / 토씨하나 손에 쥐고 춤을 춘다
토씨하나 떨어질 때 마다 / 환호와 비명 소리가 엇갈린다
제멋대로 흔들다 떨어뜨려 놓는 / 환절기 날씨보다 더 심한 춤사위 때문에
우리가 너와 나로 멀어지고 / 님이 남이 되어 헤어질 때
울며불며 욕바가지 퍼붓다 탓이 타령되면 / 운명의 장난이란 신세타령이 시작 된다
오늘도 종합 터미날 만남의 광장에는 / 수많은 나르시시스트들이
토씨하나 손에 쥐고 / 아무도 못 말리는 춤사위를 벌이고 있다

–김경중 「나르시스의 춤사위」

어떤 면에서 우리는 모두 나르시시스트다. 나와 내 것, 내가 하는 것은 많은 의미를 부여하면서도 나 아닌 타자의 그것에 대해서는 항상 인색한 것이 인지상정이다. 영유아기 · 아동기에는 인지의 미숙에서 비롯된 자기중심성 때문이지만, 어른이 되어서도 이타심보다는 언제나 이기심이 더 강하기 때문이다.

성인문학가들이 바라본 아동문학에 대한 이해는 대부분 빈약하다. 한편, 아동문학가들이 바라보는 아동문학에 대한 이해는 상대적으로 자기중심적인 면이 많다. "남성 주위"나 "여성 주위"와 같은 주장도 결국 이와 같은 맥락에서 생겨난 말이다. 페미니즘 관점에서 볼 때 인류 역사상 남성 주위의 편견과 독선으로부터 상대적으로 위축되고 왜곡된 정체성을 문학에서 추구하려는 시도는 자연스러운 현상인 것이다. 그래서 "역지사지"란 한자 숙어가 함축하는 의미처럼, 서로 다른 방향에서 사물과 현상을 바라보는 것은 그 보편적인 본질을 이해하는 데 많은 도움을 얻을 수가 있다.

지금까지 아동문학은 성인문학가들은 물론이고 심지어 아동문학가들과 여성 페미니즘 문학가들로부터 많은 편견과 오해를 받아 왔다. 그래서 김경중은 이 같은 아동문학에 관한 편견과 오해를 씻기 위한 목적에서 「여성문학 연구 제6호」에 게재한 「페미니즘 관점에서 본 아동문학」을 여기에 소개하였다. 김경중(1989)은 페미니즘을 다음 세 가지 측면으로 간주하였다.

첫째, 여성의 성적 소외, 불안, 갈등, 억압으로부터의 해방
둘째, 여성의 성 정체성 형성
셋째, 여성의 성 평등과 수월성 추구

한편, 아동문학에 대한 네 가지 준거는 아동을 위해 써진 문학, 아동에 적합한 것으로 인식된 문학, 아동에 의해 수용된 문학, 행위 및 상징체계로서의 문학이다. 이 같은 준거에 의해 다음과 같은 과정으로 페미니즘을 분석하였다.

- 전래동화에 투영된, 현실 원칙과 쾌락의 원칙에 나타난 여성
- 남녀의 균형적인 성 역할 모델
- 이니시에이션과 여성의 성적 성숙
- 한국 전래동화에 나타난 남녀의 성 대결
- 안데르센 동화에 나타난 페미니즘
- 동시에 나타난 페미니즘

이 같은 분석을 통해서 나타난 결과는 다음과 같이 요약된다.

첫째, 전래동화 속에는 여성의 성적 소외, 불안, 갈등, 억압으로부터의 해방을 도와줄 수 있는 내용이 많다.
둘째, 전래동화 속에는 성장기 아동이 겪게 되는 격리 불안의 문제를 많이 다루고 있는데, 이때 불안의 근원은 대부분 모성으로부터의 분리이다.
셋째, 전래동화의 주요 내용은 이니시에이션(Initiation)의 과정을 보여 주고 있는데, 이 과정에서 여성의 탄생과 성적 성숙, 성적 정체성을 극명하게 보여 주고 있다.

넷째, 안데르센의 창작동화, 동시에 나타난 여성은 성의 평등과 정체성은 물론 여성의 수월성을 분명하게 잘 보여 주고 있다.

다섯째, 페미니즘 관점에서 아동문학은 여성의 성적 소외, 불안, 갈등, 억압으로부터의 해방, 여성의 성 정체성 형성, 여성의 성 평등과 수월성 추구 등의 내용을 보편적으로 추구하고 있다.

1. 페미니즘과 아동문학의 개념

여성과 아동의 관계는 동서고금을 막론하고 사회적 · 역사적으로 볼 때 불가분의 밀접한 관계에 있었다. 전통사회에서 여성의 자녀 출산과 양육은 가장 중요한 여성 고유의 역할이었고 여성의 성 정체성을 상징하는 결정적인 요인이었다. 현모양처의 이상적인 여성의 행동 범위[1]가 아동(Kinder), 부엌(Küche), 교회(Kirche)의 3K로 제한되기도 하고, 피임약[2]의 등장이 여성문학의 전성기를 가져오게 한 결정적인 변인이 될 만큼 아동과 아동의 출산은 생활 속에서 여성과 깊은 관련을 맺고 있었다. 이 같은 여성과 아동의 관계는 동서고금의 문학에서도 그대로 반영되고 있는데, 문학에서 아동은 여성의 역할, 성의 정체성과 사회경제적 지위를 설명하는 중요한 변인이 되어 왔다.

이 같은 맥락에서 볼 때 여성과 아동, 아동문학에 투영된 페미니즘은 태생학적인 불가분의 관계에 있음에도 불구하고 페미니즘 관점에서 아동문학에 대한 연구는

1) Siegmund, G. (1988). **현대 여성의 지위** (*Die Stellung der Frau in der welt von heute*). (박영도 역). 부산.

2) 박광자(1990). 새로운 여성문학의 개념과 특성. **한우근 교수 회갑기념논문집**. 도서출판 이영사.

– "여성문학 대두의 정치사회적 배경"에서 박광자 교수는 1970년대 독일의 여성문학이 전성기를 맞아 꽃피게 된 배경 변인을 독일의 사회 상황과 여성의 지위 변화로 설명하고 있다. 그는 1950년대까지 현모양처로서 이상적인 여성의 활동 범위는 아동(Kinder), 부엌(Küche), 교회(Kirche)로 국한되었는데, 제2차 세계대전 후 기혼 여성의 1/3 이상이 전후 독일의 복구 사업에 취업하면서 경제적 자립을 얻게 되었고, 여성의 가사 부담이 적어지면서 교육의 기회가 늘고 정치사회적 지위가 향상되었다고 주장한다. 그리고 1970년대 피임약의 등장으로 출산율이 현저하게 저하되면서 여성의 사회 활동과 여성문학이 발전하는 계기를 만들었다고 통계적으로 조사하고 있다. 국내에서의 이 같은 현상은 특수문학으로서 페미니즘문학 또는 아동문학의 역할과 중요성에 대한 보편화된 인식의 일천한 역사와 관련이 있다고 본다. 이 같은 이유만으로 페미니즘 관점에서 아동문학을 조망해 보는 것은 매우 의미 있는 시도라고 볼 수 있다.

지금까지 활발하게 이루어지지 못했다. 그러므로 페미니즘 관점에서 아동문학을 조망해 보는 일은 아동문학의 발전뿐만 아니라 페미니즘 문학의 이해와 연구를 위한 지평을 넓히는 데 꼭 필요한 과제가 될 것이다.

그런데 페미니즘 관점에서 아동문학을 조망하기 위해서는 무엇보다도 페미니즘과 아동문학에 대한 명확한 개념 정의가 선행되어야 할 것이다. 페미니즘에 대한 개념은 최근 범세계적으로 다양한 연구와 주장들이 제기되고 있지만 결코 간단명료하게 정의하기란 쉽지 않다. 학자마다 보는 관점의 차이뿐만 아니라 여성의 문제는 성적 선택, 계급 및 인종 등과 다양한 연계성을 지니고 있어서, 사회문화적 특성에 따라서도 많은 차이가 있기 때문이다.

사전[3]에서는 페미니즘을 "여성평등권 원칙(여성의 권리를 획득하기 위해 결성된 운동)과 동시에 단순한 평등 차원을 넘어서 여성을 위한 세상을 창조할 목적으로 사회변혁을 일으키려는 이데올로기의 통합"으로 정의하고 있다. 한편, 기존의 남성중심적인 전통에서 여성은 여성 자체가 아니라 결함 있는 남성으로 간주되었다고 보고 "페미니즘은 이런 사회 모순 속에 특수한 형태로 내재해 있는 어떤 문제를 포착해내고 올바른 전망을 제시하려는 일련의 움직임"이라고 정의하고 있다. 그래서 페미니즘은 여성의 소외나 고양에 초점을 맞추면서 여성의 감추어진 두려움과 분노를 해방시키거나 고통스러움을 일깨우도록 하는 과정을 중시하며, 여성이 어떤 역사 속에서 오늘에 이르렀는가의 문제를 제안하고 있다.[4]

이상의 내용을 바탕으로 고려해 볼 때 필자는 페미니즘에는 여성에 관한 다음과 같은 세 가지 핵심적인 요소가 있다고 본다.

첫째, 여성의 정체감 형성
둘째, 여성의 성적 소외, 불안, 갈등으로부터의 해방
셋째, 여성의 성 평등과 수월성 추구

---

3) Maggie, H. (1995). **페미니즘 이론사전**. (심정순 역). 삼신각.
4) 김미현(1996). **한국 여성소설과 페미니즘**. 신구문화사.

그러므로 본 연구자가 조망하고자 하는 페미니즘의 관점은 당연히 아동문학에 투영된 이 세 가지 문제에 초점을 맞추고 있다. 그러나 이 같은 문제들은 실제의 작품에서 각각 별개의 문제를 다루는 것이 아니다. 대부분 작품은 문제들을 복합적으로 표출하고 있을 뿐만 아니라 아동문학 장르에 따라 그 성격 또한 상당히 달라서, 아동문학에 대한 개념을 어떻게 정의하느냐에 따라 다양한 차이가 있을 수밖에 없다.

앞에서 페미니즘의 관점을 설정하기 위한 개념 정의가 간단하지 않은 것처럼, 아동문학에 관한 명확한 개념 정의도 결코 단순하지 않다. 국내에서 가장 일반적으로 채택되고 있는 아동문학의 정의는 동요, 동시, 동화, 아동소설, 아동극 등 장르의 총칭 또는 "아동과 동심을 그리는 어른에게 읽히기 위해 쓰인 동요, 동시, 동화, 동극 등 다양한 아동문학 장르"라고 되어 있다.[5] 그러나 이 같은 정의는 아동문학의 본질과 특성에 따른 개념이기보다는 문학의 대상 또는 장르에 의한 것이기 때문에 필자는 본 연구에서 아동문학을 다음 네 가지로 개념을 정의하고 아동문학의 특성을 진술하고자 한다.[6]

1) 아동을 위해 쓰인 문학

서구에서는 18세기 계몽주의 시대부터 아동만을 위해 작품들이 쓰이기 시작했다. 요즘 아동문학의 주류를 이루고 있는 창작동화, 동요, 동시, 동극, 그림책, 지식정보 책 등은 창작에서부터 제작 출판 과정에 이르기까지 처음 기획 과정부터 독자 아동을 대상으로 하여 아동을 위해 쓰이고 있는데, 이것이 "아동을 위해 쓰인 문학"의 범주에 해당한다.

5) 이재철(1998). **아동문학의 이론**. 형설출판사.

6) 김경중(2002). **아동문학교육의 이해**. 학지사.
–필자는 이 책에서 Carsten Gansel 교수의 Morderne Kinder–wnd Jugendliteratur(1999). ComelsenVerlog Scriptor Gmbh & co. K. G. Berlin. S. 8–20을 참조하였다.

2) 아동에게 적합한 것으로 인식된 문학

아동문학은 아동을 위해 쓰인 작품만을 말하는 것은 아니다. 청소년이나 성인들을 위해 쓴 작품이라도 부모, 교사, 교회, 사회단체 전문가 등에 의해서 아동에게 적합한 것으로 인식된 작품들은 널리 아동문학에 포함되어 왔다.

걸리버 여행기, 돈키호테, 로빈슨 크루소 등의 작품은 성인을 대상으로 쓰인 소설이지만 성인보다 아동에게 널리 읽혀져 왔다. 그뿐만 아니라 신화, 전설, 민담, 우화와 같은 설화문학 작품들이 전래동화 옛날이야기와 같이 전승문학의 형태로 아동문학의 장르에 널리 포함되었다.

3) 아동에 의해서 수용된 문학

아동문학 작품은 실수요자는 아동이지만 실제 구매자는 대부분 부모, 교사나 친척 등 성인들에 의해서 이루어지는 전달 및 유통 체계의 2중 구조 때문에 앞에서 제시한 아동에게 적합한 것으로 인식된 문학이 주류를 이루는 것이 사실이다.

그러나 현실 속의 어린 독자들은 그렇다고 아무런 생각 없이 자신들을 위해 쓴 작품이라는 이유만으로 혹은 어른들에 의해서 적합하다고 인식된 문학 작품만을 수동적으로 수용해서 읽는 것은 아니다. 모리스 센닥의 『괴물들이 사는 나라』는 간결한 텍스트와 독특한 일러스트로 구성된 창작 그림동화인데, 처음 출판되었을 때 교사 평론가들에 의해서 어린이에게 부적합한 동화로 비판을 받았지만 어린 독자들의 선풍적인 반응에 힘입어 재평가되어 작가는 한스 크리스천 안데르센 문학상, 칼데콧 일러스트상 등을 수상한 명작이 되었다.

동시의 경우도 그렇다. 에드워드 리어(Edward Lear)[7]의 「부엉이와 고양이(The owl and the pissy-cat)」란 시에 대해서 어른들은 아동에게 부적합하다고 판단했지만 아동이 얼마나 좋아하는 작품인가를 말해 주고 있다.

---

7) Nodelman, P. (1996). **어린이문학의 즐거움 1**. (김서정 역). 시공사.

4) 행위 체계와 상징체계로서의 아동문학

우리가 사회의 체계를 정치, 경제, 사회, 문화 등으로 구분하는 것과 같이 문학도 하나의 사회 행위 체계로 볼 수 있는데, 아동문학은 "특별한 예술 영역"이라는 체계로서 볼 수 있다. 아동문학의 행위 체계는 다음과 같이 내부 구조로 이루어진다.

① 문학 생산(제작): 저자, 편집자, 담당자, 구연가, 번역가, 강사
② 중재: 출판자, 대표자, 도매상인, 서점 주인, 비평가, 교사
③ 수용: 일반 독자, 비평가, 문학가, 학자, 교사
④ (책)가공, 마스트: 이 과정에서 받아들여진 작품은 구체적 상황 속에서 의사소통으로 이루어진다.

아동문학은 그 대상이 아동이란 점에서 청소년문학에 비해 아동의 심리적 욕구 충족과 교육적 측면이 특히 강조된다. 그래서 성인문학이 자주적인 데 비해 아동문학은 인습, 규칙 특징을 가진 비자주적 문학이라고 할 수 있다. 이런 면에서 아동문학은 여성문학, 종교문학, 이민자문학과 같이 "특수 목적 집단문학"이다. 다시 말해서, 아동문학은 잠재적 독자가 갖고 있는 특징(연령, 인지 능력, 사회적 역할)에 따라 만들어지는 문학이기에 한정된 독자 집단과 문학적 행위 체계를 형성하며, 제작, 중재, 수용, 가공 등을 포함하고 특수한 제작자, 출판사, 저자, 판매점 등이 아동문학의 생산에서 가공까지 요구된다.

한편, 아동문학은 행위 체계뿐만 아니라 상징체계로 볼 수도 있는데, 이것은 아동문학을 작품의 소재, 주제, 표현 방식, 장르별로 이해하는 것을 의미한다. 역사적 관점에서 아동문학은 상징체계와 관련하여 정해진 판단 기준과 규칙, 평가 척도를 갖고 있다. 가치의 유무에 따라 정형화되는데, 작품에 따라 가치는 형식적 가치, 내용적 가치, 상대적 가치, 효과적 가치로 구분된다.

이상 네 가지 측면에서 살펴본 내용들은 아동문학을 매우 다양한 측면에서 수용한 개념들이라고 볼 수 있다. 그렇기 때문에 본 연구 목적상 아동문학을 대표하는

보편적인 작품들을 선정하기 위해서는 전 세계적으로 널리 알려진 전래동화, 창작동화, 동시 등 앞에서 제시한 아동문학의 네 가지 정의에 합당한 전형적인 작품들을 대상으로 하여 이들 작품에 표출된 페미니즘을 분석해 보기로 한다.

2. 아동문학에 투영된 페미니즘

1) 전래동화에서의 페미니즘

전래동화는 신화, 전설, 민담과 같은 설화에서 그 상징적 · 심리적 의미를 포착하여 아동의 정신적 발달 수준에 맞게 개작 · 재화화한 아동문학의 중요한 장르다.[8] 고대의 신화와 전설에서 중세의 설화와 근대의 메르헨에 이르기까지 민족민중문학으로 정착된 전승문학이라는 점에서, 전래동화는 한 시대 한 개인의 창작물이 아니라 사회 구성원들의 집단적 창작물이다. 전래동화는 전 세계적으로 특정한 문화와 내용이 아니라 인간에게 보편적으로 내재하고 있는 공질성을 지니고 있고, 환상과 상징의 방법으로 집단적 무의식과 개인적 무의식을 통해 인간 정신의 특성을 명백하게 보여 주고 있다. 전래동화의 이 같은 특성 때문에 프로이트를 선두로 융, 뮐러, 빌츠, 디크만 그리고 최근에 베텔하임과 같은 심리학자들은 전래동화가 인간의 무의식과 관계가 있다고 보고 심층심리학적 해석을 통해 전래동화에 대한 시적 예술형식의 하나인 동화에 대한 보다 넓고 깊은 이해를 하게 해 주었으며, 어린이가 왜 동화를 필요로 하는가에 대한 심리학적 근거를 제공해 주고 있다.[9]

전래동화는 현실 생활에서 아동이 겪는 분노, 격분, 절망, 시기심과 불안 등 성장발달 단계에서 겪게 되는 감정과 문제들을 함축적으로 명시해 주고 있는데, 이 같은 문제들 앞에서 어린이는 무의식적으로 현실의 원칙 사이에 언제나 갈등을 겪기 마

---

8) 김경중, 김재숙(1997). **동화 및 언어 지도**. 양서원.

9) 김경중(1989). 동화의 심리학적 의미. 중앙대학교 대학원 박사학위 청구논문.

련이다.

삶의 의미 체계로서 전래동화 속에 나타난 집단 무의식 속에는 격리 불안, 쾌락의 원칙과 현실의 원칙, 성 역할과 이니시에이션 등이 잘 나타나 있다.

(1) 격리 불안의 문제

전래동화에서 가장 전형적으로 주류를 이루고 있는 내용은 탄생에서 성장 발달, 부모로부터의 분리 · 독립과 결론에 관한 통과의례(Initiation)다. 모든 것이 부모와의 의존 관계에 있기 때문에 자아의 성숙과 사회적인 자립을 위해서는 부모로부터의 심리적인 분리 · 독립이 가장 크고 중요한 과제일 수밖에 없다. 그래서 전래동화의 내용은 대부분 발달 과정에서 주인공들이 부모나 보호자로부터 피할 수 없는 사정에 의해 헤어지는 사건이 필연적으로 등장하게 된다. 『해님달님』에서 엄마가 호랑이에게 처절하게 잡아먹히는 줄거리를 보면, 철저하게 엄마에게 의존하고 있는 자녀가 더 이상 엄마에게 의존하지 않고 오직 스스로의 지혜와 노력을 통해서 생존할 수 있는 의지를 키워 주기 위해서 엄마는 무력하게 호랑이에게 잡아먹히고 만다. 『늑대와 7마리 아기 염소』에서 염소 엄마의 태도 또한 한국의 어머니보다 좀 더 적극적이고 능동적인 점의 차이는 있어도 이와 유사한 내용이 전개되고 있다.

『헨젤과 그레텔』『백설공주』에서 계모로부터의 버려짐 사건도 똑같은 맥락에서 부모로부터의 자립과 독립의 의지를 키워 주려는 의도가 숨어 있다. 이 같은 유형의 동화에서 대부분 계모가 등장하는 것은 엘렉트라 콤플렉스(Electra complex)뿐만 아니라 친엄마보다는 계모가 자녀를 내쫓는 것이 독자의 납득성을 확보하는 데 훨씬 설득력이 있기 때문이다. 많은 동화에서 버려지는 이야기가 나오는 것은 성장기 어린이의 가장 큰 심리적 불안의 문제가 격리 불안이기 때문이다. 50대 이후의 한국인 중에서 어릴 적 부모나 형제로부터 '다리 밑에서 주워 온 아이'란 말을 듣지 않고 자란 사람은 그리 흔치 않을 것이다. 그만큼 당시 우리의 사회문학적 환경은 자녀의 독립과 자립의 의지를 심어 주는 일이 중요한 성장의 과제였던 것이다.

그런데 동서양을 막론하고 부모로부터의 독립은 실제로는 예외 없이 여성인 엄마로부터의 독립의 과정을 보여 주고 있다. 그것은 바로 서론에서 밝힌 바와 같이

아동과 여성의 생태학적 밀착 관계를 반영한 것이다. 우리 인간은 일생 동안 몇 번의 격리 과정을 거쳐 독립하게 되는데, 그 첫 과정이 젖떼기이고, 다음이 심리적 이유고, 세 번째가 사회적인 독립이다. 이 과정에서 여성은 아동과 심리적으로 가장 끈끈한 애착 관계를 갖고 있기 때문에 이 애착 고리를 끊기 위한 매개 변인으로서 계모라는 안성맞춤의 인물이 등장하게 된 것이다. 친엄마나 계모를 막론하고 동화의 가장 중요한 모티브가 되고 있는 분리 의식의 과정에서 핵심을 이루고 있는 것은 모성으로서의 여성이다.

(2) 현실의 원칙과 쾌락의 원칙에 나타난 여성

아동은 성장 발달의 과정에서 갖고 싶고, 먹고 싶고, 해 보고 싶은 기본적인 욕구를 갖고 있는데, 이 같은 욕구는 쾌락을 추구하려는 욕구이며 반드시 현실적인 문제와 직결된다. 그러므로 어린이는 성장 과정에서 마음속에 일어나는 쾌락의 욕구들을 현실과 어떻게 조화할 수 있을 것인가를 배워야 한다. 베텔하임은 전래동화에 나타난 이 같은 문제를 현실 원칙과 쾌락의 원칙이라고 명명했다. 그림의 전래동화 『어린 오누이』에는 이런 동물적인 욕구가 잘 나타나 있다.[10] 오누이는 목이 말라 우물을 찾아간다. 우물을 발견하자마자 오빠는 아무 생각 없이 물을 마시려고 하지만 누이동생은 "내 물을 마시면 호랑이가 되지, 내 물을 마시면 호랑이가 되지." 하는 소리를 듣는다. 오빠는 누이의 권고로 간신히 물을 마시고 싶은 욕구를 억제하고 또 다른 우물을 찾아 나선다. 두 번째 우물 앞에서 오빠가 물을 마시려 할 때 누이동생은 또 "내 물을 마시면 이리가 되지." 하는 목소리를 듣고 오빠에게 물을 마시지 못하게 한다. 세 번째 우물 앞에서도 동생은 "내 물을 마시면 노루가 되지." 하는 소리를 듣고 말리지만 오빠는 더 이상 참지 못하고 물을 마시고 어린 노루로 변해 버리고 만다.

러시아의 교과서에 실린 유명한 전래동화 『누나 아료 누시카와 남동생 이와 누시카의 이야기』에서 무더운 벌판에 버려진 두 오누이도 갈증을 참지 못해서 누나의

10) Bettelheim, B. (1977). *The uses of enchantment: The meaning and importantance of fairy tales*. NY: Alfred A. knoff.

만류를 뿌리치고 물을 마셔 버린 동생이 산양이 되어 버린 이야기가 나온다. 이 같은 종류의 이야기는 전 세계적으로 다양하다. 욕망이 지배하는 쾌락의 원칙에서 남성은 현실의 소리를 듣지 못하지만, 여성은 현실의 소리를 듣고 그 욕망을 억제하며 인내할 뿐만 아니라 고통을 참고 위험에 빠진 남성(형제)을 구원한다. 안데르센의 『백조 왕자』에서 엘리자는 무력한 오빠들을 구원하는 구원의 화신이 된다.

쾌락의 원칙과 현실의 원칙에서 여성은 대부분의 상황에서 쾌락 뒤에 숨어 있는 경고를 발견하고 현실의 원칙에 따라 대처하는 능력을 갖고 있을 뿐만 아니라 위험에 처한 남성을 구한다. 이 같은 쾌락의 원칙과 현실의 원칙은 성장기 아동의 무의식으로 겪게 되는 심리적 갈등을 표현한 것이지만, 이 무의식 속에서 여성은 대부분 생명의 탄생과 보호의 중요한 존재로서 남성보다 더 깊이 각인되고 있음을 볼 수 있다.

(3) 남녀의 균형적인 성 역할 모델

전래동화에서 쾌락의 원칙과 현실의 원칙에 투영된 여성의 역할은 남성보다 우월하게 나타나지만, 때로는 매우 균형 잡힌 성 역할 모델을 보여 주기도 한다. 동화 속의 인물들은 인간의 내면에 있는 무의식 속 양면성을 나타내고 있지만 이 같은 무의식적 양성성을 다루면서 남녀의 성 역할 모델을 균형 있게 다룬 대표적인 작품으로 『헨젤과 그레텔』이 있다.

베텔하임은 그가 사랑하는 전래동화 중에서도 『헨젤과 그레텔』을 가장 훌륭한 작품으로 지목하고 프로이트의 정신분석적 방법으로 해석을 시도하였는데, 그의 관점을 중심으로 이 작품에 대한 해석은 다음과 같이 요약된다.[11]

> 가난한 나무꾼은 아내와 헨젤과 그레텔이란 두 남매와 산기슭에 살고 있었다. 가난한 살림에 흉년이 들어 먹고 살기가 힘들었다. 어느 날 아내는 두 아이를 산속에 갖다 버리자고 말했다.

---

11) Bettelheim B. 윗글.

정신분석학적으로 볼 때 두 어린이는 부모 곁을 떠나 스스로 갈 길을 갈 때가 됐음을 의미한다. 소위 이 시기 어린이가 흔히 겪게 되는 부모의 격리 불안(Separation acxiety)의 문제를 제기하고 있다. 주어진 위기에 지혜롭게 대처했던 두 남매는 일단 한두 번의 위기를 모면할 수 있었다(조약돌을 길에 떨어뜨려 찾아옴). 그러나 세 번째의 시도에서 두 어린이는 실패하고 만다[빵 조각을 떨어뜨렸으나 길을 찾을 수가 없었다. 비록 용의주도한 준비라 할지라도 예상 밖의 상황에서 실패할 수 있음을 암시해 준다. 부모로부터 버려진 두 어린이 앞에 참담한 고통과 불안만이 연속된다면 이야기는 재미없는 줄거리로 끝났을 것이다. 길을 잃고 방황하던 어린이들 앞에 참으로 신나는 광경이 나타난다. 온통 초콜릿, 사탕, 비스킷과 맛있는 빵으로 만든 집의 등장은 정신분석학적으로 어린이들의 구강대 만족을 충족시켜 줌으로써 쾌락의 원칙(원초아, id)을 유감없이 나타내 주고 있다]. "냠냠, 냠냠, 누가 내 집을 갉아먹고 있는가."라는 마녀의 물음에 "바람이어요, 바람이어요." 하고 꼼짝 않고 계속해서 먹어 치운다. 과자로 만든 집의 지붕마저도 먹어 치움으로써 마녀에게 붙잡히게 되는 과정은 쾌락의 원칙에 지배되는 결과 뒤에 수반되는 현실의 원칙이 암시된다. 마녀와의 싸움에서 어린이들이 결국 승리하게 되고 마녀가 패한다고 하는 이 이야기는 4~5세의 어린이에게 보다 효과적일 수 있다. 그러나 버려지는 격리 불안과 잡아먹히는 공포는 특정한 시기에 제한되는 것이 아니다. 공포는 특정한 시기가 아닌 모든 연령에서도 나타나기 때문에, 나이 많은 어린이에게는 격려가 되고 어린 유아에게는 헨젤과 그레텔에 매혹되고 안도감과 상상력을 준다. 그레텔이 마녀를 무찌르고 오빠를 구함으로써 오빠의 지배에 분개하는 어린이에게는 더없는 성취감을 줄 것이며, 오빠의 지배를 바라는 어린이에게는 오빠에 대한 보다 깊은 신뢰감을 느끼게 될 것이다.

부모로부터 버려지기 이전의 여성(그레텔) 주인공은 철저하게 남성(헨젤)에 대한 의존적인 성향을 보인다. 그러나 부모로부터 완전히 분리되고 마녀에게 붙잡힌 뒤부터는 지금까지 의존적이고 주도적이었던 남녀의 성 역할이 완전히 백팔십도 돌변하게 된다. 헨젤은 마녀에게 붙잡혀 있는 상태에서 더 이상 아무런 능력도 발휘하지 못하지만, 지금까지 그토록 연약했던 그레텔(여성)은 놀라운 용기와 기지를 발휘하여 결국 무서운 마녀를 죽이고 헨젤(남성)을 구하여 승리의 전리품 보물을 얻고 집으로 돌아온다.

(4) 이니시에이션과 여성의 성적 성숙

앞에서 살펴본 것처럼 전래동화 속의 여성은 무의식 속에서 매우 의미 깊게 표출되고 있을 뿐만 아니라 전래동화의 내용이 되는 이니시에이션 과정에서도 잘 표출되고 있다. 전래동화를 지배하는 대부분의 내용은 탄생과 사회적 성숙, 결혼, 죽음 등의 문제들이다. 전래동화에 나타난 사건은 대부분 부모나 왕, 형제 등의 죽음을 통해 사건의 발달을 이루고 새로운 탄생과 이니시에이션(Iniciatoin)의 과정이(격리의식, 변화의식, 통과의식) 거의 예외 없이 나타나고 있다.

『잠자는 숲속의 공주』『백설공주』『콩쥐팥쥐』『신데렐라』『개구리왕자』『개구리왕비』『개구리공주』 등의 전래동화들은 전형적인 이니시에이션을 다룬 동화로서, 여성의 탄생과 성장 발달 과정에서 겪게 되는 부모 형제간의 갈등과 성장기의 불안 등을 다양하게 다룬 작품들이다. 그중에서 『개구리왕자』는 사춘기 소녀의 성적 성숙 과정에서 심리적 불안과 갈등 관계를 극복하고 여성의 완성된 성적 정체성을 확립할 수 있도록 무의식적인 암시를 통해서 격려하고 있다.

개구리는 옛날이야기 속에서 자주 등장하는 동물 중의 하나다. 우리 생활 주변에서 개구리는 흔히 볼 수 있다. 이러한 이유로 해서 우리들에게 친근감을 주기 때문에 동화의 주인공으로 등장하게 된다고 간단히 설명할 수도 있지만, 그것보다는 개구리가 우리에게 주는 어떤 이미지 때문이 아닌가 하고 생각할 수도 있다. 어쨌든 개구리는 성의 미성숙, 인격의 미성숙함을 상징한다. 이 이야기는 성적 성숙의 과정을 잘 표현하고 있다.

이야기의 시작 부분을 보면 금공을 가지고 노는 아주 귀여운 소녀(공주)가 등장한다. 사건은 금공으로부터 시작된다. 이 금공은 구체라는 것, 제일 귀중한 재료, 즉 금으로 만들어져 있기 때문에 그것은 완전함을 상징한다. 이 공이 상징하고 있는 것은 아직 미발달 단계의 자기애적 정신이다. 이 공이 깊고 어두운 우물 속에 빠졌을 때 이미 순진함은 상실된다. 정신의 상징(공)이 떨어진 어둠 속에서 공주에게 완전함(공)을 가져다줄 수 있는 것은 흉하게 생긴 개구리뿐이다. 인생은 그 어두운 측면

을 보이기 시작함에 따라서 더욱 흉하게 복잡해진다.

소녀는 여전히 쾌락 원리에 따라서 자기가 원하는 것을 손에 넣기 위해 결과를 생각하지 않고 약속을 한다. 그러나 현실은 양보해 주지 않는다. 공주는 개구리를 문 안에 들어오지 못하도록 문을 닫아 버리고 현실로부터 도피하려고 한다. 그런데 임금님의 모습으로 초자아가 등장한다. 공주가 개구리의 요구를 거절하려 할수록 왕은 점점 더 엄격하게 약속은 지켜야만 된다고 주장한다. 놀이로 시작한 것이 아주 중대한 문제로 발전한다. 공주는 자기가 한 약속을 수행하도록 강요당함으로써 성장해야만 된다. 여기에서 타인과 밀접한 관계를 맺어 가는 단계가 명확하게 묘사되어 있다.

소녀는 처음에는 혼자서 자기 공을 가지고 논다. 개구리가 공주에게 무슨 곤란한 일이 있느냐고 물어봄으로써 대화가 시작된다. 그리고 공을 찾아 주었을 때도 개구리와 공주 사이에 교섭이 있다. 그 후 개구리가 공주를 찾아가 옆에 앉고 식사를 같이 하고 공주의 방으로, 최후에는 공주와 같은 침대에서 자게 된다.

이 이야기는 우리들에게 최초의 성적인 접촉을 쾌적한 것이라고 기대해서는 안 된다는 것을 말해 주고 있다. 최초의 성적인 접촉은 너무나 이해하기 힘들고 또한 불안에 차 있기 때문이다. 그러나 일시적인 혐오감을 억제하고 타인과의 연결이 밀접하게 됨에 따라서 언젠가는 그 밀접함이 완전한 것이 되고, 감추어진 성의 진정한 아름다움이 나타나서 우리들은 깜짝 놀랄 정도의 행복을 경험하게 될 것이다.

개구리는 마치 아이들이 탄생될 때와 마찬가지로 물속에서의 생활에서 물 밖으로 나온다. 역사적으로 본다면 옛날이야기는 우리들의 발생학 지식을 몇 세기 전에 이미 예견한 듯하다. 개구리가 변태하듯이 인간의 태아도 출생 때까지 여러 가지 발달 과정을 거치는데, 개구리의 성숙 과정은 그 과정을 나타내고 있다.

성에 대해서 혐오감을 가지고 있는지 모르지만 그것을 조금도 두려워할 필요가 없다는 것을 가르치는 옛날이야기로 『개구리왕자』라는 이야기만큼 교묘한 것은 없다고 생각된다. 개구리가 어떻게 행동하고, 그 행동과 관련해서 공주 신상에는 어떤 일이 일어나는지, 개구리와 공주는 어떻게 되는지를, 그리고 성에 관해서 아직도 미숙한 단계에선 성을 혐오스러운 것으로 느껴도 당연한 일이라고 안심시키고 때가 되면 바람직한 것으로 발전해 나갈 수 있다는 것을 가르쳐 줌으로써 성에 대해서 준비시킨다. 『개구리왕자』 이야기는 이러한 개구리의 모습을 성의 상징으로 이용함으로써 아동의 무의식에 얘기해서 그 아이들이 성이라는 것을 자기 연령에 알맞은 형태로 받아들인다.

성은 동물적이어서 처음에는 징그러운 것으로 보일지 모르지만, 성에 접근할 수 있는 올바른 길만 찾게 되면 징그럽게 보이는 그 이면에서 아름다움이 나타난다는 것을 어린이에게 전해야만 한다. 옛날이야기는 성적인 경험에 대해서 언급하지도 않고 암시하지 않으면서도 심리학적으로 보아서 의식적인 성교육보다도 올바로 전하고 있다. 현재 성교육은 성이 정상이고 아름답기도 하고 인류의 존속을 위해선 결여되어서는 안 된다고 가르치려 하고 있다. 그러나 이러한 성교육은 아이들이 현재 성을 더러운 것으로 보고 있고 또한 이렇게 보는 것은 방어 기능의 중요한 역할을 하고 있는 것임을 이해하는 것으로부터 시작하고 있지 않다. 따라서 아이들의 신뢰를 얻지 못하고 있다.

옛날이야기는 정말 개구리(다른 동물이라도 좋다.)가 징그럽다고 동의해서 아동의 신뢰를 얻는다. 그렇게 함으로써 이 징그러운 개구리가 옛날이야기 속에 있듯이 때가 오면 인생을 같이할 수 있는 아주 매력적인 동료로 변신하게 될 것이라는 확신을 아이들의 마음속에 심어 줄 수 있을 것이다. 그리고 이 메시지는 직접 성적인 것은 일체 언급하지 않고 전달할 수 있다. 이 동화는 『개구리왕자』 지만 작품의 주인공은 왕자가 아닌 바로 공주이며, 여성의 성적 성숙의 과정에서 불안과 갈등을 극복하는 무의식적 과정을 자연스럽게 잘 나타낸 작품이다.[12]

(5) 한국 전래동화에 나타난 남녀의 성 대결

한국 전래동화에 등장하는 남녀를 성비로 구분해 보면 65:19로 남아가 여아보다 압도적으로 많은 것으로 나타나 있다. 이 같은 현상에 대해서 손동인[13]은 당시 사회가 부권중심, 남성중심 사회였기 때문에 이 같은 사회문화적 현상이 반영된 것이라고 보고 있다. 그러나 전래동화에서 남녀의 성 대결 양상을 보이고 있는 동화들의

12) 김희경(1992). **명작동화의 매력**. 서울: 교문사.

13) 손동인(1984). 견강부약의 법칙준용. **한국전래동화연구**. 서울: 정음문화사.

내용을 살펴보면 『장 보러 간 바보사위』[14], 『진지담배』[15]와 같이 남성은 여성보다 우둔하거나 나약하고 결과적으로 철저하게 실패하며, 반면에 여성은 지혜롭고 강하며 성공하는 것으로 나타나고 있다.

> 바보 남편이 부인과 함께 처가에 가게 되었다. 부인이 남편에게 처가에서의 인사법을 가르쳐 주는데도, 잘 터득하지 못했다. 생각하던 끝에 부인은 남편의 고추에다 실을 길게 매 동이고는, 부엌에서 자기가 그 한 끝을 한 번 당기면 "진지 잡수셔요." 하고 절을 하고, 두 번 당기면 "담배 피우셔요." 하고 절을 하라고 약속을 한다. 이리하여 남편은 부인과 처가에 와 장인과 겸상으로 밥을 먹게 되었다. 그때 마침 자기 고추를 당기므로 "진지 잡수셔요." 하고 인사를 한다. 장인은 사위가 인사범절까지 아니 이제 제법이라고 생각한다. 이윽고 상을 물리자 실을 두 번 당겼다. 그러자 사위는 얼른 "담배 피우십시오." 하고 인사를 했다. 여기까지는 제대로 인사가 잘 되었다. 그런데 조금 후에 바보 남편의 고추를 두 번 당기더니 잇달아 수없이 당겨댔다. 실은 이때 그 부인이 변소에 가느라 그 실 끝을 북어 대가리에다 매어 두고 갔는데, 그 사이 그 집 강아지가 들어와서 그 북어 대가리를 떼어 먹으려고 물고 흔들었기 때문이다. 이런 줄도 모르고, 바보 남편은 부엌에서 부인이 당기는 줄만 알고 거기에 맞춰서 급하게 그리고 연달아 "진지, 담배, 진지, 담배……." 하고 무수히 절을 하여 장인께 인사했으나 망신만 당했다.

한국 전래동화에서의 이 같은 현상을 손동인은 견강부약의 법칙(牽強扶弱의 法則)이라고 규정했는데, 그것은 여성이 남성보다 상대적으로 약하고 억압받는 문화 속에서 약자를 높이고 강자를 견제하는 현상으로 설명하고 있다.

2) 창작동화에서의 페미니즘

전래동화는 인간의 보편적 가치와 삶의 지혜와 의미를 무의식적으로 동일시 과

---

14) 이원수, 손동인(1980). 장 보러 간 바보사위. **한국전래동화집 제1권**. 서울: 창비.

15) 손동인. 윗글, p. 69.

정을 통해서 아동에게 전달하는데, 전래동화의 특징은 환상적이며 줄거리와 등장인물이 전형적이고 문장의 산문적 · 서사적 묘사가 개성적이며 정경이나 성격의 묘사가 개성적이라기보다 추상적인 면이 있다. 그러나 창작동화는 한 작가의 독창적 역량으로 창작된 문학 작품이라는 점에서 작가의 개인적 사상과 정서가 큰 비중을 차지할 뿐만 아니라 등장인물의 성격이 구체적이고 개성이 뚜렷하며 표현 방법과 내용이 다양하기 때문에 특정 작가와 작품을 통해서 어떤 문제를 분석하는 데는 보편성의 문제가 제기될 수밖에 없다. 그러나 전래동화의 전형으로 그림이나 페로의 동화를 꼽는다면 창작동화의 전형을 안데르센이라고 할 만큼 안데르센 동화는 어린 독자와 인류에게 많은 영향력을 끼쳐 왔기 때문에, 안데르센의 동화에 나타난 여성의 문제를 살펴보는 것은 아동문학에 나타난 페미니즘을 보편적으로 이해하는 데 도움이 될 것이다.

빈민가의 구두 수리공인 아버지와 성적으로 부도덕한 어머니의 아들로 태어난 안데르센은 정신분열증을 갖고 있는 할아버지, 병적인 거짓말쟁이 할머니를 가족으로 둔 비참하고 황폐한 성장 배경을 갖고 있다. 불우한 성장 과정과 사회 적응의 혹독한 시련 끝에 시인으로서 첫발을 내디딘 그의 처녀작 「임종의 아이」는 그의 고통스런 삶의 역경을 '어머니'에게 호소하고 있다.

> 엄마, 나 피곤해요 / 이제 자도 되나요
> 엄마 품에 안겨서 잘래요
> 그러나 울지 않겠다고 먼저 약속하는 거야
> 얼굴에 엄마의 뜨거운 눈물이 떨어지고 있어
> 이곳은 냉랭하고 밖에선 폭풍이 불고 있어
> 그런데 꿈속에선 모든 것이 아름다워
> 이제 나 눈을 감을래 / 아름다운 천사가 보여요
>
> –안데르센 「임종의 아이」[16]

16) 김희경, 앞글, p. 459.

또 그의 대표작이라 할 수 있는 『미운오리새끼』 『백조왕자』 『인어공주』 에 나타난 여성의 모습을 살펴보기로 한다. 『미운오리새끼』의 서두는 이렇게 시작된다.

> 아주 시원한 시골 풍경이었습니다. 첫여름이 된 것입니다…….
>
> 어미 오리 한 마리가 둥우리에 앉아 있었습니다. 새끼를 까려고 날개로 알을 꼭 품은 채 앉아 있는 것이었습니다. 그러나 너무 지루하고 찾아와 주는 이도 없어 그만 지쳐 버릴 지경이었습니다. 다른 오리들은 …… 노는 것이 훨씬 재미있었습니다.
>
> 마침내 알이 하나둘 깨어 '삐약삐약' 울어댔습니다…….
>
> "자 어서들 오너라."
>
> 어미 오리가 새끼들을 가르쳤습니다.
>
> "이제 다들 모였니?" 하고 일어서려고 했습니다. 그러다가 "아니 아니, 제일 큰 알이 아직 깨지 않았구나."
>
> " …… 아직 구멍도 나지 않는군요. 그렇지만 어머니, 먼저 난 저 애들 좀 보셔요. 여간 예쁘지 않아요, 꼭 저희 아버지 닮지 않았어요? 참 애들 아버지는 여태 와 보지도 않고 뭘 하는 걸까?"
>
> "얘, 어디 그 알 좀 보여 다오."
>
> 할미 오리가 말했습니다.
>
> "이건 칠면조 알인가 보다. 이런 건 내버려 두고 일찍 난 아기들이나 데리고 가서 헤엄치는 법을 가르쳐 주렴."
>
> 그러나 어미 오리는 일어나지 않았습니다.
>
> "여태까지 품고 있었으니 좀 더 품어 보겠어요."[17]

이 작품의 주제는 우리가 잘 알고 있는 바와 같이 다수의 무리에 의해 따돌림을 당하는 상대적 가치의 초라한 자신이 아닌 백조로서의 자신의 자아를 발견하는 과정에 초점을 맞춘 작품이다. 또한 이 작품에서는 어미 오리의 새끼들에 대한 사랑과

17) Andersen, H. C. (1983). **안데르센 동화집: 소년소녀 세계문학전집 51.** (이원수 역). 서울: 계몽사.

관심, 고통과 역경을 헤치고 인내하는 여성의 모습을 엿볼 수가 있다. 자신 혼자서 새끼들을 까기 위해 힘든 일을 치르면서 아빠(남성)에 대한 원망을 던지면서도, 할미 오리에게 "여간 예쁘지 않아요. 꼭 저희 아버지를 닮지 않았어요?" 하면서 대견스럽게 바라보는 어미 오리의 모습에서 아름다운 여성의 관용과 사랑과 마음을 넉넉하게 느낄 수 있다.

페미니즘 작가라 할 만큼 여성 지향적인 안데르센의 작품 경향은 「동화의 세계로 초대」라는 시에서도 잘 나타나 있다.

오세요 귀여운 소녀여
자 들어와요
나의 시의 작은 빛의 나라로 오세요
이곳에선 꽃도 나무도 동물도
다같이 노래하고 이야기하고 있어요
이 지상에서 우리들의 생활은
그대로 한편의 동화나라래요

–안데르센 「어떤 소녀에게」[18]

한편, 『인어공주』의 후반부는 이렇게 전개되고 있다.[19]

왕자를 위하여 공주는 가족을 버리고, 집을 버리고 또 아름다운 목소리까지 버리고 매일매일 끝없는 고통을 참아온 것인데, 왕자는 조금도 이런 사실을 모르고 있습니다.

왕자와 똑같은 공기를 마시는 것도 이제 오늘밤뿐입니다. 깊은 바다를 보는 것도, 별이 반짝이고 있는 밤하늘을 바라보는 것도 오늘밤이 마지막입니다. 영혼을 가지지 못하고, 이제는 그 영혼을 가질 수 없게 된 인어공주를 기다리고 있는 것은, 생각하는 일

18) 김희경, 앞글, p. 496.
19) 안데르센, 앞글, pp. 46–50.

도 없고 꿈도 꿀 수 없는 영원한 밤뿐인 것입니다.

그런데 배 위에서 밤새도록 흥청거리면서 즐겁게 춤을 추고 있습니다. 마음속으로 죽음을 생각하면서도 얼굴에 미소를 띤 채 인어공주는 춤을 추고 또 추었습니다. 왕자가 아름다운 신부에게 입을 맞추자 신부는 왕자의 검은 머리카락을 쓰다듬었습니다. 그리고 두 사람은 손에 손을 잡고 화사한 천막 안으로 들어가 잠이 들었습니다.

인어공주는 하얀 팔을 뱃전에 괴고 동쪽 하늘의 아침노을을 바라보았습니다. 해님이 나오게 되면 그 최초의 빛으로 죽어야 한다는 것을 공주는 잘 알고 있습니다.

"해님이 올라오기 전에 이 칼로 왕자의 심장을 찔러야 해. 왕자의 따뜻한 피가 너의 발에 묻으면 두 개의 발이 다시 하나로 붙어서 물고기의 꼬리가 되어 너는 원래의 인어가 되는 거야……. 그러고 나서 우리가 있는 곳으로 내려오는 거야. 그리고 죽어서 바다 거품이 될 때까지 2백 년을 살 수가 있는 거지. 자. 빨리! 왕자나 너, 어느 한쪽이 해님이 뜨기 전에 죽지 않으면 안 돼! 할머니도 너무나 걱정을 하셔서 흰 머리카락이 다 빠져 버렸을 정도야. 왕자를 죽이고 다시 돌아와! 자아, 빨리! 하늘이 밝아 오는 것이 보이지 않니? 이제 곧 해가 뜰 거야. 그러면 넌 죽어."

언니들은 깊은 한숨을 쉬면서 물결 속으로 잠겨 들어가 버렸습니다…….

인어공주는 몸을 굽혀 왕자의 아름다운 이마에 입을 맞추고 새벽 여명이 점점 밝아지는 하늘을 쳐다보고 날카로운 단도를 응시하고, 다시 왕자에게 조용히 눈을 돌렸습니다. 그때 왕자는 꿈속에서 신부의 이름을 부르고 있었습니다. 왕자의 마음속에는 신부만이 있었던 것입니다. 인어공주가 꽉 쥐고 있는 단도가 부들부들 떨렸습니다. 그러나 그 순간 인어공주는 칼을 멀리 물결 속으로 던져 버렸습니다. 그러자 칼이 떨어진 곳이 빨갛게 빛나고 마치 핏방울이 물속에서 거품을 만들고 나오는 것 같았습니다…….

공주는 벌써 희미해져 가는 눈으로 한 번 더 왕자를 바라보고는 바다로 뛰어들었습니다. 그때 해님이 바다에서 떠올라 와 죽음의 냉기를 지닌 바다 거품 위에 온화하고 따스한 빛으로 비쳤습니다. 작은 인어공주는 자신이 죽었다는 느낌이 조금도 들지 않았습니다…….

반짝반짝 빛나고 있는 해님을 올려다보자 머리 위쪽에 투명하고도 아름다운 형태를 가진 것들 수백 개가 두둥실 떠 있는 것 같았습니다. 그것들을 통하여 건너편에 하얀

꽃과 하늘의 발간 구름이 보였습니다. 그 사람들의 말소리는 음악소리처럼 들려왔습니다. 그 음률은 영혼의 세계의 것이어서 인간의 귀에는 들리지 않고 또한 그 사람들의 모습은 인간의 눈으로 볼 수가 없습니다. 그 사람들은 날개가 없어도 몸이 가볍기 때문에 자연히 공중에 떠 있을 수 있었습니다.

"나는 어디로 날아가는 것일까?"

"공기 아가씨들이 있는 곳으로 가는 거예요, 인어공주님."

인어공주는 맑고 투명한 팔을 해님이 있는 쪽으로 높이 들었습니다. 왕자가 아름다운 신부와 함께 공주를 찾고 있는 것이 보였습니다. 인어공주는 사람에게 보이지 않기 때문에 신부의 이마에 입을 맞추고 왕자에게 미소를 보내고 나서 공기 아가씨들과 함께 공중을 흘러가는 장밋빛 하늘로 높이 올라갔습니다.

『인어공주』는 자신을 희생하면서도 자신이 사랑하는 왕자를 위해, 그리고 왕자와 결혼하는 경쟁자 여성까지도 사랑으로 바라보며 생명을 사랑하고 구원하는 여성의 위대한 사랑을 그리고 있다.

그런데 한편으로는 『인어공주』가 사랑하는 왕자를 얻기 위해 자신의 자아정체성의 상징인 목소리를 잃고 인어의 꼬리 대신 여성의 하체(성기)인 두 다리를 선택한 것을 식민지화된 여성의 몸을 선택한 것으로 보는 관점도 있다. 자기 몸의 주인이어야 할 상황에서 희생과 상실을 통해 남성의 침범과 침략을 받을 수밖에 없는 여성의 운명이 인어공주의 다리를 통해서 드러난 것이다. 인간이기 이전에 여성이 되어야 하는 현실을 갈라지고 찢겨지는 여성의 몸을 통해 확인할 수 있다는 주장이다.[20]

그러나 우리가 이 작품에 관심을 가져야 할 부분은 『인어공주』가 하는 사랑이 『신데렐라』『백설공주』『콩쥐팥쥐』『잠자는 공주』 등의 사랑과는 본질적으로 다르다는 점이다. 이들 전래동화에서의 주인공들은 왕자나 권력 있는 남성으로부터 선택되고 받아들이는 수동적인 사랑인 데 비해 『인어공주』의 사랑은 수동적으로 받

20) 김미현(2001). 인어공주와 아마조네스 그 사이. **여성문학연구**. 서울: 예림기획.

는 사랑이 아니라 스스로 누군가를 사랑하고 주는 그 사랑을 위해 자신을 희생하는 조건 없는 숭고한 영혼을 갖는 사랑이다. 이 높이와 넓이와 깊이를 헤아릴 수 없는 사랑의 소유자가 바로 여성이고, 이것이 바로 남성이 모방할 수 없는 여성의 위대한 모성이고 정체성이며 여성의 자아실현인 것이다.

3) 동시에 나타난 페미니즘

성장기 아동에게 있어서 여성은 생명의 탄생과 생존을 위해 절대적인 존재라고 하는 사실은 아동문학 작품 속에도 장르를 초월해서 다양하게 투영되어 있다.

동시에 나타난 남녀의 성 역할을 조사하기 위한 연구에서 국내의 권위 있는 문학상 수상작이면서 가장 많이 읽히는 동시집 다섯 권에 대한 분석을 보면, 시의 소재에서 남녀 성 차이는 없었고 어머니와 아버지의 비율은 7:3 정도로 어머니가 아버지보다 압도적으로 우세한 것으로 나타났다. 그리고 어머니에 대한 이미지를 가장 잘 나타낸 전형적인 작품으로 장수철의 「어머니의 얼굴」, 정두리의 「어머니」 「어머니의 눈물」을 선정하였다.

엄마의 큰 눈이 / 샘물처럼 맑을 때엔
눈부신 태양이 / 방안까지 들어온다.
온실로 변한 방안을 / 나는 나비가 되어
웃음꽃사이를 / 나풀나풀 날아다닌다.

엄마의 큰 눈이 / 흐려서 동굴 속만큼이나 어두울 때엔
나는 윗목에 혼자 앉아 / 벙어리 화가가 된다.
하얀 도화지에 / 엄마의 큰 눈을
그렸다가 지우고 / 또 그려 본다.

–장수철 「엄마의 얼굴」

회초리를 들었지만 차마 못 때리신다.

아픈 매보다 더 무서운

무서운 목소리보다 더 무서운

어머니 눈물이 손등에 떨어진다.

어머니 굵은 눈물에 내가 젖는다.

–정두리 「어머니의 눈물」

달빛인가 가만히 방문 열고 들어오는 이

바람인가 조그맣게 숨소리를 내시는 이

별빛인가 반짝 눈을 뜨게 만드는 이

보이듯 안 보이게 안 보이듯 보이는 이

우리에게 어머니는 늘 그렇게 계시는 이

–정두리 「어머니」

4) 아동문학에 나타난 여성 편견

지금까지 페미니즘 관점에서 여성을 긍정적으로 본 아동문학의 입장과는 달리 아동문학 작품에 나타난 여성 차별을 밝힌 연구들도 국내외에서 상당히 이루어져 왔다. 남녀 성 평등에 관한 연구는 다음과 같이 여성에 대한 성 편견을 밝힌 연구들을 소개하고 있다.[21]

칼데콧 상을 받은 그림동화에 등장하는 인물을 분석한 연구는 1938~1940년 사이의 그림책과 1986~1988년 사이의 그림책을 비교하였는데, 그 결과 50년의 흐름 속에서 남녀 평등주의적 표현 경향이 약간 나타났다고 보고하였다. 그러나 그 이유는 여성 표현의 증가보다는 중성 표현의 증가로 인한 결과 때문이었고, 여전히 각

21) 김현희(1999). **판타지의 연구 방법, 환상그림책으로의 여행**. 한국어린이문학교육연구회. 다음세대.

범주에서 남성이 등장인물의 대부분을 차지했으며, 남성을 양 시대 모두에서 여성보다 더 활동적이고 바깥에서 더 많이 일하는 모습으로 묘사하고 있고 직업도 다양하게 나타났다. 여기에서 중성 표현의 증가는 남녀 평등 이론이 사회에서 대두되어 발달해 가고 있는 과정에서 성적으로 중립적인 개체를 사용하였던 것으로 생각할 수 있다.

우리나라에서도 「서구동화에 나타난 성 고정 관념에 대한 연구」[22]에서 『신데렐라』 『잠자는 숲속의 미녀』 『백설공주』 『인어공주』를 성 고정 관념의 시각에 초점을 두고 분석하였다. 그는 이 네 작품 모두가 '백마를 탄 왕자가 구원해 준다'는 것을 주요 주제(Motif)로 하고 있다고 보았다. 손아미에 의하면 '여성적'이라고 규정된 희생, 헌신, 모성애, 수동성, 성적인 순진무구의 특성이 『백설공주』 『신데렐라』 『인어공주』에 그대로 드러난다고 분석하였다. 즉, 백설공주는 계모인 왕비의 심한 구박을 견디어 내고 집안일에 엉망인 난쟁이들에게 모성애를 느끼며, 신데렐라는 의붓어머니의 학대에도 소극적으로 참고만 지낼 뿐만 아니라, 인어공주인 아리엘은 왕자와의 키스 장면에서 수동적 태도와 순진무구성을 드러낸다고 보고하였다.

외국 동화와 한국 전래동화, 교육부 동화에 나타난 인물의 성 역할을 분석한 연구도 있다.[23] 이러한 동화 속에 등장하는 남자 인물은 대부분이 주도적이고 독립적이며 문제 해결력이 뛰어나고 도움을 베푸는 인물로 묘사되어 있다. 반면에, 여자는 부드럽고 상냥하지만 잔소리가 심하고 집안일을 하거나 자녀를 양육하는 등의 소극적 활동에 종사하는 사람으로 묘사되어 있다고 밝혔다.

교육부 유아교육 지도 자료집의 동화와 교과서에 나타난 성 역할에 대한 분석[24]에서도 역시 주인공의 빈도수나 직업의 종류 등에서 모두 남성이 많이 나타나고 있다. 또 『바른생활』의 삽화는 빈도수에 있어서 불평등한 차이를 보였으며, 그림의 표현도 불합리한 것이 나타나고 있다.

우리나라에서 1980~1984년에 출판된 창작 그림책 64권과 1990~1994년에 출판

---

22) 손아미(1996). 서구동화에 나타난 성 고정 관념에 관한 연구. 경희대학교 교육대학원 석사학위논문.
23) 이윤경(1981). 유아 그림동화책에 나타난 성 역할의 분석연구. 이화여자대학교 대학원 석사학위논문.
24) 이윤경(1981). 유아 그림동화책에 나타난 성 역할의 분석연구. 이화여자대학교 대학원 석사학위논문.

된 그림책 64권을 선정하여 그림책에 나타난 성 역할 고정 관념의 변화를 분석하였다.[25] 분석 결과, 그림책의 표제에 나타난 성의 변화에 차이가 있었다. 즉, 1990년대에 와서 중성과 여성의 사용이 증가하여 남성, 여성, 중성의 비율이 거의 균등하게 나타났다. 그리고 그림책에 나타난 등장인물의 성의 변화는 양 시대 간에 중성 등장인물이 증가되었다는 것을 보여 주었다. 이 결과는 알렌 등(1993)의 연구 결과와도 일치한다.

그러나 동서고금을 막론하고 여성은 남성에 비해 성적 편견과 차별의 문화 속에 살아왔기에 문학 작품은 그 같은 사회문화적 현상을 반영할 수밖에 없고, 그렇기 때문에 페미니즘 관점에서의 아동문학은 문학 작품 내면에 살아 숨쉬는 심리적 기저에 근거해서 해석되어야 할 필요가 있는 것이다.

동서고금을 막론하고 여성과 아동의 관계는 태생학적으로 불가분의 밀접한 관계에 있다. 아동에게 있어서 여성은 탄생에서부터 시작해서 성장 발달과 생존의 결정적인 존재이기 때문에 아동문학 속에 나타난 여성의 모습은 심리적 측면에서 남성보다 훨씬 우월한 위치를 차지하고 있다.

이 같은 내용은 오랜 세월 입에서 입으로 전해 오다 문헌으로 정착된 전래동화 속에 잘 나타나 있는데, 이 같은 전래동화의 내용은 인간 무의식의 과정을 적나라하게 표현해 주는 삶의 의미 체계로 표현되고 있다. 본 연구에서 이 같은 내용을 좀 더 구체적으로 살펴보았는데, 성장기의 격리 불안, 현실 원칙과 쾌락의 원칙, 남녀의 성 역할 모델, 전래동화의 내용 체계가 되는 이니시에이션과 한국의 전래동화 속에서 적나라하게 잘 나타나고 있다.

이 같은 여성의 역할과 이미지는 안데르센의 창작동화와 현대의 창작동시에서도 잘 묘사되고 있다. 그러나 동서고금을 막론하고 역사적으로 여성은 남성보다도 차별적인 성 불평등을 겪어 왔기 때문에, 아동문학에서의 외형적인 표현 내용은 주인공의 인물 묘사에서 여성에 관한 차별과 편견이 그대로 반영되고 있다. 그러나 여기서 아동문학에 투영된 진정한 페미니즘은 아동문학에 표현된 외적인 인물 묘사에

25) 성정아(1995). 창작그림책에 나타난 성 역할 고정 관념의 변화. 이화여자대학교 대학원 석사학위논문.

서 나타난 편견이 아니라 작품의 내면에 깊이 투영된 심리적 암시임을 간과해서는 안 될 것이다. 그러므로 페미니즘 관점에서 아동문학은 여성의 성적 소외, 불안, 갈등, 억압으로부터의 해방, 여성의 성 정체성 형성, 여성의 성 평등과 수월성 추구 등이 보편적으로 암시된 심리적 기저에 관심을 두어야 할 것이다.

1. 페미니즘 관점에서 본 아동문학에 대해 설명하시오.
2. 아동문학 작품의 메커니즘을 생각하면서 작품 한 편을 선정 후 서평을 해 보시오.
3. 영유아 · 아동 문학의 교육 활동 중 최근 프로그램의 문제점에 대해 논하시오.

참고문헌

강문희, 이혜상(1997). 아동문학교육. 서울: 학지사.

강소천 외 21명 글, 최준식 그림(1986). 웃는 얼굴 하하. 서울: 대교.

강정교, 박상재, 선안나, 신현득, 이동형, 이준관, 조대현(1999). 아동문학창작론. 서울: 학연사.

고문숙(1999). 유아를 위한 문학교육. 서울: 정민사.

교육부, 보건복지부(2019). 2019 개정 누리 과정 해설서.

구인환, 구창환(1988). 문학개론. 삼지원.

구인환, 우한용, 박인기, 최병우(2001). 문학교육론(제4판). 삼지원.

권오훈 외 21명 글, 최준식 그림(1986). 고운 샛별 반짝. 서울: 대교.

권정생 글, 박불똥 그림(1988). 바닷가 아이들. 경기: 창작과비평사.

권정생 글, 이철수 그림(1984). 몽실언니. 창비아동문고 61. 경기: 창작과비평사.

권정생 글, 정승각 그림(1996). 강아지똥. 서울: 길벗어린이.

김경중 글, 오정현 그림(1999). "아하 그래그래…". 전북: 신아출판사.

김경중(1989). 동화의 심리학적 의미. 중앙대학교 대학원 박사학위 청구논문.

김경중(1994). 그래, 그게 바로 나야!. 전북: 신아출판사.

김경중(1994). 아동문학론. 전북: 신아출판사.

김경중(2002). 유아교육과 보육실습. 전북: 신아출판사.

김경중(2002). 유아교육과 아동문학. 전북: 신아출판사.

김경중(2020). 11월의 끝자락에 빈들에 서 있는 나목을 봐라. 전북: 신아출판사.

김경중, 고선옥, 국은순, 신리행(2013). 아동문학. 서울: 학지사.

김경중, 김재숙(1997). 동화 및 언어 지도. 경기: 양서원.

김경희, 유승옥(2007). 세종대왕. 경기: 삼성비엔씨.

김대행(1992). 문학이란 무엇인가. 경기: 문학사상사.

김만석(2003). 아동문학. 서울: 연변교육출판사.

김미현(1996). 한국여성소설과 페미니즘. 경기: 신구문화사.

김미현(2001). 인어공주와 아마조네스 그 사이. 여성문학연구. 서울: 예림기획.

김상윤(2006). 유아 창의성교육과 진단. 경기: 공동체.

김세희(2001). 유아문학교육. 경기: 양서원.

김세희, 현은자(1996). 전래동화와 이솝우화의 인물에 대한 유아의 반응. 유아교육연구, 16(2).

김소양, 이경화, 채종옥(2006). 그림 이야기책을 통한 유아문학교육. 경기: 양서원.

김숙년, 김익선(2019). 금자동아 은자동아. 경기: 장영.

김숙이, 손수민, 고선옥, 김경신(2016). 아동문학교육. 서울: 정민사.

김순 엮음, 이상민 그림(1989). 장화신은 고양이. 서울: 웅진출판.

김애옥, 고재희, 이분려(2000). 유아문학의 전달 매체 및 교수 방법. 경기: 양서원.

김영식 외(1987). 마즈마섬의 조약돌. 경제동화집 1. 충북: 한국교육개발원.

김영식 외(1987). 모카왕국 Ⅰ. 경제동화집 4. 충북: 한국교육개발원.

김영식 외(1987). 모카왕국 Ⅱ. 경제동화집 5. 충북: 한국교육개발원.

김영식 외(1987). 무역 이야기. 경제동화집 2. 충북: 한국교육개발원.

김영식 외(1987). 밀에서 빵까지. 경제동화집 3. 충북: 한국교육개발원.

김요섭 엮음(1986). 불개. 한국전래동화집 2. 서울: 샘터사.

김요섭 엮음(1986). 우렁이 색시. 한국전래동화집 2. 서울: 샘터사.

김요섭(1986). 현대동화의 환상적 탐험. 오늘의 고전 2. 서울: 한국문연.

김용덕 엮음, 강숙희 그림(1990). 소별왕과 대별왕. 이 땅에 신들이 처음 오신 때. 서울: 문학아카데미.

김의숙 글 · 그림(1998). 네모의 북. 서울: 길벗어린이.

김정흠 글, 유진희, 이준섭 그림(2001). 눈은 왜 내릴까요?. 경기: 다섯수레.

김정흠 글, 차진아 그림(2002). 밤에는 왜 어두워질까요?. 경기: 다섯수레.

김종대(1995). 깨비 깨비 참도깨비. 산하어린이 75. 서울: 산하.

김중철 엮음, 권문희 그림(1998). 까치와 호랑이와 토끼. 서울: 웅진출판.

김현경(2007). 동물들의 이야기. 서울: ㈜한국교육출판.

김현희(1999). 판타지의 연구 방법, 환상그림책으로서의 여행. 한국어린이문학교육연구회. 서울: 다음세대.

김희경(1992). 명작동화의 매력. 서울: 교문사.

끌로드 드라포스 글, 제임스 푸르니에 그림 (1991). 코끼리. 서울: 꼬마샘터.

노경실 글, 김영환 그림(1991). 상계동 아이들. 산하어린이 21. 서울: 산하.

니시마키 가야코 (2020). 나의 원피스. 서울: 한솔수북.

다니엘 부르 (1993). 아빠처럼 될래요. 초롱이시리즈 12. 서울: 한국프뢰벨주식회사.

디디에 레비 글, 꼬랄리 갈리부르 그림 (1997). 친구가 된 악어와 두꺼비. 경기: 사계절.

레오 리오니 글 · 그림 (1989). 세 마리의 개구리. (이현주 역). 경기: 보림.

레오 리오니 글 · 그림 (1999). 프레드릭. (최순희 역). 서울: 시공주니어.

레이먼드 브릭스 (2014). 눈사람 아저씨와 눈 강아지. 서울: 마루벌.

레이먼드 브릭스 그림 (1994). 눈사람 아저씨. 서울: 마루벌.

레이먼드 브릭스 글 · 그림 (1995). 바람이 불 때에. (김경미 역). 서울: 시공사.

레이먼드 브릭스 글 · 그림 (1997). 곰. (박상희 역). 곰. 서울: 비룡소.

로렌 차일드 글 · 그림 (2001). 난 토마토 절대 안 먹어. 경기: 국민서관.

로버트 머클로스키 글 · 그림 (1993). 아기 오리들한테 길을 비켜 주세요. (이수연 역). 서울: 시공주니어.

로버트 화이트헤드 (1992). 아동문학교육론. (신헌재 역). 경기: 범우사.

루디야드 키플링 글, 송수정 그림(1996). 표범의 얼룩무늬는 어떻게 생겨났을까?. 경기: 재미마주.

루쉰 (2003). 희망은 길이다. (이욱연 편역, 이철수 판화). 서울: 예문.

류시화 엮음(1999). 민들레를 사랑하는 법. 경기: 나무심는사람.

류시화(1996). 외눈박이 물고기의 사랑. 경기: 열림원.

류재수 글 · 그림(1988). 백두산 이야기. 좋은 우리 동화책 만들기 운동 1. 서울: 통나무.

르드비히 베멀먼드 글 · 그림 (1994). 씩씩한 마들린느. 서울: 시공주니어.

리사 데이크스트라 (2014). 용기 모자. 서울: 책과콩나무.

리차드 칼슨 (1998). **우리는 사소한 것에 목숨을 건다**. (정영문 역). 서울: 창작시대.

리틀림(2017). **할머니네 방앗간**. 서울: 고래뱃속.

마거릿 와일드 글, 론 브룩스 그림 (1997). **할머니가 남긴 선물**. (최순희 역). 서울: 시공주니어.

마샤 브라운 그림 (1986). **옛날에 어떤 생쥐가…**. (이미림 역.) 서울: 분도출판사.

마이클 로젠 글, 헬린 옥슨버리 그림 (1994). **곰 사냥을 떠나자**. (공경희 역). 서울: 시공주니어.

마틴 워델 글, 패트릭 벤슨 그림 (1992). **엄마를 기다리는 아기올빼미**. (김서정 역). 서울: 한국프뢰벨 주식회사.

메기 험 (1995). **페미니즘 이론사전**. (심정순 역). 서울: 삼신각.

모리스 센닥 글 · 그림 (1994). **깊은 밤 부엌에서**. (강무홍 역). 서울: 시공사.

문삼석 글, 강영수 그림(2002). **말놀이 동시**. 서울: 글송이.

문삼석 글, 김천정 그림(1992). **아가웃음**. 서울: 계몽사.

미샤 담얀 글, 두산칼라이 그림 (1996). **십이월의 친구들**. (이명희 역). 서울: 마루벌.

바바라 레이드 글 · 점토 (1998). **노아의 방주를 탄 동물들**. 경기: 사계절.

박광자(1990). 새로운 여성문학의 개념과 특성. **한우근 교수 회갑기념논문집**. 도서출판 이영사.

박상규(1991). 따뜻한 사람. **산하어린이 22**. 서울: 산하.

박선희, 김경중(1999). **유아문학**. 서울: 한국방송대학교출판부.

박화목 엮음(1983). 쥐의 결혼. **동물동화집 5편**. 서울: 계림출판사.

배명희 글, 이억배 그림(1995). **해와 달이 된 오누이**. 두손미디어.

백유연(2019). **낙엽스넥**. 서울: 웅진주니어.

백유연(2020). **벚꽃 팝콘**. 서울: 웅진주니어.

백유연(2020). **사탕트리**. 서울: 웅진주니어.

백유연(2020). **풀잎국수**. 서울: 웅진주니어.

밸러리 토머스 글, 코키 폴 그림 (1996). **마녀 위니**. 서울: 비룡소.

버지니아 리 버튼 글 · 그림 (1993). **작은 집 이야기**. (홍연미 역). 서울: 시공사.

베라 윌리엄스 글 · 그림 (1999). **엄마의 의자**. (최순희 역). 서울: 시공주니어.

베르너 홀츠바르트 글, 울프 에를부르흐 그림 (1993). **누가 내 머리에 똥 쌌어?**. 경기: 사계절.

보건복지부(2020). **제4차 어린이집 표준보육과정 해설서**.

부르니보스 글, 한스 데 베르 그림 (1994). **아기 코끼리 올리**. 서울: 중앙미디어.

사라 스튜어트 글, 데이비드 스몰 그림 (1998). **도서관**. (지혜연 역). 서울: 시공주니어.

사라 스튜어트 글, 데이비드 스몰 그림 (1998). 리디아의 정원. (이복희 역). 서울: 시공주니어.

샘 맥브래트니 글, 아니타 제람 그림 (1997). 내가 아빠를 얼마나 사랑하는지 아세요?. (김서정 역). 서울: 한국프뢰벨주식회사.

서봉연(1984). 한 · 독 아동도서에 관한 분석적 비교. 서봉연, 울리히 한(편). 어린이의 성장 발달과 아동도서. 서울: 배영사.

서정숙, 남규(2012). 유아문학교육. 서울: 창지사.

서정오 글, 박경진 그림(1997). 팥죽 할멈과 호랑이. 경기: 보리.

석용원(1982). 아동문학원론. 서울: 학연사.

성정아(1995). 창작그림책에 나타난 성 역할 고정 관념의 변화. 이화여자대학교 대학원 석사학위논문.

세이코 다케히코 (1983). 유아의 문예교육. 명치도서출판주식회사.

셸 실버스타인 글 · 그림 (1996). 폴링 업. 경기: 사계절.

손동인(1984). 한국전래동화 연구. 견강부약의 법칙 준용. 서울: 정음문화사.

손동인(1984). 한국전래동화연구. 서울: 정음문화사.

손아미(1996). 서구동화에 나타난 성고정 관념에 관한 연구. 경희대학교 교육대학교 석사학위논문.

송미정(2011). 문학 활동이 유아의 자아존중감과 사회성 발달에 미치는 영향. 우석대학교 대학원 석사학위논문.

송재찬 글, 백명식 그림(1991). 은혜 갚은 뱀. 서울: 고려원미디어.

송혜선 글 · 그림(1990). 떼굴떼굴 아기 돌맹이. 서울: 한림출판사.

수스 맥도날드 글 · 그림 (2002). 알파벳은 요술쟁이. 서울: 케이유니버스(주).

시튼 (1987). 시튼 동물기. (이윤범 역). 경기: 가나출판사.

신경림 엮음. 장준영 그림(1986). 찔레꽃 소녀. 서울: 웅진출판.

신지윤, 신혜은 글, 김복태 그림(1994). 내 배꼽 보았니?. 서울: 웅진출판.

심은경(1983). 아동용 도서에 나타난 성차에 관한 연구. 중앙대학교 대학원 석사학위논문.

쓰쓰이 요리코 글, 하야시 아키코 그림 (1991). 이슬이의 첫 심부름. 서울: 한림출판사.

아나이스 보즐라드 글 · 그림 (2001). 전쟁. (최윤정 역). 서울: 비룡소.

아스뷔욘센 재화, 마샤 브라운 그림 (1957). 우락부락 염소 세 형제 이야기. (신수진 역). 서울: 시공사.

안단테 글, 조원희 그림(2017). 나는 아빠가. 경기: 우주나무.

안도현(2003). 100일 동안 쓴 러브레터. 서울: 태동출판사.

앤터니 브라운 글 · 그림 (1998). 고릴라. (장은수 역). 서울: 비룡소.

야시마 타로 글 · 그림 (1996). 까마귀소년. (윤구병 역). 서울: 비룡소.

양봉선 글, 김승영 그림(2001). 엉뚱한 이야기. 한국파스퇴르.

에드 영 글 · 그림 (1999). 일곱 마리 눈먼 생쥐. (최순희 역). 서울: 시공주니어.

에드워드 주르들로 글, 김성은 그림 (2016). 바람 부는 날. 서울: 대원사.

에우게니 엠 라초프 그림 (1994). 장갑. (김중철 역). 서울: 다산기획.

에즈라 잭 키츠 글 · 그림 (1995). 눈 오는 날. (김소희 역). 서울: 비룡소.

에즈라 잭 키츠 글 · 그림 (1996). 피터의 의자. (이진영 역). 서울: 시공사.

에즈라 잭 키츠 글 · 그림(1999). 휘파람을 불어요. 서울: 시공주니어.

엘레케 라이끈 글, 매크 반 하호동 그림 (2017). 할아버지 안녕. 경기: 좋은 꿈.

오드리 우드 글, 돈 우드 그림 (2000). 낮잠 자는 집. (조숙은 역). 경기: 보림.

오타다케 히로타다 글, 사와다 도시키 그림 (2000). 내 마음의 선물. 서울: 창해.

옥상달빛, 조원희(2020). 염소 4만원. 서울: 그린북.

윌리엄 스타이그 글 · 그림 (1995). 치과의사 드소토 선생님. (조은수 역). 서울: 비룡소.

유리 슐레비츠 글 · 그림 (1995). 새벽. (강무환 역). 서울: 시공사.

유안진(1988). 한국 전통사회의 유아교육. 경기: 정민사.

유영석 글, 안소현 그림(2020). 네모의 꿈. 경기: 창비.

유영애(2006). 문학을 통한 통합교육이 유아의 언어표현력과 창의성에 미치는 영향. 인천대학교 교육대학원 석사학위논문.

윤갑희(1987). 한국 전승 자장가 연구. 한양어문 5권. 한국언어문화학회.

윤구병 글 · 이태수 그림(1997). 심심해서 그랬어. 경기: 보리.

윤기현 글, 박소래 그림(1990). 서울로 간 허수아비. 산하어린이 6. 서울: 산하.

윤기현 글, 유승하 그림(1991). 회초리와 훈장. 산하어린이 25. 서울: 산하.

윤기현(1988). 봉황리 아이들. 오늘의 아동문학 21. 서울: 인간사.

윤태규 글, 장진순 그림(1988). 황새골 아이들. 서울: 인간사.

이강화 글 · 그림(1995). 누가 곰순이 잠 좀 재워 줘. 서울: 길벗어린이.

이경애(1996). 멋쟁이 원숭이의 목걸이. 경기: 국민서관.

이경우 외(1997). 유아에게 적절한 그림책. 경기: 양서원.

이규희 재화, 심미아 그림(1996). 해와 달이 된 오누이. 경기: 보림.

이동렬 엮음, 백명식 그림(1991). 청개구리 굴개굴개. 엄마가 들려주는 전래동화 2. 서울: 고려원미디어.

이미애 글, 유애로 그림(1997). 견우직녀. 경기: 보림.

이보나 흐미엘레프스카(2009). 두 사람. 경기: 사계절.

이보나 흐미엘레프스카(2010). 마음의 집. 경기: 창비.

이브카렛 글 · 그림 (1995). 만약 내가 갓난아기라면. (박희준 역). 서울: 현암사.

이상금, 장영희(1986). 유아문학론. 서울: 교문사.

이상현(1987). 아동문학강의. 서울: 일지사.

이성은(2003). 아동문학교육. 경기: 교육과학사.

이솝 글, 리즈벳 쯔베르커 그림 (1995). 달과 옷. 이솝 우화. (김태성 역). 서울: 두두.

이송은, 이선영(2010). 유아문학교육의 이론과 실제. 서울: 창지사.

이수열(1999). 우리말 바로쓰기. 서울: 현암사

이수지(2009). 파도야 놀자. 서울: 비룡소.

이어령 글, 김인석 그림(1999). 천년을 만드는 엄마. 서울: 삼성출판사.

이억배 글 · 그림(1995). 솔이네 추석 이야기. 서울: 길벗어린이.

이언 포크너 글 · 그림 (2001). 그래도 엄마는 너를 사랑한단다. (서애경 역). 경기: 중앙출판사.

이오덕(1984). 어린이를 지키는 문학. 서울: 백산서당.

이원수, 손동인(1980). 장 보러 간 바보사위. 한국전래동화집 제1권. 서울: 창비사.

이윤경(1981). 유아 그림동화책에 나타난 성 역할의 분석연구. 이화여자대학교 대학원 석사학위논문.

이재경(2016). 작은 눈덩이의 꿈. 서울: 시공주니어.

이재철(1969). 아동문학개론. 서울: 문운당.

이재철(1988). 아동문학의 이론. 경기: 형설출판사.

이재철(1989). 세계아동문학사전. 서울: 계몽사.

이준연 엮음, 양후영 그림(1993). 사또의 사위가 된 바보. 바보들의 꿈. 서울: 서강출판사.

이진수 글, 김우선 그림(1991). 혼자 집을 보았어요. 서울: 웅진문화.

이철수 그림(1986). 큰 도둑 거문이. 황해도 구전민화. 서울: 웅진출판.

이해인(1979). 내 魂에 불을 놓아. 서울: 분도출판사.

이해인(1986). 두레박. 서울: 분도출판사.

이해인(1989). 시간의 얼굴. 서울: 분도출판사.

이해인(1997). 사랑할 땐 별이 되고. 서울: 샘터.

이해인(2000). 고운 새는 어디에 숨었을까. 서울: 샘터.

이현진 글 · 그림(1994). 안녕? 나는 너의 장난꾸러기야. 서울: 한샘출판사.

이호백 각색 · 그림(1995). 쌀 한 톨로 장가든 총각. 서울: 길벗어린이.

이호백 글, 이억배 그림(1997). 세상에서 가장 힘센 수탉. 경기: 재미마주.

이효성 엮음(1991). 밤에 찾아 온 도깨비. 애니메이션 금성 아트콤. 서울: 금성출판사.

일연 지음, 조수익 엮음(1992). 김병종 그림. 단군할아버지-민족문화추진회편. 민문고.

임문혁 엮음(1991). 혹부리영감. 서울: 도서출판 마당.

자끄 뒤케누아 글 · 그림 (1997). 뱃사람이 된 망쇼와 펭귄. 경기: 사계절.

장혜순(1997). 아동문학론. 서울: 창지사.

잭 캔필드, 마크 빅터 한센 (2001). 마음을 열어 주는 101가지 이야기 Ⅰ, Ⅱ. (류시화 역). 경기: 도서출판 이레.

전원범(1994). 한국 전래동화 연구. 서울: 바들산 출판사.

전정재(1996). 사랑의 혁명. 서울: 시공사.

정근 글, 조선경 그림(1995). 마고할미. 경기: 보림.

정대영 글 · 그림(1994). 바닷물고기 덩치. 경기: 보림.

정두리 글, 강인춘 외 4명 그림(1988). 어머니의 눈물. 서울: 아동문예.

정두리 글, 김복태 그림(1992). 안녕 눈새야. 서울: 아동문예.

정병락 글, 박완숙 그림(1995). 숨쉬는 항아리. 경기: 보림.

정선혜(2000). 한국 아동문학을 위한 탐색. 서울: 청동거울

정승각 글 · 그림(1994). 까막나라에서 온 삽사리. 서울: 통나무.

정은정 글, 홍성지 그림(2002). 오늘은 무슨 날?. 서울: 비룡소.

정하섭, 이춘길(2009). 열두 띠 이야기. 경기: 보림.

정호승(2000). 내가 사랑하는 사람. 서울: 현대문학북스.

제럴드 맥더멋 그림 (1996). 태양으로 날아간 화살. (김명숙 역). 서울: 시공사.

제임스 그리블, 나병철(1987). 문학교육론. 서울: 문예출판사.

조 엘렌 보가르트 글, 바바라레이드 점토 (1998). 할머니의 선물. (강인 역). 경기: 사계절.

조대현 글, 허영찬 그림(1988). 우리 엄마 최고. 별난 아이. 무지개 극장. 서울: 예림당.

조대현 엮음(1980). 금강산 호랑이. 한국 전래동화 10. 서울: 화신출판사.

조문현 글, 김승민 그림(1994). 요술끈. 서울: 동아출판사.

조셉 골드 (2003). 비블리오테라피. (이종인 역). 서울: 북키앙.

존 버닝햄 글 · 그림 (1995). 야, 우리 기차에서 내려!. (박상희 역). 서울: 비룡소.

존 버닝햄 글 · 그림 (1995). 지각대장 존. (박상희 역). 서울: 비룡소.

존 버닝햄 글 · 그림 (1996). 알도. (이주령 역). 서울: 시공사.

존 버닝햄 글 · 그림 (1996). 우리 할아버지. (박상희 역). 서울: 비룡소.

존 버닝햄 글 · 그림 (1997). 구름 나라. (고승희 역). 서울: 비룡소.

존 셰스카 글, 레인 스미스 그림 (1996). 늑대가 들려주는 아기돼지 삼 형제 이야기. (황의방 역). 경기: 보림.

채인선 글, 이억배 그림(1998). 손 큰 할머니의 만두 만들기. 경기: 재미마주.

최달수(2001). e–신비한 곤충. 경기: 문공사.

최민오 글 · 그림(2001). 응가하자, 끙끙. 경기: 보림.

최성애, 조벽(2002). 우리 아이 인재로 키우는 최성애 조벽 교수의 HOPE 자녀교육법. 서울: 해냄.

최숙희(2020). 길 떠나는 너에게. 서울: 책읽는 곰.

최영재 엮음, 김연경 그림(1991). 해님 달님. 서울: 한림출판사.

최운식(1980). 충청남도 민담. 서울: 집문당.

최윤희(1999). 행복, 그거 얼마예요?. 서울: 여성신문사.

최재숙 글(1991). 나는 언니예요. 서울: 대한교육연구원.

최준식 글 · 그림(1994). 콩콩이는 오늘따라 공차기도 재미없습니다. 경기: 보림.

카렌 브롬레이 (2001). 웹 구성 활동을 통한 아동문학교육. (이현섭, 강인언, 김순자, 정정란 역). 경기: 양서원.

칼릴 지브란 (2002). 예언자. (류시화 역). 경기: 열림원.

칼릴 지브란 · 메리 해스켈 (2003). 보여 줄 수 있는 사랑은 아주 작습니다. (정은하 역). 서울: 진선출판사(주).

크리스틴 다브니에 글 · 그림 (2001). 나 졸려!. (최정수 역). 경기: 문학동네어린이.

토니 모리슨 · 슬레이드 모리슨 글, 지젤 포터 그림 (2000). 네모 상자 속의 아이들. (이상희 역).

경기: 문학동네어린이.

톰 슐만 (1990). **죽은 시인의 사회.** (김미정 역). 도서출판 모아.

티에리 르냉 (2016). **엄마씨앗 아빠씨앗.** 경기: 파랑새.

페기 래트만 글 · 그림 (1998). **잠자기 10분 전.** 서울: 한국프뢰벨주식회사.

페리 노들먼 (2001). **어린이문학의 즐거움 1.** (김서정 역). 서울: 시공주니어.

페리 노들먼 (2001). **어린이문학의 즐거움 2.** (김서정 역). 서울: 시공주니어.

폴 아자르 (1980). **책 어린이 어른.** (석용원 역). 서울: 새문사.

한국아동문학가 협회 글 · 그림(1989). **심심한 민희.** 서울: 양우당.

한낙원(1988). **돌아온 지구 소년.** 서울: 가톨릭출판사.

한성옥(2014). **우리 가족.** 경기: 문학동네.

한스 데 베르 글 · 그림 (1992). **정글에 간 아기곰 라르스.** 서울: 중앙미디어.

한젬마(1999). **그림 읽어 주는 여자.** 서울: 명진출판.

함민복, 한성옥(2017). **흔들린다.** 경기: 작가정신

허미예(1999). 글 없는 그림책 활용이 유아의 언어구성 능력 및 창의성에 미치는 효과. 이화여자대학교 교육대학원 석사학위논문.

허은미 글, 이혜리 그림(1997). **데굴데굴 굴러가네.** 서울: 웅진출판.

헬가 게버트 그림 · 엮음 (1998). **헬가 게버트의 그림동화.** (안영란 역). 서울: 샘터.

황순원(1997). **소나기.** 서울: 길벗어린이.

황은순 외(2013). **유아문학교육.** 경기: 공동체.

후카미 하루오 글 · 그림 (2001). **예방주사 무섭지 않아!.** (이영준 역). 서울: 한림출판사.

Allen, P. (1997). *The Bear's Lunch*. Viking Penguin Books Australia Ltd.

Andersen, H. C. (1983). **안데르센 동화집: 소년소녀 세계문학전집 51.** (이원수 역). 서울: 계몽사.

Andersen, H. C. (1990). **미운오리새끼.** (임재윤 역). 서울: 문공사.

Anno Mitsumasa 글 · 그림 (1994). **놀이수학.** 서울: 한림출판사.

Berrie, J. (1992). **피터팬.** (김경중 역). 서울: 도서출판 마당.

Bettelheim, B. (1977). *The uses of enchantment: The meaning and importan-tance of fairy tales*. NY: Alfred A. knoff.

Bettelheim, B. (1998). 옛이야기의 매력 (The Uses of enchantment: The meaning and importance of fairy tales). (김옥순, 주옥 역). 서울: 시공주니어.

Brand, Susan Trostle & Donato, Jeanne M. (2001). *Storytelling in Emergent Literacy*. Delmar.

Bromley, K. D. (1991). *Webbing with literature: Creating Story with Children's books*. Boston: Allyn & Bacon.

Burningham, John 글 · 그림 (1996). 검피아저씨의 뱃놀이. (이주령 역). 서울: 시공사.

Burton, V. L. (1993). 작은 집 이야기. (홍연미 역). 서울: 시공사.

Butler, D. (1997). 쿠슐라와 그림책 이야기. (김중철 역). 경기: 보림.

Campbell, P., & Schwartz, S. (1986). Microcomputers in the preschool: children, parents and teachers, In P. Campbell & G. Fein (Eds.), *Young children and microcomputers*. Englewood Cliff, NJ: Prentice-Hall.

Carle, E. (1984). *The Very Busy Spider*. NY: Philomel Book.

Carroll, L. (1995). 이상한 나라의 앨리스. (손영미 역). 서울: 시공사.

Cronin, D. 글, Lewin, B. 그림. (2000). *Click, Click, Moo Lows That Type*. NY: Simon & Schuter Books, Children's Publishing Division.

Cullinan, B. E. (1989). *Literature and the child*. New York: Harcourt Brace & Jovanovich.

Dewey, J. (1956). *The Child and curriculum and society*. Chicago Press.

Fetsher, I. (1991). 누가 잠자는 숲속의 공주를 깨웠는가. (이진우 역). 서울: 철학과 현실사.

Galda, L., & De Groff, L. (1992). Responding to Literature: Activities for Exploring Books. In B. E. Cullinan (Eds.), *Children's literature in the reading program*, Newark: International Reading Association.

Goffin, J. (1992). YES . NY: Lothrop, Lee & Shepard Books.

Hamilton, M., & Weiss, M. (1991). Teacher's guide to storytelling. *Instructor, 100*(9).

Irmgard L. (1985). *Die Baum-Uhr*. Germany, Ellermann Verlag.

Irmgard L. (1985). *Die Erd-Uhr*. Germany, Ellermann Verlag.

Irmgard L. (1985). *Die Wiesen-Uhr*. Germany, Ellermann Verlag.

Lioni, L. (1992). 토끼를 만들자. (이현주 역). 서울: 선진여성.

Lukens, R. J. (1995). *A Critical handbook of children's literature*. NY: Harper Collins College Pub.

Mari, I. (1995). 빨간 풍선의 모험. 서울: 시공사.

Maxim, G. (1984). *The very young child: Guilding children from infancy through the early years* (2nd ed.). Belmont, CA: Wadsworth.

McClosky, R. 글 · 그림 (1944). 나무 숲속. 서울: 한림출판사.

McGee, L. M., & Richgels, D. J.(1990). *Literacy's beginning Needham Height*. MA: Allyu and Bacon, Inc.

Morrow, L. (1985). Retelling stories: A Strategy for improving young children's comprehension concept of story of structure and oral language complexity. *The Elementary School Journal, 85*(5).

Potter, B. (1903). *The tale of Peter rabbit*. N.Y.: Simon & Schuster Inc.

Potter, B. (1986). *The tale of Peter rabbit*. N.Y.: Simon & Schuster Inc.

Routman, R. (1998). *Transitions from literature to literacy*. Portsmouth, NH: Heinemann Educational Books, Inc.

Russell, D. L. (1991). *Literature for Children: a short introduction*. New York: Longman.

Sawyer, W., & Corner, D. E. (1991). *Growing up with Literature*. Albany, NY: Delmar.

Schwarcz, J. H., & Schwarcz, C. (1991). *The Picture Book Comes of Age*. Chicago: American Library Association.

Sendak, M. (1994). 괴물들이 사는 나라. (강무홍 역). 서울: 시공사.

Sendak, M. (1994). 깊은 밤 부엌에서 (*In the night kitchen*). (강무홍 역). 서울: 시공사.

Siegmund, G. (1988). 현대 여성의 지위 (*Die Stellung der Frau in welt von heute*). (박영도 역). 부산: 지평.

Smith, L. H. (1990). 아동문학론 (*Children's literature*). (김요섭 역). 서울: 교학사.

Steig, W. (1994). 치과의사 드소토 선생님. (조은수 역). 서울: 비룡소.

Sutherland, Z., & Arbuthnot, M. H. C. (1991). *Children and Books*. Harper Collins Publishers.

Temple, C., Martinez, M., Yokota, J., & Naylor, A. (1998). *Children's books in children's hands: and introduction to their literature*. Allyn & Bacon.

Ungerer, T. (1958). 크릭터. (장미란 역). 서울: 시공사.

Ungerer, T. (1966). 달사람. (김정하 역). 서울: 비룡소.

Vygotsky, L. S. (1982). *Thought and Language*. MA: MIT Press Walter Ong.

Wanda G. (1997). **백만 마리 고양이** (*Millions of Cats*). (강무환 역). 서울: 비룡소.

White, E. B. (1996). **샬롯의 거미줄**. (김화곤 역). 서울: 시공사.

Whitehead, R. (1994). **아동문학교육론**. (신현재 편역). 경기: 범우사.

Zion, G. 글, Graham, M. 그림 (1994). **개구쟁이 해리**. (김중철 역). 서울: 다산기획.

〈동화책 목록〉

- *The Bear's Lunch* (파멜라 앨런, 1997)
- The wolves in the walls (닐 게이먼 글, 데이브 맥킨 그림, 2003)
- **0세 눈으로 배워요** (애플비, 2008)
- **감각 쑥쑥** (박은정 · 성시형, 시공주니어, 2000)
- **강아지똥** (권정생, 길벗어린이, 1996)
- **개구리합창단** (뤼크포크룰, 미래아이, 2010)
- **갯벌이 좋아요** (유애로, 보림, 1995)
- **걷는 게 좋아** (하영, 파란자전거, 2014)
- **검피아저씨의 뱃놀이** (존버닝햄, 시공주니어, 1996)
- **고래섬 사람들** (김경중 · 오정현, 글모인, 1996)
- **곤지곤지 잼잼** (최숙희, 푸른숲주니어, 2013)
- **곰 사냥을 떠나자** (헬린 옥슨버리 · 마이클 로젠, 시공주니어, 1994)
- **굴 안에 뭐야?** (김상근, 한림, 2020)
- **글자가 사라진다면** (윤아해 · 육길나 · 김재숙, 뜨인돌어린이, 2014)
- **깃털 없는 기러기 보르카** (존 버닝햄, 비룡소, 1996)
- **까꿍놀이** (바니 찰스버그, 서남희, 보림큐비, 2008)
- **까마귀소년** (야시마 타로, 비룡소, 1996)
- **꼬마돼지** (아놀드 로벨, 비룡소, 1997)
- **난 크고 싶어** (안드레아 샤빅 글, 러셀 이토 그림, 그린북, 2014)
- **내 이름은 말이지요** (라임, ㈜ 한국삐아제, 2000)

- 넉 점 반 (윤석중, 창비, 2004)
- 네가 거미니? (루디 앨런, 다섯수레, 2001)
- 네 개의 그릇 (이보나 흐미엘레프스카, 논장, 2013)
- 누가 내 머리에 똥 쌌어? (베르너 홀츠바르트, 사계절, 1993)
- 누구 발일까? (정해영, 논장, 2009)
- 누구야? (정순희, 창비, 2005)
- 눈송이 (유리 슐레비츠, 한국프뢰벨주식회사, 1998)
- 눈 오는 날 (에즈라 잭 키츠, 비룡소, 1995)
- 다음엔 너야 (에른스트얀들 글, 노르만 융에 그림, 박상순 옮김, 비룡소)
- 달님이 달강달강 (이정림 · 이명주, 넥서스주니어, 2012)
- 도깨비 감투 (정해왕 · 이승현, 시공주니어, 2008)
- 도리도리 짝짜궁 (김세희 · 유래로, 보림, 2009)
- 돼지책 (앤서니 브라운, 웅진주니어, 2001)
- 된장찌개 (천미진 · 강은옥, 키즈엠, 2015)
- 둘이서 둘이서 (김복태, 보림, 2003)
- 뒤죽박죽 카멜레온 (에릭 칼, 더큰, 2010)
- 뛰어라 메뚜기 (다시마 세이조, 보림, 1996)
- 로지의 산책 (팻 허친스, 더큰컴퍼니, 2007)
- 마들린느와 쥬네비브 (르드비히 베멀먼드, 시공주니어, 1994)
- 무엇이 무엇이 똑같을까? (이미애 · 한병호, 보림, 2006)
- 무지개 물고기 (마르쿠스 피스터, 시공주니어, 1994)
- 문제가 생겼어요 (이보나 흐미엘레프스카, 논장, 2010)
- 바람이 불지 않으면 (서한얼, 보림, 2010)
- 반쪽이 (빨간풍선 · 한차연, 한국헤르만헤세, 2015)
- 매우 배가 고픈 애벌레 (에릭 칼, 한국몬테소리, 1997)
- 비 오는 날 (유리 슐레비츠, 시공주니어, 1994)
- 뽀뽀는 이렇게 (로렌스안홀트, 한국프뢰벨주식회사, 1997)
- 뽐내기대장 한니발 (안나 커리, 한국프뢰벨주식회사, 1996)
- 사과가 쿵! (다다 히로시 글 · 그림, 보림, 2009)

- 사과나무 (페티슈카, 비룡소, 2000)
- 사랑해 사랑해 사랑해 (버나뎃 로제티 슈스탁, 캐롤라인 제인 처치, 보물창고, 2006)
- 생각 123 (이보나 흐미엘레프스카, 논장, 2008)
- 생각연필 (이보나 흐미엘레프스카, 논장, 2011)
- 세상에 둘도 없는 바보와 하늘을 나는 배 (유리 슐레비츠 · 아서 랜섬, 시공주니어, 1997)
- 소피가 화나면 정말정말 화나면 (몰리 뱅, 책읽는곰, 2013)
- 수리수리 없어져라 초록괴물 (에드 엠벌리, 한국프뢰벨주식회사, 1976)
- 씨앗은 무엇이 되고 싶을까? (김순한 · 김인경, 길벗어린이, 2001)
- 씩씩한 마들린느 (르드비히 베멀먼드, 시공주니어, 1994)
- 아기고슴도치와 친구들 (김경중 · 오정현, 글모인, 1996)
- 아기돼지에게 팬케이크를 주지 마세요 (라우라조페 누메로프, 한국프뢰벨주식회사, 1998)
- 아기타조의 엄마는 누구? (베르나 아드마, 한국프뢰벨주식회사, 1996)
- 안아 줘 (재즈 앨버로우, 웅진주니어, 2000)
- 연이네 설맞이 (우지영 · 윤정주, 책읽는곰, 2007)
- 완벽해지고 싶어 (닐 샤프, 토토불, 2009)
- 용감한 아이린 (윌리엄 스타이그, 웅진닷컴, 2000)
- 용기 모자 (리사 데이크스트라, 책과콩나무, 2014)
- 우리 몸의 구멍 (허은미 글, 이혜리 그림, 길벗어린이, 2014)
- 우체부 아저씨와 비밀편지 (앨런 앨버그 · 자넷 앨버그, 미래아이, 2003)
- 응가하자 끙끙 (최민오, 보림, 2014)
- 이제 잠 좀 자볼까? (질 머피, 한국프뢰벨주식회사, 1982)
- 자장자장 엄마품에 (임동권 글, 류재수 그림, 한림, 1993)
- 작은 발견 (이보나 흐미엘레프스카, 논장, 2015)
- 작은 집이 있어요 (에바 에릭슨, 한국프뢰벨주식회사, 1994)
- 재잘재잘 꼬마책 (신혜은 글, 강덕선 그림, 웅진, 1999)
- 전쟁 (아나이스 보를라드, 비룡소, 2000)
- 조지아저씨네 정원 (게르다 마리샤이들, 시공주니어, 1995)
- 주간 동화나라 (정봉우, 아이템플, 1989)
- 진주 (할메 하이네, 한국프뢰벨주식회사, 1992)

- 책청소부 소소 (노인경, 문학동네어린이, 2010)
- 촉감 그림책 (피오나 랜드, 애플비, 2006)
- 캥거루 아줌마의 남극여행 (채인선, 한글짝꿍, 1980)
- 토끼의 의자 (고우야마 요시코, 북뱅크, 2010)
- 파랑이와 노랑이 (레오 리오니, 파랑새어린이, 2003)
- 피터팬 (베리, ㈜마당, 1990)
- 학교에 간 데이빗 (데이빗 섀논, 지경사, 1999)
- 혹부리 영감 (임정진 · 임향한, 비룡소, 2007)
- 흔들흔들 다리에서 (기무라 유이치 · 하타 고시로, 천개의바람, 2016)
- 밀어내라 (이상욱 글 · 조원희 그림, 한솔수북, 2019)
- 팥죽 할멈과 호랑이 (백희나 글 · 박윤구 그림, 시공주니어, 2006)

인명

내용

ㅎ

| 저자 소개 |

고선옥(Go Seon Ock)

전북대학교 일반대학원 아동학 전공(이학박사)

초록우산 어린이재단 전북종합사회복지관 아동복지팀

사립 유치원 및 법인 어린이집 원장(교육경력 22년)

현 선음률놀이교육심리연구원장

우석대학교 아동복지학과 겸임 교수

전주비전대학교 외래 교수

전북대 평생교육원 · 우석대 평생교육원 전담 교수

중앙육아종합지원센터 표준보육과정, 누리 과정, 부모교육 강사

전북 · 군산 육아종합지원센터 상담위원 및 평가인증 컨설턴트

한국아동가족복지학회 총무이사, 대한아동복지학회 대외협력이사

한국건강가정진흥원 아이돌보미 양성교육 및 보수교육 전국강사

서천군 건강가정 · 다문화가족지원센터 부모교육강사

전주시 거점 다문화가족지원센터 이중언어강사

국은순(Kook Eun Sun)

전북대학교 일반대학원 아동상담 전공 박사 수료

현 시인, 문학치료 심리연구소장

전북대학교 외래 교수, 우석대학교 외래 교수

통합문학치료학회 이사, 한국독서치료학회 이사

신리행(Shin Li Heang)

전남대학교 일반대학원 유아교육 전공(유아교육박사)

단비어린이집 보육 교사, 보문유치원 유아 교사

우석대학교 외래 교수, 전북과학대학교 외래 교수

현 직장어린이집 보육 교사

우석대학교 부설 아동복지연구소 수석연구원

백연희(Baek Yeon Hee)

우석대학교 아동복지 및 유아교육 전공

공공형 리틀서암어린이집 보육 교사

현 한국대중음악치유협회 김제지부 간사

우석대학교 부설 아동복지연구소 교육연구원

아동문학교육

Children's Literature Education

2021년 6월 20일 1판 1쇄 인쇄
2021년 7월 1일 1판 1쇄 발행

지은이 • 고선옥 · 국은순 · 신리행 · 백연희
펴낸이 • 김진환
펴낸곳 • ㈜학지사
04031 서울특별시 마포구 양화로 15길 20 마인드월드빌딩
대표전화 • 02-330-5114 팩스 • 02-324-2345
등록번호 • 제313-2006-000265호

홈페이지 • http://www.hakjisa.co.kr
페이스북 • https://www.facebook.com/hakjisa

ISBN 978-89-997-2437-4 93370

정가 24,000원